现代上海研究丛书

上海文化建设

1 9 4 9 — 1 9 6 6

中共上海市委党史研究室　编

黄坚　等著

目　　录

文化系统的接管

20世纪上半叶的上海，曾被称为“远东第一大都市”，是中国的经济、文化中心，有着中国文化“半壁江山”之誉，又是半殖民地半封建社会各种矛盾的汇集点。作为新文化和革命文化传播的中心、中西文化交流的中心、市民通俗文化的消费中心，上海拥有纷繁复杂的文化机构和强大的文化产业。1949年5月27日，上海解放，上海城市发展历史翻开崭新的一页。到1950年初，在党中央指导和上海市军事管制委员会的统一领导下，上海在展开各项接管工作迅速建立革命秩序、安定市民日常生活和恢复生产过程中，有条不紊地完成对文艺、新闻、出版事业单位的接管。

一、接管准备

解放上海，是一件震动国内外的大事。然而，能否顺利接收和管理好上海，是上海解放后的第一件大事，意义重大。为了做好接管上海的工作，党中央和华东局审时度势，作出一系列决策，从制定方针政策、组织配备干部、开展思想教育、排摸情况等各方面作了充分准备。

1. 制定接管政策

党的七届二中全会作出党的工作重心由乡村转移到城市的战略决策后,解放和接管城市便被提到了党的重要议事日程。

围绕上海的解放和接管,党中央和毛泽东提出了"要完整保全上海"的指导方针,实施了"解放要服从接管"的决策,并在认真总结沈阳、北平、天津等大城市接管经验的基础上,制定接管江南城市的政策和接管上海的方针。

毛泽东、周恩来等专门听取中共中央上海局书记刘晓汇报上海的情况。1949 年 3 月至 4 月间,又邀请陈叔通、黄炎培、章乃器、盛丕华等在北平的上海知名人士座谈,听取他们对接管上海的意见和建议。

4 月 25 日,毛泽东亲自起草了《中国人民解放军布告》,规定保护全体人民的生命财产、保护民族工商农牧业、没收官僚资本、保护一切文化教育公益事业、保护外国侨民生命财产的安全等军民必须共同遵守的八项政策规定。

同月,中共中央批准了中共中央华东局制定的《接管江南城市的指示》。该指示明确规定了攻占城市后实行军事管制制度,入城的纪律和接管江南城市的方针,以及接管官僚资本企业、保护学校与文化教育机关、迅速出版报纸及开始播音等相关政策。

5 月 20 日,党中央复电华东局关于接管上海的机构及干部配备时,批准了接管上海"按照系统、整套接收、调查研究,逐渐改造"[①]方针。该方针对顺利接管上海工作起了极为重要的指导作用。

2. 建立机构配备干部

随着解放战争的顺利推进,为了为下一步城市的接管工作培养和储

---

① 《上海市政权系统　地方军事系统　统一战线系统　群众团体系统组织史资料》,上海人民出版社 1991 年版,第 6 页。

备干部，早在 1948 年 12 月，中共中央致电上海局选派 30—50 名干部，前往东北解放区学习城市管理经验，作为今后接管上海、南京等城市的干部培训。接着，1949 年 2 月—5 月，中共中央从华东、华中、华北、东北等调集和训练大批干部随军南下准备接管上海。

3 月，党的七届二中全会后，党中央确定邓小平为华东局第一书记，饶漱石为上海市委书记，陈毅为上海市长。4 月下旬，党中央电示上海局和香港工委，调潘汉年、夏衍、许涤新等参加接管上海工作。中央抽调参加接管上海的干部，不仅对上海的情况较为熟悉，而且许多还是懂得经济工作和具有真才实学的专家及技术管理人才。

4 月，党中央电告邓小平、饶漱石、陈毅《关于争取资产阶级代表人物协助接管上海工作的指示》，认为接收和管理上海，如果没有资产阶级代表人物帮助，可能发生很大的困难，无论在占领上海之前或以后，都应吸收这类代表人物参加工作。

党中央 5 月 20 日复电华东局，同意上海市军事管制委员会以陈毅为主任，粟裕为副主任，并指示在上海市军管会下除分财经、文教两接管委员会外，军事接管委员会应改为军事、政务接管委员会。指示在各机构的干部配备中，财经接管委员会“必须吸收一部分产业界民主人士及职工中有威望的领袖参加工作”，并明确指出“文教接管委员会规模太大，应由陈毅兼主任，夏衍、钱俊瑞、范长江、唐守愚、戴白韬均为副主任。分担各部工作同时亦必须吸收一部分党外文化工作者参加接管”①。这样，在党中央的指导下，上海市军管会成立了财经接管委员会、文化教育管理委员会、政务接管委员会和军事接管委员会等机构。其中，文化教育管理委员会负责文化接管工作。

---

① 中共上海市委党史研究室、上海市档案馆编：《接管上海》（上卷 · 文献资料），中国广播电视出版社 1993 年版，第 53 页。

3. 开展政策教育和纪律教育

参加接管工作的有华东局、华东军区机关工作人员、警备旅及各部勤杂人员约3万人及接收上海各部干部约3 500人。[①] 针对大多数接管干部长期生活在农村和武装斗争的环境中，缺乏城市工作经验；有些干部虽来自城市，但只有地下斗争经验；有些曾参加过城市接管，但只是中小城市接管经验的实际情况，华东局在丹阳组织接管干部集训。

在集训中，组织接管干部认真学习党的七届二中全会决议，解决对党的工作重心从乡村转移到城市的认识；学习党的城市工作政策，以适应新的工作环境的需要。其中，入城政策和纪律教育是重点。根据中央关于城市工作的一系列指示和华东局关于接管江南城市指示中所指出的原则及沈阳平津各市的接管经验，着重说明接管上海应严格遵守党的政策与十二条入城纪律的意义；说明根据上海情况复杂，接管上海必须采取极端慎重与稳重的步骤，力求主动避免被动，采取“按照系统、整套接收、调查研究，逐渐改造”方针的必要性；说明接管上海的好坏对全国及国际均有很大影响，因此，必须做到接好和管好，必须严格执行报告请示制度，反对无纪律、无政府现象。之后，各部转入对各部具体政策与业务的学习。

5月6日，粟裕在三野前委会上指出：“中央一再要我们保证进上海不再出乱子。至少要做到比平津更加进步。”5月10日，陈毅专门向军队和接管干部作入城纪律报告，他强调指出：“入城纪律是执行入城政策的前奏，是我们解放军给上海人民的见面礼。”会后，按照报告要求，全体干部和指战员在丹阳进行了入城纪律演习，严格遵守《入城守则》，形成优良军纪。

4. 摸排上海情况

要迎接上海解放、接管上海，必须首先要了解和掌握上海各方面的情

---

① 中共上海市委党史研究室、上海市档案馆编：《接管上海》(上卷 · 文献资料)，中国广播电视出版社1993年版，第50页。

况，为此，早在渡江战役之前，华东局社会部就派 60 余名干部，携带电台，先行南下，着手收集和整理战争中缴获的档案材料、战俘材料和国民党统治区图书报刊资料。

之后，华东局社会部根据长期收集的资料和上海党组织提供的情报资料整理编印了有关上海各方面历史和现状的《上海概况》《伪上海市政府各局》《上海各团体》等 30 余册百余万字的上海调查资料。这些资料详细介绍了上海驻军、政府机关、经济、金融、邮电、交通、文化教育等各个部门的组织机构、编制人数、重要设备、物资储存等情况。这为接管干部尽早了解和熟悉上海情况，提供了最为详实的情报资料。这些资料分发给各接管系统的干部阅读，为入城后按系统、有条不紊地接管创造了条件。

5. 制定接管方案

1949 年 5 月，上海市军管会制定了关于接管上海的方案①。方案明确规定了财经接管委员会各部、文化教育接管委员会、政务接管委员会、军事接管委员会接管单位和公安部的接管单位或接收单位。

根据该方案，文化教育接管委员会下设市教育接管部、国立学术机关接管部和宣教机构接管部等三部。其中，宣教机构接管部下设报纸刊物组、通讯社组、出版社及书店组、广播电台组等组，负责接收各反动党派机关及战犯、特务等所办报刊、通讯社，各反动党派机关及特务所办出版社和书店，国民党所办广播电台、不属于市立的社教机关及场所，以及反动机关所设电影机构和官办其他文教宣传机构，并管理其他报纸及刊物、通讯社、出版社、书店和广播电台。

1949 年 5 月 27 日，上海解放。同日，上海市军事管制委员会(下简称“市军管会”)成立。5 月 31 日，市军管会发布关于委任各接管委员会负责

① 中共上海市委党史研究室、上海市档案馆编:《接管上海》(上卷 · 文献资料)，中国广播电视出版社 1993 年版，第 67 页。

干部的命令：陈毅、夏衍、钱俊瑞、范长江、戴白韬、恽逸群、唐守愚、李昌、郑森禹为文化教育管理委员会委员，陈毅为主任，夏衍、钱俊瑞、范长江、戴白韬为副主任。赵行志为文化教育管理委员会秘书主任。钱俊瑞为高等教育处处长，唐守愚、李亚农、李正文为副处长；戴白韬为市政教育处处长；夏衍为文艺处处长，于伶、黄源、钟敬之为副处长；周新武为新闻出版处处长，徐伯昕、祝志澄、李辛夫为副处长。

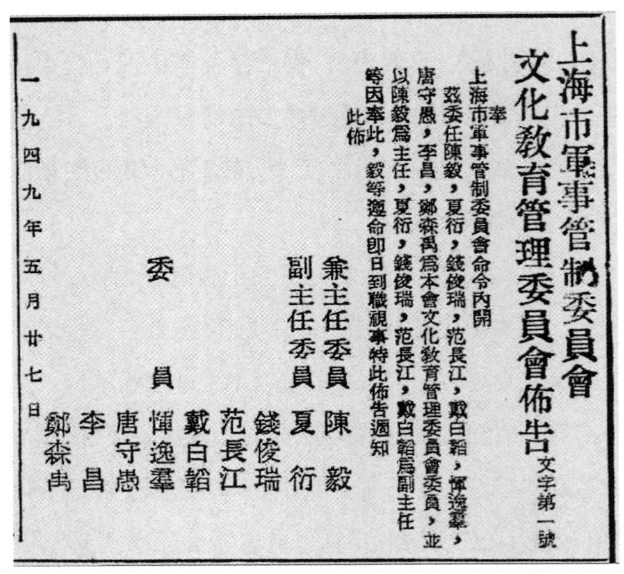

上海市軍事管制委員會
文化教育管理委員會佈告 文字第一號

奉
上海市軍事管制委員會命令內開
茲委任陳毅，夏衍，錢俊瑞，范長江，戴白韜，惲逸羣，唐守愚，李昌，鄭森禹爲本會文化教育管理委員會委員，並以陳毅爲主任，夏衍，錢俊瑞，范長江，戴白韜爲副主任
等因奉此，毅等遵命即日到職視事特此佈告週知
此佈

兼主任委員 陳毅
副主任委員 夏衍
錢俊瑞
范長江
戴白韜
委員 惲逸羣
唐守愚
李昌
鄭森禹

一九四九年五月廿七日

图 1-1 1949 年 6 月 1 日，《解放日报》头版刊发上海市军管会文化教育管理委员会布告(文字第一号)

至此，接管上海的各项准备工作基本完成。随后，市军管会文化教育管理委员会各处根据华东局和市军管会确定的“按照系统、整套接收、调查研究、逐步改造”接管方针[①]，遵循接收、管理和改造三个阶段[②]，有组

① 《上海市政权系统 地方军事系统 统一战线系统 群众团体系统组织史资料》，上海人民出版社 1991 年版，第 6 页。

② 本文侧重接收与管理，时间跨度下限主要到 1949 年底 1950 年初，部分和改造不可分割，也涉及改造内容，个别接收跨度时间较长，如电影院接管跨度至 1954 年。

织、有准备、有步骤地迅速展开接管工作。

二、接管新闻出版机构

为了迅速掌握舆论宣传、大众传播的重要工具，市军管会文化教育管理委员会新闻出版处很快便开展对报纸、杂志、通讯社、电台等旧上海新闻出版机构的接管工作，根据各新闻单位资本构成、政治倾向的差异，分别采取接管、军管、管制和支持扶植等不同措施。

1. 广播电台的接管

5 月 27 日晨，上海解放当天，市军管会新闻出版处广播室（下简称“广播室”）派军代表率接管人员前往国民党上海广播电台，实行接管，从而开启了对旧新闻出版机构的接管工作。

为做好接收工作，接管人员在与人民团体联合会派来的代表洽商后，便召集电台工作人员宣布接管理由。接着，敦促电台工作人员编造移交清册的同时，与原电台人员进行个别谈话，并收集研究档案材料。国民党上海广播电台台长及负责电台日常事务的总务科长对于接管电台表示绝对执行命令，服从领导，负责移交。[①] 到同年 7 月 26 日，物资清算人员处理，均告一段落。[②] 除原台长和总务科长都另有职业，自动请求离职，及专任国民党党务的人外，其余电台人员都继续留用，分配适当工作。针对广播人才短缺、经验不足的情况，聘请国民党原中央广播事业管理处处长、交通大学原校长吴保丰为顾问。

伴随着对国民党上海广播电台的接管，上海人民广播电台同时成立，并于接管当天正常广播。为迅速获得新闻，广播室派出另一部分人员到

---

① 周新武、苗力沉：《上海人民广播第一声——回忆接管国民党“上海广播电台”的工作》，《接管上海》（下卷·专题与回忆），中国广播电视出版社 1993 年版，第 227 页。

② 《广播室接管上海广播电台报告》（1949 年），上海档案馆藏，Q431－1－131。

图 1-2　解放初期位于延安西路的上海人民广播电台

《解放日报》编辑部，及时了解华东局、上海市委的意图和指示。5 月 27 日晚，上海人民广播电台正式开始对外播音。[①] 此后，上海人民广播电台每天分早、中、晚三次播音，播音时长共 9 小时 20 分钟。广播节目有：转播北平新华广播电台新闻、评论和英语节目，自己编写的新闻、评论、通讯，以及布告、法令、音乐、教歌、话剧、越剧、沪剧、其他戏曲等，政治类节目占 72.5%，文艺类占 20%，其他为 7.5%。

为管理好全市无线电台，并防止敌特分子利用电台传递情报进行间谍破坏活动，保障社会治安，1949 年 5 月 31 日，上海市军管会发布通令[②]，要求对原蒋伪政权所属电台进行登记和统计；6 月 2 日，又颁布《无线电台登记与管制暂行条例的布告》，要求一切公营、私营及业余等无线电发报、发话电台，均须到财政经济接管委员会电讯处办理登记。7 月 16 日，市军管会颁布《关于国际电讯检查暂行办法的布告》，规定：二、凡经本市国际电台发出之电讯及口语广播不得直接或间接述及解放区内下列

① 《军管会接管沪国民党广播电台　人民广播电台昨开始播音》，《解放日报》1949 年 5 月 28 日。

② 《中国人民解放军上海市军事管制委员会关于各接管系统的电台必须登记的通令》(1949 年 5 月 31 日)，上海档案馆藏，B91-1-1。

各项情况：甲、气象；乙、匪机轰炸与扫射地点及损害情形；丙、防控设施状况及机场所在地与状况；丁、人民解放军驻地、人数、番号、供应、轻重或移动，电台及军事性质设备及工厂之情况；戊、军管会、人民政府及其他一切党政军事机关及人民团体之所在地点。三、一切电讯须经本会电讯检查组检查加盖放行戳记后，始得发出。四、口语广播稿本须于广播前经电讯检查加盖放行戳记后，始得播送。播送人须按检查后之稿本播送，不得有丝毫更改。①

除接管上海广播电台外，上海还接管了国民党系统的中华唱片和中央广播器材修造所（1950 年 1 月 3 日根据领导决定，一并移交中央广播事业局）；封闭了 22 个伪公营广播电台，对其财产机器等物，确属反动的党、政、军机构所办的予以没收，其串通人事关系，假借伪军政机关名义进行不正当商业活动的，停止其广播活动，并本宽大精神令其具结觅保发还②；对 23 个私营广播电台，除封闭和国民党 CC 系勾结的“中国文化”电台，改组有“官股”的“合作”和“新沪”两个电台为公私合营电台外，对其余 20 个电台则采取保护、帮助与改造的方针。

为加强对私营广播电台的领导和管理，一方面，市军管会于 6 月 13 日颁发《上海市私营广播电台暂行管制的条例》，要求中国人经营之私营广播电台到文化教育管理委员会新闻出版处作书面报告，特别是各台每天的广播节目及广播内容；另一方面，召开座谈会，向私营电台从业者宣传党的方针政策。6 月 29 日，文管会召开播音界座谈会，夏衍、范长江在会上讲话。范长江指出了当时许多私营广播电台在播音内容方面存在的缺点，提出了今后广播的具体原则，鼓励大家共同为建设新中国、新上海

---

① 《上海市军管会颁布关于国际电讯检查暂行办法的布告》（1949 年 7 月 16 日），《接管上海》（上卷 · 文献资料），中国广播电视出版社 1993 年版，第 477 页。

② 《新闻出版处关于一年来的新闻、出版、广播工作》（1950 年 5 月），《接管上海》（上卷 · 文献资料），中国广播电视出版社 1993 年版，第 483 页。

服务。7月11日,由上海人民广播电台和新闻出版处广播室共同召开广播界人士座谈会。之后,这种座谈会由广播室负责,各台轮流召集,每两星期举行一次,吸收私营广播电台职工参加,并发展成为对私营广播电台进行领导和管理的有效的民主形式。

在7月接收工作告一段落后,8月6日,市军管会正式任命周新武为上海人民广播电台台长、苗力沉为副台长。9月1日,华东局宣传部会议决定成立华东广播管理处,由夏衍、周新武分任正副处长,领导包括上海人民广播电台在内的华东新闻事业。此后,在中共中央广播事业管理处和中共中央华东局暨上海市委宣传部的坚强领导下(后期则改归中央人民政府新闻总署广播事业局和华东暨上海新闻出版局处领导),上海人民广播电台全体人员经过一年的建设,克服了国民党留下的广播机、播音室破旧,房屋狭窄,广播人员短缺,缺乏办城市广播的经验等很多困难,使人民广播事业健康发展,工作取得了一定的成绩。①

2. 报社、通讯社的接管

解放前夕,上海有大小报纸七十余家,通讯社八十多家,外埠报社驻沪办事处十余家。其中既有外国人办的,也有本国人办的;在本国人办的报纸、通讯社中,有国民党反动派的,也有民族资本家的,还有官僚资本与民族资本合资的。② 这些报刊除《新民报晚刊》《大公报》等报刊外,大多数处于停刊状态或自行解体。同时,原有新闻通讯社,因新闻来源减少或断绝,经济陷入困境而停办。

市军管会在上海解放当天,就颁布了《关于上海市报纸、杂志、通讯社登记的暂行办法》,要求已出版、将出版或将复刊之报纸和杂志及已营业

① 《新闻出版处关于一年来的新闻、出版、广播工作》(1950年5月),《接管上海》(上卷·文献资料),中国广播电视出版社1993年版,第484页。

② 王中:《上海解放初期接管新闻机构的情况》,《接管上海》(下卷·专题与回忆),中国广播电视出版社1993年版,第217—218页。

将营业或将复业之通讯社，均须依照本方法，向军管会申请登记。军管会对申请登记的报纸、杂志、通讯社，核查登记合格后发给临时登记证，尚未创刊或营业及未复刊或复业的报纸、杂志、通讯社，须取得临时登记证后始得创刊，或营业，或复刊，或复业。未获军管会允许登记的报纸、杂志、通讯社，不得在上海出版或营业，已出版或已营业之报纸、杂志、通讯社，获得本会允许登记后，得在本市继续出版或营业。同时也规定本办法适用于中国人所出版或经营的报纸、杂志、通讯社，外国侨民在上海所出版或经营之报纸、杂志、通讯社之登记办法，另行规定。① 市军管会新闻出版处根据本办法，于 5 月 30 日正式开始登记工作，接受报纸、通讯社的登记。从 5 月 31 日至 6 月 30 日，填送申请登记表的新闻单位共 244 家，其中报纸 43 家，通讯社 12 家，杂志 189 家。经审核第一批发给登记证报纸 14 家：《解放日报》《新闻日报》《大公报》《文汇报》《新民报晚刊》《大报》《亦报》《劳动报》《青年报》《新少年报》《人民文化报》《剧影日报》《上海警总》《新生活报》；通讯社三家：新华社华东总社、新华社上海分社、工商新闻社；杂志 28 家②。

市军管会新闻出版处新闻室（下简称“新闻室”）遵循党对待旧新闻事业的根本原则：保护人民的言论出版自由和剥夺反人民的言论出版自由，没收官僚资本归人民所有和保护民族资本家的正当权益，根据各新闻单位的不同，分别采取了接管、军管、管制和支持扶持的不同措施。

对国民党的党、政、军、特、宪独资创办或直接控制的《中央日报》《和平日报》（原《扫荡报》）《前线日报》《时事新报》《东南日报》《益世报》《大众夜报》《立报》《大晚报》《华美晚报》《自由论坛报》《新夜报》

---

① 《上海市军管会颁发关于上海市报纸、杂志、通讯社登记的暂行办法》（1949 年 5 月 27 日），《接管上海》（上卷 · 文献资料），中国广播电视出版社 1993 年版，第 473 页。

② 王中：《上海解放初期接管新闻机构的情况》，《接管上海》（下卷 · 专题与回忆），中国广播电视出版社 1993 年版，第 221—222 页。

《金融日报》《正言报》《大陆报》共15家报纸,国民党的中央通讯社上海分社、华东通讯社、正一通讯社共3家通讯社,以及中国新闻专科学校一所及其他外埠报纸沪办事处五家实行接管,立即封闭,没收其财产,归国家所有,其设备用来开办人民的新闻事业。同时,解散、查禁了不少伪装进步,继续出版的报刊。经过两个多月的处理,澄清了混乱的情形。①

对于官僚资本和民族资本合办的、其编辑部被反动派控制的新闻单位,先行军管,然后分别情况加以处理。对企业的资本,仅没收其中的官僚资本,私人资本仍归原主,并保护他们的合法收入;同时解散被反动派所控制的编辑部,重新组织新的编辑部。对《申报》《新闻报》的处理就是典型。申、新两报是旧中国历史悠久的报纸,解放战争期间,两报名义上仍为私人集资经营的企业,但实际上国民党当局已从政治、财务、人事、编辑业务等方面控制了两报。针对两报的具体情况,实行军管,没收其国民党掺入的官股,保留了私人资本部分,并立即解散《申报》编辑部,改组《新闻报》编辑部。两报于5月27日停刊。6月29日《新闻日报》出刊。

凡是全部由民族资本投资创办的报纸、通讯社,不管其政治立场如何,资产所有权一律仍归原主所有,并保护他们的正当收入。对于这些报纸、通讯社在政治上的措置,则视它的政治态度加以具体对待。有些报纸、通讯社虽由民族资本创办,但编辑部被反动分子把持,一贯跟随国民党反动派,敌视人民,这些就实行军管,改组其编辑部,改变其编辑方针,然后准其继续出版。对民族资本家创办而无政治背景,政治上采取中立态度的报纸、通讯社,采取管制政策。

---

① 《新闻出版处关于一年来的新闻、出版、广播工作》(1950年5月),《接管上海》(上卷·文献资料),中国广播电视出版社1993年版,第480页。

对于进步报纸，采取大力支持扶持的办法。上海解放前，国民党几乎封闭了所有旧上海的进步报纸，上海一解放从政治上、物资上帮助他们复刊，如《新民报》《文汇报》。

对于外国侨民在上海办的报纸，没有采取没收或封闭行动，仅命令外国政府设在上海的新闻处停止活动（因为这些新闻处属于外国政府外交机构的下属组织），只要这些报纸不敌视中国人民，都允许其继续出版。苏联侨民办的《苏联公民报》（原《俄文日报》）、《新生活报》，美国侨民约翰・本杰明・鲍威尔主持的《密勒氏评论报》（后因公开反对美国发动侵朝战争，被美国政府禁止入境，发行量大减，于 1953 年自动停刊），都在解放后继续出版。《字林西报》《大美晚报》两报虽然在解放战争中一贯支持国民党反动派，但上海解放后仍允许他们继续出版，后这两家报纸坚持敌视中国人民的解放事业，在报上制造谣言，恫吓上海人民，企图制造混乱，受到市军管会的警告，也遭到上海人民包括这两家报纸内部工人的反对，报纸滞销，报社难以为继，只得于 6 月中旬先后自动停刊。

为确保新闻事业的健康发展，上海除创刊中共中央华东局兼上海市委机关报《解放日报》，工会、共青团的机关报《劳动报》《青年报》和《新少年报》等报刊，进行正面引导外，新闻出版处还负责联络和指导新闻界，经常每周举行各报负责人座谈会，讨论业务，传达政策，解释市政设施有关事情，纠正各报刊出现的一些不妥当的记载，保持公营报纸与私营报纸之间的联系，共同解决一些业务上的困难。同时，输送相当数量愿意继续从事新闻工作的人员到华东新闻学院，学习马列主义和毛泽东的重要著作、党的方针政策和我们党报的传统作风，以及必要的新闻业务知识，使之成为党的新闻事业的新生力量。其中有不少人成为党的新闻战线、文化战线工作的领导和中坚力量。

(第一版) 中華民國三十八年五月二十八日 解放日報 星期六 (一)

解放日報

創刊號

解放日報採訪部的一封公開信

中國人民銀行華東區行通告

中國人民銀行上海分行通告

本報訂閱及暫行優待辦法

中國人民解放軍佈告

大上海全部解放

我軍攻克吳淞要塞 市區殘敵四萬投降

淞滬外圍掃蕩戰經過

發刊詞

慶祝大上海的解放

解放吳淞寶山經過

沿南潯鐵路南下我軍 解放德安永修星子 鄂東南解放通山縣城

保障全體人民維護社會安寧

上海軍管會奉命成立 陳毅粟裕兩將軍分任正副主任

滬軍管會佈告

僞金圓券流通限期 一切計算應以人民幣爲本位

上海學聯正式成立

擊落敵機三架 打沉敵艦七艘

图 1－3 《解放日报》创刊号

经过近两个月的努力，“新闻出版方面接管和实行军管的共四十七个单位，其中报馆、通讯社二十单位。上述各单位的人员共 2 429 人。……我们停止了国民党反动派办的报纸和过去作为反动喉舌的报纸，刊行了人民的报纸，实行两家报纸的改组，辅助了过去在国民党时代受压迫而停刊的进步报纸的复刊。”①

3. 出版社、书店的接管

到上海解放前夕，倾向革命与进步的出版单位和刊物，如生活书店、利群书报联合发行所、《文萃》周刊、《世界知识》、《展望》等遭到国民党当局的严格控制和打击，被迫停业、被封闭或被勒令停刊。其余 150 多家出版社大都不景气，且情况复杂，出版物五花八门，有投机牟利的，有反共反人民的宣传品、传播西方生活方式的书刊、迎合小市民低级趣味的读物，宣扬封建迷信的武侠小说和戏曲唱本等。

为摧毁反动文化的出版阵地和建立新的为人民服务的国家出版机构，1949 年 5 月 30 日②到 8 月，市军管会文化教育管理委员会新闻处出版室对正中书局、中国文化服务社、拔提书局、东方书店、建国书店、独立出版社、胜利出版社、时与潮社、建军出版社、财政评论社等国民党官僚资本经营的书店、出版社、杂志社和印刷厂实行接管，对时代印刷厂、中国印书馆实行军管，停止出版反动的书籍报刊，并将原正中书局印刷厂改组成上海新华印刷厂和上海新华印刷厂二厂。

对掺有官僚资本的世界书局③、大东书局、儿童书局等 6 家出版企业实行军管。经过清理，没收其中的官僚资本股份后，私股仍归股东所有，

① 陈毅：《关于上海市军管会和人民政府六、七月的工作报告》(1949 年 8 月 3 日)，《陈毅军事文选》，解放军出版社 1996 年版，第 505 页。

② 《上海市军管会新闻出版处出版室工作总结》(1949 年 6 月 30 日)，上海档案馆藏，Q431－1－1。

③ 世界书局由于营业不振，负债累累，解放后靠变卖机器勉强维持，1950 年 2 月，经领导部门批准后，对其实行接管。

并交原私股负责人经营，对全部职工作了妥善安置。

对私营出版业，一方面团结他们，使之建立新的服务观点。为此，建立了62家书店参加的联合出版社及书业座谈会等组织。其中，7月21日，新成立的上海联合出版社专门出版中小学教材。

到1949年9月底，市军管会一共接收了40个反动出版机构以及6个附属单位，接收旧人员394人，还有两个完整的印刷厂。[①]

10月开始，领导和团结私营出版业，帮助他们解决一部分困难，使之稳步走向为人民服务的道路。为鼓励其走向出版分工，发行统一的方向，加强了52家新出版业组织的联营书店，组织了通俗出版业联合书店和"连环画出版业联合书店"。另一方面，在消灭和改造出版业的投机方面，查禁取缔了133种及封存停售了17种图书。[②]

对广学会书局、土山湾印书馆等20家接受外国津贴的出版机构(绝大部分是宗教团体主办的)，在抗美援朝时期根据政务院颁布的条例进行登记后，由人民政府宗教部门归口管理。

三、接管文艺机构

在文化教育管理委员会新闻出版处接管旧上海新闻出版机构的同时，文艺处开始接管国民党政府和官僚资本经营的电影制片厂、电影院、音乐和美术等机构，文艺接收工作严格按照有步骤的谨慎的原则进行。

---

① 《新闻出版处关于一年来的新闻、出版、广播工作》(1950年5月)，《接管上海》(上卷·文献资料)，中国广播电视出版社1993年版，第481页。《上海出版志》编纂委员会编：《上海出版志》，上海社会科学院出版社2000年版，第129页记载"到1949年12月底，市军管会基本完成对58个新闻出版方面的单位的接管或军管。其中出版单位20家、印刷厂8家，从业人员2 314人"。

② 《新闻出版处关于一年来的新闻、出版、广播工作》(1950年5月)，《接管上海》(上卷·文献资料)，中国广播电视出版社1993年版，第481—482页。

1. 电影制片厂的接管

上海是中国电影事业的发源地,这里汇集了大部分国民党党、军、三青团及地方势力等各个系统建立的电影企业——制片厂和电影院。

上海解放后,中央电影领导部门派出钟敬之等人,会同夏衍、于伶等随军进入上海。在市军管会领导下,1949 年 5 月 30 日—6 月 30 日,市军管会文艺处遵照党的接管方针,开始接管国民党在上海的各个电影机构。6 月初,于伶代表市军管会文艺处召见"中电"负责人,宣布实行军事接管,敦促办理移交手续。此后,上海相继接管了国民党中电总办事处、中电董事会办事处、行政院内政部电影检查处、国防部中国电影制片厂(中制)办事处、制片厂及技术站,中电一厂、二厂,大众电影合作公司(原称实电)、中华电影工业制片厂(电工)等 3 家电影工厂,以及西北电影公司和农教电业公司。

在接管中,对原在这些机构中供职的人员,本着"稳定改造、量才使用"的政策原则,分别处理。在最初的两三个月内,每个单位只派出一名联络员,规定这些工作人员自己组织临时管理委员会,自己选出带头人,进行时事政治学习,促进大家提高思想,转变观念。同时,责成临管会清点器材,登记造册,负责保护资产、账册、档案等,听候接管验收。[①]

与此同时,中央和上海地方电影主管部门对昆仑影业公司、文华影片公司、国泰影业公司、大光明影业公司、大同电影制片厂、大中华影业公司和华光影业公司等 7 家私营电影企业,进行了指导和帮助。

上海接收的五个电影制片机构,根据中宣部要求,改组为统一的上海电影制片厂。1949 年 11 月 16 日,上海电影制片厂成立,于伶任厂

---

① 钟敬之:《接管电影企业和成立上海电影制片厂前后》,《上海文史资料选辑》第四十六辑,上海人民出版社 1984 年版,第 401 页。

长,钟敬之任副厂长。[①] 同时,设立新闻片组和翻译组。原"中电一厂"、原"中电二厂"、原"中制"、原"实电"和原"电工"成为上海电影制片厂的五个摄影场。上海人民电影事业正式起步。1950 年初,中央电影主管部门把东北电影制片厂的美术片组调入上影,上影由此成为以拍摄故事片为主,兼顾译制外国影片和拍摄少量美术片、纪录片的综合性电影厂。

"上影第五摄影场",即中华电影工业制片厂被军管后,发现内有小部分私人投资。根据党对官僚资本的接管政策,决定将这部分私人投资在电影企业中搞公私合营。1950 年 8 月,经上海市委同意,并通过文化部电影局批准,以上影第五摄影场为基础,组织公私合营长江影业公司,第五摄影场改名为长江影业公司制片厂。

2. 电影院的接管

1949 年 5 月上海解放时,全市共有影院 52 家。6 月起,市军管会文化教育委员会文艺处适时对影院分期分批进行接管。6 月 7 日,文艺处最早接管国民党机构所办的文化会堂、国际、民光、海光共 4 个电影院。1950 年起,开始接管外商或挂外商招牌的大光明、国泰、大华、美琪、南京、平安、光陆、浙江、辣斐共 9 家。之后,上海陆续接管了兰心、虹光、新新、金门、皇后、蓬莱、长治、银都、金城、汇山、东海、杜美等重要电影院,对电影院的接管工作直至 1954 年完成。

3. 音乐、美术系统的接管

上海的音乐美术系统门类齐全,机构林立。市军管会文化教育委员会文艺处在接管电影企业的同时,1949 年 6 月,开始接管音乐和美术系统的相关单位。首先对国民党进行各种文化活动的新生活俱乐部进行接

---

① 《上海电影制片厂成立大会记录》(1949 年 11 月 16 日),上海市档案馆藏,B177 - 1 - 1。

管。6月6日,军管会文艺处派副处长黄源为军代表接管上海市立实验戏剧学校。该校是我国专门培养戏剧、舞台美术等人才的高等艺术学院,由著名戏剧家顾仲彝、李健吾、吴仞之和熊佛西等于1945年12月创办。1949年10月,学校更名为上海市立戏剧专科学校。

被称为远东第一的上海市政府交响乐团在6月16日被文艺处派军代表联络员章枚、桑桐正式接管,并将乐团更名为上海市人民政府交响乐团。1951年3月结束军管后,归属上海市文化局领导,命名为上海市人民交响乐团。交响乐团在新中国重大节日、接待外宾演出、国际交流等方面发挥重要作用。

随后,军管会文艺处于6月21日派美术室主任沈之瑜接管上海美术馆筹备处,不久该机构撤销。6月25日,黄源作为军代表接管了国立上海音乐专科学校。该校是中国最早建立的高等音乐学校,由著名教育家蔡元培和萧友梅博士于1927年11月创办。1949年9月1日改名为国立音乐学院上海分院。①

至1949年7月底,共接管交响乐队一个,俱乐部一个,美术馆一个,剧校一个,演剧队一个,共有员工907人,技术人员165人。②

随着新闻出版机构、电影制片厂、电影院、音乐、美术等文艺机构的接管完成,根据中共中央和中央人民政府组织法的颁布实施,华东及上海的文化管理机关作出相应的调整。1950年1月,华东军政委员会召开第一次会议,决定成立新闻出版局,负责华东公私营新闻、出版工作,恽逸群任局长。1950年3月,在上海市军管会文教管理委员会文艺处基础上,上海市人民政府文化局成立,市委常委、宣传部部长夏衍任局长。9月,上海

---

① 《上海高等教育志》编纂委员会编:《上海高等教育志》,上海社会科学院出版社2010年版,第664页。

② 陈毅:《关于上海市军管会和人民政府六、七月的工作报告》(1949年8月3日),《陈毅军事文选》,解放军出版社1996年版,第508页。

市人民政府成立文化教育委员会,夏衍任主任,下属文化、教育、卫生各局和体委、新闻出版处。上海的新闻出版事业、文化事业进入新的发展时期。

从1949年上海解放到1950年初,上海的文化系统接管工作基本完成。至此,上海初步构建起党领导下发展社会主义新闻、出版、音乐、美术等文化事业的组织构架,为接管后发展社会主义文化事业奠定了重要基础。在接管的基础上,上海的社会主义文化建设事业迎来新的春天。

(段春义)

戏曲界的“改戏、改人、改制”

1949年到1956年间，面对众多历史悠久、传统深厚并深深打上半封建半殖民地社会烙印的戏曲和各私营剧团，上海市军管会文艺处和市文化局，以“百花齐放，推陈出新”方针为指导，从转变戏曲艺人的思想开始，团结并依靠艺人开展了以改戏、改人、改制为主要内容的戏曲改革，从而使众多传统戏曲逐渐适应建设民族的、科学的、大众的社会主义新文化的要求，并成为社会主义新文化的重要组成部分。

一、戏曲改革的背景

上海解放前，戏曲剧场、剧种、演出团体和从业人员都具有相当大的规模，在全国也有相当大的影响力。为使传统的戏曲能够适应解放后建设社会主义新文化和人民群众精神生活的新要求，必须对其进行全面改革，而这又是一项十分重要而艰巨的任务。为此，上海进行了戏曲改革的准备。

1. 解放初上海戏曲界的现状

上海戏曲剧场、剧种、演出团体和从业人员在上海解放时规模庞大。

全市当时一共有118家剧场游艺场和书场,如果将游艺场内的剧场分别计算,则共有142个场地,还不包括郊区小场地,酒楼饭店内附带的曲艺表演场地和街头艺人的演出场地。在这些剧场中活动的有22个剧种,即京剧、越剧、沪剧、江淮戏、维扬戏、常锡戏、通俗话剧、滑稽戏、甬剧、绍兴大班、粤剧、昆曲等12种戏曲和评话、弹词、沪书、苏卷、苏北评话、江淮鼓书、维扬评话、魔术、技术、故事等10种曲艺,此外,不在剧场中活动的街头戏曲曲艺,也有着十几个剧种。12种戏曲中共有正式剧团96个,10种曲艺和街艺中的演唱单位估计在两百个以上,郊区也不在内。共约有戏曲曲艺工作者4 914人,另外加上失业的约2 000千人,上海就共有7 000上下戏曲工作者,还不包括郊区的和流动性较强的,更不包括前台。①

这支庞大的戏曲队伍,其中有进步、健康的力量,如京剧界的梅兰芳、周信芳,越剧界的“十姐妹”等等,但同时在队伍、制度、剧目、作风等方面,也存在着旧上海半封建半殖民地的影响,一些恶霸、地痞流氓亦混迹其内。广大艺人在旧社会往往为了生存沾染许多旧意识和不良习气,解放后剧团仍控制在老板手中,经济上并没有得到解放。演出剧目很多是宣扬封建迷信、黄色下流、丑化劳动人民的内容。

中国共产党和人民政府非常重视戏曲,对上海戏曲的历史与现状也有客观的认识和清醒的估计,上海戏曲界的种种状况与建设民族的、科学的、大众的社会主义的新文化要求极不适应。为此,必须要改革戏曲,使之适应新时代和人民群众的新需要。针对上海戏曲的改革势在必行,而这是一项艰巨、复杂而繁重的任务。

2. 戏曲改革机构的成立

如何使组成复杂、水平参差不齐的旧戏曲更好地融入新社会,适应新

---

① 刘厚生:《全国戏曲工作会议上上海市戏曲改革工作报告(1949年5月—1950年10月)》,上海档案馆藏,B172-4-34。

中国建设需要，自 1948 年 11 月 23 日，华北解放区《人民日报》发表《有计划有步骤地进行旧剧改革工作》的社论，提出如何正确对待和改革旧剧的问题，以及 1949 年 7 月召开的全国第一次文代会明确提出“改造旧剧”的任务后，改造旧剧成为戏曲改革和建设社会主义新戏曲的重要方面。

为顺利地推动戏曲改革，有领导、有步骤地改革旧戏曲，当务之急必须要组建戏曲改革的领导机构。全国第一次文代会召开不久，中华全国戏曲改革委员会便成立了。中华人民共和国成立后，该委员会便于 11 月1 日改为文化部戏曲改进局，田汉任局长，负责全国范围内的戏剧改进工作，包括制订戏曲工作政策，拟定上演剧目的审查标准，改革戏曲班社制度，团结、改造、关心戏曲艺人。1950 年 7 月，文化部又邀请戏曲界代表人物、戏剧专家和文化部有关戏曲工作的负责人员组成戏曲改进委员会，负责提出审定戏曲改进局提出的修改与改编的剧本，并就戏改工作的计划、政策向文化部提出建议。1951 年 4 月，中国戏曲研究院成立，梅兰芳任院长，其中心任务是：整理修改传统戏曲的优秀剧本，并创作新剧本；在戏曲艺术的各方面进行系统的研究和实验工作；用科学的方法培养戏曲演员及戏曲工作干部。

上海刚解放，上海市军事管制委员会就成立了文化教育委员会，下设文艺处等四个处，文艺处处长为夏衍。1949 年 5 月 27 日，上海军管会文艺处建立了执行戏曲改革的机构——剧艺室，按照毛主席的有计划有步骤的改革戏曲，使之“推陈出新”的方针政策，领导剧改运动。

1950 年 5 月，华东军政委员会文化部成立，设戏曲改进处。在同年 8 月召开的华东戏曲改革工作干部会议确定以上海为重点，推动整个华东的戏改工作后，同年 3 月成立的上海市人民政府文化局也于 9 月 20 日，将原文艺处戏曲改进室改为戏曲改进处[①]。1951 年 3 月，在全国戏曲工

① 《上海市人民政府准予设立戏曲改进处的指示》(1950 年 8 月 28 日)，上海档案馆藏，B172 - 1 - 706。

作会议“继承戏曲遗产,革新戏曲艺术”精神的指导下,华东戏曲研究院(1955年奉命撤销)成立,专门从事对华东戏曲的调查、研究、改进以及培养下一代的工作。

由此,上海戏曲改进工作有了从中央到华东军政委员会文化部,再到市文化局等较为完善的各级组织领导机构,确保了戏曲改革工作的组织落实,使党的戏曲方针政策能迅速贯彻到基层工作中。

3. 戏曲改革指导方针的提出

对旧剧的改革,《有计划有步骤地进行旧剧改革工作》一文提出对旧戏曲要采取具体分析、区别对待的态度,要采取积极改革旧剧的方针,第一步是根据对人民群众“有利”“无害”“有害”的标准,审定旧剧,第二步是通过新文艺工作者与旧艺人的通力合作,对旧剧进行修改和创作。

1950年11月27日—12月11日,全国戏曲工作会议召开,中央及各大行政区、各军区、各省、市、自治区的戏曲改革工作干部和戏曲音乐工作者、各戏曲剧种主要演员、曲艺演员共219人参加会议。田汉在会上作了题为《为爱国主义的人民新戏曲而奋斗》的报告,总结一年来戏曲改革的成绩和问题。上海方面,刘厚生做了《上海戏曲改革工作报告》。与会代表热烈讨论了戏改工作的方针政策,并就戏曲剧本的创作、修改、审定、交流问题,以及对旧的戏曲班社、行会、师徒、养女等制度进行改革和加强戏曲艺人的团结教育等项工作进行了认真的研究,交流情况、总结经验、统一认识。会议根据代表们的讨论意见,提出了《关于戏曲改进工作向文化部的建议》,并由文化部向中央报告。

1951年4月3日,毛泽东题赠新成立的中国戏曲研究院“百花齐放,推陈出新”,这八个字成为发展戏曲艺术的总方针。5月5日,中央人民政府政务院发布了《关于戏曲改革工作的指示》,即“五五指示”。该指示可以说是“百花齐放，推陈出新”方针的具体化[①]，它提出了“改戏、改人、改制”的目标，成为相当一个历史时期国家戏曲改革的指导文件。

上海解放后，市军管会文艺处剧艺室便遵循“稳步前进、量力而行”，“推陈出新”，“团结艺人、依靠艺人”的正确方针，率先开展戏改工作。[②] 之后，随着“百花齐放、推陈出新”方针和“五五指示”的出台，上海的戏曲改革有了更明确的指导方针，以改人、改戏、改制为主要内容的上海戏曲改革全面展开。

二、改　　人

改人是戏曲改革的基础，是改戏和改制的前提和准备，因此上海的戏曲改革首先从改人开始。因为只有人转变了思想观念，才能开展剧目的审定、修改、整理和创作，才能改革旧有不适应的各种制度，解放艺术生产力。为此，上海一方面开设班级，组织戏曲从业人员集中学习政治或业务，或在剧团内组织各种学习小组，进行政治启蒙教育，另一方面，将艺人们组织起来，使其参加各种政治运动，从实践中去体验和感悟，不断提高思想觉悟，提升艺术水平，成长为社会主义新戏曲人才。

1949 年 7 月 22 日—9 月 5 日，军管会文艺处以越剧为重点，主办第一届地方戏剧研究班。伊兵任班主任，刘厚生任副主任。分表演和编导两个系，两百多艺人和编导参加。编导系的重点在改革旧剧，表演系的重点在改造艺人[③]。学习内容和方式广泛多样，学习毛泽东在延安文艺座谈会的讲话、听工运领袖的报告、观摩苏联电影及老解放区歌剧《白毛女》

① 高义龙、李晓主编：《中国戏曲现代戏史》，上海文化出版社 1999 年版，第 130 页。
② 刘厚生：《全国戏曲工作会议上上海市戏曲改革工作报告（1949 年 5 月—1950 年 10 月）》，上海档案馆藏，B172－4－34。
③ 《上海市半年来戏曲改造工作的总结（1949 年 12 月）》，上海市档案馆藏，B172－1－14。

《血泪仇》等等。由于大多数艺人出身于劳动人民,在旧社会受各种势力的压迫和剥削,过着极不稳定的生活。获得解放后,他们表现出强烈的翻身感,拥护党和新人民政府,愿意接受党的领导和教育,因此"改人"初期重点放在政治的启蒙教育上。这种政治启蒙教育卓有成效。研究班解决了艺人们"过去为谁演戏,今后为谁演戏,怎样演戏"的问题,初步建立为人民群众,首先为工农兵服务的人生观和艺术观。①

1950年和1951年夏季,上海又连续举办第二届、第三届地方戏曲研究班。第二届学员最多,达一千多人,包括本市戏曲界十七个剧种的编导、演员、音技工作人员等②,设编导、表演、音技3个系,班主任周信芳,副主任刘厚生,主要学习第一届文代会和唯物史观,分析中国戏曲及戏改方法。第三届重点是编导,设编导和演员两系,学员达两百多人。学习新民主主义革命运动史及文艺理论等,完成"在思想上提高一步"的任务③。经过三届研究班,使各剧种的主要演员和编导,一千八百人左右都参加了一次学习,有的甚至三次。除了这种短期的集中学习以外,还经常用政治课(主要讲社会发展史)、识字班(在艺人中扫盲,既学文化,又学政治)、座谈会等方式,组织艺人进行学习。另外,几乎每个剧团都有学习小组、大组,开展经常性的学习。由此,百分之五十以上的艺人都参加了学习。

"改人",培养编导人才是一项重要内容,也是改戏和创作新戏的前提。三届研究班都专设编导系,第三届戏曲研究班时更提出戏改工作的基础是人的改造,而戏改工作的中心是新戏曲的创作(包括旧戏曲的改写),因此,当前最重要的任务是戏曲编导(戏曲作家)的改造。④ 为了配合

---

① 《军管会文管会文艺处主办地方戏剧研究班大纲》(1949年),上海档案馆藏,B172-1-10。
② 《二届戏曲研究班结束》,《解放日报》1950年9月21日。
③ 刘厚生:《上海市第三届戏曲研究班总结》(1951年),上海档案馆藏,B172-1-43。
④ 刘厚生:《上海市第三届戏曲研究班总结》(1951年),上海档案馆藏,B172-1-43。

戏曲改革,促进新生编导力量的成长,1951年2月—5月[①],上海市专门开办"戏曲编导学习班",将学习的重点放在编导的业务学习和专业培训上。周信芳任主任,刘厚生、南薇任副主任。为促使其转变观念,掌握表演、编剧和导演的技能,学习班聘请唐弢、陈白尘、黄佐临等讲授文学史、导演学等专业知识,由南薇、李瑞来等教授越剧、京剧、沪剧等编导知识,刘厚生讲戏曲政策,还请专业教师讲授音乐和舞台美术等。学习班历时三个月,分为两个阶段:第一阶段学习文艺政策、理论和戏曲编导知识,第二阶段组织学员自选题材进行创作实践,要求学员都进行剧本创作。创作以前,组织学员观摩许多戏,然后预设十三个题材,采取"集体讨论,每人执笔"的办法进行创作。四十几个学员结合形势和政策,创作了四十几出剧本。[②] 这期编导班取得一定成果,培养了郁仁民、周良材等一批戏改干部和傅骏、张丙昆、葛云台、江上青等一批编导人才。[③] 优秀戏曲干部被吸收到上海市文化局和戏曲改进队伍,充实了上海戏改队伍;优秀编导被推荐到民间职业剧团当编导,为上海戏曲改革和繁荣戏曲舞台做出了贡献。

"改人",不仅要组织演员和编导学习,而且也要对其他戏曲从业人员进行政治思想教育和培养。为提高街头艺人和游乐场艺人对演出的认识,并加强对游乐场的管理,1951年4月,市文化局举办过戏曲院业前台负责人学习班,10月,举办了游乐场艺人学习班。由此,使上海绝大部分戏曲从业人员都经过了专门的政治学习和业务学习。

为了将艺人们有效地组织起来,参加学习和政治运动,1950年上海筹建了戏曲界的统一组织——戏曲改进协会。同时,各剧种艺人参加文

---

① 根据《文汇报》1951年5月8日第四版《戏曲编导学习班昨举行结业典礼》,学习班开办时间应为2月10日至5月7日。

② 《戏曲编导怎样培植?——记戏改处戏曲编导学习班》,《文汇报》1951年4月14日。

③ 流泽:《关于第一届戏曲编导学习班的回顾》,《文化史志通讯》第38期,第33页。

艺工会,绝大部分的艺人被组织到十六个剧种的改进协会(粤剧、北方曲艺未组织)里去,这十六个剧种改进协会又受到上海市文联的团体会员——上海市戏曲改进协会统一领导。①

广大艺人在接受教育的同时,积极投身革命实践,如1950年抗美援朝宣传以及义演捐献活动(戏曲界共捐献了三架战斗机),1951年镇压反革命运动及宣传活动,1951年冬一百多名编导和艺人参加土改、治淮和工厂民主改革,1952年一大批创作人员参加"五反"工作队等等。通过参与这类活动,广大艺人思想发生了许多转变,逐渐树立了为人民服务的价值观,并以满腔的热忱投入到了戏曲改革事业中去。

上海率先进行的"改人"工作,使绝大部分艺人都得到政治思想上的教育,培养了一批编导人才,为改戏、改制工作的全面开展提供了前提和准备。

三、改　　戏

改戏是上海戏曲改革中心,是三改的出发点和落脚点。改戏主要是清除戏曲剧本和戏曲舞台上的不良因素,对传统剧目存其精华、弃其糟粕,同时又要新编反映现实题材的剧目。

上海市改戏的展开是对旧戏从澄清舞台形象入手,致力于舞台演出的"净化"工作。从全国的背景来看,解放后许多地区通过行政权力禁演剧目的情况比较严重,田汉曾说:"好些地方对禁戏漫无标准,多有过左偏向,或因禁戏过多,使艺人生活困难,或因强迫命令,引起群众的不满。"②为澄清解放初期全国上演剧目中的混乱现象,消除一些严重有害的

① 《上海市人民政府文化局三年来工作总结报告(草稿)1950—1952》,上海档案馆藏,B172-1-65。

② 田汉:《为爱国主义的人民新戏曲而奋斗——1950年12月1日在全国戏曲工作会议上的报告摘要》,《人民日报》1952年1月21日。

剧目的不良影响,1950 年 7 月中央文化部提出《杀子报》等 12 部禁演剧目,1951 年又相继提出停演《大劈棺》、禁演《引狼入室》等共 14 部,前后一共 26 部禁演剧目[①]。禁演剧目相对有限,这实际上体现了宽容的艺术政策。特别到“五五指示”明确提出:“进行改革主要地应当依靠广大艺人的通力合作,依靠他们共同审定、修改与编写剧本,并依靠报纸刊物适当地展开戏曲批评,一般地不应当依靠行政命令与禁演的办法。对人民有重要毒害的戏曲必须禁演者,应由中央文化部统一处理,各地不得擅自禁演。”[②]文化部提出的禁演剧目大都不是上海戏曲舞台的剧目,上海明令禁演的剧目,仅有 1949 年 7 月由上海市军管会禁演的筱快乐剧团演出的《人人要饭吃》[③]。夏衍 1950 年回顾此前一年里上海的情况时曾经说,“一年来上海戏改工作中,没有禁过一本戏。”[④]1953 年又经华东文化部批准禁演《李士群之死》(说唱)、《新老法结婚》(滑稽)、《探阴山》(绍兴大班)和《三朵花》(沪剧)等。[⑤] 同其他地区大规模禁戏相比,上海并没有一刀切式地禁演,可以说上海是基本没有禁戏的地区。上海通过革除庸俗落后的表演方法;取消丑恶、野蛮、恐怖的舞台形象;改革旧戏曲舞台陋习三方面改革,净化了舞台环境。

除了净化舞台形象外,采取边演边整理的方式,发掘整理传统剧目,鼓励创作新编剧目。解放前,上海戏曲舞台上演出的剧目既有传统的,也有新编的。越剧、沪剧等主要剧种的大中型剧团大多演的是新戏。京剧

---

① 《文化部关于以前公布停演的剧目在未经文化部明令恢复上演前不要公演可将修改本报部审核批准后上演》1956 年 11 月 8 日,上海档案馆藏,B172-1-196。

② 《政务院关于戏曲改革工作的指示》(1951 年 5 月 5 日),《建国以来重要文献选编》第二册,中央文献出版社 1992 年版,第 251 页。

③ 《上海文化艺术志》编纂委员会编:《上海文化艺术志》,上海社会科学院出版社 2001 年版,第 983 页。

④ 夏衍:《关于戏改工作的一些初步意见——在华东戏曲改革工作干部会议第七次大会上的讲话》,《戏曲报》1950 年 3 卷 5 期。

⑤ 《上海文化艺术志》编纂委员会编:《上海文化艺术志》,上海社会科学院出版社 2001 年版,第 983 页。

除了演传统剧目外,还有所谓“海派”的新编“连台本戏”。这是上海戏改工作的特殊性,因此上海改戏面临着两个任务:一个是对新编剧目的审查,一个是对传统剧目的审定。上海戏曲界解放一年多,共产生了新的或改的戏曲曲艺 346 个,虽然大部分是演过一次即被遗忘的越剧、沪剧、滑稽戏等,但我们依然有了像越剧《万户更新》《借红灯》《嫁衣恨》《牛郎织女》《三上轿》,沪剧《幸福门》《赤叶河》,京剧《三本水泊梁山》《野猪林》《将相和》《文天祥》,评弹《李闯王》《小二黑结婚》,江淮戏《三上轿》《九件衣》以及其他优良的作品或演出。①

国营剧团更是注重创作演出,主要采取改编为主和采用集体讨论、个人执笔、反复修改、一人定稿的方法,在组织领导创作时给作者较多的指导和帮助。在戏曲创作和编导上,同艺人合作,通过演员的经验和才能,使作品紧密的结合表演艺术,达到发扬优良传统并加以改革发展的目的。② 国营剧团为了满足群众不断增长的需求不断鼓励创作演出,创作出一些优秀剧目,如《罗汉钱》《白毛女》《王贵与李香香》等。

为了进一步提高戏曲改革的质量,1951 年上海市文化局戏改处专门设立了一个创作研究室,派干部到各个剧场中帮助编导、艺人改编或创作新的戏曲作品。1951 年,还组建戏曲评论工作者联谊会,将散漫的戏评工作者组织起来,予以政治思想和方针政策的具体领导。为了提高创作水平,1953 年召开三次创作演出会议,以后每年都举行此类会议。1956 年 9 月,上海成立传统剧目整理委员会,发掘整理 5 000 多个传统剧目。1956 年召开两次戏曲团体剧目工作会议,清除过去加在戏曲工作上的清规戒律;传统剧目受到重视,整理传统剧目工作已有成绩;剧团

---

① 刘厚生:《全国戏曲工作会议上上海市戏曲改革工作报告(1949 年 5 月—1950 年 10 月)》,上海档案馆藏,B172-4-34。

② 《上海五个国营剧团两年半来的情况》(1954 年 7 月 15 日),上海档案馆藏,B172-1-131。

题材选择"百花齐放";培养青年一代引起重视。①

1952年全国第一届戏曲观摩演出和1954年华东戏曲观摩演出,为充分展现上海改戏的丰富成果,提供了广阔的舞台。1952年全国观摩演出,有全国各地在群众中流行的二十三个剧种参加,它们以各种不同的风格表演了近一百种的剧目。上海的越剧《梁山伯与祝英台》《西厢记》,沪剧《罗汉钱》,淮剧《王贵与李香香》获得剧本奖。越剧《梁祝》普遍评价很高,被誉为整理改编旧有优秀剧目正确对待遗产的优秀范例。② 华东区戏曲观摩演出大会于1954年9月25开幕,11月6日闭幕,全部会演工作于11月15日基本结束。参加戏曲会演约一千六百人。"正式参加戏曲会演的是三十个剧种111个剧目"。③ 上海派出了118人的代表团,包括京剧、沪剧、越剧、淮剧、扬剧5个剧种。上海的京剧《黑旋风李

图2-1 越剧《西厢记》剧照

图2-2 京剧《黑旋风李逵》剧照

① 《关于剧目工作》(1956年12月1日),上海市档案馆藏,B172-1-198。

② 《第一届全国戏曲观摩演出大会华东区演出代表团工作总结》(1952年),上海档案馆藏,B172-1-70。

③ 《华东区话剧观摩演出暨戏曲观摩演出大会工作报告》(1954年11月18日),上海档案馆藏,B172-1-130。

逵》《秦香莲》,越剧《西厢记》《春香传》,沪剧《金黛莱》等都获得剧本奖。

四、改　　制

改制作为实现改人和改戏的保证,主要针对上海戏曲界遗留的旧社会的制度、习气、工作方法等,加之各剧种、剧团的发展,国营剧团、民办公助剧团、民间职业剧等剧团性质在变化之中,上海的改制也全方面展开。

1. 成立国营剧团

上海改制重点就是着手进行国营剧团的组建,以期示范带动其他剧团的改革。1950 年召开的全国戏曲工作会议,根据五五指示要求各地应以流行的和影响较大的剧种为工作重点,并建立国营剧团起示范推动作用。在戏改工作中,国营戏曲事业单位的建立是有着重大的典型示范的意义,上海市文化局要求:领导上和全戏曲界对国营戏曲事业,必须予以特殊重视与直接的帮助,绝不可以把它当作商业性的营业团体。把人才集中,长期培养,演出优秀的剧目,进行正确的改革,这样才是国营对私营的最大的帮助与领导。①

1950—1953 年间,作为观众人数最多或者对国内外交流起重要作用的戏曲,越剧、京剧、评弹、杂技、沪剧、淮剧率先进行国营剧团的组建或改建,以原私营剧团为基础,先后组建了华东越剧实验剧团、上海人民京剧团、上海人民杂技团、上海人民评弹工作团、上海人民沪剧团和上海人民淮剧团共 6 个国营剧团。

事实也证明,在戏曲改革的舞台上,国营剧团发展起到了领导和示范作用。国营剧团通过调整剧目创作方针、改变管理模式、改变运营机制等方式进行了大胆的实践,各剧团普遍建立了正规的编剧、导演、作曲制度,

---

① 《上海市人民政府文化局三年来工作总结报告(草稿)1950—1952》(1953 年),上海档案馆藏,B172-1-65。

逐步对音乐曲调、舞台美术进行了整理、改革,提高了剧种的表现能力和艺术水平。全国戏曲观摩演出和华东观摩演出等充分展示了组建国营剧团的效果,不论从数量和质量上国营院团的剧目都占有绝对的优势。如全国戏曲观摩演出的越剧《梁山伯与祝英台》、沪剧《罗汉钱》、淮剧《王贵与李香香》,华东戏曲观摩演出的越剧《西厢记》、京剧《黑旋风李逵》,等等,都成为中国戏曲历史上的经典,传承演出至今。1953 年,越剧《梁山伯与祝英台》还拍摄成中国第一部彩色戏曲艺术片,在国内创下当时最高上座率,还获得国际奖项,受到国际关注。

图 2－3　越剧《梁山伯与祝英台》剧照

2. 规范管理民间职业剧团

解放前,上海演艺界大多为民营性质的民间职业剧团,解放后随着戏曲改革的推进,又不断涌现出许多新的民间职业剧团,甚至可以说是无节制的发展,其中不乏许多不合格的剧团,民间职业剧团的发展出现比较混乱的局面。但是,民间职业剧团对于丰富和发展上海戏曲舞台起着重要的作用,因此必须对民间职业剧团进行引导和管理。对于民间职业剧团的规范与管理成为上海戏曲改革中较为复杂的内容,工作甚至出现反复,最终引导民间职业剧团走上规范发展之路。

相关资料显示:20 世纪 50 年代初期上海地区 111 个民间职业剧团,27 个为解放前成立,84 个为解放后成立。由于对民间职业剧团缺乏正规管理,中央也没有相关的管理规定,1951 年 8 月,上海市文化局出台《上海市人民政府管理私营戏曲职业社团的临时登记办法》,对民间职业剧团进行临时登记工作。①

为加强对民间职业剧团的领导,防止其盲目发展,保障其合法权益,并逐渐提高演出剧目与表演艺术的质量,进一步改革和发展人民戏曲事业,中央文化部于 1953 年 12 月发文要求各地进行登记工作。为了进一步加强民间职业剧团的登记管理工作,1954 年 11 月 19 日中央文化部又发出《文化部关于民间职业剧团的登记管理工作的指示》②,要求各地制定民间职业剧团登记管理条例,对所有已成立的民间职业剧团,必须在规定时间内,按条例接受各地文化主管部门申请登记,经审查确有固定组织,具有必须的业务水平,足以维持经常营业演出者,发给登记证。不符合上述标准,由剧团提出申请,文化部门协助整顿,发给临时登记证。

1955 年 10 月,上海全市有民间职业剧团 121 个③,总的说来是数量

① 《上海市人民政府管理私营戏曲职业社团的临时登记办法》(1951 年 8 月),上海档案馆藏,B1-3-2 873。

② 《文化部关于民间职业剧团的登记管理工作的指示》(1951 年 11 月 9 日)上海档案馆藏,B172-1-161。

③ 《上海市文化局民间职业剧团登记工作计划(草)》(1955 年 11 月 26 日),上海档案馆藏,B9-2-15。

较多、流散不定、组织不健全、制度混乱，人员的政治情况复杂，营业情况不好，管理困难，特别是戏曲界淡季来临时，严重的甚至造成许多戏曲人员生活困难。上海市文化局为贯彻"坚持职业艺人不失业，职业剧团不停业"的原则，申请专款用于民间职业剧团救济费，以配合民间职业剧团的登记工作。[①] 而民间职业剧团的现状也表明，规范管理和登记工作迫在眉睫。

为了逐步改变上述情况，1955 年，上海市根据中央文化部指示，制定了《上海民间职业剧团管理办法》，并同时制定了《上海市文化局民间职业剧团登记工作计划(草)》，报上海市人民委员会。上海市人委批复：同意上海市民间职业剧团登记工作计划及民间职业剧团管理办法。由于上海市民间职业剧团很多，情况复杂，要求在工作进行时应细致谨慎，注意掌握[②]。按照办法和计划，本市开始全面的民间职业剧团的登记工作。

1956 年 1 月 7 日，本市民间职业剧团登记基本结束，申请登记的剧团共有 98 个。经审查批准发给登记证的 71 个，发给临时演出证的 27 个。根据原先的规划，决定对发给登记证的剧团全部改为国营，发给临时演出证的剧团全部改为民办公助，同时完成对民间职业剧团的社会主义改造。随后，95 个团提出国营申请，其中 69 个团批准为国营剧团，26 个为民办公助剧团。以后又陆续批准 16 个团为国营剧团。计前后批准国营 85 个团，民办公助 26 个团。[③] 当年有 10 个团支援浙江、兰州、西安等，到 1956 年 10 月新国营剧团和民办公助剧团共 103 个。这些剧团具有一定艺术素养的艺人，保留有极丰富的优秀传统剧目，是上海市戏剧界一支强大的

① 《上海市文化局要求拨出专款作为民间职业剧团救济费的报告》(1955 年 5 月 19 日)，上海档案馆藏，B9－2－18。

② 《上海市民间职业剧团管理办法及上海市人民委员会批复》(1955 年 12 月 13 日)，上海档案馆藏，B9－2－15。

③ 《文化局关于民间职业剧团改造工作情况的报告》(1956 年 9 月 28 日)，上海档案馆藏，B172－1－203。

队伍,是满足上海人民精神生活需求的不可缺少的力量。[①]

1957年初,上海市文化局又对经常在本市正式书场说唱或有本市常住户籍的评弹、沪书、苏北评话鼓书(简称"曲艺")民间职业艺人,及属于本市领导的魔术、杂技、木偶、皮影(简称"杂艺")民间职业团体(档),进行申请登记工作。民间职业曲艺艺人、杂艺团体(档)申请登记,经审查批准后,分别发给登记证或临时演出证。[②]

3. 分配制度改革和民主改革

除了国营剧团的组建或改建,以及民间职业剧团的规范管理,剧团内部进行了分配制度的改革,也进行了民主改革,以革除以前一些不合理的制度。

上海剧团进行分配制度的改革也有其复杂性。解放以后许多艺人还受到老板的剥削,分配制度无法和政治上翻身相匹配。上海解放前剧社采用雇佣制,剧社都由班主或者老板说了算。上海解放后,部分班社在政府领导帮助下,雇佣制转变为集体所有制的形式,如许多越剧团转变集体所有制的姐妹班制度作为过渡,京剧界实行了类似的共和班制度,尽管这些过渡制度还不完善,但是广大艺人中集体组织演出,集体所有,体现了经济上的翻身,可以说这是分配制度的一项重大进展。当然分配制度复杂,改革非一朝一夕,刘厚生曾说过:"我们对于制度是比改人改戏更为稳重,'宁慢勿乱'的。"[③]历史证明这种作为一种过渡形式的分配制度,对于激发艺人的创作演出积极性起到了重要作用。

---

① 《关于文化局对新国营与民办公助剧团领导情况的初步汇报》(1956年10月),上海档案馆藏,B172-1-203。

② 《上海市民间职业曲艺、杂艺团体(档)管理暂行办法》(1957年2月20日),上海档案馆藏,B172-1-205。

③ 刘厚生:《全国戏曲工作会议上上海市戏曲改革工作报告(1949年5月—1950年10月)》,上海档案馆藏,B172-4-34。

随着各剧团体制的变化，剧团的分配制度也逐渐科学化。1952年，国家对工作人员的工资报酬制度进行改革，统一以工资分作为原供给制和薪金制的工资标准，上海市文化局所属的国家经营的文艺、图书、博物等单位均列入改革范围。国家剧团的文艺专业人员执行华东地区文艺人员工资标准。文艺人员工资标准共25个等级。1956年7月，国务院发布《关于工资制度改革的决定》，对国家工资制度实行根本的改革，划分为11类工资区，上海定为8类。上海市全民所有制文化单位均属改革范围，集体所有制文艺事业单位按文化部规定，不进行工资制度的改革。[①] 经过分配制度的改革，上海的大多数剧团都建立了“四金”制度，即公积金、公益金、公蓄金、奖励金。薪金一律改为固定工资，在原有的基础上，按业务水平和表现评定，最高工资和最低工资的比例控制在10∶1之间。演出时使用的服装和其他用品均由剧团提供，不再由演员自备。分配制度的改革充分有效地调动了绝大部分艺人特别是国营剧团艺人的工作积极性，对于上海戏曲改革的进行和戏曲事业的繁荣起到了重要作用。

1952年到1954年，上海市开展了影院、剧场、书场、游乐场和剧团的民主改革。第一批民改中，沪剧团作为试点。第二批民改，淮剧团和评弹团作为剧团民改单位。通过民主改革开展的正面教育、新旧社会对比教育、忠诚老实教育、民主团结教育和进行组织建设，废除了旧社会遗留下来的封建剥削制度的残余，提高了文艺队伍的思想觉悟，增强了艺人们的团结，并调动了他们的积极性。

20世纪50年代初，上海戏曲舞台上进行了大规模戏曲改革，“改戏、改人、改制”的任务基本完成。广大艺人得到政治上的教育，政治热情被

① 《上海文化艺术志》编纂委员会编：《上海文化艺术志》，上海社会科学院出版社2001年版，第966页。

激发,积极投入到创作新的戏剧艺术的热潮中;传统剧目得以整理和传承,新的优秀剧目不断涌现;国营剧团的组建和民间职业剧团的规范管理,为提高演出质量、创作艺术精品提供了保证。“改戏、改人、改制”的成功进行,使上海舞台的面貌发生了很大的变化,焕然一新的舞台形象得到广大观众的认可,这不仅丰富了人们的精神生活,更推动了戏曲艺术自身的发展。

(段春义)

国营剧团的建立及其示范作用的发挥

为传承丰富的戏曲遗产，发展社会主义戏曲事业，满足人民文化生活的需求，上海在推进戏曲改革的过程中，根据中央有关指示精神，从1950年4月到1953年间，在原有私营剧团的基础上，先后在越剧、京剧、杂技、评弹、沪剧和淮剧等6个剧种建立起国营剧团。国营剧团在剧目建设、管理经营模式等方面进行积极探索，对各剧种的改革发挥示范作用，带动其他民间职业剧团到1956年1月基本都走上了国营或者民办公助的道路。

一、戏曲改革呼唤国营剧团的建立

上海建立国营剧团，是根据政务院《关于戏曲改革工作的指示》(即"五五指示")精神，在华东越剧实验剧团、华东京剧实验剧团的示范带动作用下，顺应地方戏曲改革要求、推进戏曲改革的重要举措。

上海解放初的戏曲舞台，每天到剧场看戏听书的有10万—15万人，约占上海人口的2%—3%,其中70%以上的听(观)观众属于小市民阶层,他们中的绝大多数人的精神生活主要通过戏曲方式得到满足,没有其他文艺作品可以影响到他们[①]。因此,戏曲与普通群众的关系十分密切,对普通民众的精神生活影响巨大。

经过对上海各剧种、剧场、剧团、演唱单位以及从业人员的调查研究,可知京剧、越剧、江淮戏、沪剧、评弹、滑稽是上海最具影响力的剧种,其具体情况如下表:

上海解放初期,各剧种数据统计表[②]

剧　种	剧　场	剧　团	人　数	说　　明
京剧	11	11	1 008	
越剧	29	23	983	有六个剧团停演
江淮戏	11	12	523	有两个剧团合作演出
沪剧	13	14	462	有两个剧团合作演出
评弹	32		292	演唱单位估计五十档
滑稽	7	8	215	有两个剧团合作演出
备注	失业的皆不在内			

然而,诞生于旧上海半封建半殖民地环境中的戏曲剧团,虽然有京剧界的梅兰芳、周信芳,越剧界的“十姐妹”等进步艺人和剧团,但仍有许多剧团在队伍、制度、剧目、作风等方面存在着与建设民族的、科学的、大众的新民主主义新文化不相适应的地方。

① 刘厚生:《全国戏曲工作会议上上海市戏曲改革工作报告(1949年5月—1950年10月)》,上海档案馆藏,B172-4-34。

② 表中数据来源于:刘厚生:《全国戏曲工作会议上上海市戏曲改革工作报告(1949年5月—1950年10月)》,上海档案馆藏,B172-4-34。

为了发挥戏曲和曲艺对引导和教育群众的重要作用,亟需对戏曲工作者进行思想教育,对剧团不合理的制度进行改革,对演出剧目进行整理修改。上海首先从对戏曲工作者进行思想教育入手。1949 年 9 月,市军管会文化教育管理委员会文艺处开办第一届戏曲研究班,吸收以越剧为主的 200 多名戏曲艺人学习,使艺人们通过学习,提高思想认识和阶级觉悟,明确为谁演戏,树立为劳动人民演出的思想。接着,上海通过举办 1950 年戏曲改造运动春节演唱竞赛,推动艺人们编演新戏,丰富人民群众的文化生活。许多艺人,特别是越剧艺人经过学习和创作排演新戏,不再满足于原有旧剧团,迫切希望建立新剧团。

1950 年 8 月,华东军政委员会文化部召开华东戏曲改革工作干部会议。会议确定以上海为重点,推动整个华东戏改工作。为贯彻会议精神,9 月 20 日,上海市文化局成立戏曲改进处,由周信芳任处长、刘厚生任副处长,下设研究委员会和公营剧场剧团管理委员会。其中,研究委员会专门从事戏曲创作和改造工作,周信芳任主任委员。之后,戏曲改进处本着“稳步前进,量力而行”“推陈出新”“团结艺人、依靠艺人”的方针政策,有计划、有步骤地开展戏曲改革工作,先后举办了第三届戏曲研究班和戏曲编导学习班,举办以新爱国主义为主题的 1951 年戏曲曲艺春节演唱竞赛,推动戏曲工作者创作排演新剧目。

1951 年 5 月 5 日,政务院《关于戏曲改革工作的指示》(即“五五指示”)发布,明确要求:各省市应以条件较好的旧有剧团、剧场为基础,在企业化的原则下,采取公营、公私合营或私营公助的方式,建立示范性的剧团、剧场,有计划地、经常地演出新剧目,改进剧场管理,作为推进当地戏曲改革工作的据点。而上海文化主管部门在推进地方戏曲改革的工作实践中,也感到确实需要建立国营的戏曲业务团体,通过有计划、有步骤地进行各种创造和实验,以创造典型经验来推动全面的戏曲改进工作。加上1950年“二六”轰炸后,戏曲界营业情况普遍减少,上海很多剧团艺人表现进步,积极向党与政府靠拢,如沪剧界的解洪元、丁是娥等,淮剧界的马麟童、筱文艳、何叫天等,评弹界的刘天韵、唐耿良、蒋月泉等,京剧界的周信芳,他们都提出希望上海能有国家剧团。因此,根据“五五指示”要求,上海将建立国营剧团提上了议事日程。

二、各国营剧团的建立

1950年至1953年间,上海先后在越剧、京剧、杂技、评弹、沪剧、淮剧等剧种中组建了国营剧团。

1. 华东越剧实验剧团

越剧在解放以前上海的戏剧舞台具有十分重要的地位,越剧的所有著名团体和演员几乎都荟萃于上海,受众广泛。20世纪40年代末,越剧著名的雪声、东山、玉兰、云华、芳华五大剧团都齐聚上海,以袁雪芬、尹桂芳、筱丹桂、范瑞娟、傅全香、徐玉兰、竺水招、张桂凤、徐天红、吴小楼越剧十姐妹为代表的一大批越剧演员活跃在上海的戏剧舞台。他们重视剧目的社会效益,主张给观众以积极有益的影响。受进步思想影响的编导和主要演员,编演了大量反封建、揭露社会黑暗和宣扬爱国思想的剧目。1946年5月,雪声剧团将鲁迅小说《祝福》改编为《祥林嫂》,不仅第一次把中国文学革命的主将鲁迅的名著搬上戏曲舞台,更促进了越剧剧目表现内容的积极变化,促进了越剧与进步文艺界、新闻界的密切联系,引起了中国共产党对越剧和整个地方戏曲的重视。9月,周恩来到上海,亲自看了雪声剧团演出,并对中共上海地方党组织如何做好戏曲界的工作、如何引导越剧演员走向进步,作了指示和部署。上海解放前夕,从事越剧的几个主要剧团如雪声、东山、玉兰、云华、少壮等都受到中国共产党直接或间

創造典型推動戲劇改造

越劇實驗劇團成立

即將深入農村參加土改工作

「本報訊」華東越劇實驗劇團昨日正式成立。這個劇團的主要任務，是貫徹毛澤東文藝思想，有計劃有步驟地改造越劇，創造典型，推動戲劇改革，並以越劇爲基礎，使之「推陳出新」，創造科學的、人民大衆的江南歌舞劇，另一方面則進行改造舊藝人，培養新幹部。

在昨日的成立大會上，華東局宣傳部副部長馮定，華東軍政委員會文化部代表黃源及戲劇界熊佛西、周信芳等都曾到會並先後講了話。該團團長袁雪芬在會上指出，該團一九五〇年的重點工作，是參加江南土改運動，她說：「我們演員大部份是農民出身，農村是我們所熟悉的，我們回到農村首先瞭解情況，收集材料，通過我們的表演，啓發農民的階級覺悟，推動被壓迫的父母兄弟姐妹們大膽站起來與封建勢力地主惡霸鬥爭。」此外「我們還要推動農村的舊劇改造，幫助在舊制度壓迫下的舊藝人翻身，與她們結合起來一同來參加土改運動。」馮定同志在講話中指出，劇團成立後，主要的是把劇團搞得更好，使她成爲改造地方戲的典型劇團，不斷提高地方戲的藝術水平，爲廣大人民服務。他號召團員們加强團結，加强學習，提高政治與藝術水平，不怕吃苦，深入羣衆中去。黃源同志指出，知識份子的改造，是一個長期而艱苦的工作，但只要有決心，是可以很好地完成任務的。

图 3-1　1950 年 4 月 13 日，《解放日报》刊登华东越剧实验剧团成立的报道

接的影响，生气勃勃[①]。越剧剧团的进步传统，成为最先组建国营剧团的契机。市军管会文艺处为创造戏曲改革的典型，推动剧改，决定有计划、有步骤地改造越剧。

1950 年 4 月，以上海雪声越剧团为基础，吸收上海云华越剧团部分骨

① 《上海文化艺术志》编纂委员会编：《上海文化艺术志》，上海社会科学院出版社 2001 年版，第 311 页。

干共 52 人,正式成立华东越剧实验剧团①,隶属于华东军政委员会文化部。由此,上海建立起第一个以原私营剧团为基础的国营剧团。这是华东地区建立的第一个国营戏曲剧团,也是新中国成立后的第一个国营越剧团。其后,华东越剧实验剧团在组织团员开展学习、创作和排演新剧目、进行剧团建设、改革戏曲等方面进行了一系列的探索。

2. 上海成立三个地方国营剧团

上海根据"五五指示"要求和当时众多戏曲曲艺剧团、上演剧目和观众人数的实际情况(见下表),从影响观众人数最多或对国内外交流起重要作用的诸戏曲曲艺形式中,首先选择影响巨大且建立国营剧团所需花费不多的京剧、杂技和评弹界建立国营剧团,以期通过国营剧团的工作取得经验进行领导②、推动上海戏曲改进工作。

主要剧种上演剧目和观众人数情况表③

剧　种	剧团(个)	新戏上演(部)	老戏上演(部)	观众人数(万)
京剧	10	65	219	213
越剧	28	158	576	441
沪剧	25	84	296	321
江淮戏	19	31	106	191
维扬戏	6	9	30	45

① 1951 年 3 月华东戏曲研究院成立后,剧团编入华东戏曲研究院,并吸收了东山越艺社成员,名称保留华东越剧实验剧团。1954 年初,中央军委总政治部文工团越剧队(玉兰剧图),归属华东戏曲研究院,更名为华东越剧实验剧团二团,原华东越剧实验剧团改名华东越剧实验剧团一团。至此,旧上海四大越剧团都归属华东戏曲研究院。

② 《上海市文化局关于国营剧团检查汇报之一(五个国营剧团的沿革)》(1954 年 8 月 16 日),上海档案馆藏,B9-2-7。

③ 表格数据来源于《上海市剧团统计表》(1950 年度)和《上海市一九五〇年上演戏剧部数及观众人数统计》,上海市档案馆藏,B172-1-14。

续 表

剧　种	剧团(个)	新戏上演(部)	老戏上演(部)	观众人数(万)
常锡文戏	9	31	90	76
通俗话剧	2	29	13	33
滑稽	7	55		130
甬剧	4	16	21	13
绍兴大班	1	5	23	16
魔技歌舞	26			
歌场				16
游乐场				602
书场		44	75%为旧书	319
街头艺人		6	无脚本	31
沪书		2	16	78
总计		535	1 390	2 527

京剧是全国性的戏曲，也是上海重要的剧种之一。近代的上海，京剧表演流派纷呈，周信芳创始的麒派和盖叫天创始的盖派，形成了海派京剧的两大支柱。京剧百花竞放，郑法祥、张翼鹏的悟空戏，冯子和、贾璧云、毛韵珂、赵君玉、黄玉麟等名旦，冯志奎、刘奎官等名净，周五宝、刘斌昆等名丑，构成了京剧海派艺术的缤纷色彩。抗日战争胜利后，“蓄须明志”隐居上海的梅兰芳重新登台演出。上海京剧舞台“大咖”云集，京剧市场异常繁荣。由于国民党蒋介石政府悍然发动内战，政治迫害步步加紧，以周信芳为代表的上海京剧界，积极参加上海人民“反内战，要和平”“反独裁，要民主”的斗争，并在中共上海地方党组织的领导下，参加上海文艺界“抗

捐”和“反对艺员登记”的斗争,取得了胜利。1949 年 5 月上海解放后,上海京剧界为迎接解放而组织的五支宣传队热情满怀地下厂演出,以示欢庆。许多京剧团体纷纷上演优秀的保留剧目,新编的《人民英雄传》郑重公演。据统计,1950 年,上海共有 10 个京剧团,上演了 65 部老戏和 219 部新戏,受众人数达 213 万。上海京剧的改进工作影响广泛。但原有的剧院一般实行前后台合一的制度,该制度迫使后台绝大部分演员要天天唱、场场演,迫使所有的编导要一部戏接一部戏地赶,这种情况十分不利于戏曲改进,必然会造成演出上的失败。为适应戏曲改革客观的需要,必须改革前后台不分的不合理的旧制度,将前后台分开,使后台成为独立的剧团。1950 年春,以随军入城的华东平(京)剧团为基础的华东京剧实验剧团建立,成为华东最早的国营京剧团。[①] 而上海在 1951 年 11 月,以人民大舞台的后台原班底为基础,再特约一些演员,成立了国营性质的上海人民京剧团。

杂技是中华民族的技艺瑰宝之一,也是上海人民所最喜爱的曲艺之一,它反映了中华民族勤劳、勇敢、坚忍和乐观的传统品德。上海,是中国杂技中心地之一,重要的集散地,又是具有国际影响的城市。杂技在发挥国际影响上有着远比任何需用语言传达的戏曲更优的条件。旧上海的杂技艺人在楼外楼、大世界、大新、先施等相对固定的演出场所演出,出现了一批上海杂技史上的著名人物,如被称为南派魔术一代宗师的莫悟奇以及张慧冲、莫非仙、邓文庆等;口技艺术家有尹士林、孙泰、周志成;杂技艺术家潘德霖父子、邱胜奎、田双亮等。新中国成立后,随着国内外杂技艺术地位的提高,中华杂技团来沪演出的影响,上海招待工作的需要,上海市文化局以在上海颇有影响的神州魔术团(邓家班)和邱家班为基础,集

① 华东戏曲研究院成立后,剧团编入华东戏曲研究院。

合李殿起、张立永、王玉振、张凤池等47人组成国营性质的市属专业杂技团——上海市人民杂技团①。

评话弹词是江南最重要的曲艺形式之一,其演出可以从大都市到分散的农村,可以为上千人演唱,也可以为一二十人演唱。在工人、农民、里弄居民中都有相当的基础和影响。农民们和市民们知道的许多历史故事和民间传说,从听书中听来的要远比看戏看来的多。在上海近200家戏曲演出剧场中,光书场就有七八十家之多,且一半在郊区。但评弹也是封建毒素渗透最深重、改革起来最吃力的一种剧种。为了以国家的力量把原来分散的、单独活动的部分评弹艺人集中起来,改变其原来的生活和工作方式,从根本上改造这种曲艺,使之能以健康的内容为人民服务,保存并改进发展评弹艺术,上海集合了当时评弹界的"响档"刘天韵、蒋月泉、

图3-2　1951年冬天,上海市人民评弹工作团著名评弹艺人刘天韵、张鉴国在治淮工地上表演

① 《上海文化艺术志》编纂委员会编:《上海文化艺术志》,上海社会科学院出版社2001年版,第498页。另参阅上海杂技团官网。

张鉴庭、张鸿声、周云瑞、唐耿良、朱慧珍等 18 人成立国营性质的上海市人民评弹工作团(后改名上海市人民评弹团)①。

1951 年 11 月 20 日,上海举行国营剧团的成立典礼,宣布上海人民京剧团、上海人民杂技团、上海人民评弹工作团正式成立。同时,正式宣布上艺沪剧团和淮光淮剧团②为私营公助。在成立大会上,上海要求这些新建国营剧团和私办公助团体一要搞好各自的业务,使业务在剧种中成为最优秀的,从而发挥领导力量,引导大家前进;二要不断改进制度,使之成为合理的、科学的、先进的制度,并推广出去,帮助其他团体改进;三要必须与广大戏曲界紧密团结在一起,并成为这个团结的中心领导力量。改造自己,从政治、文化和业务上提高自己,使自己成为无产阶级的艺人。同时,上海市文化局要求领导上和全戏曲界对国营戏曲事业,必须予以特殊重视与直接的帮助,绝不可以把它当作商业性的营业团体。把人才集中,长期培养,演出优秀的剧目,进行正确的改革,认为这样才是国营对私营的最大的帮助与领导。

3. 两个民办公助剧团转为国营剧团

上艺沪剧团在被批准为民办公助剧团后,于 1952 年 1 月与中艺沪剧团合并建立民办公助的上海沪剧团。当年,编演了《罗汉钱》及《白毛女》参加第一届全国戏曲观摩演出大会,并获创作、演出及表演等奖。

民营公助的淮光淮剧团,于 1952 年 4 月,更名为上海淮剧团,筱文艳任团长。同年,排演的淮剧《王贵与李香香》参加第一届全国戏曲观摩演出大会,获得了好评。

---

① 1954 年前后,严雪亭、杨振雄、吴子安、薛筱卿、朱雪琴、徐丽仙等 10 余人相继加入。

② 1950 年 8 月,上艺沪剧团成立。淮光淮剧团由以筱文艳领衔的联谊剧团与以马麟童领衔的麟童剧团合并组成。

图 3－3　沪剧《罗汉钱》剧照

图 3－4　淮剧《王贵与李香香》剧照

1953 年，根据文化部选择基础较好的私营公助剧团改编为国营剧团的要求，上海先后于 2 月和 5 月分别将上海沪剧团和上海淮剧团改编为国营剧团，成立上海人民沪剧团和上海人民淮剧团。流泽任上海市人民沪剧团团长，邵滨孙任艺委会主任；丁瑶任上海市人民淮剧团团长。

至此，上海以原私营剧团为基础，先后在越剧、京剧、杂技、评弹、沪剧和淮剧等 6 个剧种建立起国营剧团。1955 年 3 月，文化部批复上海市文化局撤销华东戏曲研究院建制，华东越剧实验剧团改称上海越剧院，属文化部建制，委托上海市文化局领导、管理。3 月 24 日，上海越剧院正式成立，袁雪芬担任院长。同时，原华东戏曲研究院华东京剧实验剧团与上海市人民京剧团合并组建上海京剧院，周信芳为院长，隶属上海市文化局。

三、国营剧团探索剧目建设新方针和管理运行新模式

在党的为人民服务、为社会主义服务的文艺方向和“百花齐放、推陈出新”方针指引下，各国营剧团将配合政治宣传任务，创排演新剧目，改编传统剧目，传承和发扬优秀传统戏曲艺术，作为剧团的重要任务及发挥示范作用的重要载体。同时，积极探索新的管理模式和运营方式。

1. 调整剧目创作方针

华东越剧实验剧团成立伊始,确立了“以越剧为基础,向江南新歌舞剧发展”的方向,演出内容更多的是配合政治任务,对群众进行宣传教育。如1950年,配合红五月演出工人戏《柳金妹翻身》,年底配合土地改革运动下农村演出《传家宝》;1951年,配合抗美援朝运动演出《父子争先》,后来配合“三反”“五反”又演出《人面兽心》[①]。这种配合时事大量创作图解政策的新编现代戏剧目,对当时配合政府宣传时事起到了很重要的作用,具有一定的群众影响力。然而,随着时间的发展,这种剧目生命力并不长久。越来越多配合时事宣传的创作虽然在政治上符合要求,可很多得不到市场的认可,因而也未必能够被艺人们接受。1951年后,随着上海经济的恢复,演出市场也逐渐复苏,民间职业剧团由于经营方式活跃、内容丰富贴近市场,大量涌现。相关资料显示:20世纪50年代初期上海地区111个民间职业剧团,27个为解放前成立,84个为解放后成立[②]。而与此形成对比的是华东越剧实验剧团虽然聚集曾经极受观众喜爱的演员,但由于剧团的主要时间和精力放在上演政治宣传类的剧目,且作为国营剧团必须按照中央要求“各级文化主管机关应按照指示中的规定,协助所属各国营剧团根据需要与可能和各有关方面订立全年定期至本区内各工厂、农村、部队巡回演出的集体合同”[③],因而逐渐与市场形成隔膜,最终的结果是市场收益低于民间职业剧团,这样势必导致演员人心动摇、情绪低落,甚至造成优秀演员出走。为了避免这种情况的出现,调整剧团的方向和方针势在必行。

---

① 胡野擒:《越剧实验剧团工作总结》,华东戏曲研究院编:《华东戏曲研究院文件资料汇编》(1955年3月),第78—79页。

② 《上海市人民政府管理私营戏曲职业社团的临时登记办法》(1951年8月),上海档案馆藏,B1-3-2873。

③ 《上海市文化局报送文化部关于学习讨论中央关于整顿加强全国剧团工作指示情况的报告》(1953年3月26日),上海档案馆藏,B172-1-105。

华东越剧实验剧团在创排新剧目的同时，为迎接1950年7月召开的上海市第一次文代会，改编排演了旧剧《借红灯》[①]（又名《龙凤锁》），将该剧作为“推陈出新”的实验，突出反封建的主题，注意保存原剧的精华和人情味，删除了其中封建的内容，使人物的阶级立场更加明确，获得成功。在此基础上，华东文化部戏曲改进处为推动越剧传统剧目的改编，使之适应新社会的要求，满足人民的精神文化需求，于1950年9月20日、25日、30日，邀请筱世昌等越剧老戏师傅、老伶工、文化局戏曲改进处的戏改干部和华东越剧实验剧团的新旧剧编导一起，连续三次举行越剧旧剧目研究座谈会，着重分析过去演出的15出越剧剧目，通过举一反三，提高大家对旧剧的认识和甄别能力。1951年3月，华东戏曲研究院成立，周信芳任院长兼华东京剧实验学校校长，袁雪芬任副院长，苏坤、伊兵先后任秘书长，周玑璋任副秘书长。华东越剧实验剧团划归该院建制。同年，华东越剧实验剧团排演了华东戏曲研究院编审室改编的传统戏《梁山伯与祝英台》和《白蛇传》。《梁山伯与祝英台》在“语言上保持了民间文学的特色，有较强的艺术感染力，”被喻为“整理改变旧有优秀剧目正确对待遗产的优秀范例”[②]，作为国庆二周年观礼剧目进京演出。《白蛇传》一剧发挥了越剧表演方法的优点和特点，尤其是抒情场面得到了大家的认可。1952年10月，华东越剧实验剧团携《梁山伯与祝英台》赴北京参加全国戏曲会演，大获成功，这促使华东越剧实验剧团进行剧目方向和方针的调整，开始逐渐放弃不符合现实的“江南新歌舞”和片面强调宣传教育功能的急功近利的思路，转向继承传统越剧剧目、注重表演艺术的道路上。为此，1953年，华东戏曲研究院成立编审室，确

---

① 1951年3月，改编后的越剧《借红灯》到杭州演出，是每演必满座。后该剧的剧本被编入华东人民戏曲丛书出版发行。

② 《上海文化艺术志》编纂委员会编：《上海文化艺术志》，上海社会科学院出版社2001年版，第329页。

立了整理改编为主、兼顾创作的方针[①]。1953年，华东越剧实验剧团排演了由华东戏曲研究院编审室改编的《西厢记》。该剧经过改编后，一改以往舞台上常见的以红娘为主角的艺术处理，而以歌颂莺莺和张珙的纯真爱情和挣脱封建礼教桎梏的反抗精神为主。至1955年，华东戏曲研究院撤院时，华东越剧实验剧团以排演由华东戏曲研究院编审室整理改编的传统剧目为主，如《梁祝》《西厢记》《孔雀东南飞》《宝莲灯》《盘夫索夫》《碧玉簪》《打金枝》《白蛇传》等。上海越剧院传承至今的保留剧目除《红楼梦》外，大多都是华东越剧实验剧团时期成型的。华东戏曲研究院编审室主任陶雄曾经检讨称，编审室时期的工作几乎完全局限于神话题材和民间传说为基础的传统剧目的整理改编，尤其是建院初期创作的一些现实题材剧目均被搁置一边。然而从结果上看，恰恰是由于这一方针的调整达到良好效果。[②]

在市场的引导和政府鼓励下，这一时期的国营剧团普遍注重创作演出，主要采取改编为主和采用集体讨论、个人执笔、反复修改、一人定稿的方法，在组织领导创作时给作者较多的指导和帮助。在戏曲创作和编导上，同艺人合作，通过演员的经验和才能，使作品紧密地结合表演艺术，达到发扬优良传统并加以改革发展的目的[③]。除了华东越剧实验剧团外，其他国营剧团为了满足群众不断增长的需求也不断鼓励创作演出，创作出一些优秀剧目，如京剧的《黑旋风李逵》《秦香莲》，沪剧的《罗汉钱》《白毛女》，淮剧《王贵与李香香》等。可以说，各剧团的保留剧目基本上都是在国营剧团建立以后创作出来的。

---

① 陶雄：《编审室工作总结》，华东戏曲研究院编：《华东戏曲研究院文件资料汇编》（1955年3月），第50页。

② 傅谨：《上海越剧院六十年前的渊源》，《上海戏剧》2015年第9期。

③ 《上海五个国营剧团两年半来的情况》（1954年7月15日），上海档案馆藏，B172-1-131。

2. 改变管理模式

原有的私营剧团改变为国营剧团，意味着管理模式和运营方式的根本变化。国营剧团的建立，新的管理模式是关键环节，上海解放初，私营剧团一度由名角或编导具有完全决定权，这种决策机制在国营剧团中得以彻底改变。

20 世纪三四十年代，上海的越剧班社形成了演员雇佣制，剧社都由班主或者老板说了算，这种制度一致延续到上海解放。上海解放后，部分班社在政府领导帮助下，从雇佣制转变为集体所有的“姊妹班”，“剧团的成员除上中下层全部演员外，还包括了‘编导’‘场面’‘厢房’‘值台’等全部后台工作人员。”①这一体制的改变，主要涉及是分配模式，班社的组成人员并没有发生改变。“姊妹班”这种新型班虽然和旧社会的私营班主制相比有鲜明的新时代特色，但是，其决策机制仍然是完全独立和自治。姊妹班名义上是由全体团员共有，但主导权实际掌握在名角和编导手里。编导是越剧班社中特有的存在，不仅人数众多，而且收入高，所以中下层艺人与编导之间经常发生冲突。从这个角度上说，“姊妹班”制的剧团并没有改变私营剧团的性质，也由于这种独立和自治，剧团首要追求的必然是演出效益，一旦收入下降，要求剧团演出听从政府指令、发挥政府所需要的功能必定下降，这当然不是“改戏”的终极目标。从这个意义上说，“姊妹班”制是上海解放后对剧团采取的一种过渡形式，是最终实现国营化的过程中的一种选择。

1950 年 4 月，雪声越剧团率先实现了国有化，成立了华东越剧实验剧团。国营剧团与姊妹班最根本的区别，就是由政府派驻的实际担任领导的干部，在很大程度上取代了原有编导的地位和作用。在华东越剧实验

① 上海市军管会文艺处剧艺室：《越剧剧团的姊妹班制度》，《戏曲报》第 6 期（1950 年 4 月 1 日）。

剧团成立大会上,华东文化部副部长黄源代表文化部任命伊兵为团委会主委,刘厚生、钟林为副主委,袁雪芬、黄沙、凌映、钟泯为委员,袁雪芬为团长,黄沙为副团长,凌映为教导员。[①] 袁雪芬虽为团长,但是掌握最高决定权的实际领导是政府派驻的伊兵。政府派驻的干部在剧团的地位十分显著。管理体制改变是一种根本改变,剧团不再是姊妹班式的艺人自治团体,而是政府领导下的国营团体。

3. 改变运营机制

剧团毕竟是一种商业演出团体,体制的改变必然导致运营机制的改变。在新的国营剧团的全新格局中,原有的剧团运营模式也必须改变。然而,改变并非一帆风顺,经历了种种曲折。

首先遇到的难题就是主演之间的安排。越剧原来的私营班社基本体制都是头肩小生和头肩花旦必不可少,同时一家戏班也只有一位头肩小生和头肩花旦。然而华东越剧实验剧团最终成立时,虽以雪声越剧团为基础,但是华东戏曲研究院成立后,吸收了东山越艺社的主要成员,这意味着原来两个剧团的头肩花旦袁雪芬和傅全香同处一个剧团。原有的剧团运营机制被打破,随之出现的问题,就是角色如何安排。当时,袁雪芬担任华东戏曲研究院副院长后,主动减少了自己的演出场次,傅全香有了更多的演出机会。一段时间里,剧团实际担任主演的头肩花旦已经是傅全香。为了使像袁雪芬这样优秀的演员能够塑造更多的舞台艺术角色,所以 1954 年当玉兰剧团由部队划归地方建制,就改名"华东越剧团二团",由华东戏曲研究院领导,原华东越剧实验剧团改名"华东越剧实验剧团一团",这样就避免了与原有的名演员产生冲突,而且使剧团的演员们有更多的艺术实践机会。

---

① 《记华东越剧实验剧团成立大会》,《戏曲报》第 8 期(1950 年 4 月 15 日)。

其次剧团功能的明确。国营剧团的组建,承担着戏曲改革典型示范的重要作用。因此,对于戏改干部而言,坚持戏曲改革的方针,服务政府和宣传的需要是他们的任务。然而,戏改干部的思想方法及艺术理念要完全与艺人融通并非易事,彼此的磨合也经历了一番过程。华东越剧实验剧团实际由两部分人组成,主体是演职员,另一部分是像伊兵、陶雄这样的戏改干部。这些戏改干部虽然都有从事戏剧活动的经历,但是对越剧名伶及其班社的运营并不熟悉,剧团功能定位必然会产生一些矛盾。演职员往往更多追求经济效益,然而戏改干部代表了党和政府,政府派驻剧团绝对不是协助演职员们实现经营目标的,他们更重要的任务是推动戏曲改革事业的发展。最初,戏改干部们以改造的姿势面对艺人,随着民间职业剧团的兴起,以及国营剧团单纯政治宣传演出导致收入的下降,戏改干部的思想也逐渐改变。

1953 年,剧团确立整理改编为主、兼顾创作的剧目创作方针后,戏改干部"随着尊重遗产观念的确立,也进一步培养了尊重演员的态度,在整理传统剧目的工作中逐渐加强了和演员的合作,而密切依靠演员正式做好这一工作的重要条件之一。"[①]伊兵等戏改干部和袁雪芬等艺人之间经过实践的经历,逐渐找到了彼此合作的新模式。原有的编导们受到了更多的重视,戏曲演员们在演出剧目上有了话语权,越来越多深受观众的剧目搬上了舞台,更多演员被观众所熟知。

华东越剧实验剧团从成立到上海越剧院成立,为上海越剧新格局、为新时代越剧发展做了多重尝试,华东越剧实验剧团对以上涉及国营剧团方向方针的重大问题进行了大胆的试验,从而形成比较清晰的认识,为上海越剧院以后的平稳发展奠定了基础。但是组建过程中,难免得失兼具,正是在这种探索的过程中,国营剧团的方向、方针、管理、经营等逐渐走上

---

① 陶雄:《编审室工作总结》,华东戏曲研究院编:《华东戏曲研究院文件资料汇编》(1955 年 3 月),第 52 页。

正轨,而这正是国营剧团组建的意义。

四、国营剧团的成就及其示范效应

国营剧团的规范和有序发展,产生了良好的社会效益,走上持续发展的道路,国营剧团的示范作用逐渐显现,其他性质的剧团也不断创新,取得不少成果,并且走向民办公助或者国营之路。

1. 国营剧团剧目建设的成就

各剧种曲艺的国营剧团成立后,普遍建立了正规的编剧、导演、作曲制度,逐步对音乐曲调、舞台美术进行了整理、改革,提高了剧种的表现能力和艺术水平。在参加全国戏曲观摩演出和华东观摩演出等大型汇演活动中,国营院团的剧目,不论从数量和质量上都占有绝对的优势,用事实证明了国营剧团的组建在戏曲改革的舞台上,起到了领导和示范作用。

1952 年全国第一届戏曲观摩演出和 1954 年华东戏曲观摩演出,充分展现了国营剧团改戏的丰富成果,上海的越剧《梁山伯与祝英台》《西厢记》《春香传》、沪剧《罗汉钱》、京剧《黑旋风李逵》《秦香莲》、淮剧《王贵与李香香》等获得剧本奖,这些获奖的剧目基本都是国营剧团的演出剧目,都成为中国戏曲历史上的经典,传承演出至今。特别是越剧《梁山伯与祝英台》在 1953 年还拍摄成中国第一部彩色戏曲艺术片,在国内创下当时最高上座率,并获得文化部 1949—1955 年优秀舞台艺术片一等奖。1954 年,周恩来总理出席日内瓦国际会议时曾邀请卓别林观看此片,卓别林把它称作“中国的罗密欧与朱丽叶”,是一部“非凡的电影”。该片还在 1954 年捷克斯洛伐克第八届卡罗维·发利国际电影节获音乐片奖,在 1955 年第九届英国爱丁堡国际电影节获映出奖①,受到国际广泛关注。

---

① 中共上海市委党史研究室编:《中共上海党史大典》,上海教育出版社 2001 年版,第 94 页。

为使上海和兄弟省市地区更多的群众能够欣赏到优秀剧目，并将创作修改该剧的经验传播开来，用以推进上海及华东地区的戏曲改革。1952 年全国第一届戏曲观摩演出结束后，1953 年 5 月 18 日，上海市人民沪剧团以参加全国会演为主的一个演出队赴苏州、南京、常州等地演出《罗汉钱》，为期两个月。除演出外，还召开座谈会，由主要演员介绍所演角色的体会。此后，有吕剧、锡剧、甬剧、淮剧、豫剧、曲剧等剧种纷纷移植了该剧。

除了京剧、沪剧、越剧、淮剧国营剧团创作优秀的剧目，上海人民评弹团这一时期也创作出了大量优秀的节目，如《一定要把淮河治理好》《海上英雄》《王孝和》等。上海市人民杂技团不仅发展改进传统节目如《扯铃》《口技》等，也创作出不少优秀的新节目，如《古彩戏法》《顶技》《大跳板》《空中吊环》《钢丝跟斗》《倒立技巧》《钻桶》《溜冰》《跳板蹬人》等一大批对中国杂技具有影响的节目。1956 年，在华沙国际杂技比赛中，上海人民杂技团获得金质奖章。

2. 示范效应显现：民间职业剧团的蓬勃发展及其国营转型

在国营剧团的示范带动作用下，民间职业剧团在改编传统剧目、创新剧目方面，取得不少成果，并要求进步，寻求民办公助或者国营的转型之路。

在华东实验越剧团(上海越剧院)创作成果的带动下，各民间职业剧团也纷纷创作，新的节目不断搬上舞台，其中“芳华”“合作”“少壮”“玉兰”等越剧团很活跃，在出人出戏方面取得不俗的成绩。如 1950 年由尹桂芳回到上海重建并任团长的芳华越剧团，经过几年的发展，成为上海实力雄厚的民间职业剧团。该团在 7 年多的时间里，共编演 43 个剧目，其中于 1954 年编演的《屈原》集中了上海越剧民间职业剧团中的一批著名演员如戚雅仙、商芳臣、胡少鹏、许瑞春等，该剧参加华东五省一市戏曲观摩演出大会,获优秀演出奖和音乐演出奖,尹桂芳和戚雅仙获表演一等奖。此外,《何文秀》《宝玉与黛玉》《沉香扇》《云中落绣鞋》和现代戏《红花村》,都很有特色。玉兰越剧团在并入华东实验越剧团前,也创作了家喻户晓的名篇。上海解放后,玉兰越剧团在一年多的时间里演出了《吕布与貂蝉》等 17 个新剧目。1950 年 9 月,该剧团迁至卡尔登戏院,又演出了《鸳鸯剑》《粉墨生涯》《信陵公子》《西厢》等和现代戏《白毛女》《万户更新》等,其中《信陵公子》连演 138 天、256 场,观众达 23 万余人次。1950 年 2 月,以原云华越剧团部分人员作班底,成立合作越剧团,徐天红、戚雅仙先后任团长,演出由徐天红(老生)、戚雅仙(花旦)领衔。剧团成立半年内就排演了《儿女情仇》《小寡妇》等 8 部戏。演出期间,还拍摄了由中国电影实验工场摄制的彩色越剧故事片《石榴红》,蓝流、韩义编导,徐天红、戚雅仙主演。10 月 1 日上演了红枫编导,戚雅仙、高剑琳主演的《龙凤花烛》,大受观众喜爱,连续演出 205 场。京剧、评弹、沪剧、淮剧等其他剧种曲艺在国营剧团的带领下,各民间职业剧团都有不错的表现。

在国营剧团的示范带动下,民间职业剧团不仅学习和移植国营剧团创作排演成功的新剧目,而且也希望接受国家的管理,并使剧团逐渐转为民办公助剧团或国营剧团。

随着上海的演出市场的复苏和繁荣,许多新的民间职业剧团不断建立,到 1955 年 10 月上海全市有民间职业剧团 121 个①。但民间职业剧团的剧目和演出质量参差不齐,剧团数量较多、流散不定、组织不健全、制度混乱,人员的政治情况复杂,营业情况不好,管理困难,特别是戏曲界淡季来临时,严重的甚至造成许多戏曲人员生活困难。这时,面对国营剧团的发展和壮大,经典节目不断涌现,观众日趋稳定,民间职业剧团与国营剧

① 《上海市文化局民间职业登记工作计划(草)》(1955 年 11 月 26 日),上海档案馆藏,B9-2-15。

团的差距显现出来，很多民间职业剧团也表现出愿意国营化的愿望。

为解决民间职业剧团艺人们的生活困难，并对民间职业剧团实施有效管理，解决其自身存在的各种问题，使之符合国家建设和人民精神文化生活的需求，上海市文化局贯彻“坚持职业艺人不失业，职业剧团不停业”①的原则，在申请专款用于民间职业剧团救济费的同时，根据中央文化部发出的《文化部关于民间职业剧团的登记管理工作的指示》②等文件精神，做好剧团的登记工作，以摸清上海民间职业剧团的情况。1956 年 1 月，根据市委的指示，上海市文化局前后共计批准 85 个民间职业剧团转为国营（但所有都是集体所有制），26 个转为民办公助。从此，民间职业剧团走上了国营或者民办公助的道路。

上海越剧、京剧、评弹、杂技、沪剧、淮剧国营剧团的组建，为上海剧团的改革树立了标杆，成为“改戏、改人、改制”的上海戏曲改革运动中最重要的组成部分之一。各国营剧团成立后，开始建立了正规的编剧、导演、作曲制度，逐步对音乐曲调、舞台美术进行了整理、改革，提高了剧种的表现能力和艺术水平。国营剧团规范经营和有序发展，得到广大艺人的拥护，不断涌现出经典节目，也受到了广大观众的欢迎。在此示范作用的影响下，众多民间职业剧团要求进行国营的转型，最终，大多数民间职业剧团走向了国营或者民办公助之路，有力地推动了上海戏曲改革任务的完成。

（段春义）

① 《上海市文化局要求拨出专款作为民间职业剧团救济费的报告》（1955 年 5 月 19 日），上海档案馆藏，B9 - 2 - 18。

② 《文化部关于民间职业剧团的登记管理工作的指示》（1954 年 11 月 9 日），上海档案馆藏，B172 - 1 - 161。

影院、剧场、书场、游乐场的民主改革[①]

文化娱乐场所，是电影、戏曲、杂技等各类文艺样式呈现的平台，是人们进行文化娱乐消费重要场所，人们的价值观和审美观在这里受到潜移默化的影响。为了使全市各类文化娱乐场所更好地为人民群众提供健康有益的文化娱乐内容和服务，1952 年至 1955 年，上海对全市影院、剧场、书场、游乐场[②]进行分期分批的民主改革，初步解决了它们在职工队伍思想、经营管理、基层组织和制度建设等方面的问题，为对其进行社会主义改造打下基础。

一、文化娱乐场所亟待民改

解放以前，上海约有剧场 90 家，书场、茶楼 80 家，游乐场 4 家，音乐厅(跳舞厅)20 余家[③]。1949 年上海解放后不久，为使这些文化娱乐场所

① 简称：民改。
② 简称：院场。
③ 马郇夫：《回忆对剧场、书场、游乐场的接管和改造》，中共上海市委党史研究室、上海市档案馆编：《上海解放初期的社会改造》，中共党史出版社 1999 年版，第 57 页。

能适应建设人民文化事业的要求,市政府便先后采取接管、购买、租赁、合营等方式,对各类剧场、游乐场进行改造,但到 1953 年 1 月,上海绝大多数院场仍在劳资双方、基层组织和管理制度等方面存在着诸多的问题。

从职工队伍看,主要存在三方面的问题:一般群众的思想觉悟低,大都没有弄清新旧社会、革命与反革命、工人阶级与资产阶级的界限;人员内部存在着行帮思想与宗派现象,影院间、大演员间、大小演员间、前台与后台、老艺人与新艺人、演员与职员、职员与杂工间,普遍存在不团结现象;政治情况复杂。根据调查材料,职工队伍中还潜伏着一批反革命分子和坏分子,包括军统、中统分子,恶霸、地痞流氓、薄刀党与逃亡地主、伪军官等。同时,影院、剧场的老板,在经营管理、人事关系等方面大都带有浓厚的买办性、封建性和流氓性。过去他们大都依靠帝国主义、国民党、封建把头,勾结帮会流氓头子压迫职工,有的本身就是流氓恶霸头子。

从基层组织看,这些单位的党、团力量极为薄弱。绝大多数单位没有党、团组织点,只有个别单位有党、团组织,但党、团员数量极少,且质量不高,个别党团员还有严重问题,积极分子也不多。同时,其基层工会组织又多数不纯。

从管理制度看,影院、剧场制度繁多,且不合理。如工资问题,各院场之间工资没有标准,有高有低;同一院场存在同工不同酬的现象。工资的计算标准也不统一,或以大米计算,或以单位计算,或以工资分计算。福利问题上也存在混乱情况,有的已订立劳保集体合同,有的则没有;有的有人寿保险,有的没有;有的有理发、洗澡、饭贴、红利、发制服等,有的除公费医疗外,就什么都没有。

上述问题的存在,严重影响院场职工群众积极性的发挥,不利于人民文化事业的发展。因此,上海在工厂企业和搬运、建筑、码头等八个方面的民主改革即将完成之际,便开始着手准备对全市影院、剧场进行民主改革。

二、先公后私有序推进民改

1952年12月到1954年12月,上海依照稳步前进,改而不乱的方针,遵循先公营后私营,先影院,次剧场、后剧团的原则,采取训练干部,重点试验,分批开展的步骤,先后分五批对全市影院、剧场、书场、游乐场进行民主改革。

1. 民主改革的试点

1952年11月22日,中共上海市委宣传部提出《关于在全市影院、剧场、剧团进行民主改革工作的意见》,明确了全市影院、剧场、剧团开展民主改革的目的要求、政策方针、具体步骤、组织领导和工作纪律。据此,上海开展了一系列民主改革的准备工作。上海首选公营的"和平"影院和"大舞台",进行第一批试点工作性质的民主改革,目的是取得经验,以便分批推广。

为做好第一批单位的民主改革,上海首先建立了民主改革的组织机构。在市文化局局长领导下,成立了民主改革办公室和工作队。其中,民主改革办公室下设材料组与训练组,分别负责外调工作,开办"政治学习班"、训练工作队队员。工作队设"和平"工作队和"大舞台"工作队。每个工作队设队长1人或2人,下设秘书组(负责材料工作)与宣传组。工作队队员主要由市文化局从有关单位抽调曾参加过民主改革的干部以及一批影院、剧场、剧团积极分子、市委宣传部的部分同志组成。其次,开展人员培训、排摸材料与制定民改计划。人员培训工作一般主要是指对工作队队员进行为期一周的政策学习和纪律教育,使他们通过学习工厂民主改革的有关文件、指示和经验,听取负责同志作关于民主改革的政策方针与工作经验的报告，提高思想、统一认识。在此基础上，再用两周的时间进一步研究第一批单位的情况，制定具体的民主改革计划。

随着上海文化系统第一批民主改革试点准备工作就绪，1952 年 12 月下旬开始到 1953 年 2 月上旬，首批影院、剧场的民主改革开始进行。“和平”影院、“大舞台”分别以“接管学习”“总结学习”的名义开展民主改革，并大致分诉苦、全面交代和民主建设三个阶段。

“诉苦”阶段，一般以正面教育为主。通过向院场职工宣讲“祖国三年来伟大成就”“文教政策”“革命人生观”等报告，配合观看电影《中国人民的胜利》《钢铁战士》《江湖儿女》，参观工人文化宫工运史料展览会，结合开展回忆、对比、诉苦等群众性的自我教育方法，使其提高思想觉悟，划清新旧社会的界限、敌我的界限，培养他们对党和政府、对新社会制度和新中国的热爱，打破他们对反动派、对旧社会的任何幻想。

“全面交代”阶段，是民主改革的重要环节，目的是基本弄清职工的政治面貌。为此，上海通过开讲“总结控诉(认识三大敌人，划清敌我思想界限)”“号召交代政治历史问题的动员报告”(为什么要交代、交代政策、交代范围)“补充报告——结合讨论中暴露的混乱思想再度解释政策”“交代小结报告”等报告，召开会议，观看影片《上饶集中营》《无形的战线》，反复说明政策，明确交代范围，帮助职工群众在组织上划清敌我界限，促使有问题的职工交代政治历史问题。

“民主建设”阶段，是由“整顿”走向“巩固”，为“提高”创造条件的阶段，重点是搞好工会基层组织的改选工作。期间，上海对职工群众进行“团结教育”，通过让他们聆听“团结动员”“提合理化建议动员”“组织机构改革创造”“工会工作几个问题”“选举动员”和“学习总结”等报告，观看影片《红旗歌》，参观“匈牙利人民共和国展览会”等活动，促使他们展开批评与自我批评，分析本单位存在的问题并提出合理化建议，适当解决阻碍艺术发展与不合理的制度,达到改组工会、建团(发展青年团员)、改进制度和工作的目的。

1953 年 2 月 10 日左右,民主改革试点工作结束。首批开展民主改革的单位在准备工作及民主改革三阶段等方面积累的经验,为以后各批开展民主改革的单位所吸取。

2. 地方国营、公私合营影院、剧场的民主改革

在第一批试点单位的民主改革行将结束之际,1953 年 1 月,上海开始第二批民主改革的准备工作,包括:确定第二批民主改革的 16 家单位,其中包括:10 家电影院(内公私合营 4 家)、4 家剧场和 2 个剧团①;训练从 16 家单位中抽调出来的积极分子;3 月,上海市文化局成立“改革改造办公室”。

同年 4 月 8 日,第二批民主改革开始。依据试点单位的经验,这批单位的民主改革仍按诉苦、全面交代和民主建设三个阶段进行。在诉苦阶段,主要让职工听取关于新旧社会的报告,结合群众性的诉苦挖根,揭发和批判各种宿命思想,使职工懂得自己的各种痛苦的原因不是什么“命不好”,而是旧社会造成的,从而划清新旧社会的界限。在全面交代阶段,首先进行思想动员,主要采取作相关报告,结合群众性的思想批判,揭发和批判各种反动思想等措施。同时,交待政策。向各单位的积极分子反复说明政策,强调交代工作要在“强调交代的积极意义”“不追不逼,自觉交代”的政策方针下进行,要注意随时了解和帮助有问题的人消除思想顾虑、放下思想包袱,促使其交代自己的政治问题。进入民主建设阶段后,上海一方面继续进行思想建设。主要通过作关于发扬民主加强团结的报告,使大家明白团结的重要意义。接着,再由院场经理和剧团领导干部

① 2 个剧团,分别是上海淮剧团和上海市人民评弹工作团。

(文化局派下去的干部)向群众进行检讨,转变大家对领导、特别是对党的看法,并带动群众相互开展批评与自我批评,解开彼此间的疙瘩。最后,举行"团结大会",批判所有宗派行帮、自私自利、相互轻视、心胸狭窄等错误思想;另一方面进行组织建设。通过组织收听关于改选工会的报告,组织批判非工人阶级的思想,使全体人员初步明确工人阶级的优良品质及思想特点。接着,通过改选工会,使所有工会委员和小组长中的绝大多数是政治上可靠的人。

第二批民主改革在进行过程中出现两种特殊情况:一是由于民改一中队所属十个单位接管较早,职工群众对市文化局与单位经理的意见甚多。面对这种情况,上海采取在民改前,先让这些单位的职工对市文化局与单位经理提意见,待工作队长表明态度后,再开始转入民主改革。二是这次民改是结合"新三反",特别是结合反官僚主义斗争进行的。因此,在民改结束以后,上海还专门召开了一次院场经理会议,邀请院场经理对市文化局的工作提意见。市文化局为解决院场经理会议中反映出来的自身在管理影院、剧场和剧团工作中存在的问题,特别是在方针政策、制度以及领导等方面存在的突出问题,决定在民改办公室组成一个院场巩固小组,成员由民改办公室、管委会、文艺工会三方面人员组成,其任务是与院场经理共同研究,分别轻重缓急逐个解决问题。

同年5月30日,第二批民主改革工作完成。至此,上海基本完成了地方国营和公私合营的影院、剧场的民主改革。此后,上海集中力量对私营影院、剧场、剧团(包括四大游乐场)进行分批分期的民主改革。

3. 第三批影院的民主改革

1953年6月起,上海开始第三批民主改革的准备工作。第三批民改单位是13家影院,其中包括:公私合营1家(华德)、公家代管1家(平安),私营11家(大光明、国泰、美琪、金城、大上海、沪光、淮海、东海、汇

图 4－1　1954 年庆祝新中国成立五周年时的大光明电影院

山、永安、西海),共计 443 名职工。除华德、平安、西海为次轮影院外,其余皆为头轮影院。

上海在准备过程中,首先是将 123 名干部,按影院的类型编为 3 个中队、13 个小队,以 10 人左右并照顾行政系统划分学习小组,确定小组临时召集人,成立中队民改委员会与小队民改分会,民改委员会的正副主任分别由中、小队长担任,委员由基层工会干部、职工代表及资方代表等组成。其次是组织新参加民改工作队的干部学习,使其明确民改的意义、政策方针、各阶段的内容目的,树立群众观念、明确组织纪律、学会怎样开展辅导工作,了解和掌握党的统战政策,通过批评与自我批评,澄清各种混乱思想。再次是在各中、小队掌握民改单位的情况后,明确工作重点,综合并仔细研究各影院已有材料,将各影院的职工进行排队,在此基础上,研究与制订民改工作计划,明确民改具体工作步骤。最后,组织各影院的工会干部与骨干进行学习，说明民改即将开始及民改的意义、政策、内容、目的，以达到教育骨干，统一认识和在群众中进行初步思想酝酿的要求。

为确保影院民主改革的顺利进行，上海结合前两批民主改革单位的经验，根据这些私营影院的情况，主要采取两方面举措：一是明确规定了三个阶段各个单元的具体要求，其中特别强调要紧紧掌握团结、教育、改造的方针，以民主说服教育的方式进行；在交代工作中，反复说明“不追不逼、自觉交代”的政策，严格防止任何形式的追逼；坚持做到民改与生产两不误的方针。二是吸收资本家参加民改委员会，根据又团结又斗争的方针，做好对资本家的统战工作，争取资方及其代理人认真照顾业务，并对劳资纠纷，按处理劳资争议的程序解决①。这是这期民主改革不同于以往两期民主改革的最富有特色的举措之一。

同年 6 月 22 日到 8 月，上海第三批民改从开始到基本结束。至此，除尚有 12 个较小的私营影院外，影院方面的民主改革大部分结束②。全市 32 个国营、私营影院、剧场、剧团已进行民主改革。

为了做好下一步影院、剧场和剧团的民改，上海市及时总结和分析了前三批民改的实践，并提出了以下几点建议：

第一，由于影院、剧场和剧团的性质各不相同，民改的要求与做法应有所区别。因劳动方式、思想意识、社会环境的相似性，影院、剧场民改的范围和方法基本上与店员工会所属的饭店、舞场、旅馆等四联工会组织相近。但今后影院、剧场的民改，原则上以区委为主，与各区店员工会四联工会基层的民改统一领导，吸收影院、剧场三批民改的经验，用类似的方法进行；如必须以文化局为主，各区应抽派一定干部参加，既可集中领导，

---

① 《第三批(十三个影院)民改总结(草稿)》(1953 年)，上海市档案馆藏，B172-4-345。

② 《中共上海市委宣传部关于上海市剧团：剧场和影院民主改革工作报告》(1953 年 12 月 1 日)，上海市档案馆藏，B172-1-816。

又可缩短时间。在私营影院、剧场中贯彻对资方团结与批评的原则,对劳资纠纷,按处理劳资争议的程序解决,不因此影响民主改革的进行。

第二,大世界、大新、先施、福安等四个大型游乐场的民改工作,因其既有剧场又有剧团,人数多达 1 242 人(女茶房、摊贩、前台职工人数不包括在内),牵涉问题很多,故预备在进一步总结下阶段影院、剧场、剧团民改经验后,集中训练干部,组织较强的力量,由市级领导进行民改工作。

4. 第四、第五批剧场、游乐场的民主改革

到 1954 年初,全市私人经营的文化娱乐场所比重依然很大。在当时全市 97 家剧场中有私营剧场 87 家,占 89.7%;游乐场 4 家,皆为私营;35 家影院中有私营影院 22 家,占比 62%。[①] 这些私营剧场、游乐场依然多由流氓资本家或反革命分子操纵把持,他们控制和剥削剧团,把剧场当商场,造成戏曲演出混乱;不少剧场因资方出走或因系反革命分子被逮捕,无专人负责,吃光分光的现象很严重。尚未进行过民主改革的私营影院大部分长期亏损,设备陈旧,没有保养,部分影院负债累累,经济困难,难于维持,原系外商财产资方已离沪者,存在着企业无专人负责的现象。对上述私营文化娱乐场所进行民主改革,成为 1954 年及之后一段时间上海民主改革的重点。

1954 年上半年,上海采取接管、代管、合营等方式,将私营大世界游乐场,共舞台、天蟾、中国、金都、丽都、光陆 6 家剧场和大光明、国泰、美琪、淮海、东海、汇山、金城、东湖、长城 9 家影院改造为地方国营、公私合营性质的企业。同时,对私营游乐场、剧场、书场进行全面登记,基本了解其建筑设备情况和股东股权情况,为加强管理、实行民主改革和社会主义改造提供有力的根据。经过登记,全市 70%的剧场、书场领到了登记证,

---

① 《市文化局党组 1954 年上海市剧场、电影院、游乐场改造工作总结报告》(1955 年 1 月 22 日),上海市档案馆藏,A1－1－715。

图 4-2 共舞台外景

其余的领到临时登记证①。

同年下半年起，上海开始对部分剧场和游乐场进行民主改革。为了保证民改的有序推进，上海市文化局改革改造办公室先后于 7 月 14 日、31 日，8 月 6 日，分别制定了民改第一、二、三阶段工作的要求和做法②。7 月 16 日到 8 月 16 日间，上海对共舞台、天蟾、金都三家剧场进行了第四

① 马邨夫：《回忆对剧场、书场、游乐场的接管和改造》，转引自中共上海市委党史研究室、上海市档案馆编：《上海解放初期的社会改造》，中共党史出版社 1999 年版，第 64 页。

② 《上海市文化局改革改造办公室关于民主改革第一、二、三阶段的要求和做法》(1954 年 7 月 14 日、31 日、8 月 6 日)，上海市档案馆藏，B172-4-365。

批民主改革。10 月 14 日到 12 月 15 日,上海对“大世界游乐场”和中国大戏院进行第五批民主改革[①]。鉴于大世界游乐场的情形太过复杂,从搞好大世界游乐场改造工作角度出发,上海市文化局遵照市委指示,专门成立了“大世界改造工作委员会”。参加上述两批 5 家剧场、游乐场民改运动的人员,包括天蟾、共舞台、中国、大世界的剧团、摊贩、茶堂在内,共计 1 564 人[②]。

5. 十八个区的院场民主改革

到 1954 年 11 月,上海全市仍未开展民主改革运动的共有 224 家院场、4 544 人。鉴于这些院场分布的面广量大,以及市文化局主观力量有限,干部力量不足,经市委批准,上海市私营院场的民改工作由市里弄工作委员会统一领导。

由于大部分兼营书场的茶楼和原为舞厅后改营书场的单位都曾进行过店员民主改革,游乐场里的部分摊贩也进行过摊贩民主改革,蓬莱、北四川两个区已由区的里弄工委进行过民主改革,因此,全市实际开展民主改革的院场共计 120 余家,分布在 19 个区,人员 3 000 人左右。

1954 年 12 月后,上海私营院场的民改工作是在市里弄整顿工作委员会办公室和市文化局党组的双重领导下,结合全市里弄整顿工作,分区进行的。为了做好全市院场的民改工作,市里弄整顿工作委员会增设了文化组,由市文化局与文艺工会抽调干部组成,主要负责与各区的联系,解决院场民主改革中有关院场与工会等方面的问题。

1954 年 12 月到 1955 年春节止,上海首先对老闸、新成、北站、卢湾、榆林、东昌、长宁、虹口等 8 个区的 47 家院场、1 285 人(未包括因病等未

---

① 《上海人民游乐场情况汇报》(1955 年 6 月 6 日),上海市档案馆藏,B9－2－3。

② 《市文化局党组 1954 年上海市剧场、电影院、游乐场改造工作总结报告》(1955 年 1 月 22 日),上海市档案馆藏:A1－1－715。

参加者)进行了民主改革。这一阶段民改的内容一般是先对院场职工进行社会主义的前途教育,通过回忆对比和诉苦挖根来发动群众。然后,通过交代和检举揭发,清理院场内的残余反革命分子,弄清院场人员的政治情况。最后,通过团结和批评与自我批评的教育,加强院场职工内部、职工和茶堂、技置、摊贩等其他劳动人民之间的团结。

此次民改,上海根据各区参加民改单位和人数的多寡不同,在做法上有所区别。参加单位和人数较多的区,民改一般分三个阶段进行,即先干部后群众,先清理后建设;参加单位和人数较少的区,民改分两阶段进行,即干部与群众的清理工作合在一起搞,然后进行组织建设。同时,此次民改还提出了"院场工作人员们,积极参加民改,提高政治觉悟,划清敌我界限,清理残余反革命分子,健全工会组织,加强团结,使院场更好地起到社会主义宣传阵地的作用"的口号,并在重新审查院场人员工会会籍的基础上建立基层工会,通过选举,选出工会干部。

为巩固和加强民改成果,1955 年春节后,上海对民改已结束的区的院场,进行了稳定情绪、思想教育和处理民改中未结束的工作。同时,对其余尚未进行院场民改的 11 个区,根据市委指示与民改计划,分区分头推开。到同年 3 月 23 日止,上海在杨浦、闸北、常熟、静安、普陀、提篮桥、嵩山、黄浦、江宁、邑庙 10 个区的剧场的职工、茶堂与技置中相继开展了民主改革。

到 1955 年底,全市所有国营、公私合营、私营的剧场、书场、游乐场、影院的民主改革全部完成。此后,市文化局专门成立了剧场管理处,统一领导和全面改造国营、公私合营、私营的剧场、书场、游乐场。

三、文化娱乐场所面貌一新

通过民主改革,上海市影院、剧场、书场、游乐场的职工队伍、基层组织和制度建设等面貌都发生了明显改变,为1956年的社会主义改造创造了条件、奠定了基础。

1. 全市院场职工提高了思想认识水平和工作积极性

民主改革不仅基本澄清了院场职工普遍存在的“宿命论”“崇美思想”“正统观念”等各种糊涂思想和错误认识,而且使他们明白了在旧社会受苦的真正原因,基本划清了新旧社会的界限、敌我的界限及工人阶级与资产阶级的界限,初步树立了工人阶级主人翁的思想,并进一步体会到社会主义的美好前途,提高了对党和政府的信任。同时,民主改革也基本弄清了院场职工的政治情况,清理了混杂其中的反革命分子和各种坏分子。通过发扬民主,开展批评与自我批评,使广大院场职工受教育,初步克服了宗派行帮、自私自利,相互轻视等旧思想,增强了彼此间的团结,许多年互不理睬的人员握手言好。职工们在弄明白自己工作岗位的意义后,提高了学习兴趣和工作积极性,加强了劳动纪律,改进了服务态度,纠正了通宵赌钱等不良习惯,有的还提出了入党、入团的要求。

2. 全市院场的群团组织更加健全

民主改革的实践,使全市各院场职工不仅明确了工会的性质和任务,初步树立工人阶级的思想,而且都改选或新建了工会组织。“和平”影院和“大舞台”等一些原本没有团组织的院场,还都进行了建团工作。同时,一批积极分子在民主改革的实践中脱颖而出,他们中有的被选为工会小组长、有的参加了民主管理委员会、有的被提拔到各个行政工作岗位上。如第二批民改单位共发现并培养了158名积极分子,其中76人被提升到各行政工作岗位上(内提拔为副经理者4人),63人担任了工会的基层委员和小组长,14名青年发展为共青团员①,这样,改变了各院场过去组织

① 《文化局所属地方国营及公私合营的影院、剧场、剧团第二批民主改革工作报告(草稿)》(1953年),上海市档案馆藏,A22-2-171。

不健全和干部不纯的情况，既纯洁了组织，又部分解决了干部缺额的问题。

3. 全市院场制度建设更加合理

为整顿各院场在工资、工时、奖惩、福利等方面存在着的不合理制度，改变其在组织机构设置上分工不明、严重混乱等不合理现象，上海根据急需解决而且可能解决的原则，结合群众的合理化建议，由工作队提出调整组织方案，并经群众讨论修正，在领导批准后进行调整。如当时各院场管理机构既有三级制、二级制，又有所谓"二、三级混合制"的，经过民主改革，初步统一调整为两级制。又如影院在经理与副经理下，一律设总务、财务、服务、放映、票务、宣传 6 组；而剧场在经理与副经理下，一律设总务、财务、服务、业务、票务 5 组。上海各院场通过整顿，基本克服了原来职责不清、分工不明的混乱现象。此外，上海在"共舞台"还试行了紧缩演出时间、精致演出内容、提高质量、降低票价等制度改革举措，进一步满足人民群众的文化需求。

4. 各级文化单位的干部队伍得到了教育、锻炼和提高

民主改革的实践，还教育、锻炼和提高了各级文化单位的干部队伍。集中揭露了行政领导严重的官僚主义和分散主义等问题，使领导部门发现了以往在政策掌握、组织机构、业务管理和戏改思想领导上的许多问题，使干部们受到了教育和锻炼，对今后如何领导企业单位有了初步体会；使各院场的经理级干部懂得了只有密切依靠群众，才能办好企业的道理，增加了对做好工作的信心；使民改工作队队员在积累对影院、剧场、书场、游乐场进行民主改革经验的同时，提高了思想认识，转变了以往轻视职工与艺人的思想。由此，初步改善了领导部门与被领导者之间的关系。

（黄　坚）

戏剧界对“百花齐放，推陈出新”方针的贯彻

解放后，为使各戏曲剧种适应新的发展要求，上海遵循“百花齐放、推陈出新”的方针，不断推进戏曲剧目改革，剔除糟粕内容，摒弃陈腐的表演形式，保存和发展民族传统戏曲艺术，促进戏曲艺术事业健康发展，并以健康向上的内容和丰富多样的艺术形式满足人民群众的精神生活需求，激发他们的爱国热情，调动他们的劳动生产积极性。

一、迈出“推陈出新”戏曲改革的第一步

作为戏曲发展的重点地区，上海解放伊始，从团结、组织和教育戏曲艺人开始，按照党的“推陈出新”方针，逐步推进戏曲改革。

1. 团结、组织、教育戏曲艺人

当时上海是全国最大的城市、最大的文化中心，是地方戏曲和各种民间曲艺最集中的地方，聚集了众多的剧种、剧场、演出团体、从业人员和庞大的观众群体。京剧、越剧、沪剧、江淮戏等20余种剧种、8 000人的从业

人员、150多个剧场和说书场、每天吸引观众多达10万至15万人。[①] 上海“地方戏剧种的繁多，旧艺人队伍的庞大，可以说是全国各大城市所仅有。”[②]受旧上海半封建半殖民地环境的影响，这支庞大的戏曲队伍虽然不乏梅兰芳、周信芳、越剧“十姐妹”等进步健康的力量，但总体是鱼龙混杂，演出剧目很多是宣扬封建迷信、黄色下流，丑化劳动人民的内容和形式，而且每天都在潜移默化地影响着十余万观众。因而，上海改造旧戏的任务巨大而繁重。

解放后，上海市军管会文艺处根据“稳步前进，量力而行，不打乱原有机构，团结广大知识分子，进行有步骤地改造”[③]的方针，在全国文联的领导下，首先把出身不同、教养不同、文艺思想不同、艺术样式不同、过去工作环境不同的文艺工作者团结起来、组织起来，先后成立了文联筹委会所属文学、戏剧电影、美术、音乐、舞蹈、戏曲改进和翻译工作共七个协会。

各协会根据各自的情况，采用座谈会、作品研究会、讲习会、研究班和定期性的专题讲座和学习小组等不同形式，分别组织协会会员进行初步的政策学习和思想改造。7月17日，270多位剧影演员会师，夏衍、于伶发表讲话，号召大家“要团结、学习、工作，为工农兵服务”。同月，市军管会文艺处以越剧为重点，利用暑期“歇夏”，举办了第一届地方戏剧研究班。通过47天的短期集中学习，使200余名艺人中的绝大多数人成为日后剧改的积极分子。之后，举办以各剧种各剧院为单位每周一次的研究“编导座谈会”和定期举行的以协会为单位的“上大课”等，以有效提高旧艺人的政治觉悟和业务水平，为剧改打下思想基础。

---

① 夏衍：《更紧密地团结，更勇敢地创造——在上海文学艺术工作者代表大会的报告》，《解放日报》1950年7月26日。

② 夏衍：《更紧密地团结，更勇敢地创造——在上海文学艺术工作者代表大会的报告》，《解放日报》1950年7月26日。

③ 夏衍：《上海文教工作概况与今后工作任务》，《文汇报》1950年10月19日。

与此同时,按照毛泽东主席的有计划有步骤地改革戏曲使之“推陈出新”的方针政策,领导剧改运动。① 1949 年 7 月 5 日,市军管会文艺处根据新民主主义文艺政策,对剧场剧团演出的剧(节)目实行审查制度,要求凡演出剧团,事先必须将剧本送交文艺处剧艺室编审组审查。同时,上海评弹界率先进行弹词改革工作,开始模仿和移植解放区的剧目,编演新戏,迈出了戏曲改革的步伐。7 月 29 日,实行“评弹革新实习大会书”,演出《白毛女》《小二黑结婚》《茅家岭事变》等新书。8 月,参加全国文代会的代表们在剧影协会集会和游艺界会议上,传达全国文代会重要报告精神,要求文艺工作者、戏剧工作者努力改革旧剧。1950 年 1 月 5 日,梅兰芳在市京剧公会举行成立大会上,号召同仁全力推进京剧改革运动。1 月 23 日,市评弹公会举行成立大会,会议鼓励会员团结演唱新书和宣传折实公债。

为推进戏曲改革,1949 年 9 月后,市军管会文艺处召开一系列座谈会,与文艺界人士共商旧剧改革问题。9 月 22 日到 25 日,召开淮剧、滑稽剧、维扬戏、平剧、评弹、常锡、沪剧等 7 个座谈会,研究旧剧改革方向和加强编导学习问题。11 月 1 日,夏衍在滑稽戏剧改进会成立会上,号召多创作爱国主义文艺作品。11 月 18 日,又举行京剧界茶话会,讨论京剧改革问题。12 月 30 日,召开创作座谈会,并邀请丰子恺、严独鹤、应云卫、陈灵犀等 200 余人参加,就推动创作问题交换意见。

同时,于 1950 年 1 月初开始酝酿筹备戏曲改造运动春节演唱竞赛,在全市 54 个剧场、10 个书场和 2 个游艺场展开演唱竞赛,并于 2 月 2 日创办了《戏剧报》②,作为戏曲评介、宣传政策、交流经验、指导教育艺人、普

① 《上海戏剧界解放前和解放后的概况》,上海市档案馆藏,E75 - 5 - 535。早在 1942 年,毛泽东就为当时延安平剧院题词“推陈出新”。

② 市文联成立后,该刊物转交给市文联办理。

及新戏曲的刊物。1950 年 2 月 17 日至 3 月 14 日，全市京剧、越剧、沪剧等 13 种剧种，近万名戏曲工作者，90%以上的戏曲单位参加了 1950 年戏曲改造运动春节演唱竞赛活动，分别演出了改编或新编的京剧《三打祝家庄》、越剧《万户更新》《赤叶河》、沪剧《幸福门》、评弹《小二黑结婚》、滑稽戏《团团圆圆》、江淮戏《三上轿》、维扬戏《无情公子》、甬剧《活宝进门》等比较优秀的剧目，受到观众的热烈欢迎。“这在上海戏曲史上，是从来没有过的空前的盛举”①。

2. 提高改戏的共识，增强对旧戏的甄别能力

1950 年 7 月 24 日—29 日，上海市第一届文学艺术工作者代表大会召开。会议宣告市文联成立，对旧戏改造工作提出：“改革旧艺术的工作必须严格地遵守毛主席在中共中央三中全会报告所提的八项任务中第四项的正确指示②。我们要很好地研究各种旧艺术形式的不同特点和它们所联系的不同的群众，要尊重旧艺人的意见，和他们密切合作，发动和帮助他们来修改与编写新的剧目，在新的基础上加以发扬。”③

图 5－1　1950 年 7 月，出席上海市第一届文学艺术工作者代表大会的代表的合影

市文代会后，根据 1950 年 8 月华东戏曲改革工作干部会议确定的以

① 李通由：《春节竞赛的辉煌战果》，《文汇报》1950 年 2 月 23 日。

② 即：“要有步骤地、谨慎地进行旧有学校教育事业和旧有社会文化事业的改革工作，争取一切爱国的知识分子为人民服务。在这个问题上，拖延时间、不愿改革的思想是不对的。过于心急、企图用粗暴方法进行改革的思想也是不对的。”

③ 夏衍：《更紧密地团结，更勇敢地创造——在上海文学艺术工作者代表大会的报告》，《解放日报》1950 年 7 月 26 日。

上海为中心推动华东地区戏改的精神，9 月，在市军管会文化教育管理委员会文艺处基础上成立的市文化局[①]，进一步完善健全机构[②]，将原文艺处戏曲改进室改为戏曲改进处[③]，并在"稳步前进，量力而行""推陈出新""团结艺人，依靠艺人"的政策方针指导下，有步骤而谨慎地改造旧地方戏，推进戏改工作。

为了让参与戏改的各方形成共识和合力，上海加强了对相关人员的思想教育和培训。1950 年 6 月 5 日，上海市戏曲改进协会筹备委员会组织各剧团、各戏院编导和前台职工、灯光、技工、音乐工作者 400 人，学习有关改革戏曲、剧团制度等。8 月 5 日—9 月 16 日，举行上海市第二届戏曲研究班，1 200 位编导、表演、音技人员学习第一届文代会决议和唯物史观，分析中国戏曲及戏改方法。1951 年 2 月—5 月，先后举办"戏曲编导学习班"和"戏曲院业前台负责人学习班"，将 35%的编导班学员分到戏剧团体工作，提高全市戏曲院业前台负责人政治水平及改造其纯商业观点。还采取讲习班、短训班、学习班、艺训班等形式，通过学习文件、听报告、谈体会，提高艺人的政治觉悟和艺术水平，改变旧社会遗留在艺人身上的各种不良习气。

同时，为鼓励和引导改革旧戏和编演新戏，市文化局制定了"奖励优秀创作演出暂行办法"，与市文联配合，组织了以戏改为中心工作的专门委员会，团结新旧文艺工作者，大力改写和创作地方戏曲剧本，以适应各剧种的需要，并于 1951 年 2 月 6 日至 3 月 24 日，举办 1951 年春节戏曲演唱竞赛，戏曲界 136 个各剧种、曲种的节目参加了竞赛。

---

① 《上海市军管会文化教育管理委员会关于调整文艺处及新闻出版处两机构的文件》(1950 年 2 月 21 日)，上海档案馆藏，B172 - 1 - 704。

② 《上海市人民政府文化局 1950 年工作总结报告》(1951 年)，上海档案馆藏，B172 - 1 - 11。

③ 《上海市人民政府准予设立戏曲改进处的指示》(1950 年 8 月 28 日)，上海档案馆藏，B172 - 1 - 706。

1950年5月成立的华东军政委员会文化部戏曲改进处也采取了相应的措施。同年9月20日下午、25日、30日上午，邀请筱世昌、俞天保等越剧老戏师傅、王杏花、屠杏花等越剧老伶工，暨上海文化局戏曲改进处的戏改干部，华东越剧实验剧团的新旧剧编导，连续举行三次越剧旧剧目研究座谈会。期间，旧艺人踊跃发言，详细谈了许多旧的越剧、剧目内容，使大家对这些戏有了初步的了解和认识。座谈会通过举一反三地着重分析过去演出的15出越剧剧目，提高大家对旧剧的认识和甄别能力。在与戏曲艺人、编导及文艺界人士慎重研讨后，决定对下列情形的节目应加以停演：一、宣扬麻醉与恐吓人民的封建奴隶道德与迷信者；二、宣扬淫毒奸杀者；三、丑化与侮辱劳动人民的语言和动作。之后，华东文化部戏曲改进处又举行武行座谈会，邀请武行中的同志和卫生、体育界人士参加，了解其中有害人体健康的动作，研究今后可以采取何种方式改进和避免。同年10月底，又召开了沪剧旧剧目研究座谈会，初步分析沪剧的旧剧目，逐步清除地方戏曲的落后消极成分，进一步创造出民族形式的新的艺术。其他剧种也分别研究了传统剧目。各剧种对于旧戏曲剧目初步做了甄别，部分剧目定为保留节目，新编排剧目有所增加。

在修改剧本内容的同时，还开展澄清舞台形象的工作，对个别确实造成不良影响的剧目实行禁演。1951年1月31日，华东军政委员会文化部戏改处召开“舞台形象座谈会”，探讨戏曲形式改革。3月，市文化局创刊《大众戏曲》，对舞台上不健康的内容和形象展开讨论批评。继1949年7月，市军管会文艺处下令查禁国泰戏院上演的滑稽戏《人人要饭吃》后，1951年3月17日，市文化局戏曲改进处通知街头艺人改进协会，严禁摧残儿童健康的街头杂耍节目演出。由于市政府在禁戏过程中没有采取粗暴、随意禁戏的方法，而是采取了非常审慎的态度，因而对戏曲的健康发展起到了有益的作用。

1949年7月至1951年上半年间,上海进行旧戏改造的实践,为戏剧界贯彻落实“百花齐放,推陈出新”的文艺方针积累了经验,打下了基础。

二、贯彻“百花齐放,推陈出新”方针

在全国戏曲改革全面开展后,上海加强对戏曲事业的领导和管理,在推进戏曲改革的进程中,全面贯彻落实“百花齐放,推陈出新”的方针。

1.“百花齐放,推陈出新”方针的出台

1950年11月27日至12月10日,文化部在北京召开全国戏曲工作会议。田汉在会上作题为《为爱国主义的人民新戏曲而奋斗》的报告,刘厚生作《上海戏曲改革工作报告》。与会代表讨论了戏改工作的方针政策,并就戏曲剧本的创作、修改、审查、交流等问题进行了认真研究。会议检查了各地戏曲改革工作情况,确定了审定剧目的标准,并针对戏曲改革中出现的问题,提出《关于戏曲改进工作向中央文化部的建议》,为戏曲改革的总方针和基本政策的制定奠定了基础。同年文化部成立戏曲领导机构“戏曲改进局”。

1951年4月3日,毛泽东为新成立的中国戏曲研究院题词“百花齐放,推陈出新”。

1951年5月5日,中央人民政府政务院发布《关于戏曲改革工作的指示》(后通称“五五指示”),明确规定“百花齐放,推陈出新”的方针,要求保留与发展旧戏曲的优良传统,摒弃其不合理的、由长期封建社会所造成

政务院关于戏曲改革工作的指示

(一九五一年五月五日)

人民戏曲是以民主精神与爱国精神教育广大人民的重要武器。我国戏曲遗产极为丰富,和人民有密切的联系,继承这种遗产,加以发扬光大,是十分必要的。但这种遗产中许多部分曾被封建统治者用作麻醉毒害人民的工具,因此必须分别好坏加以取舍,并在新的基础上加以改造、发展,才能符合国家与人民的利益。

一年多以来,各地戏曲改革工作已获得显著成绩。新戏曲已大量出现,并受到了广大群众的欢迎;许多艺人学得了新的知识与新的观点,成为戏曲改革运动的骨干。但在工作中亦存在若干缺点,最主要的是审定剧目缺乏统一标准,与编改剧本工作中还有某些反历史主义的、公式主义的倾向。中央人民政府文化部在一九五〇年十一月所召集的全国戏曲工作会议,检讨了各地戏曲改革工作的情况,并提出了今后工作的方针。政务院在听取文化部关于这一会议的报告以后,特作如下指示:

一、戏曲应以发扬人民新的爱国主义精神,鼓舞人民在革命斗争与生产劳动中的英雄主义为首要任务。凡

图5-2 《关于戏曲改革工作的指示》

的反现实的落后部分，使其成为能以新民主主义及爱国主义精神教育广大人民的民族的戏曲艺术，同时鼓励各种戏曲自由发展，互相竞赛，共同繁荣，并提出：“中国戏曲种类极为丰富，应普遍地加以采用、改造与发展，鼓励各种戏曲形式的自由竞赛，促成戏曲艺术的‘百花齐放’。”

至此，“百花齐放，推陈出新”成为指导全国戏曲改革工作的方针。

2. 上海戏剧的“百花齐放”

在贯彻落实“百花齐放，推陈出新”的指导方针过程中，上海进一步加强了对戏曲改革运动的领导，1951 年 9 月，上海市人民政府文化教育委员会成立，其主要职能是指导市政府所属文化局等部门工作。

为了使解放初 22 个剧种这笔戏剧艺术宝贵的遗产能够得到延续，获得发展，并继续满足人民群众的精神文化需要，上海一方面在各主要剧种中选择一个剧团进行政策倾斜，使其成为各剧种改戏的典型；另一方面，挽救濒临失传的剧种，并挖掘、整理和保留各剧种的传统剧目。

1950 年 3 月，华东军政委员会文化部成立。同年 4 月，建立了示范性的华东越剧实验剧团，这是华东地区建立的第一个国营戏曲剧团，也是新中国建立后的第一个国营越剧团。1951 年 11 月到 1953 年，上海人民京剧团、上海人民杂技团、上海人民评弹工作团，以及上海人民沪剧团和上海人民淮剧团相继成立。由此，上海越剧、京剧、评弹、杂技、沪剧、淮剧六个戏曲曲艺建立起国营剧团。这些国营剧团建立的目的之一就是希望它们在改戏等方面先行一步，为整个剧种的戏改作出示范，积累经验。

伴随着抗美援朝战争的爆发，美国电影快速退出中国市场，进剧场、观看戏曲，迅速成为人民群众重要的娱乐节目，以致当时民间职业剧团的发展迅速。20 世纪 50 年代初期上海地区 111 个民间职业剧团，27 个为解放前成立,84 个为解放后成立[1]。这些剧团具有一定艺术素养的艺人,保留有极丰富的优秀传统剧目,是上海市戏剧界一支强大的队伍,是上海人民生活中不可缺少的力量。[2] 虽然有盲目发展的弊端,但也证明上海解放后,上海的戏曲舞台各剧种繁华依旧。在党和政府的帮助下,国营剧团不断涌现,民间职业剧团也不断壮大,使得上海戏曲舞台异常繁荣。

为了支持院团的发展,让各种戏曲之“花”即各个剧种、各种流派一齐开放出来,上海还要把这些剧种、剧团的遗产抢救、挖掘出来。以昆剧为例。上海地区邻近昆曲的发源地。明朝就有昆班的演出活动,著名的豫园的主人潘允端就养有家班。清朝乾隆年间,昆曲是上海的主要剧种,直到京剧南来以后才逐渐衰落。二十世纪 20 年代“苏州昆曲传习所”培养了一批“传”字辈艺人,他们出科后多数在上海演出。但自日军侵占上海后,由“传”字辈艺人组成的“仙霓社”被迫解散,艺人们改行谋生,有的甚至饿毙街头,此后十余年上海不复有昆曲剧团存在。昆曲是古老剧种,素有“百戏之祖”“百戏之师”之称。它的濒临灭亡是旧社会造成的,是令人痛心的。解放之后,根据“百花齐放,推陈出新”的方针,把已经星散的“传”字辈艺人一个个找回来,一方面抢救失传的剧目及其技巧,一方面培养接班人。上海市戏曲学校先后培养的昆大班和昆二班毕业生,组成了上海昆剧团(最初是上海青年京昆剧团),使昆剧这一古老剧种获得新生,重新焕发出活力。2002 年联合国教科文组织把昆曲列入“人类口述遗产和非物质遗产”名录,而且是名列榜首,说明世界对这一剧种的价值的认定[3]。

---

① 《上海市人民政府管理私营戏曲职业社团的临时登记办法》(1951 年 8 月),上海档案馆藏,B1-3-2873。

② 《关于文化局对新国营与民办公助剧团领导情况的初步汇报》(1956 年 10 月),上海档案馆藏,B172-1-203。

③ 高义龙:《为戏曲史掀开崭新的一页——“百花齐放,推陈出新”方针指引下的上海戏曲改革》,《艺术百家》2002 年第 1 期。

同时,上海还重点对各剧种的剧目进行了充分的抢救挖掘遗产工作。截至1956年上半年,据当时的不完全统计,全市共整理出传统剧目237个,其中京剧126个,越剧12个,沪剧9个,淮剧33个,扬剧12个,评弹45个。[①] 1956年9月,上海市传统剧目整理委员会成立,确立了"依靠艺人、普遍发掘,全面纪录、分批整理,结合演出、重点加工"[②]的工作方针,周信芳任主任委员,袁雪芬、刘厚生任副主任委员。委员会初设京剧、越剧、沪剧、淮剧、扬剧、评弹、滑话7个分会,不久后,滑话分会被分拆为滑稽戏分会和通俗话剧分会,并增加了甬剧、锡剧分会,形成了十个分会。这些分会由该剧种的著名演员及老艺人如周信芳、袁雪芬等担任主任委员及委员,各分会下还附设由老艺人、主要演员和专业编导组成的整理传统剧目小组,各国营剧团也专门抽出干部来负责这项工作。上海的整旧工作有计划、有领导地开展开来。到1956年的第四季度,京剧、滑稽、甬剧、沪剧、淮剧、扬剧、通俗话剧、评弹、越剧共九个剧种,就挖掘5 625个传统剧目,记录了319个剧本,另外还征集到老艺人捐献的剧本903个。[③] 上海经过对各个剧种充分的抢救挖掘遗产工作,各个剧种重新焕发活力,优秀的传统剧目经过整理加工,内容中积极健康的因素得到开掘、强化,艺术表现手段更加精美,具有更强的艺术感染力和魅力,如京剧中周信芳主演的《徐策跑城》《萧何月下追韩信》等以及根据评弹书目新编的《义责王魁》,昆剧中俞振飞、言慧珠主演的《墙头马上》,越剧《梁山伯与祝英台》《西厢记》《追鱼》《红楼梦》等,淮剧《女审》《千里送京娘》等,甬剧《半把剪刀》《双玉蝉》等,上海的各种传统剧目得到新生,在上海舞台上大放异彩,

---

① 《上海市戏曲传统剧目整理工作总结(草稿)》(1956年5月21日),上海档案馆藏,B172-1-197。

② 《上海市传统剧目整理委员会成立》,《解放日报》1956年9月20日。

③ 《上海市传统剧目整理委员会剧目工作通讯(第四期)》(1957年2月15日),上海档案馆藏,B172-1-197。

上海的戏剧真正迎来了“百花齐放。”

3. 各剧种剧目的“推陈出新”

改戏是上海戏曲改革的出发点和落脚点。“推陈出新”顾名思义,就是改革旧剧目,创作新剧目。改革旧剧目首先是清除戏曲剧本和戏曲舞台上的不良因素,对传统剧目存其精华、弃其糟粕;创作新剧目,就是要新编反映现实题材的剧目。

上海的戏剧舞台上演的剧目资源丰富。据 1950 年的统计,全年上演的传统剧目共有 1 390 余部,其中越剧 576 部,京剧 219 部,这些剧目共吸引近 700 万人次的观众观看。然而,由于许多剧团为了追求利润,吸引观众,上演了有些剧目中存在着低级趣味的内容,有的宣扬封建迷信,有的充斥黄色暴力的内容,《大劈棺》《杀子报》《黄氏女游阴》等剧目就是其中的典型代表。

在“推陈”过程中,为澄清解放初期全国上演剧目中的混乱现象,消除一些严重有害的剧目的不良影响,1950 年 7 月至 1951 年,中央文化部先后提出《杀子报》等 26 部禁演剧目①。这些禁演剧目大都不是上海戏曲舞台的剧目,上海明令禁演的剧目仅有 1949 年 7 月由上海市军管会禁演的筱快乐剧团演出的《人人要饭吃》,以及 1953 年经华东文化部批准禁演《李士群之死》(说唱)、《新老法结婚》(滑稽)、《探阴山》(绍兴大班)和《三朵花》(沪剧)等。② 除了禁演剧目,上海更重要的是通过革除庸俗落后的表演方法,取消丑恶、野蛮、恐怖的舞台形象和改革旧戏曲舞台陋习三方面,致力于舞台演出的“净化”工作。通过集中整治,保留了传统戏剧、曲艺等舞台艺术中的精华部分,坚决摒弃了低级趣味,舞台环境等到了

① 《文化部关于以前公布停演的剧目在未经文化部明令恢复上演前不要公演可将修改本报部审核批准后上演》(1956 年 11 月 8 日),上海档案馆藏,B172 - 1 - 196。

② 《上海文化艺术志》编纂委员会编:《上海文化艺术志》,上海社会科学院出版社 2001 年版,第 983 页。

净化。

戏曲改革的中心内容是出好戏，只有涌现大批的优秀剧目，使戏曲剧目呈现出新面貌，才能满足人民群众的文化需求。上海各剧种在改革旧剧的同时，很重要的一个方面，是按照戏曲艺术的规律编演新戏，新编历史剧及历史故事剧、现代戏等等，注重题材、风格多样化。为此，1951 年上海市文化局戏改处专门设立了创作研究室，派干部到各个剧场中帮助编导、艺人改编或创作新的戏曲作品。同时，还组建戏曲评论工作者联谊会，将散漫的戏评工作者组织起来，予以政治思想和方针政策的具体领导，并组织上海的报刊经常就戏曲剧目、戏曲演出和有关理论问题开展讨论，对于创作演出中的不良倾向和不健康剧目，通过评论澄清是非。如 1951 年，上海的几家戏剧刊物和报纸，针对杨绍萱的反历史主义主张和剧作展开讨论，进行批评，从理论上澄清了神话与迷信的区别、神话剧与现实生活的关系。此外，为提高创作水平，1953 年召开三次创作演出会议，以后每年都举行此类会议。1956 年召开两次戏曲团体剧目工作会议，清除过去加在戏曲工作上的清规戒律，重视传统剧目，整理传统剧目，剧团在题材选择上“百花齐放”，重视培养青年一代。①

一批优秀的新编历史剧和历史题材故事剧涌现，有京剧《淝水之战》《海瑞上疏》《澶渊之盟》《唐赛儿》《武则天》等，越剧《忠王李秀成》《则天皇帝》《秋瑾》《金山战鼓》等，沪剧《甲午海战》等，这些作品积极探索用历史唯物主义观点表现历史人物和历史事件，受到了广泛的好评。表现现代题材的现代剧，也取得了丰硕的成果，京剧《红色风暴》《赵一曼》，淮剧《王贵与李香香》《海港的早晨》，沪剧《罗汉钱》《金黛莱》《星星之火》，越剧《火椰村》，扬剧《东方钟声》，锡剧《六里桥》，甬剧《甬江风雷》，滑稽戏《三毛学

① 《关于剧目工作》(1956 年 12 月 1 日)，上海市档案馆藏，B172-1-198。

生意》《七十二家房客》《阿Q正传》,等等。这些作品人物有血有肉,塑造了新民主主义革命时期或社会主义时期的各种新人物形象,在艺术上有不少新的探索和创造,富有时代精神,其中一些具有较高的艺术成就,成为剧种的保留剧目。

三、戏剧的巨变

在"百花齐放,推陈出新"的方针指引下,上海各剧种的戏改工作出现了翻天覆地的变化,主要体现在以下三方面:

1. 各剧种注重艺术的创新和整体性

沪剧方面,过去创作一些反对封建压迫和不满的剧目但是较大程度的庸俗性、小市民的思想趣味相当浓厚,经过"百花齐放,推陈出新"的改革,沪剧坚持了自己以现代题材的戏为主要剧目的优良传统,同时基本脱除了陈俗浮浅的旧气味,显示清新踏实的新气质,创作和演出了一系列优秀作品,如:《罗汉钱》《白毛女》等。越剧方面,原来在艺术手段上,以极大注意力放在古代服装的玄奇斗艳上,服装、布景在艺术创造的作用远远超过细致的表演艺术,经过改革,优秀剧目《梁山伯与祝英台》《西厢记》等,越剧反封建的民主精神和运用多种舞台艺术手段,注意艺术完整性的特点被很好地继承下来,那种俗气的"服装展览"被消除,舞台美术恢复了为主题、为人物服务的应有地位。评弹方面,过去形式上形成无休止的冗长和大量无聊的"噱头"特点,经过改革,书目内容得到逐步整理,出现了很多好书,创造了一次说完的中篇形式和活泼精悍的短篇形式,代表作有《一定要把淮河修好》《海上英雄》等。[①] 其他各个剧种都出现了明显的变化,呈现出新气象,这是"百花齐放,推陈出新"方针指引下,戏曲改革取得

---

① 刘厚生:《漫谈上海戏剧艺术的推陈出新》,《上海戏剧》1962年Z1期。

的巨大成就。

2. 新老艺术人才得到培养和提升

一批全国知名的老艺术家、老艺人在“百花齐放，推陈出新”的指导方针鼓舞下，在新的时代继续发挥艺术才干，艺术上不断提升，取得更高的成就。党和政府对艺术创作非常尊重，为像周信芳、盖叫天等这些老艺术家的艺术创造提供了良好的条件。比如，1955 年 4 月，“梅兰芳、周信芳舞台生活五十周年纪念会”在北京召开，这次纪念会由文化部、中国文联、中国剧协联合举办，文化部部长沈雁冰向这两位大师授予荣誉奖状。周信芳在京、沪两地演出了《文天祥》《乌龙院》等剧，并与梅兰芳合演了《二堂放子》，周信芳的艺术成就和艺术风格被全国戏曲界所了解。1956 年 11 月，文化部、中国剧协在上海联合举办了盖叫天舞台生活六十周年纪念活

图 5-3　梅兰芳(左)、周信芳(右)合演京剧《二堂放子》剧照

动,文化部艺术事业管理局局长田汉代表文化部授予盖叫天荣誉奖状,盖叫天作了题为《生我者父母,知我者共产党》的发言,演出了《快活林》《鸳鸯楼》《恶虎村》等拿手名剧。盖叫天虽然在1950年代移居杭州发展,但他在上海保留有家,也经常来上海演出、传授艺术,盖派艺术更加炉火纯青,上海电影制片厂还为他拍摄了《盖叫天的舞台艺术》和《武松》等电影艺术片。各剧种的代表人物和知名演员,继续提高艺术水平,创造新的艺术成果,力求跟上时代的步伐,并没有因为早已成名而停顿。像越剧的袁雪芬、尹桂芳、范瑞娟、傅全香、徐玉兰等,在解放前已经形成各自的风格和流派,享誉上海,上海解放后,她们继续发扬自己的风格,发展自己的流派,不断创作新剧目,并在演出中塑造了令人难忘的艺术形象,艺术成就达到新的高度。京剧的李玉茹、童芷苓、言慧珠、王熙春、李仲林等,沪剧的丁是娥、筱爱琴、解洪元、石筱英、邵滨孙等,淮剧的筱文艳、何叫天、马麟童、周筱芳等,滑稽戏的姚慕双、周柏春、杨华生等,不管在思想还是艺术方面都有新的提高。新的社会环境和正确的文艺政策,为这些有着丰富的艺术实践经验又处在艺术创造力旺盛时期的老艺术家发挥艺术才智提供了优越的条件。因此,他们也不负时代,成为戏曲演出的中坚力量,深受观众喜爱,有很高的知名度。①

一大批青年人才得到培养,特别是一些在解放前已经演戏、解放初崭露头角的青年演员在老艺术家的带领下,投入艺术创造演出迅速成长,如越剧的王文娟、吕瑞英、金采风、张云霞等,京剧的张美娟、陈正薇、小毛剑秋、童祥苓等,在50年代、60年代都成为承上启下的艺术骨干。上海非常重视对戏曲事业接班人的培养,以促进戏曲事业不断传承、蓬勃发展。1954年,昆剧和越剧演员训练班先后成立,隶属华东戏曲研究院,在此基

① 高义龙:《为戏曲史掀开崭新的一页——“百花齐放,推陈出新”方针指引下的上海戏曲改革》,《艺术百家》2002年第1期。

础上，于翌年建立了上海市戏曲学校。除了培养演员外，在中共上海市委宣传部的支持下，上海市文化局还委托上海戏剧学院开办了戏曲创作班、戏曲创作研究班、戏曲导演班等，培养大批戏曲编导人才。

3. 戏曲影响从国内走向世界

国内戏剧舞台的欣欣向荣。1952 年全国第一届戏曲观摩演出和 1954 年华东戏曲观摩演出，充分展现“百花齐放，推陈出新”方针指导下的上海戏改所取得的丰硕成果。1952 年 10 月至 11 月，文化部主办第一届全国观摩演出，明确以“百花齐放，推陈出新”作为大会宗旨。大会有全国各地在群众中流行的 23 个剧种参加，它们以各种不同的风格表演了近一百种的剧目。上海的越剧《梁山伯与祝英台》《西厢记》，沪剧《罗汉钱》，淮剧《王贵与李香香》获得剧本奖。越剧《梁祝》评价很高，被誉为整理改编旧有优秀剧目正确对待遗产的优秀范例。华东区戏曲观摩演出大会于 1954 年 9 月 25 开幕，11 月 6 日闭幕，全部会演工作于 11 月 15 日基本结束。参加戏曲会演约一千六百人。“正式参加戏曲会演的是三十个剧种 111 个剧目”。上海派出了 118 人的代表团，包括京剧、沪剧、越剧、淮剧、扬剧 5 个剧种。上海的京剧《黑旋风李逵》《秦香莲》，越剧《西厢记》《春香传》，沪剧《金黛莱》等都获得剧本奖。上海戏剧在全国舞台上大放异彩。

戏剧走出国门，影响世界。解放前，上海的戏曲从未走出国门。解放后，尽管当时的国际环境相当严峻，但是，随着我国国际地位的提高和上海戏曲事业的发展，上海的戏曲逐渐走出国门，向国外展现了东方戏曲艺术的成就和魅力，并为祖国赢得了荣誉。1954 年，越剧影片《梁山伯与祝英台》在捷克斯洛伐克卡罗维・发利国际电影节获“音乐片奖”；周恩来总理参加日内瓦会议时，曾用该片招待的国际友人。许多西方国家的记者和外交官观看了这部影片，赞不绝口，他们不但第一次欣赏到如此美妙的中国戏曲艺术,更通过这部影片认识到新中国对民族艺术的重视。周恩来总理还把扮演梁山伯的演员范瑞娟请到日内瓦,会见美国喜剧电影大师卓别林,卓别林对越剧《梁祝》给以很高的评价,称它为“中国的罗密欧与朱丽叶”。1955 年 6 月 19 日到 9 月 18 日,上海越剧院以“中国越剧团”的名义到民主德国和苏联等国的许多城市访问演出,团长是鲁迅夫人许广平,主要演员有袁雪芬、范瑞娟、傅全香、徐玉兰、吕瑞英等,演出剧目有《梁山伯与祝英台》《西厢记》等。这是新中国成立后我国第一个专业戏曲团体出访。民主德国和苏联的艺术界、评论界给予高度评价。上海京剧院于 1956 年在周信芳院长率领下到苏联进行访问演出,这是上海京剧专业剧团第一次作为文化交流的使者出访。这一系列出访,使上海戏曲逐渐走向世界,同时也促进了上海戏曲艺术自身的提高。许多戏曲艺术家通过出国演出,开阔了眼界,与国外戏剧界交流观摩过程中,学习到不少新的东西。更重要的是所到之处受到的热烈欢迎,外国人士对戏曲的高度评价,使他们增强了民族自豪感和责任感,进一步提高了对戏曲价值的认识,激发了创造更多更好的艺术作品的热情。1955 年,袁雪芬出访演出归来后在《戏剧报》发表文章中谈到:“我深深知道:我们的光荣是祖国人民、党和毛主席给予的。……我们的演出受到各界人士的称赞,这都是毛主席‘百花齐放,推陈出新’的戏曲改革方针的成就!都是勤劳、勇敢、智慧的中国人民所创造的深厚文化传统的光荣!”“今后,更要求我们摈绝自满,不懈地去努力,创造出更多更好的、给予人民以社会主义思想教育的演出。”①从她的言语中,可以看出广大戏曲工作者的心声,更可以看出在“百花齐放,推陈出新”方针指导下,上海戏剧艺术发展的巨大潜力。

---

① 高义龙:《为戏曲史掀开崭新的一页——“百花齐放,推陈出新”方针指引下的上海戏曲改革》,《艺术百家》2002 年第 1 期。

20 世纪 50 年代，上海通过贯彻“百花齐放，推陈出新”的戏曲改革方针，使源远流长的戏曲艺术在新的时代重新焕发出蓬勃的生命力，绽放出耀眼的光芒，为中国戏曲史掀开了新的一页。

（段春义）

工人文艺的发展

伴随着上海的解放、新中国的成立，上海工人阶级迎来了当家作主的新生活。他们不仅在政治上获得了解放，而且在经济上、在精神文化上同样获得了解放。在党和政府的领导下，1949 年到 1956 年间，工人群众建立文娱组织，开展各种文艺活动，充分展现工人群众的新生活、新风貌，创作了大批反映工人心声、反映时代变迁的优秀文艺作品，成为我国民族的、科学的、大众的文化的重要有机组成部分。

一、工人文艺活动的初步兴起

1949 年 5 月，上海解放。在旧中国被压迫、被奴役的工人阶级成了国家的主人，为表达强烈的翻身感和喜悦兴奋的心情，他们自发地开展唱歌、跳舞等各类文娱活动，并经常在当时重大活动之后的余兴节目里进行表演。

为了丰富工人群众的业余文化生活，推动工人文娱活动的开展，7

月，上海总工会筹备委员会文艺工作团(简称“上总文工团”)[①]一俟成立，便深入工厂为工人演出。1949年7月到11月间，共深入54个工厂为近11万名工人演出61次[②]，并启发和辅导工人开展文娱活动。市军管会文艺处在完成接管任务后于同年9月起，先后派华东二团、新安旅行团及音协上海分会、美协上海分会等专业文艺团体和组织下厂演出，帮助工厂建立各类文艺组织，辅导工人编剧和排演节目。此外，上海总工会筹备委员会和部分专业文艺团体还在各区举办学习班，培养工人文艺积极分子和骨干。

随着各区工会组织和各产业工会组织的建立和发展，在各专业文艺团体的帮助下，上海先后建立起市、区、产业工会和厂属各级工人文娱团体和组织，如沪东业余文工团、沪西业余文工团、沪中业余文工团(后改为店员文工团)，铁路、邮政、电信、印刷、百货、金融、新药、酒菜业、进出口贸易等十个直属产业工会的文工团，以及工厂文工团、剧团、腰鼓队和乐队。这些工人文娱团体或组织建立后，经常在诸如“纪念聂耳逝世十四周年音乐会”“人民音乐家冼星海逝世四周年纪念音乐会”等各种重要的文艺纪念活动和集会后的余兴节目中进行表演。

歌咏是当时最为普及的文娱活动。当时比较有名的上海工人歌咏社团有“沪西劳工合唱团”“铁路工人歌咏团”“石油歌团”“申新二厂合唱团”“上海电力公司合唱团”“华通电机厂合唱团”等，他们演唱的许多歌曲，如沪西劳工合唱团的《我们工人有力量》《自由幸福万万年》《人人热爱解放军》，铁路工人歌咏队的《中国人民解放军进行曲》《铁路工人歌》，铁路工人军乐队的《八路军军歌》《国际歌》等经常在上海人民广播电台进行播放和教唱[③]，逐渐为工人群众耳熟能详。其中，节奏感强、明朗有力的《我们

① 上总文工团于1950年6月撤销，其团员分散到各区工人俱乐部。

② 《上海群众文化志》编纂委员会编：《上海群众文化志》，上海文化出版社1999年版，第12页。李家齐主编：《上海工运志》，上海社会科学院出版社1997年版，第40页。

③ 《今日音乐台节目》《人民电台今日要目》，《文汇报》1949年8月7日、11月18日。

工人有力量》更是赢得了工人们的喜爱,几乎成为每个工人都会唱的歌曲。

受专业文工团表演和老解放区秧歌剧的影响,上海工人的戏剧演出活动十分活跃,剧目题材日益丰富。最初,为配合打击银元投机、庆祝开国(庆祝新中国成立)、推销公债、节约增产、表扬模范等各类时政宣传活动,工人们积极排演剧目。之后,模仿排演《兄妹开荒》《一朵红花》等秧歌剧,进而开始改编,将《一朵红花》《小姑贤》等北方秧歌剧改编为沪剧、江淮戏等上海工人熟悉的地方戏,最后结合工厂的真人真事、自己的生活和工作,自编自演地方戏或方言剧。其中,邮政工会的新京剧《鹰坟》和《双喜临门》,华明烟厂的越剧《擦皮鞋救济失业工人》,申新六厂的越剧《变》,中纺三厂的淮剧《强有力转变》,崇信纱厂的《劝夫识字》和方言剧《防特护厂》,市政工会的《光明守卫者》,后勤汽车修理厂的《老五转变》和招商局码头的《搞通思想》等话剧,反映了当时工人的新生活,鼓舞了他们的生产积极性,受到工人们的喜爱。

此外,工人们还创作表演了腰鼓、花鼓、秧歌舞、歌舞剧、大补缸、打莲湘、歌咏朗诵剧、哑剧、报喜剧、机器作业舞、集体朗诵、相声、说滑稽、改良平剧、玩狮子、健力美表演、武术、魔术及耍龙灯、踩高跷、耍火球等各类文娱节目。

这些文娱节目的创作表演不仅丰富了工人群众的精神文化生活,而且有力地配合了当时的政治宣传和经济建设,展示了上海工人阶级翻身后新的精神面貌。然而,这一时期的工人文娱活动常处于运动一过就沉寂的状态。究其原因,主要是全市对工人业余文娱活动缺乏专门的领导机构、统一明确的方针及相关配套的活动材料,加之许多工厂的工会与行政对此还不够重视,基层文娱活动组织不够健全,经过短期培训的工人文艺骨干分子的业务和组织能力一时难以发挥显著作用。1950 年 2 月发生的“二六”轰炸[①],影响了许多工厂企业的正常生产,也给工人的文娱活动带来很大困难。直至同年5月以后,情况才开始有所改变。

二、工人文艺活动开始步入正轨

1950年下半年起,随着国民经济的日渐复苏,上海总工会、上海市文化局、上海市文联等各类组织机构的建立和完善,工人文艺活动方针的确立,上海工人文艺活动开始恢复,并由之前配合时事宣传和经济建设的临时性状态逐渐转入常态。除经常举办各类竞赛外,工人文艺积极分子的培训工作得到加强。

1. 建立领导机构

1950年2月3日—7日,上海市首届工人代表大会在市政府大礼堂召开。大会决定新成立的上海工人阶级的统一组织,恢复大革命时期的“上海总工会”(简称“上总”)[②]的名称。在上总一届一次全委会上,刘长胜当选为主席。3月,上海市人民政府文化局(简称“市文化局”)成立,夏衍任局长。

7月24日到29日,上海市第一届文艺工作者代表大会在解放剧场召开,1 200人参加。大会在回顾总结上海解放一年来文艺工作发展情况,强调今后上海文艺工作要进一步贯彻文艺为工农兵服务方向的同时,对工人文艺活动明确提出了“文艺专家和工人群众文艺结合”“工人文艺结合生产”的方针。大会通过了成立上海市文学艺术界联合会(简称“市文联”)、建立市工人文艺工作委员会等决定。

---

① 国民党当局自1949年6月起,在美国的支持下宣布对上海口岸实行武装封锁和频繁空袭轰炸。1950年2月6日的空袭轰炸,造成全市千余间房屋被毁,千余人死伤,受灾群众达5万余人,市区供电大部分停止,严重影响了上海正常的经济和社会生活。

② 1955年1月,上海市工会第二次代表大会通过决议,上海总工会更名为上海市工会联合会(简称“市工联”)。

图 6-1　上海市第一届文代会会场

8 月 13 日，选出市文联主席夏衍，副主席冯雪峰、巴金、梅兰芳、周信芳、贺绿汀。8 月 21 日，市文联常务理事举行首次会议，确定胡风为工人文艺工作委员会主任委员，沈浮、柯蓝为副主任委员。9 月 17 日，市工人文艺工作委员会召开第一次会议。会议确定该委员会为统一领导上海工人文艺运动的机构，受上总和市文联的双重领导，主要任务是动员文艺工作者参加工人文艺活动，培养工人文艺干部及评选工人创作。同时，会议对各类工人文艺活动提出了具体明确要求，其中：戏剧要“小型多样，简单朴素，结合任务，新人新事”，歌咏要体现“群众性，创造性，团结性”，舞蹈要“简单易学，轻松愉快”。

从此，上海工人文艺活动有了专门的领导机构、方针和具体要求，这为工人文艺活动的正常开展创造了极为有利的条件。

2. 培养工人文艺干部和积极分子

工人文艺活动的开展，亟需大批工人文艺人才的参与。为培养工人文艺干部和积极分子，建设工人文艺队伍，上总、市文化局等组织开办了文学创作、戏剧、音乐、美术和舞蹈各类文艺讲座和学习训练班。

图 6－2 上海工人文化宫

上海工人文化宫（简称“市宫”）成为培养工人文艺干部和积极分子的大课堂。自 1950 年 9 月 30 日正式对外开放后，市宫当年便吸引了近两千多名工人经常参加这里举办的工人创作座谈会和每周一次的文艺讲座。同时，上海人民广播电台和《劳动报》社则积极培养工人文艺通讯员。为鼓励工人进行文艺创作，《劳动报》每月都刊载 35～40 篇工人作品，上海人民广播电台、《工人》半月刊和上海各报纸经常刊登工人文艺通讯员撰写的习作或文艺作品，如《捷报如同雪花飞》（国棉六厂唐克新）、《好礼物》（国棉十厂季金燧）和《新纪录》（亚细亚钢铁厂于承羽）等。1951 年 10

月1日,《群众文艺》自八卷一期起,将办刊方向由原来为工农兵服务调整为工人服务、为生产服务,刊载内容以工人文艺创作作品为主。1952年5月,上海人民广播电台成立了工人文艺创作小组,遴选出30个较有写作能力的文艺通讯员,坚持两周一次的文艺学习和写作讨论活动。《劳动报》在近200名文艺通讯员小组成员中,选出写作水平较高的工人作者组成了文艺通讯员核心小组。同年10月,上海总工会文教部、《劳动报》、上海人民广播电台和《工人》半月刊等进一步将各自的工人文艺创作组集合起来,组成统一的有100多人参加的工人文艺创作组。

1950年下半年,上海举办了编剧训练班、导演训练班等十一期戏剧训练班,舞蹈训练班和音乐指挥班各一期。1951年3月,上海举办了工人写作讲习班,由作家柯蓝、周而复等为170名工人授课,分析作品和写作方法。据不完全统计,1951年,上海通过举办50多次戏曲、音乐、美术、写作等各种短期工人业余学习班,共计培养工人文艺干部4 406名;通过开办产业以下或区域性的46期学习班(其中包括音乐、戏剧、舞蹈、美术),培养了3 437名工厂文艺干部①。

除各类训练班外,上海还结合举办全市性工人文艺活动,组织专业文艺工作者专门到工厂演出和辅导,为工人们上课、修改剧本和稿件,并参加各项活动的评选工作,推动工人创作和演出水平的提高。

3. 建立工人文娱组织

工人文艺活动的开展,有赖于工人文娱组织的建立和日常活动的开展。为鼓励和吸引更多的工人参与活动,上海在原有文娱活动组织的基础上,于1950年7月至1952年间,先后成立了"工人歌联""工人剧联"等业余艺术团体,增强工厂文娱组织开展工人文娱活动的信心和相互交流

① 《关于上海市工人文艺工作的概况及对一九五二年工作的初步意见》(1951年),上海市档案馆藏,B172-4-191。

学习的机会。同时,在更多的工厂企业中组建工人文艺组织。据1952年9月上海总工会文教部文娱科的统计,当时全市有各种工人文艺组织6 230个,参加者11万人。其中,仅工会系统的文艺团体就有230多个,参加者1.63万人。

工人文艺组织的建立和发展与工人文艺活动的开展互为促进。通过对654个工厂进行调查发现:开展文艺活动的工厂有627个,参加文艺活动的职工5.91万人,在各类文艺组织中有戏曲组织452个(包括京剧133个,越剧112个,说唱102个,沪剧51个,淮剧39个,常锡文戏15个)、话剧组织153个(包括方言话剧、活报)、歌舞剧组织5个、音乐队(组)823个(包括歌咏队277个,军乐队431个,国乐队96个,口琴队19个)、舞蹈队395个(包括腰鼓队110个,秧歌队24个,其他为一般性舞蹈队)和美术小组212个①。

4. 组织开展工人文艺活动

1950年下半年起到1952年底,市工人文艺工作委员会、上总和市文化局等单位通过组织举办工人文艺创作评奖、戏剧观摩、美术展览、歌咏比赛,推动了工人文艺创作和工人文艺活动的开展。

1950年10月,上海组织开展工人创作评奖活动,广泛征集工人创作的表现工人生产与生活的剧本、小说、诗歌、歌曲、图画等,以鼓励和推动工人的文艺创作。到同年11月,上海便征集到了各类剧本50余本。

1950年12月23日至1951年1月8日、1951年5月,上海先后举办了首届工人戏剧观摩演出和第二届工人戏剧观摩演出。期间,全市共计有128个单位,20种剧种、228个节目参加了演出,观众达十多万人。这些参演节目一半以上是工人自己创作的,剧目题材除生产竞赛、工人生活外,多为抗美援朝、镇压反革命、识字运动、劳动保险、婚姻问题等,表演形

① 《上海市工人文艺活动及存在的问题》(1952年12月10日)。

式有歌剧、话剧、活报、京剧、越剧、歌咏、相声、杂耍等。

为推动工人的美术创作,1950 年 12 月 31 日至 1951 年 1 月 14 日,上海还组织举办联合美术展览会,展出了专业美术创作作品和工人业余美术创作作品。当时,全市共有 40 余家单位工人创作的 87 件美术作品和 81 件复制美术作品①,包括招贴画、年画、木刻、水彩、素描、油画、新国画、漫画、雕塑和连环画等参加了展览。同时,《群众文艺》《劳动报》等书刊也发表了六百多幅工人创作的美术作品。时隔数月,在 1951 年 5 月举办的“上海工人红五月美术展览会”上,参展的工人美术作品便达 958 件,入选 700 余件,观众 4 万人②,比上年翻了数倍。

1951 年 5 月,除举办工人戏剧观摩演出和联合美术展览外,上海还举行了工人歌咏竞赛活动。全市共计有 417 个单位、28 000 人参加,最终永安三厂等 115 个单位获奖③。同年 11 月,上海举办工人体育舞蹈观摩大会,全市共有 53 个单位、1 168 人参加,表演了民间舞蹈、民族舞蹈和集体舞 72 个节目,其中工人自己创作的舞蹈节目有 10 个④。

除上述活动外,1951 年 3 月至 6 月间,上海还举办了工人文艺晚会、流动美术展览⑤、音乐演奏会、红五月游园会等等。平时,工人们可以参加市工人文化宫、沪东、沪西、沪南等近八百余个各级工会俱乐部及工厂文娱室组织举办的图片展览、放映电影、图书阅览、戏曲、音乐、舞蹈、体育、球类表演等各类文娱活动。

1950 年下半年至 1952 年底,上海共举办全市性的工人戏剧观摩

---

① 《联合美展今揭幕》,《文汇报》1951 年 1 月 1 日。

② 《工人红五月美展今在文化宫开幕》,《文汇报》1951 年 5 月 22 日。

③ 《关于上海工人文艺工作的概况及对一九五二年工作的初步意见》(1951 年),上海市档案馆藏,B172-4-191。

④ 《上海市工人文艺活动及存在的问题》(1952 年 12 月 10 日)。

⑤ 1951 年三四月间,上海以纺织工会为重点,专以纺织工人的美术作品在车间进行流动展览。

演出2次，分区进行了5次会演；全市性的工人美术展览、工人创作竞赛和工人歌咏竞赛各2次，体育舞蹈观摩大会1次。各类工人文艺活动的开展，极大地提高了工人群众创作和展示的积极性，其中，市政工人创作的话剧《光荣是大家的》、太平洋棉织厂创作演出的越剧《变》、军事工业工会自编自演的《魏大胖子》《吴某人转变》，余右凡创作的《生产长一寸，美帝吃一惊》、蔡蟾升创作的《加紧学习，加紧工作》等，还有沈迹的《带血的超音飞机》、姜浪萍的《翻身颂》、孟凡夏的《离婚》、郛伟明的《死车复活记》，以及《当祖国需要的时候》等一批工人创作的优秀文艺作品[①]脱颖而出。

随着工厂民主改革、“三反”“五反”运动、文艺界整风等相继开展，1951年12月以后，工人文艺领导机构暂时放松了组织开展工人文艺活动，各基层干部集中力量搞运动，致使工人文艺活动再次渐趋低落。

三、工人文艺活动的发展

1953年后，随着“一五”计划的开展，为提高工人群众的思想觉悟，调动他们的生产积极性和创造性，活跃他们的业余文化生活，上海市委和市政府进一步加强了对工人文艺工作的领导，推动上海工人业余文艺活动重新步入正轨，并获得新的健康发展。

1. 加强党对工人群众文艺工作的领导

随着国民经济第一个五年计划的到来，市委宣传部、上总和市文化局将恢复和发展工人业余文艺活动提上了议事日程。

1953年，市委宣传部会同市文化局、市文联、上总、团市委等单位组

① 柯蓝：《上海工人文艺运动九个月来的检讨（节选）》（1951年3月），中共上海市委党史研究室编：《上海文化建设文献选编（1949—1966）》上册，上海书店出版社2014年版，第22—23页。《文化局举行给奖座谈会》，《文汇报》1951年10月2日。

成工作组,前往普陀区申新九厂、国营第二纺织机械厂等企业,围绕工厂开展业余文艺活动的情况和存在问题、工人业余文艺创作情况开展调查,并提出了《上海市工人业余文艺写作活动情况的综合报告》和《举办工人业余艺术训练班的初步意见》。

在此基础上,同年 11 月 28 日,市委向全市各级党委发出《关于加强工人群众文化娱乐活动领导的指示》,明确提出工人群众文娱活动的基本方针、当前的工作重点及各职能部门的职责。

市委提出工人群众文娱活动应当是在业余、自愿、群众性的原则下,密切配合党的政治任务,以群众喜闻乐见的形式,进行宣传教育,鼓舞和发挥工人的劳动热忱和创造能力,活跃工人群众的文化生活,达到推动生产、发展生产、提高广大工人觉悟程度的目的。

对如何推进工人群众文化娱乐活动的开展,市委提出了六方面的要求,即要较有系统的检查和总结工人群众文娱活动;要教育干部和群众掌握工人群众文娱活动的基本方针;在一、二个工厂内进行典型试验,建立工人俱乐部及以车间为单位的文娱基层组织,开展工厂工人文娱活动,创造密切配合政治宣传教育与生产的经验;有计划地培养在职工人中的文娱活动积极分子,成为有效推动文娱活动的骨干;加强各专业文艺团体对工厂群众文娱活动的辅导;加强各级党委对工厂文娱活动的领导和各有关部门的具体分工指导,并引导工人自觉地参加各种文娱活动。

同时,针对上一阶段市工人文艺工作委员会、上总和市文化局三方在领导工人群众文化娱乐活动中出现的由于未能完全协调好彼此间关系,导致有些活动无人管理或者多头管理的情况,市委明确要求各有关部门要在市委宣传部的统一领导下,根据各部门的具体任务进行工作。具体来说:以上海总工会为主,团市委配合,负责组织工作;市文联主要组织专业文艺工作干部进行辅导工作;市文化局应根据需要和可能,组织国家的专业文艺团体有计划地到工厂作巡回演出，并协助上海总工会培养工人文娱活动的骨干；各产业党委宣传部和工厂区的区委宣传部应指定干部负责检查工厂文娱活动的展开情况，监督工人文娱活动基本方针的贯彻。

1954 年，党中央和国家有关部委先后对工人文艺工作发出指示。1 月 8 日，中共中央批转文化部党组《关于目前文化艺术工作状况和今后改进意见的报告》，提出在国家进行社会主义工业化和社会主义改造的过渡时期，文化艺术工作的方针任务是："积极发展为人民所需要的文学艺术创作，以社会主义精神教育广大人民，鼓舞群众努力参加国家经济建设工作，并逐步满足群众日益增长的文化要求。"今后一定时期内，要"大力发展各个重要工矿区的文化事业"，要"加强对工农群众业余艺术活动的指导"，"明确其业余性质，防止其职业化的倾向，并注意不妨碍生产。"[①]同年 6 月 7 日、1955 年 9 月 20 日，中央人民政府文化部、中华全国总工会先后发出《关于加强厂矿、工地、企业中文化艺术工作的指示》和《关于进一步开展厂矿、工地、企业中文化艺术工作的指示》，要求政府各级文化主管部门和工会各级组织，在国家文化工作的整个部署下，分工合作，充分利用所有电影放映队、剧场、电影院、文化馆（站）、文化宫、俱乐部等机构为职工群众服务，并正确指导和帮助职工群众开展业余文化艺术活动。

从中央到地方一系列文件的出台，加强了党对工人文艺工作的领导，明确了工人文艺工作发展的基本方针和重点，为上海恢复和开展工人群众文化艺术活动指明了方向。

2. 推动基层工人业余文艺活动的开展

根据中共中央、中央人民政府文化部、中华全国总工会和中共上海市

---

① 《中央文化部党组关于目前文化艺术工作状况和今后改进意见的报告》（1953 年 9 月 10 日），中央档案馆、中共中央文献研究室编：《中共中央文件选集（1949 年 10 月—1966 年 4 月）》第十五册，人民出版社 2013 年版，第 80、83 页。

委的指示精神,在总结以往举办全市性工人文艺活动经验的基础上,1953年6月15、16日,上海举办了上海市工人文艺观摩会,积极推动基层工人业余活动的开展。期间,在全市277个工会基层单位组织排演的593个节目[①]基础上,经过春节和红五月工人文艺节目的预选和选拔产生出来的优秀剧目,如国棉九厂的《尊师爱徒》、三轮车工会的舞蹈《三轮车工人》、中国银行职工的快板剧《反对官僚主义》、东昌职工业余学校的歌舞剧《双送粮》、邮政工会的表演唱《一包子弹一包糖》等39个节目(包括歌咏14个、舞蹈8个,戏剧、戏曲12个,说唱5个)[②]参加了演出。

1954年,上海进一步以工人俱乐部建设为着力点带动和促进基层单位开展工人文娱活动。同年1月3、4日,上海召开全市俱乐部工作会议,要求加强对广大干部和群众进行工人文娱活动基本方针的教育。会后,上海总工会整顿并充实了俱乐部工作科,并会同团市委比较系统地检查和总结了工人群众文娱活动。为活跃和丰富工人群众的业余文化生活,吸引更多的工人在平时,特别是每天晚上、休息日和节假日期间,按各自兴趣参与文娱活动,市工人文化宫、各区和厂工人俱乐部及工人文娱室等工人文艺活动场所想方设法提供阅读、上海工人运动史料陈列、电影、戏曲、音乐、跳舞和打球等各类文娱服务项目。其中,静安工人俱乐部举行的“大家唱”“大家跳”活动,每次都有几百名工人参加;沪西工人俱乐部每周日晚举行“体育晚会”,也是每逢球赛,几乎场场爆满。4、5月间,上海在沪东、浦东、蓬莱等六个工人俱乐部举行基层文艺节目交流演出,共有100多个基层单位的工人表演了沪剧、淮剧、话剧、越剧、京剧、楚剧、评弹、相声及说唱、音乐、舞蹈等251个节目[③]。

---

① 《上海人民的文化生活丰富多采》,《文汇报》1954年1月5日。
② 《上海工人文艺观摩演出　内容丰富受到热烈欢迎》,《文汇报》1953年6月17日。
③ 《上海工人的文化生活》,《文汇报》1954年9月22日。

1954年下半年，上海继续举办全市性的工人美术展览和文艺观摩演出。11月7日至30日，上海举办了“一九五四年工人美术展览会”。展览会共展出来自78个单位、91名工人创作的177件作品，题材广泛，形式多样，包括漫画、木刻、年画、宣传画、雕塑、速写、素描、油画、彩墨画等，吸引了12.7万多名[①]观众前来参观学习。11月21日至12月23日，上海还举办了“一九五四年上海市工人文艺观摩演出”，共汇集179个基层单位的舞蹈、杂技、曲艺、音乐、戏曲、话剧等各种形式的239个参演节目。这些节目由各产业工会和区工会在28个区和产业的374个基层单位表演的795个会演节目基础上选拔产生的，有些节目还是工人自己改编和创作的[②]。据《文汇报》报道：“从演出情况看，工人业余文化活动的水平比去年有了一定的提高，同时，在活动的内容和形式方面有很大变化，特别是以反映现实生活和生产成绩及思想斗争的话剧和说唱活动已开始活跃起来。”[③]最后经过评选，选出各区、产业工会工人业余文工团优秀演出奖6个、演出奖10个；工厂、企业单位工人的优秀演出奖62个，演出奖70个；乐队创作奖9个、创作鼓励奖13个和乐队奖16个；27个平日在业余文艺活动一向展开比较健康和正常的工厂、企业单位获得了活动鼓励奖[④]。1956年，又举办了上海市1955年工人美术展览会[⑤]、上海市工人业余音乐舞蹈会演，还开展了全市职工曲艺会演、歌咏和集体舞竞赛等文娱活动。

为方便更多的工人群众观看电影，上海在工人较为集中的杨浦、长宁、徐汇、东昌四个区新建了4座电影院，并将沪西工人剧场改为电影院。同时，在片源供应上，对这些影院实行优先供应，尤其是在片源不足情况

---

① 方英：《上海工人美术创作的丰收》，《文汇报》1954年11月21日。

② 《工人文艺观摩演出》，《文汇报》1954年12月29日。

③ 《上海工人文艺会演今天起进行市选演出》，《文汇报》1954年11月21日。

④ 《上海市工人文艺观摩演出今天给奖》，《文汇报》1955年1月21日。

⑤ 《上海群众文化志》编纂委员会编：《上海群众文化志》，上海文化出版社1999年版，第16页。

下。1954年起，上海还把影片的宣传材料优先供应给工厂单位，并将有关工业方面的重点片招待工会文教干部观看，尽量将新片首先在工人较为集中的各区放映。此外，为帮助工人提高文艺欣赏水平，上海还在新成、沪南、长宁三个区试办了以工人为主要对象的电影讲座。据统计，在当时电影院中，工人团体观众的比重较大，约占全部观众的30%以上。

为配合和推动生产，满足工人提高技术水平和丰富精神生活需求，上海图书馆积极开展为工矿服务的活动。除组织工人来阅览室借阅图书外，还以人民图书馆的区阅览室为基础(当时共有10个区阅览室)，向中小型工厂推广图书，并通过个别外借、集体借书小组及图书流通等方式，向工人出借图书。为使中小型工厂的工人能够更便利地借阅到图书，上海在中小型工厂内建立起195个流通站，并协助39个中小型工厂的基层工会集中使用图书经费，按地区成立了3个联合图书站。

3. 组织专业文艺工作者为工人服务

在贯彻党的文艺为工人服务的方针政策中，上海继续组织专业文艺团体深入到工矿、工地和工人俱乐部，为工人群众演出，丰富他们的业余文化生活。

1954年，上海组织国营戏曲剧团、话剧团和乐团深入工矿、工地，为142 500余人次的观众演出了118场；到工人俱乐部，为265 889人次的观众演出了368场，该演出场数是1953年的175.45%，观众人数是1953年的190.65%[①]。其中，评弹《王崇伦》、京剧《黑旋风李逵》和沪剧《金黛莱》等剧目深受工人群众的喜爱。1956年7月，市工联还调集业余艺术活动中的优秀分子建立了上海市工人文艺工作团[②]，主要承担下厂巡回演出，

① 《上海市文化事业管理局开展工矿文化工作情况》(1955年3月)，上海市档案馆藏，B172-4-428。

② 1958年秋，上海市工人文艺工作团再次撤销，人员大部分转往市电影、广播、文化系统。

辅导基层文艺活动和接待外宾演出等工作。

同时，上海组织专业文艺团体和专业文艺工作者加强对工厂群众文娱活动的辅导，提高工人群众文艺创作和演出水平，推动基层单位开展工人业余文艺活动。

1953 年到 1954 年 3 月间，上海市许多职业剧团也纷纷到工厂和工人俱乐部，为工人巡回演出近 900 场、表演 150 多个节目①，并辅导了许多工厂的业余戏剧团体。1954 年 4 月，上海总工会宣传部在市文化局的配合协助下，组织了 8 个专业剧团对 12 个重点工厂进行了为期一个月、13 个文艺节目的辅导②。其中，歌剧团辅导阜丰面粉厂，人艺、华东话剧团、上影演员剧团辅导上海机床厂、国棉十九厂、一〇一工厂，沪剧团辅导国棉五厂、十九厂，越剧团辅导国棉一厂，华东京剧团辅导新孚钢铁厂，淮剧团辅导国棉十七厂。通过辅导，工人演员们提高了业务思想水平，逐步改变了最初单纯死记台词唱词的做法，开始注意具体分析剧本、研究剧情、正确地理解主题思想、把握人物性格、理解角色思想感情的发展，在演出中相当清楚地把握角色情绪变化的层次，真实地表达剧本的主题思想，掌握了正确的演出原则和演出方法，提高了舞台表演的水平和质量。此外，上海许多电影、戏剧、曲艺工作者也经常下厂辅导工人开展文娱活动或作巡回演出。如著名越剧演员袁雪芬、范瑞娟、傅全香和沪剧演员丁是娥等，就曾先后为上海工人演出古典名剧和反映现实生活斗争的新戏进行辅导。

中共上海市委宣传部、中央音乐学院华东分院、上海电影制片厂演员剧团、华东实验歌剧团和市人民评弹工作团等还对 1954 年 9 月设立的上海市工人业余艺术团进行经常性的辅导和帮助。该团下设合唱、器乐、舞

① 《上海工人的文化生活》，《文汇报》1954 年 9 月 22 日。

② 《上海总工会宣传部关于基层文艺节目辅导工作情况报告》(1954 年 8 月 25 日)，上海市档案馆藏，B172－4－320。这类辅导工作并不经常。除上影演员剧团外，专业文艺团体对工人文娱活动的辅导自华东戏曲会演开始而暂停。

蹈、话剧、曲艺五个队，由上海 179 个工厂、企业、机关中的 243 位文艺爱好者组成，承担着为工人群众和国际友人演出的任务①。通过专业文艺组织经常性的辅导和帮助，艺术团成员有计划地学习了各种艺术形式，从而迅速提高了文艺表演的艺术水准和演出质量，并获得了国内外观众的一致好评。

4. 注重实际培养工人文艺活动积极分子

为提高培养工人文艺活动骨干和积极分子的质量，市文化局、市总工会宣传部、市文联、团市委等单位总结过去举办文艺训练班的经验教训，吸收北京市举办业余艺术学校经验后，更加注重学用结合。

1953 年 11 月至 1954 年 5 月，多部门联合试办了上海市工人业余艺术训练班。训练班分设音乐、舞蹈、戏剧、美术四课；各课每周上课 1 次，每次 2 小时；各课学习期限长短不一，其中：音乐、舞蹈两课 4 个月、戏剧课 5 个月，美术课半年。训练班依据理论与实际相结合、教学与辅导相结合的原则开展教学活动。教学内容既有“工人文艺方针”等文艺思想、政策的教育，又有阅读、分析等课的传授。来自工业区和重要产业系统的 126 个国营工厂的 318 名学员(其中青年团员占 60%)②接受了培训。通过培训，学员们提高了对工人业余文艺活动方针的认识，学会了齐唱和独唱的方法，学会了跳《蒙古舞》和《采茶扑蝶》，排演了快板剧《三只鸡》，沪剧《双推磨》，提升了创作、表演和教学水平，进而逐渐成为教唱群众歌曲、传授简单舞蹈的文艺活动骨干，以及业余剧团的导演和能够领导工厂美术组开展活动的文艺工作干部。

1954 年 7 月 31 日至 11 月 20 日，上海举办第二期上海市工人艺术训

① 《一支工人艺术队伍》，《文汇报》1955 年 3 月 11 日。1962 年，业余艺术团发展到 18 个分团，团员 800 余人。1966 年“文化大革命”开始，业余艺术团解散。

② 上海市工人业余艺术训练班教导处：《上海工人业余艺术训练班情况报告》(1954 年 5 月 22 日)，上海市档案馆藏，B172 - 4 - 320。

练班，开设了音乐师资课、美术师资课和初级手风琴课三门课，对来自榆林、东昌、长宁、静安、徐汇、蓬莱、邑庙、北站、虹口、黄浦、嵩山共11个区，铁路、医务、店员、搬运共4个产业工会，及5个区俱乐部和38个大厂的118名（音乐师资课41人、美术师资课33人、初级手风琴课44人）业余文艺干部和文艺活动积极分子进行了培训。最终，94名学员学成结业[①]。学习刚结束，他们便开办或筹备开办歌咏指挥和实用美术学习班，或利用所学的手风琴为工厂群众歌舞活动进行伴奏，或订出在本单位培养学生的计划。他们很快成为各区、产业和基层工人业余文艺活动的积极推动者。1955年，上海还将在专业上有一定才能和发展前途的、作品参加过全国第一届工人业余美术创作展览会的工人美术创作者送进美术学校进行培养。

与此同时，上海工人文化宫、各区、各工人聚集区的文化馆和工人俱乐部，也积极培训工人文艺积极分子。据1955年3月的统计，文化馆过去共培养了文娱活动骨干2 374人，其中戏剧方面692人；辅导了工人业余剧团及文娱组14个。那些单位多在1955年春节全市工人会演时获得优秀演出奖和演出奖。此外，市、区两级工人俱乐部举办了音乐、舞蹈、戏剧、曲艺、美术训练班181个，培养了业余文艺骨干分子9 440人。1956年10月，上海工人文化宫举办了为期3个月的剧本曲艺创作讲习班，设话剧、戏曲、评弹、相声、说唱五个系，并聘请丰村、吴宗锡等为讲师或创作指导，为100名学员授课和指导[②]。

除培养工人文艺积极分子外，市总工会还于1954年8、9月间，举办了为期23天的俱乐部干部训练班，286名学员学习俱乐部的工作方针政策、任务和工作方法等。1954年12月27日至1955年1月14日，市总工

---

① 《上海市文化事业管理局开展工矿文化工作的情况》(1955年3月7日)，上海市档案馆藏，B172－4－428。

② 《上海市文化事业管理局开展工矿文化工作的情况》(1955年3月7日)，上海市档案馆藏，B172－4－428。

会宣传部、团市委宣传部还联合举办了故事演讲辅导会,由市人民评弹团担任辅导工作,对450名职工进行了辅导①,培养故事员。

随着各区阅览室、工人俱乐部图书馆、工厂图书室的建立,市文化局与区工会4次合作培训了182名业余图书管理人员;人民图书馆对8个工人俱乐部图书馆进行了经常的业务辅导;上海图书馆对工人文化宫图书馆进行了业务辅导,并与工人文化宫图书馆合作,组织大型工厂图书馆学习班,进行业务辅导。1955年3月16日至31日,市文化局组织全市文化馆馆长,结合工作总结和业务整顿,学习文化馆的工作方针、任务。

5. 工人作家脱颖而出

特别值得一提的是,上海继续注重邀请专业作家进行辅导、开辟园地培养工人通讯员和工人业余作者。

1953年,市总工会与作协合作委托《劳动报》和上海人民广播电台举办文学创作学习班,并邀请作协专家对100多人进行辅导。上海人民广播电台和《劳动报》社遂采取定期开会、研究作品的学习方式,对"工人文艺创作小组"成员进行较为系统的学习培训。作家亲自给工人讲课、改文章,提高他们的分析和写作水平,以及文艺创作的质量。《解放日报》举办了工人通讯员学习班,很多作家担任学习班的辅导员。

为鼓励工人们的文学创作热情,各报刊、出版社纷纷刊登和出版工人创作的文艺作品。1953年1月,创刊不久的《文艺月报》便开辟"习作"栏目,发表工人作者的文章。"工人文艺创作小组"成员创作的优秀文艺作品经常在电台广播、《人民文学》、《文艺月报》、《工人》半月刊、《展望》周刊、《解放日报》、《新闻日报》、《劳动报》和《青年报》上播出或发表。1954年,上海新文艺出版社出版了《上海工人文艺创作选集》(第一集),收入了

① 《上海群众文化志》编纂委员会编:《上海群众文化志》,上海文化出版社1999年版,第16页。

12位上海工人作者发表在1953年1月到1954年6月上海《解放日报》《劳动报》《文艺月报》等报刊上，或在华东人民广播电台和上海人民广播电台广播过的作品，包括诗5首，速写报告、小说12篇①。

在专家和专业团体的帮助和鼓励下，上海工人业余作者迅速成长，其中650人分布在市、区两级，510人分布在基层61个创作组中，内40余人获得较高的成就。国棉六厂工人唐克新的散文《车间里的春天》被译为英、日、世界语三种文字出版，启新纱厂女工金云的小说《互助友爱》被译为英文出版。到1955年，作品被译成日、俄、英、世界语者有3人，成为专业文艺工作者有5人。1957年，在世界青年联欢节举办的国际文艺竞赛上，有描写钢铁工人"圣手"称号的胡万春的自传体小说《骨肉》获得了"世界优秀短篇小说"奖，并被翻译成多种语言在国外发行。之后，他一直笔耕不辍，先后出版了短篇小说集《青春》《特殊性格的人》，话剧剧本《激流

图6－3 话剧《激流勇进》剧照

① 《"上海工人文艺创作选集"(第一集)》，《文汇报》1955年2月6日。

勇进》,电视剧本《钢铁世家》,塑造了王刚等一系列钢铁工人形象,还创作了获得越南政府奖的中篇小说《铁拳》等,他的作品被选进多种文学选本和语文教科书[①]。

除文学作品外,上海工人文艺积极分子在1956、1957年两年中,还创作出了话剧、评弹、相声、歌曲、舞蹈、小说、诗歌和木刻等540件作品。其中,有不少作品在全国性的职工曲艺、舞蹈汇演或展览会中得到优秀奖,如《车间休息舞》《集体舞》(舞蹈)、《废品报复》(评弹)、《批评与自我批评》(漫画)等[②]。

解放后的7年时间里,上海积极贯彻中共中央、中央人民政府文化部、中华全国总工会以及中共上海市委的指示精神,加强了党对工人文艺活动的领导,进一步探索有效整合市文化局、市总工会、市文联、团市委等各方力量,组织开展工人群众文艺活动的道路。这一时期,上海通过举办全市性工人文艺活动,组织专业文艺团体和文艺工作者辅导和培养工人文艺创作表演队伍,推动基层工厂文娱活动开展,促使工人业余作家成长,工人文艺佳作诞生,反映了那个年代工人群众的劳动和生活,展现了他们积极向上的精神风貌,鼓舞了他们的劳动热忱和生产积极性,为促进上海工业生产建设和推动国家工业化进程发挥了积极作用,促使上海工人文艺活动由自发状态逐渐步入有组织的正常轨道,并获得了初步的发展。

(黄　坚)

---

① 任丽青、杨青泉:《海上奇葩——上海工人文学创作》,文汇出版社2010年版,第28页。
② 《工人业余文艺活动丰富多采》,《文汇报》1958年1月25日。

宣传网的建立与发展

新中国成立初期，在全国各级党组织发展不充分的情况下，为巩固新生政权和推动各项建设事业的发展，必须建立起一支能够经常向人民群众进行宣传的骨干力量，鼓舞和团结广大人民，使广大群众能够随时随地了解党的主张，并使党的方针政策真正化为群众的自觉行动。1951 年起，上海根据中央指示，开始建立自上而下的群众政治动员网络机制和渠道——宣传网制度。到 1952 年底，覆盖全市工厂、机关、学校等领域的宣传网基本建成，这对确保党的各项政治任务和生产建设的顺利实现，发挥了有效的宣传动员作用。之后，随着各级党组织的建立健全，宣传网的功能开始弱化，逐渐淡出人们的视野。

一、宣传网的基本建立

1951 年，根据中央指示精神，在前期全国及上海宣传网试点的基础上，开始正式建设对人民群众的经常宣传的宣传网制度。

1. 市委部署建设宣传网

1950年初,党在探索对人民群众进行经常性宣传工作机制的过程中,开始了建立宣传网建设的试点工作。中宣部在东北、华北、华东、中南等地区试行建立宣传网的工作,各试点地区建立宣传员制度,宣传员分工负责,采取各种宣传教育方式和途径,深入工厂、农村、机关、学校,密切配合抗美援朝等各项政治运动,进行广泛的政治动员和时事政策与生产宣传。1950年底至1951年初,东北全区宣传员人数已近12万人,部分地区和工厂开始组建宣传网,成为全国宣传网工作建立最早且成绩最为显著的地区。同期,华北区宣传员人数已达3万人以上;华东区1.4万余人;中南区3 173人[①]。

上海在1950年围绕选拔、培养宣传鼓动员,推动党的各项政策宣传,开展了宣传网的试点工作[②]。同年5月11日,中共上海市委宣传部提出《关于建立宣传鼓动员制度的初步意见》。6月13日,市委宣传部召集各区、各单位宣传部门负责人开会,进行工作交流。据统计,当时全市已有宣传鼓动员1 586人(宣传员820人、鼓动员766人),其中,党员182人、团员449人[③]。

在东北等地成功试点的基础上,1951年1月1日,中共中央发布《关于在全党建立对人民群众的宣传网的决定》[④],决定强调必须有系统地建立对人民群众的经常性的宣传网,即在党的各个支部设立宣传员,在党的各级领导机关设立报告员,并使之制度化。1951年5月7日至25日,第

---

① 王炎:《新中国历史上的宣传网制度》,《中共党史资料》2007年第3期,第118页。

② 上海艺术研究所编著:《岁月如歌——上海文艺六十年1949—2009》,上海锦绣文章出版社、上海故事会文化传媒有限公司2010年版,第580页。

③ 《中共上海党志》编纂委员会编:《中共上海党志》,上海社科院出版社2001年版,第398—399页。

④ 中共中央组织部、中共中央党史研究室、中央档案馆编:《中国共产党组织史资料》第9卷(文献选编下)中共党史出版社2000年版,第37页。

一次全国宣传工作会议召开。会议重点研讨了全国胜利后党的群众宣传工作经常化的问题。会议在分析当时宣传工作人员少、机构不健全、宣传人员能力不强等问题的基础上，提出要加强宣传机构，建立党的经常性的对人民群众的宣传工作，并通过了《关于加强党的宣传教育工作的决议(草案)》，要求把建立发展全国性的宣传网作为当前时期党的宣传工作的主要任务，并制定了把党的群众宣传工作经常化的具体措施。会议的召开，推动了各地宣传网建设的快速推进。

党中央建立宣传网的决定出台后，中共上海市委迅速召开市委会议，专门讨论了关于建立党的宣传网的计划，并在党的干部会议上结合当时工作的布置，进行动员，要求动员全党力量，密切结合当时党的中心工作与经常工作，建立宣传网。

1951 年 2 月 1 日，中共上海市委发出《执行中央〈在全党建立对人民群众宣传网的决定〉的计划》①。同日，市委宣传部提出《关于建立宣传网工作的初步意见》②，明确规定：在本市建立党对人民群众的宣传网，就是要：在市区两级建立党的报告员，由市区两级党委统一分配到各种人民群众的集会和代表会议去作政治报告；在党的每个支部及其他工厂、机关、学校……等单位中建立党的宣传员，经常向本单位的群众进行简单通俗的宣传，并经常将自己周围人民群众的要求与意见反映给党的组织，以加强党与人民群众的联系；对工厂、机关、学校……等单位中各种形式的群众性的宣传队伍，通过宣传员的骨干作用，使其与党的宣传工作协同一致，扩大宣传工作的成果。

上述计划和意见也明确规定了市、区两级的报告员由市委会与区委会两级的书记、委员及在人民政府、群众团体中担任负责工作的党员以及

① 《上海工作》1951 年第 23 期。
② 《上海工作》1951 年第 23 期。

由上述两级党委所指定的负责党员分别担任。宣传员是由经过工作考验证明是具有必要的政治觉悟,在生产劳动和其他工作中以身作则,联系群众,并有担任宣传工作的适当能力的党员、青年团员及支部周围愿意在党领导下担任宣传工作的劳动模范、老工人、技术工人和其他革命积极分子中选拔担任。意见对宣传员的培养和选拔、活动范围和内容、领导等问题进行了规定。

根据计划和意见安排,宣传网组织的建设首先在全市各党支部中有步骤有重点建立,然后在其他有组织群众中展开,最后在里弄中进行建网。

解放日報

JIEFANG RIBAO

★中共上海市委會★
執行中央「在全黨建立對人民群衆宣傳網的決定」的計劃

中共上海市委宣傳部
關於建立宣傳網工作的初步意見

反對美帝重新武裝日本
各地人民進行示威

美日反動派已成立默契

图 7－1 《解放日报》头版发布上海关于建立宣传网的计划和意见

2 月 13 日,《解放日报》发布了上述《计划》与《意见》,上海宣传网建设全面展开。

2. 点面结合建设宣传网

上海宣传网的建设,采取点面结合,逐步展开的办法。首先由中共上海市委宣传部与华东局宣传部共同组织工作组,进行了典型试验,创造建设宣传网的经验。同时,各区委和各党委先后进行讨论与动员,制订本单位建立宣传网的具体计划,经市委批准进行。各区委大体也采取点面结合,逐步展开的办法。

3 月起,全市各级党委结合抗美援朝、镇压反革命、土地改革等运动及各项中心工作,在党的基层组织、青年团的基层组织,在工厂、机关、企业和学校党支部,逐渐开始建立宣传网的工作。到 10 月底,全市已有宣传员 14 707 人,其中,党员占 32%弱,青年团员占 40%多,其他人民群众约占 28%。全市共产党的基层组织已有 60%建立了宣传网,在没有共产党基层组织只有青年团基层组织的地方,有 17%建立了宣传网。全市 72%的工厂党支部、48%的机关、企业和学校党支部都已建立宣传网。[①]

为巩固宣传网并使其经常充分发挥作用,上海在市区两级党委及支部建立了各项领导宣传员的制度。这些制度包括:党委负责制,市区两级党委定期召开代表性的宣传员大会、宣传员代表会议、宣传员大会及支书联席会议制度,一般支部建立了会议、汇报和支书负责制,部分支部建立了读报等学习制度。在党委负责制下,市区两级党委注意对宣传员的领导,部分区委定期讨论和总结宣传网的工作。到 1951 年 12 月,市委已召开了五次全市的宣传员代表会议,卢湾、北站、江宁等 12 个区委和公用事业党委都召开过一两次宣传员代表会议,大部分区委按月召开了支书联席会议(或扩大会议)和宣传员大会。在这些会上,由党委书记作当前形势与任务的报告,或总结检查宣传网的工作。

为提高宣传员的政治水平和业务水平,使广大宣传员真正发挥好宣传鼓动员的作用,上海十分注意训练、培养宣传员和供给宣传材料的工作。培养训练的方法多种多样,有的举办宣传员训练班,有的吸收宣传员参加夜党校或支部大课,有的采取专业座谈会的方式。如老闸、蓬莱等 7 个区委就举办了短期训练班、学习班,培养支部建立宣传网骨干[②]。宣传材料的供给,一般是定期提供给宣传员宣传手册、时事手册,或油印宣传提纲,指定学习报章杂志的材料,或编印“宣传材料”。

---

① 《贯彻执行中共中央的决定中共上海市委广泛建立宣传网》,《文汇报》1951 年 12 月 12 日。

② 《上海建立党的宣传网的综合情况(草稿)》(1951 年),上海档案馆藏,A22-1-19。

同时,全市建立报告员制度。10月底,全市有市区两级的报告员256人。其报告工作基本上是经常化的。当时上海市五百个工人以上的工厂,都可有华东局或市级机关的报告员去作报告,报告员的报告地区和报告对象开始相对地固定,部分区委的报告员实行每月向人民群众作报告的制度。1951年"七一"和国庆节,全市共有40多万工人,共计61万余人[①]聆听了市区两级报告员及华东级机关报告员的报告。

1952年,上海进一步贯彻执行党中央《关于在全党建立对人民群众宣传网的决定》,逐步扩大报告员名额,使报告员工作普遍经常化,并继续在有党支部或团支部的单位中迅速普遍建网,在无党、团支部的地方逐步建网,并建立群众性的宣传队伍,巩固和扩大宣传网的组织,并充分发挥其作用。

经过近两年的建设和发展,到1952年底,上海宣传网的覆盖面更加广泛。其中,全市机关建网分布情况:有党支部的398个建网278个,无党支部有团支部的21个建网5个,无党团支部的3个建网1个,全市机关共422个建网284个,建网比例达67.3%。学校分布情况:有党支部的134个建网121个,无党支部有团支部的171个建网60个,无党团支部的81个建网8个,共386个学校单位建网189个,比例达48.96%。上海农村有党支部的45个,无党支部有团支部的79个,全部建立宣传网,建网比例达到100%。[②] 从统计数字可以看出,党团组织比较健全的,宣传网建设也相对完善,农村、机关、学校宣传网覆盖程度最高。

同时,上海工厂、街道、里弄等地方,党团组织比较健全的宣传网覆盖程度高,党团组织弱的,宣传网难以覆盖。上海工厂宣传网分布情况:有

① 《贯彻执行中共中央的决定　中共上海市委广泛建立宣传网》,《文汇报》1951年12月12日。
② 《上海市一九五二年下半年宣传员统计表》(1952年12月),上海档案馆藏,A22-1-53。

党支部的592个建网561个，无党支部有团支部的1 178个建网597个，无党团支部的4 046个建网118个，总数5 816个工厂建网1 216个，比例为21.94%，但是有党支部的基本为国营工厂，建网比例达95%，但是无党团支部的工厂比例只有3%。医院、银行、铁路、码头、合作社等建网分布情况：有党支部62个单位建网60个，无党支部有团支部22个建网7个，无党团支部1个建网1个，总数85个建网68个，建网比例达80%。[①] 上海街道宣传网的分布情况：有党支部41个建网39个，无党支部有团支部54个建网44个，无党团支部的2 004个建网只有4个。里弄宣传网的分布情况：有党支部6个建网5个，无党支部有团支部12个建网5个，无党团支部的1 791个建网只有60个。工厂无党团支部的4 046个建网只有118个。

宣传网的建设，无法覆盖到社会的各个角落，尤其是基层党团组织未建立的工厂、街道、里弄等。为配合宣传网工作宣传党的政策，在实际宣传中发挥的覆盖范围更广的作用，上海在那些没有党、团组织或者宣传员发展不充分的工厂、街道、里弄等，在各种运动中逐渐建设起一支群众性的宣传队伍。据不完全统计，1952年下半年，群众宣传队2 452队（组），队员30 797名，读报组42 473组，读报员61 694名，参加读报组人数共622 447名，黑板报20 726块，编写人员29 553名；广播台1 445台，广播员4 782名；漫画组1 292组，组员7 048人。以上宣传队员、读报员、黑板报编写人员、广播员、漫画组组员共达140 351名[②]。

伴随着宣传网的建设，宣传员的发展也稳步推进。截至1952年12月31日止，全市党的宣传员已发展57 685人，占上海总人口数5 682 182

---

① 《上海市一九五二年下半年宣传员统计表》（1952年12月），上海档案馆藏，A22-1-53。
② 《关于上海市一九五二年下半年宣传网工作情况的报告》（1952年12月16日），上海档案馆藏，A22-1-53。

人的1.01%,其分布状况如下：工厂中宣传员35 003人(占全市产业工人总数606 613人的5.78%),农村3 531人,街道(店员)5 350人,里弄1 102人,学校5 408人,机关5 011人,其他(医院、银行、码头、合作社等)2 280人。同时,报告员人数也在增加。由1952年上半年231人发展到582人,较前增加1.53倍。[①]

这些数字说明：一支规模较大,覆盖机关、学校、工厂、街道、里弄、医院、银行、铁路、码头、合作社等社会各个方面的宣传网,已在上海基本建成。

3. 在政治运动中发挥强大影响

在密切配合党的中心任务与经常工作的推进中,宣传网发挥了对于群众宣传的强大推动作用。同时,宣传网的发展也是结合各种政治运动进行的,新发展的宣传员多是这些运动中涌现出的积极分子。由于这些积极分子加入到党的宣传队伍中来,就进一步增强了党的宣传队伍,使党的群众宣传工作更加活跃起来[②]。

上海从1951年3月起,各级党委结合抗美援朝、镇压反革命、土地改革等运动及各项中心工作,努力贯彻中央建立宣传网的决定。[③] 1952年,上海开展"三反""五反"运动,全市宣传网进行了大张旗鼓的宣传工作。上半年在运动中吸收了大批积极分子,连同原有的宣传员、报告员,组成了3万多人的队伍,以增产节约委员会宣传部的名义,开展了有序的宣传工作。1952年下半年,全市党的宣传网在私营工厂民主改革、爱国卫生运动、禁毒、劳动就业、庆祝建国三周年及"中苏友好月"等宣传工作中起

---

① 《中共上海市委宣传部报市委、华东局并报中央宣传部文件》,上海档案馆藏,A22-1-53。

② 《宣传网工作的目前情况及今后努力的目标》(1952年9月11日),上海档案馆藏,A22-2-89。

③ 《中共上海市委九个月来建立宣传网的情况》,《解放日报》1951年12月12日。

了积极作用。①

在经常性的对人民群众的宣传工作中，宣传员在支部委员会直接领导下，根据宣传员会议规定的内容，通过谈话、演说、传递消息、读报、广播、快报、书写和绘制宣传文字图画表格、墙报、召集会议(座谈会、漫谈、讨论会、技术会、晚会……等)，宣传牌、宣传台、流动红旗、光荣册、光荣榜、照片、文娱活动等各种形式，经常向自己周围人民群众宣传国内外时事、党和人民政府的政策、人民当前的任务，表扬人民群众的劳动模范、战斗英雄以及优秀的科学艺术工作者，传播他们的成就和经验，鼓舞人民革命事业前进。

他们不仅积极宣传党的各项政策和措施，而且以身作则地遵守和执行各项政策法令，在各项工作中都起了积极的模范作用。如新成区商业宣传网的宣传员们，无论是积极地向周围群众宣传党对私营工商业利用、限制、改造的政策，还是团结职工动脑筋想办法来克服企业的困难，都起了重大的积极作用。工厂、手工业的宣传员同样在生产上积极带头，以身作则地遵守各项纪律与制度，而且积极地在各项宣传工作中起骨干作用。

同时，宣传员发挥党与人民群众的桥梁作用。他们通过宣传员的会议、汇报、学习制度，经常将自己周围人民群众中的要求和意见反映给党的组织，使党的组织及时地掌握人民群众的思想反映，加强党与人民群众的联系。

报告员和宣传员，成为党向人民群众进行经常宣传工作的骨干，并成为群众性宣传组织的核心，使党的宣传网与非党的宣传队伍在各种特定目标下形成最广大的宣传队伍。党的报告员和宣传员的活动，对提高群众的政治觉悟，丰富党委的领导，改善干部作风，密切党群联系，推动和完

① 《中共上海党志》编纂委员会编：《中共上海党志》，上海社会科学院出版社 2001 年版，第 399 页。

成党的各项工作,都起了相当大的作用;并且进一步提高了许多党员对于经常向人民群众进行宣传工作重要性与必要性的认识,巩固和提高了全党作宣传工作的思想。

经过近两年的建设,全市的宣传网已成为一支广泛有力的宣传队伍,宣传网组织在各个生产单位、机关和学校中普遍建立起来,初步有了一些工作制度,培养了一批基层的宣传骨干,在各个中心任务的宣传活动中,发挥了党的助手的作用。

二、宣传网的巩固与调整

为迎接即将开始的"一五"计划,做好相关的宣传工作,上海对全市宣传网进行了检查,在此基础上,着手进行加强和调整宣传网的工作。

1. 宣传网的检查

1952年10月14日,中共上海市委根据中央和华东局指示,发出《关于检查宣传网的通知》,要求党委应加强对宣传工作的领导,在十月份各级党委均应专门检查一次对中央《关于在全党建立对人民群众的宣传网的决定》及华东局关于执行这一指示的执行情况。10月27日,上海市委宣传部发出《关于检查宣传网注意问题的通知》,提出检查中注意思想问题和工作经验问题。为进一步做好检查工作,12月,市委和市委宣传部先后转发了卢湾、虹口两区检查宣传网(工作)的报告,提出在进行认真检查和讨论、肯定建网成绩的同时,重点检查问题,检查出具有普遍意义的问题,针对问题提出新的发展计划。

上海各级党组织在借鉴卢湾、虹口两区检查经验的基础上,对全市宣传网进行一次检查,发现了宣传网建设工作中的一些问题。一方面,宣传网还不巩固,未形成经常制度;在各种经常工作中特别是对生产宣传还缺乏经验,未充分发挥作用;在宣传方法上,有形式主义与强迫命令的作风。

另一方面，宣传员发展很不平衡；个别地方发展中有草率现象；宣传员数量也不足，尤其在工厂方面，宣传网基础较差，尚不能适应今后大规模建设任务的需要。

针对上述情况，上海强调解决思想问题，普遍地进行了一次关于宣传网的教育，提高了全党对宣传网工作的认识，改善了党对宣传网的领导。各区对下一阶段宣传网发展提出具体发展计划，制定发展目标，提出发展方针方法和基点工作。中共上海市委宣传部提出了1953年上海市宣传网工作的基本方针应以巩固提高为主，在巩固的基础上稳步发展①。

1953年7月8日，中共上海市委宣传部发出《关于加强和整顿党的宣传网工作的指示(草案)》，提出了加强宣传员的思想教育工作；适当地整顿组织；建立和健全宣传网的几项主要制度；结合生产宣传和普选宣传工作应选择一、二个单位创造宣传网工作的典型；加强各级党委对宣传网工作的领导五项要求。其中整顿组织方面，强调对学校宣传网，未建立的，可不再建立，已建立且起作用的，应加强领导。对生产单位的宣传网应结合生产宣传，切实加以整顿，充分发挥其作用。对机关宣传网，一般的予以保留，一些可考虑解除或予以适当调整。8月14日，市委宣传部又发出《关于加强和整顿党的宣传网的几个具体问题的意见(草案)》，对教育和训练宣传员、整顿和健全宣传网组织问题、执行宣传网制度问题、加强基点工作、发展问题等五个方面提出了具体要求和部署。据此，学校、机关、工厂宣传网进行了相应的巩固和调整工作。

2. 撤销机关和学校的宣传网

在巩固和调整宣传网的进程中逐渐发现，由于机关党组织比较成熟，宣传网与党组织重复的问题，导致机关宣传网成效不高，有时甚至忽略宣

① 《两年来上海市的宣传网和一九五三年的工作计划》，《解放日报》1953年4月2日。

传网。同时,学校宣传员以教师和学生为主体,党的基层组织建立也比较完善,学校中党委、党组及政治工作制度健全,学校宣传网也有效率不高的问题。特别是1952年下半年上海高校同步全国进行院系调整,年底实行政治辅导员制度,专职宣传和教育。因此,在机关、学校党组织系统外另建一套宣传系统是否必要成为现实问题。

1953年8月5日,中共中央作出《关于撤销机关和学校的宣传网组织的几项规定》。9月10日,中共上海市委发出《关于执行〈中央关于撤销机关和学校的宣传网组织的几项规定〉的通知》①,通知强调中央这一规定是为了更有效地加强机关工作人员和学校师生员工经常的时事政策教育,因此,在宣布撤销行政机关、党群机关和学校的宣传员组织的同时,机关党委应指定一定的党员负责干部充任党的报告员,组织他们按时向机关工作人员作有关时事政策的报告等;撤销机关和学校中的宣传员组织的工作,应有准备地进行,防止简单化和草率从事。由于党的宣传员称号,在群众中具有一定的威信,吸收为党的宣传员,则是对积极分子政治上的鼓励,撤销宣传员制度,很可能引起宣传员某些思想波动,应很好进行解释,并鼓励他们响应党的号召,继续做好宣传工作。中共上海市委宣传部提出《关于撤销机关、学校宣传网工作问题》②,对于撤销类型划定及撤销后宣传员如何领导等具体问题进行了讨论。

根据市委部署,上海着手进行撤销机关和学校的宣传网组织工作。机关强化党支部的建设,发挥党组织自身宣传作用,逐步取消宣传网。学校也加强了政治辅导员制度建设,取消已建立的宣传网。同时,机关、学校在取消宣传网的过程中,对宣传员做好解释工作,鼓励他们继续发挥宣

---

① 《中共上海市委关于执行〈中央关于撤销机关和学校的宣传网组织的几项规定〉的通知》(1953年9月10日),上海档案馆藏,A1-1-414。

② 《关于撤销机关、学校宣传网工作问题》(1953年),上海档案馆藏,A22-2-158。

传作用,并吸纳优秀宣传员入党、入团。

3. 强化工厂企业宣传网

上海通过检查发现,工厂宣传网的建设在国营企业中得到广泛推进,有党团支部的工厂宣传网建设较为完善。然而,大量公私合营和私营工厂并未建立宣传网或宣传员发展不充分,1952 年底,无党团支部的工厂单位 4 046 个建网只有 118 个,建网比例只有 3%。同时,工厂宣传网在以前建设过程中主要宣传各种政治运动,相对不重视生产宣传。因此,上述两方面的问题需加以调整。

1953 年 8 月底,华东局宣传部召开会议,讨论加强工矿企业党的群众宣传工作,总结了华东地区国营厂矿群众宣传工作的基本情况和经验。随着社会主义改造的全面展开,作为资本主义工商业改造的主阵地,以宣传过渡时期总路线和一五计划为主的上海工厂宣传网建设开始强化,加强生产宣传,成为上海宣传网建设的重点。1953 年 10 月,上海开展以"一化三改造"为主要内容的过渡时期总路线教育。华东局和上海市委连续举行了 19 次大型报告会,由华东局、市委领导人向各方面干部和积极分子作报告,每次报告会都有 1 万多人参加。同时,华东一级机关和上海市区两级党的报告员 2 000 多人和 7 000 多名普宣工作队员,到工厂、商店、里弄向各阶层群众进行宣传,光听报告人数全市即达 50 万人。① 市委宣传部编写了过渡时期总路线的宣讲教材。

1954 年 4 月 25 日,上海召开市工人宣传工作会议。市委宣传部根据市委的工作部署,对 1954 年上海市群众宣传工作明确任务,即以加强工厂中群众宣传工作和有关人民群众切身经济生活问题的宣传为中心。5 月,中国共产党第二次全国宣传工作会议召开,会议确定党的宣传工作在

① 《中共上海党志》编纂委员会编:《中共上海党志》,上海社会科学院出版社 2001 年版,第 387、390 页。

当前的主要任务,就是进一步以马克思列宁主义的社会主义思想来教育全党和人民群众,动员全党和全国人民为实现党的过渡时期总路线,完成国家建设的第一个五年计划而斗争。12 月,市委召开上海市第一次宣传工作会议。会议根据党的全国第二次宣传工作会议精神,检查自过渡时期总路线宣传工作开展以来党的宣传工作,提出了目前全市党的宣传工作的基本任务,并指出工厂企业的宣传鼓动工作还没有全面地贯彻政治工作与经济工作相结合的原则等。12 月 30 日,市委宣传部发出《关于加强党在公私合营和私营工厂企业中的宣传工作指示》,指出:私营工厂企业中党的宣传工作非常薄弱,必须迅速加强和改进私营工厂企业中党的宣传工作,密切结合社会主义改造的具体步骤。①

在一系列会议精神指导下,上海工厂宣传网建设一方面加强了对生产的宣传,另一方面,加快了新的公私合营和私营工厂企业宣传网的建设。1953 年后工厂中发展了一大批宣传员,对于生产过程中宣传过渡时期总路线和一五计划等,促进工厂企业生产和改造起了重要的作用。以静安区为例,至 1955 年 3 月,全区 69 个支部已建网 67 个,达到 97.1%,其中 68 个工厂支部建网 66 个,达到 98.5%,其余一个店员党支部也建立起宣传网;无党有团的单位 26 个建网 5 个,其中工厂 25 个建网 4 个;宣传员共 980 人,党员 308 人,团员 320 人,群众 352 人,其中工厂党员 288 人,团员 283 人,群众 277 人,共 848 人②。从静安区可见,1953 年后上海在中央的号召下,强化了工厂企业的宣传网。

宣传网建设的同时,上海基层党支部的建设也加快发展,国营、地方国营工业和公私合营工业中党组织的建设有了很大的发展。1953 年底,

---

① 中共上海市委党史研究室编纂:《中共上海历史实录 1949—2004》,上海教育出版社 2004 年版,第 142 页。

② 《中共上海市静安区委宣传部宣传员统计表》(1955 年 3 月 28 日),《中共上海市静安区委宣传部关于宣传网工作情况报告》,上海档案馆藏,A79-2-389。

全市党的基层组织达 3 242 个，党员和党组织的发展，对于传达党的各项政策起到了更为迅速和规范的作用。随着社会主义改造的全面开展，上海党组织加快了基层党组织建设的步伐，逐渐扩大工厂的覆盖程度。到 1956 年底，全市基层党组织总数达 9 940 个，其中分布工业系统就达 5 072 个，宣传网建设也得到强化。

三、宣传网逐渐退出历史舞台

宣传网制度的建立对于新中国大规模群众宣传工作的启动无疑起了重大的作用，但随着社会主义改造的基本完成，特别是随着党的各级基层组织的建设和发展，党的宣传工作各项制度的完善，宣传网工作在人员、机构和职能上与党的宣传工作体系存在重叠，且效能大幅下降的情况下，1956 年开始，从中央到地方，对宣传网的保留撤销进行了讨论。

1956 年 5 月底至 7 月下旬，中宣部先后两次召集有 28 个省市委宣传(文教)部长参加的座谈会，对社会主义时期党的宣传工作的一系列重大问题进行了认真讨论，宣传网制度即为其中之一。会议根据毛泽东提出的“百花齐放，百家争鸣”的方针和调动一切积极因素建设社会主义的指导思想，认真总结了宣传网制度建立以来党的群众宣传工作的经验教训，并在广泛听取、征求各方面意见的基础上，总结印发了《关于改进宣传网工作的指示》和《关于宣传网问题给中央的报告》。陆定一于 6 月 1 日在 15 省市宣传(文教)部长座谈会上的总结发言中指出：宣传工作中不少问题应该重新考虑。宣传部作为党委的一个部门，而不是独立的机关，因此不必像过去那样搞成一个组织系统，另搞一套。他认为："宣传工作，特别是在各种运动中间，总要有个组织、有个队伍。问题是临时抓还是经常搞。我们觉得都可以，这里没有原则问题。经常搞个网也可以，但是如果变成了独立的组织就不好了。现在没有网的，可以算了，但要建立也可以建立;已经有的网如果要取消,也可以取消,但是要有准备,谨慎从事。不论怎样,做宣传工作总要有个队伍,宣传任务必须完成。”至此中央态度基本明确,宣传网的保留与取消,基本由各地自行决定。

1949年底,上海全市共有党的总支部72个,党支部884个,党员20 646人,而随着社会主义改造的进展,上海基层党组织加快了建设步伐,至1956年底,全市党的基层组织达到9 940个(党委184个,党总支712个,党支部9 044个),党员达193 503人。[①] 这些基层组织、党员广泛分布于机关、学校、工厂、街道等各个领域。随着党组织自身的完善,许多宣传员被吸纳进党、团组织,有的支部宣传员几乎全部是党、团员及工会干部,各基层各项工作和任务贯彻,都在支部统一领导下发挥组织宣传作用。在这种情况下,宣传网似乎不应该再作为独立宣传组织而存在。因此,上海宣传网的去留也成为现实问题。

1956年,上海市委宣传部召开各党委宣传部干部会议,同时专门研究了关于党的宣传网的保留和取消问题,要求各区根据具体情况来决定,市委宣传部不作统一规定。8月15日,市委宣传部下发各区《关于宣传网问题的几点意见(供讨论)》[②],文件强调,解决宣传网问题,并不是消极地来谈是否取消的问题,而应该从如何更有利于推动全党做好思想工作,培养宣传队伍,以及充分发挥工、团组织作用出发考虑。对以往宣传网工作中所存在的问题,应该实事求是的进行分析,肯定其行之有效的经验,否定其实际上是行不通的以及各种形式主义的做法。文件根据几个单位的座谈情况提出了几点初步意见供各区讨论。第一,宣传网该不该成为独立的组织系统,宣传员的成分上绝大部分是党、团员与干

① 《中共上海党志》编纂委员会编:《中共上海党志》,上海社科院出版社2001年版,第291、306页。

② 《市委宣传部关于宣传网问题的几点意见(供讨论)》(1956年8月15日),虹口区档案馆藏档案。

部,因而在会议及领导方面,更存在着不必要的重复现象。针对这种情况,在党、团力量较强和组织制度较健全的国营、老合营厂里,可以不必再保留宣传网的形式;党、团力量尚很薄弱,组织极其分散,而宣传工作条件又较差的新合营厂和商业系统中,宣传网尚有一定作用,这些单位可以从实际出发,在一定时期内,继续采取宣传网的形式。第二,以往在宣传网工作中强调了一套繁琐的制度,很多是形式主义的做法。取消不必要的繁琐的制度还必须进一步考虑如何更好地加强领导,改变工作作风。

1956年底,根据中央的指示结合上海自身的发展情况,全市各区开展了有关宣传网全面深入细致的调查。以新成区为例,从调查情况看,绝大部分基层支部反映对宣传网领导不起来,宣传员大多是党、团员及工会干部,大部分工厂都建立了支部,再建立一个网络多余,宣传网组织作为单独组织是不妥当的。极大部分支部要求取消宣传网。①

在调查的基础上,各区充分参考市委宣传部《关于宣传网问题的几点意见》,针对本区宣传网问题的现状,很多区基本作出了取消宣传网的决定。如新成区根据本区调查情况,在1957年研究后提出如下意见:本区的宣传网可不必再予保留,并一律停止对宣传员的审批及宣传员调动时转移宣传员关系等手续。取消宣传网以后,必须加强党对群众的宣传工作和经常注意培养宣传干部宣传队伍,更进一步地发挥各种积极分子的作用,充分地推动全党和全体干部来做好思想工作。② 再如,静安区根据形势的发展和各级党组织思想政治工作职能的健全和加强,经市委宣传部决定,1956年,静安区宣传网组织停止活动。③

---

① 新成区:《关于宣传网问题的调查》(1956年11月10日),静安区档案馆馆藏档案。
② 新成区委宣传部宣传科:《关于我区宣传网的情况和处理意见》(1957年),静安区档案馆馆藏档案。
③ 静安区地方志编纂委员会编:《静安区志》,上海社科院出版社1996年版,第555页。

1958 年 3 月 31 日,中共中央下发《关于宣传网问题的通知》[①]。通知指出,宣传网制度在许多地区已经名存实亡,也有些地区仍然存在的现状,特别是几年以来,有些地区的宣传干部不断要求取消或修改原建网决定,也有少数地区宣传干部不赞成取消,要求整顿和发展,中央授权各省(市)委、自治区党委,对是否需要宣传网的问题做一次讨论,根据自己地区的情况决定取消或者保存和加以改进。中央指出:"党的宣传工作必须加强,必须有进行宣传工作的力量。至于群众宣传工作力量的组织形式、活动方法,中央暂不作统一规定。"至此,由中央直接领导的全国性宣传网工作制度从党的群众宣传工作主渠道淡出,个别地区保留的宣传网组织延续至"文化大革命"爆发。

从 1956 年底开始,各区根据市委和市委宣传部有关规定和意见,在调查基础上,基本都做出取消宣传网的决定。1958 年中共中央《关于宣传网问题的通知》发出后,上海宣传网建设全面取消,对人民群众宣传机制由党自身的宣传体系所取代。

宣传网制度在新中国成立后自上而下缺乏对人民群众有效统一的宣传机制背景下建立,通过党员、报告员、宣传员、群众,以自上而下的组织模式,广泛发动群众参与,使党的各项方针政策得到迅速和彻底地贯彻。上海在中央政策指导下,成功进行了宣传网建设的实践。宣传网建设的成功实践,让我们看到:自上而下对人民群众广泛有效的宣传,是党的路线方针政策得以贯彻的根本;对于敌对势力抹黑党的历史,散布政治谣言,宣传网都给予了及时的驳斥和打击,并在人民群众中广泛解释,维护

---

① 《中共中央关于宣传网问题的通知》(1958 年 3 月 31 日),中央档案馆、中共中央文献研究室编:《中共中央文件选集 1949 年 10 月—1966 年 5 月》第 27 册,人民出版社 2013 年版,第 213 页。

了社会稳定;广泛地对人民群众开展宣传使人民群众的政治觉悟普遍提高,推动了社会主义发展进程;促进了宣传工作的社会化。虽然宣传网制度发展也暴露出宣传渠道单一化、宣传内容公式化、形式主义等弊端,加之党自身组织走向完善等因素,逐渐淡出历史舞台,但是宣传网制度确实成为当时的上海乃至新中国成立初期主流意识形态输出和社会阶层力量动员极其有效的手段。

（段春义）

民间职业剧团的社会主义改造

在上海文化领域的社会主义改造中，对民间职业剧团的改造是不容忽略的重要环节，也是一项艰难而繁重的任务。解放初期上海的民间职业剧团数量众多，剧种丰富，名家辈出，技艺精湛。这些剧团"每天联系着十万左右群众，是上海戏剧界一支极强大的队伍，是上海人民生活中不可缺少的力量"①。然而，剧团与剧团之间良莠不齐，且在制度、剧目、队伍、风气等方面存在着浓厚的封建残余。为此，上海在探索发展民族的科学的大众的文化过程中，通过组织登记、进行社会主义改造等措施，将民间职业剧团纳入政府管理的范围，又通过依靠艺人群众，开展文艺整风等方法，将这些剧团进一步整顿改造成为社会主义文化建设的有机组成部分。

一、民间职业剧团改造的背景与准备

1949 年 5 月，上海解放，随着社会经济、政治形势渐趋稳定，自抗战后

① 《关于文化局对新国营与民办公助的初步汇报》(1956 年 10 月)，上海市档案馆藏，B172-1-203。

即陷入困境的民间职业剧团走出黑暗迎来曙光，开始全面复苏，剧团数量成倍增加。在繁荣上海文艺舞台的同时，也带来了一些消极影响。针对这种状况，党领导下的上海市文化主管部门通过颁行相关规定、组织剧团登记等措施，对民间职业剧团存在的乱象做出一定纠正。这为此后剧团改造的顺利进行奠定基础。

1. 民间职业剧团的无序发展导致连锁危机

据统计，民间职业剧团在上海解放前夕成立的总计仅有 27 个，剧种也仅有越剧、沪剧、淮剧、滑稽剧、通俗话剧、木偶剧和锡剧等几个种类。到了 1952 年，上海民间职业剧团猛增到 122 个①，至 1954 年，更是进一步发展到了 191 个②，是解放前成立剧团数量的七倍多。根据 1954 年上海市文化局对全市民间职业剧团调查研究情况统计，当时经常在上海演出的戏曲剧种多达 20 种，包括京剧、沪剧、越剧、评弹、江淮、维扬、杂技、滑稽 8 个主要剧种，和影响较小的甬剧、锡剧、绍兴大班、苏剧、通俗话剧、沪书、苏北评话、北方鼓书、四明南词、故事、木偶、皮影 12 个剧种。上述剧种中，除沪剧、沪书、滑稽产生于上海外，其余均为外地流入。当时的民间职业剧团从业人员总数多达 6 600 余人，评弹约 150 人，街头艺人约有 700 余人。③

民间剧团数量在短短几年内快速增长的原因，除了新中国成立后社会面貌发生天翻地覆的变化，戏曲艺人热情高涨，积极投入到职业剧团的创建和演出中之外，有两点主要原因：第一，解放初期的上海，文化娱乐

① 《第一个五年计划执行情况总结》(1957 年)，上海市档案馆藏，B172－1－245。

② 彼时在上海的剧团共计 199 个，除民间职业剧团外，另有华东国营剧团 3 个，上海国营剧团 5 个。见《1954 年上海民间职业剧团状况》(1954 年 8 月 15 日)，《档案与史学》2000 年第 5 期。

③ 彼时在上海的国营和民间职业剧团从业人员总数为 7 909 人，其中华东国营剧团约 300 人，上海国营剧团约 495 人。《1954 年上海民间职业剧团状况》(1954 年 8 月 15 日)，《档案与史学》2000 年第 5 期。

品种设施很少,加之当时禁映美国影片,去剧场观看剧团演出成为人民群众的主要娱乐活动之一,剧团上座情况良好,从业人员的收入自然也水涨船高,戏剧成为当时的热门行业,使得不少外地剧团艺人纷纷集中于上海①。第二,部分剧团的投机性较为明显。有些曲艺从业人员纯以博取个人名利为目的,申请成立职业剧团。上海方面不许,即转入外埠,经外埠批准后,即请外埠文教机关出给证明,再回到上海演出,上海就不便不承认。② 一时间,水平良莠不齐的剧团在上海地域内大量增加。

民间职业剧团在上海的快速发展,在一定程度上繁荣了文化市场,丰富了市民的文化生活。但究其根本,这种发展是无序的。其中不少剧团存在流散不定、组织不健全、制度混乱,人员的政治情况复杂,管理困难等各种亟待解决的问题。而这些问题也导致了剧团艺术力量分散,影响了创作和演出质量,并逐渐引发了连锁危机,诸如上座率下降,许多剧团发不出工资;部分小剧团铤而走险出演恐怖荒诞的坏戏;一些地痞、流氓、伪官、妓女、特务等混迹剧团,还有街头流散艺人以演唱为名,卖假药,拐带妇女,甚至聚众闹事,都对公共安全造成威胁。加强对民间职业剧团的整顿改造,势在必行。

2. 做好全面改造前的准备工作

为了加强对上海文化事业的管理,引导文艺工作者转变思想,发展新民主主义的即民族的科学的大众的文化,上海甫一解放就成立了“上海市军事管制委员会文化教育管理委员会”,内设文艺处,负责包括剧团在内的文化事业的管理。1950 年 2 月,在文艺处的基础上成立了上海市文化局,9 月,上海市文化局设立戏曲改进处。之后,上海根据 1951 年 5 月政

① 郁仁民:《概述上海市民间职业剧团、流散艺人的改造》,中共上海市委党史研究室、上海市档案馆编:《上海解放初期的社会改造》,中央党史出版社 1999 年版,第 205 页。
② 《1954 年上海民间职业剧团状况》(1954 年 8 月 15 日),《档案与史学》2000 年第 5 期。

务院发布《关于戏曲改革工作的指示》精神，以及 1950 年 8 月华东军政委员会文化部会议关于以上海为重点，推动整个华东地区戏改工作的精神，开始有计划、有步骤地实施以“三改”(即改人、改戏、改制①)为主要内容的戏曲改革，继 1950 年 4 月成立华东越剧实验剧团后，1951 年 11 月，上海成立了京剧、评弹、杂技三个国营剧团，并批准了上海沪剧团和上海淮剧团为民营公助剧团，后批准改制为国家剧团，易名为上海市人民沪剧团和上海市人民淮剧团。这些国家剧团建立之后，在剧团的经营管理和制度改革、剧目的创作和演出、舞台艺术的革新等方面作出许多成绩，为民间职业剧团起到了一定的示范作用。②

然而，当时上海究竟有多少民间剧团，多少从业人员，由于掌握的资料和统计的时限不同，说法也各异。这种状况给文化主管部门在管理上造成极大困难。③ 实际上，为了管理这些剧团，早在 1950 年，上海市人民政府民政局就发布过《戏曲剧团管理暂行条例》，目的在于通过控制剧团的登记标准，监管剧团的改组与流动演出。一年后的 1951 年 9 月，上海市人民政府文化局发布《管理私营戏曲职业社团临时登记办法》，试行办理剧团登记，并发出一部分登记证。④ 但是，由于对登记后的民间职业剧团如何加强管理，人事制度、演出制度如何确定，新组剧团需具备何种条件，申请登记而条件并不具备的剧团如何处理等缺少具体办法，以致后来

---

① 改人，即通过广泛的政治启蒙教育，提高艺人的觉悟。改制，即改革旧的剧团管理制度，建立适应新时代的制度。改戏，即根据新的时代需要，一方面对传统戏剧加以分析，剔除其中封建的、不健康的因素，通过整理改编推陈出新；另一方面创作新的作品，排演新戏。见刘红兵：《“改戏、改人、改制”在上海的贯彻》，中共上海市委党史研究室编：《风雨历程(1949—1978)》，上海书店出版社 2005 年版，第 254—257 页。

② 流泽、汪培、郁仁民：《上海戏改三十年》，《戏剧艺术》1979 年第 21 期。

③ 郁仁民：《概述上海市民间职业剧团、流散艺人的改造》，中共上海市委党史研究室、上海市档案馆编：《上海解放初期的社会改造》，中央党史出版社 1999 年版，第 202 页。

④ 张翙：《“十七年”时期国家对民间职业剧团管理体系的建构》，《文艺研究》2018 年第 10 期。

这些规制亦未严格执行。[①] 因此,民间职业剧团的非正常发展和无序流动问题并没有从根本上得到解决。上海的民间剧团流动性大,聚散无常,没有定数。

1953 年 1 月,中央文化部下发《关于整顿和加强全国剧团工作的指示》,要求各地加强对私营剧团的领导和管理,对私营剧团进行登记。同年 12 月,中央文化部再次下发《关于私营剧团登记和奖励工作的指示》,要求各级文化主管部门对民间职业剧团采取“积极保护、重点培植、逐步改造”的方针。1954 年 10 月,中央文化部在《关于民间职业剧团登记管理工作的指示》中,进一步补充关于民间职业剧团登记与管理的细则问题。根据中央的一系列指示精神,经过一段时间的酝酿,上海市文化局制定《上海市民间职业剧团管理办法》(简称《办法》),并于 1955 年 1 月 15 日由市人民政府颁布施行。《办法》主要突出以下几点内容:第一,明确登记范围:凡上海市的民间职业剧团,包括戏曲、通俗话剧、25 人以上的杂技、魔术等剧团均须向市文化局办理申请登记手续。未经申请登记者,一律不得擅自演出。申请登记后,经审查合格者发给登记证,不合格者发给临时演出证,并限期整顿。第二,对剧团登记须具备的条件作出说明:一是要有固定的、健全的组织和合理的制度,团内大部分人员过去确系以演剧为职业;二是要有必需的业务水平及一定数量的上演剧目,能维持经常公演;三是要有一定的服装、道具及其他演剧所必需的设备。第三,对剧团异地流动的管理趋于严格。规定凡赴外地旅行演出,应事先将旅行演出计划送市文化局审查,经批准发给旅行演出证后,始得赴外地演出;外地来上海市旅行演出的民间职业剧团,应事先持原地文化主管部门的旅行演出证、演出计划、详细名册各一份,报经市文化局登记发给临时演出

① 《1954 年上海民间职业剧团状况》(1954 年 8 月 15 日),《档案与史学》2000 年第 5 期。

证后,始得与剧场订立合约;在演出期间应遵守本市有关各项规定。第四,对登记证或临时演出证的缴销作出明确规定:一是剧团解散;二是剧团主要业务人员或大部分人员已经离散;三是未经市文化局批准,连续三个月不演出的剧团。①

1955年后,随着国家经济状况好转,社会趋于稳定,加强剧团管理的条件已经成熟。另外,从剧团的角度出发,当时大部分剧团都在盼望登记,希望市文化主管部门统一管理以帮助他们走出困境,甚至有合作越剧团等少数剧团自发地节约了上演成本,另有包括志成和精诚两个淮剧团在内的剧团要求两团合并等。② 因此,颁行《办法》后不久,市文化局便将民间职业剧团的登记工作提上议事日程。1955年11月26日,市文化局向市人委报送《民间职业剧团登记工作计划》,明确登记的目的、要求和步骤。市人委经研究批复同意按计划施行。但鉴于民间职业剧团数量众多,情况复杂,要求在工作进行时,应细致谨慎,注意掌握。③

据此,市文化局于1955年12月初开始启动登记工作,在局负责人直接领导下成立民间职业剧团登记工作办公室,由办公室领导五个登记工作组④,分别负责各个剧种的动员、登记、审查、发证等工作。登记工作于1956年1月7日基本结束。据统计,在当时全市120个民间职业剧团中,

---

① 《上海市民间职业剧团管理办法》(1955年1月15日市人民政府颁布施行),上海市档案馆藏,B9－2－15。

② 《上海市文化局民间职业剧团登记工作计划(草案)》(1955年11月26日),上海市档案馆藏,B9－2－15。

③ 《市人委关于民间职业剧团登记工作计划及管理办法的批复》(1955年12月13日),上海市档案馆藏,B9－2－15。

④ 第一工作组为京剧、扬剧、淮剧工作组,组长一人,组员三人;第二工作组为越剧工作组,组长一人,组员四人;第三工作组为沪剧、甬剧、锡剧工作组,组长一人,组员三人;第四工作组为滑稽、通俗话剧、魔技工作组,组长一人,组员三人;第五工作组为游乐场工作组,组长一人,组员四人。《上海市文化局民间职业剧团登记工作计划(草案)》(1955年11月26日),上海市档案馆藏,B9－2－15。

除魔技、木偶剧等少数剧团外,前来申请登记的剧团共有98个。经审查,批准发给登记证的有71个,发给临时演出证的有27个。这些剧团在登记过程中积极性普遍很高,并做出保证:进一步改革剧团制度,提高演出质量,更好地为社会主义建设服务。①

此外,从1952年12月开始,市文化局对全市的剧团、剧场和影院分批进行民主改革。其中包括三个剧团,即上海沪剧团、上海淮剧团以及上海人民评弹工作团。上海沪剧团还作为试点单位加入到第一批民主改革的行列中。剧团的民主改革分四个阶段开展:第一阶段是以正面教育为主,旨在提高戏曲工作者的政治思想觉悟;第二阶段是新旧社会对比教育,诉苦挖穷根;第三阶段是启发进行忠诚老实教育,号召团员们放下包袱,轻装前进;第四阶段是民主团结教育和组织建设,化解剧团内部矛盾,"解开思想疙瘩"。② 民主改革在提高剧团人员的政治思想觉悟,摸清队伍基本情况,废除封建制度残余,增强民主团结等方面发挥了重要作用,也为民间剧团改制为国家剧团奠定思想基础和组织基础。

总体而言,这一时期,通过颁行《办法》、组织剧团登记等举措,民间职业剧团的无序发展以及业余剧团盲目向职业剧团演变的倾向均得到有效控制,在很大程度上限制了剧团的无序流动,同时也让市文化主管部门在宏观上掌握了民间职业剧团的确切数字,了解剧团的具体情况,摸清存在的问题,从而为下一步的统筹安排和整顿改造打下基础。③

① 《市文化局关于批准民间职业剧团为国营剧团与民办公助剧团的工作情况报告》(1956年1月24日),上海市档案馆藏,B9-2-41。

② 《上海市文化局关于公营上海沪剧团民主改革典型试验工作的总结》(1953年),上海市档案馆藏,A1-2-639;《市委宣传部关于上海市剧团、剧场和影院民主改革的工作报告》(1953年12月1日),上海市档案馆藏,B172-1-816。

③ 《上海市文化局民间职业剧团登记工作计划(草案)》(1955年11月26日),上海市档案馆藏,B9-2-15。

二、民间职业剧团“质”与“量”的改变

1956年初，上海社会主义改造进入高潮，人民群众情绪空前高涨，资本主义工商业全行业实现公私合营，城市剧场随之改制为国营企业。受这股浪潮的影响，刚刚结束登记的民间职业剧团纷纷向政府申请改为国营。另一方面，政府则希望通过民间职业剧团“国营化”来加强对民间职业剧团的整体管理力度，促使它们向国营剧团靠拢。① 于是，对民间职业剧团进行全面的社会主义改造被提上议事日程。

1. 批准剧团改国营或民办公助

1956年1月，民间职业剧团从业人员用口头、电话和书面等形式向市文化局提出要求和询问，希望批准改为国营。② 针对这一情况，中央文化部指示：在不需要经费补助和不增加剧团人员编制的原则下，可以同意改为国营。经仔细研究，市文化局决定对发给登记证的剧团全部改为国营，发给临时演出证的剧团全部改为民办公助。1956年1月19日，市委领导陈丕显、曹荻秋作出四点指示：一是改为国营后，剧团性质为集体所有制；二是贯彻企业化，经济上自给自足；三是坚持自愿原则；四是国营后暂时维持原状，整顿工作必须在统一计划下进行。

遵照市委指示，市文化局随即召开了全体民间职业剧团团长、工会基层干部、部分编导、青年积极分子的会议，批准了提出申请的69个剧团为国营剧团，26个剧团为民办公助剧团。努力沪剧团、友谊扬剧团、飞鸣越剧团、红色杂技艺术团等20多个剧团提出保证：不仅经济上自给自足，而

① 张翙：《“十七年”时期国家对民间职业剧团管理体系的建构》，《文艺研究》2018年第10期。
② 《市文化局关于批准民间职业剧团为国营剧团与民办公助剧团的工作情况报告》（1956年1月24日），上海市档案馆藏，B9-2-41。

且争取利润上缴。[①] 此后，上海又陆续批准了16个国营剧团，前后总计批准国营剧团85个，民办公助剧团26个，基本上覆盖了绝大多数民间职业剧团。[②]

自剧团被批准为国营或民办公助后，剧团从业人员的积极性在短时间内大大提高。首先表现在工作态度的转变，出现了一些受观众欢迎的剧目。从业人员说："现在是国家剧团了，在决定剧目时，要问问自己，拿给观众的东西好不好。"大部分剧团的演出态度都力求严肃认真，一向毛病较多的滑稽剧，在半年多的时间里演出了《幸福》《双喜临门》《西望长安》《苏州两公差》等优秀剧目。剧团聚散无常的情况半年来从未发生，因

图8-1　滑稽戏《苏州两公差》剧照

① 《市文化局关于批准民间职业剧团为国营剧团与民办公助剧团的工作情况报告》(1956年1月24日)，上海市档案馆藏，B9-2-41。

② 《市文化局关于民间职业剧团改造工作情况的报告》(1956年9月27日)，上海市档案馆藏，B172-1-203。

不团结而闹退团的事情也大幅减少。其次表现在剧团人员申请入党入团的愿望渐趋强烈。改造之前,剧团中仅有共产党员一人(复员军人),共青团员 20 多人。改国营后,70%的适龄青年都提出了入团要求,书面提出入党申请的有 30 多人。半年时间内,团员已发展到 182 人,成立了 20 个团支部,有 150 多人当时正在听党课。①

1957 年 3 月,按照中央文化部要求,民间职业剧团不再改为国营,此后的方针是使国营剧团和民间职业剧团在艺术上和经营管理上相互学习,都力争成为为群众服务的、经济上能够自给自足的职业艺术团体。

2. 剧团调整合并

民间职业剧团在"转变身份"的同时,还存在一项突出难题,即剧团数量过多,存在不少冗员,严重阻碍了艺术质量的提高。亟需稳妥地逐步地处理剧团冗员,紧缩剧团数量,使剧团数量以及剧种的搭配与上海人民的需要相适应。因此,剧团的调整合并,成为改造新国营剧团的根本措施之一。

按照计划,上海在有关剧团和从业人员双方自愿,对所有演职人员的生活都有切实安排,并且确实有利于艺术质量的提高和艺术事业的发展的原则和条件下进行剧团的调整合并。当时,上海主要采取以下三种方法:第一,与老国营剧团合并。根据老国营剧团的需要,以一个团并入或个别吸收来充实国营剧团的力量,使其在戏曲艺术工作上起示范作用。老国营剧团中经过培养的艺术骨干,亦须适当抽调,充实新国营剧团。第二,新国营剧团之间互相合并。对条件相近,合并后能够使演出水平提高一步的剧团,在从业人员自愿的基础上进行两个团的合并工作。第三,人员上作出调整。针对阵容原较整齐,演出水平也较高的剧团,一般只作人

① 《市文化局关于民间职业剧团改造工作情况的报告》(1956 年 9 月 27 日),上海市档案馆藏,B172-1-203。

员上的调整,补充所缺行当。对少数无法整团合并或合并后反而降低质量的剧团,则拆散后分别插入其他剧团。① 对剧团中编制上多余的人员,但有一定工作能力,经过培养后可作为剧团的后备补充力量,以及一部分是已丧失劳动能力,无法从事艺术工作的人,上海根据具体情况作分别处理。

市文化局经过调查研究,制定了调整合并的具体步骤:一是调集99名文化干部,成立9个工作队;二是研究登记材料,进行排队,一队为剧团合并,一队为人员调整;三是按剧种将团长及主要演员、老艺人组织起来,成立委员会,共同讨论合并工作;四是按剧种发动群众讨论合并方案,提出修改补充意见;五是做好各项准备工作,按照新的剧团排演新戏,在排演期间,仍照原有剧团组织维持经常演出;随后进行合并;最后再做好巩固工作。②

在调整合并剧团的同时,上海还动员一批具有一定艺术水平和健全组织的剧团开赴外地,支援当地的社会主义建设。1955年12月,新新越剧团70人响应国家号召远赴西安演出。这是上海戏曲工作为社会主义服务的一个新的开始。1956年5月3日,市文化局批准荣艺、光海、更胜、朝民、精华、少少、文华、合力8个越剧团到浙江参加社会主义建设。③ 1956年8月,春光越剧团离开上海,支援兰州。上海支援外地剧团的数量在1958年达到了高峰。剧团种类涵盖京剧、扬剧、越剧、淮剧等多个剧种,支援地区遍及华东协作区(江苏、浙江、安徽、山东、福建、江西)、青海、

---

① 《市文化局关于民间职业剧团改造工作情况的报告》(1956年9月27日),上海市档案馆藏,B172-1-203。

② 《市文化局关于批准民间职业剧团为国营剧团与民办公助剧团的工作情况报告》(1956年1月24日),上海市档案馆藏,B9-2-41。

③ 《八个越剧团迁往浙江各地》,《解放日报》1956年5月4日。

甘肃、宁夏等全国多个省份。[①] 剧团支外,不但使上海的剧种、剧团的布局更加合理,也促进了省市间的文化交流和剧种发展。

此外,上海还加强了对流散艺人、街头艺人的管理。通过登记,将众多流散曲艺艺人组织起来,吸收部分符合条件的参加国营,对尚无条件或不愿参加国营的艺人,则帮助其合作经营,加强管理,统由上海市人民评弹团领导,组成5个评弹团;加强对街头艺人的整顿改造,通过登记,进一步摸清街头艺人的情况,对一些以说唱为手段,而以贩卖物品(如钢笔、糖、药膏等)为主要收入的人员,与市商业局联系划入摊贩,其余艺人结合剧团的合并调整,按人员来源分别处理。

经调整合并,共裁并剧团142个,精简下来的4 767人分别转入工业、商业及其他服务性行业。[②] 在裁并的基础上,新组建12个大型国家剧团。剧团的调整合并,不但符合这些剧团的历史情况,更重要的是有利于戏曲事业的整体发展和提高。第一,主要艺术力量得到集中,阵容较前有所加强,对提高演出水平有立竿见影的效果;第二,人员应剧团需要而机动,可以分为两个演出队,能演大戏,也能演小戏;第三,青年演员获得更多艺术实践的机会,可以得到培养和提拔;第四,便于集中领导,减少行政人员,降低剧团成本;第五,除节假日外,保持一个大团的演出,部分人员即有条件休息、排练、体验生活、学习,对保护演员的身体健康,对提高质量都有好处。在经济上,经过测算,一般的保本成数都比合并前降低一成左右,加之剧团数量紧缩,质量提高,上座率提升,经济上亦能逐步做到自给

---

① 《上海市民间职业剧团、民间艺人输送外地其他省的情况》(1958年6月至11月),上海市档案馆藏,B172－4－895。

② 郁仁民:《概述上海市民间职业剧团、流散艺人的改造》,中共上海市委党史研究室、上海市档案馆编:《上海解放初期的社会改造》,中央党史出版社1999年版,第207页。

自足。①

综上,在民间职业剧团的社会主义改造过程中,通过批准改国营或民办公助、调整合并和支援外地等措施,上海文艺剧团的数量得到精简压缩,布局更加合理,国营剧团开始占据主导地位。1958 年以后,上海市(包括从江苏省划归上海的区域)的剧团数量一直保持在 73 个左右②。

三、民间职业剧团的进一步整顿改造

批准民间职业剧团改国营和民办公助,调整合并剧团,虽然成效显著,但是揆诸现实,这种做法并没有一步到位地解决民间职业剧团的所有问题。为此,上海从解决从业人员的吃饭问题、剧团内部制度建立、管理体制调整、艺术水平提高等方面入手,进一步整顿改造剧团。

1. 救济与扶持剧团人员

面对上座率下降,剧团人员生活普遍困难等情况,早在 1955 年春节前,市文艺工会就曾进行冬令救济。③ 后又于 1956 年上半年,对 4 281 人(次)进行一次性的救济,共发放款项 42 568 元,并发给主要演员生活补助金 1 175 元。但这些只是一次性的救济手段,剧团生存情况依然严峻。因此,必须确立长效性扶持机制,对有困难的剧团和从业人员给予制度化的经济补助。

为解决剧团人员生活问题,促进剧团健康有序发展,党和政府调整税

---

① 《市文化局关于民间职业剧团改造工作情况的报告》(1956 年 9 月 27 日),上海市档案馆藏,B172 - 1 - 203。

② 郁仁民:《概述上海市民间职业剧团、流散艺人的改造》,中共上海市委党史研究室、上海市档案馆编:《上海解放初期的社会改造》,中央党史出版社 1999 年版,第 207 页。

③ 《报请拨出专款作为民间职业剧团救济费》(1955 年 5 月 19 日),上海市档案馆藏,B9 - 2 -18。

收、收入分配等政策,对剧团进行扶持。1956 年 5 月 5 日,据中央文化部关于文化娱乐税减税、免税的指示,上海市对戏曲、话剧、歌剧、舞蹈、音乐、曲艺、杂技 7 个项目实行免征两年文化娱乐税。1958 年 5 月和 12 月,市人委分别发出通知,批准继续免征文化娱乐税。1956 年 9 月,市文化局公布施行关于《实行场、团三、七分账的几项暂行规定》,规定剧场收入除去公提费用外,按三、七比例计算,剧场得 30%,剧团得 70%。

随着 1956 年 9 月中央文化部下发《关于对民间职业艺术表演团体和民间职业艺人进行救济和安排的指示》,并拨给上海救济及安排专用款项 22 万元,上海市文化局制定《关于新国营及民办公助剧团艺人进行救济的打算》,拟对生活确实十分困难的艺人进行救济性补助,保障他们能够维持最低限度的生活,并强调要特别照顾对于收入不多而家庭负担过重的主要演员,在艺术上曾经有过贡献、但后来失去工作能力而又无人奉养的老艺人,以及因为家庭发生生老病死等变故,生活发生严重困难的人员。① 同时,成立了各剧种救济安排工作计划委员会,于 1956 年 10 月 9 日施行《上海市新国营及民办公助剧团工作人员补助救济试行办法》,该办法规定剧团艺人生活费以 20 元计算,不足者可申请补助救济②。

除对困难艺人进行补助救济外,市文化局还拟订《关于新国营、民办公助剧团演职员及民间艺人疾病医疗的处理办法》,对剧团演职员的数量、医疗费用、操作步骤等作出规定,经市人委批准后,于 1957 年 4 月 1 日正式施行,切实保障了患病艺人的相关权益。③

---

① 《上海市文化局关于民间职业艺术团体和流散艺人救济安排工作初步打算(草稿)》(1956 年 9 月 24 日),上海市档案馆藏,B172-1-208。

② 《上海市新国营及民办公助剧团工作人员补助救济试行办法》(1956 年 10 月 9 日市人委批准),上海市档案馆藏,B1-0-3。

③ 《上海市文化局关于新国营、民办公助剧团演职员及民间艺人疾病医疗的处理办法》(1957 年 4 月 1 日市人委批准),上海市档案馆藏,B1-0-3。

2. 加强剧团内部制度建设

建立健全各新合营剧团和民办公助剧团的各类制度,是整顿改造原民间职业剧团的重要方面。

为确保剧团正常、健康的发展,剧团必须解决演出质量低下,上演剧目芜杂的问题,创作和排演一批符合时代要求、满足人民文化生活需求的文艺作品。为此,市文化局不仅制订了剧团整顿改造的工作方案,剧团、曲艺工作的十二年规划,而且在 1956 年 5 月至 7 月间,根据第一次全国剧目工作会议的精神,召开新国营及民办公助剧团的剧目工作会议。会议进一步明确"百花齐放、推陈出新"的正确方针,重视继承戏曲传统、学习遗产的工作,制订了重点剧团派遣辅导员的制度,并指派干部十三人至十三个剧团作专职辅导员,以创造经验、推广全面。同年 9 月,还抽调剧团人员参加编剧训练班,共计学员 68 人,剧团编剧 100 多人参加旁听。① 这在一定程度上营造出宽松的创作氛围,增强了剧团编剧队伍力量,提升了编剧的整体水平,出现了一批受欢迎的剧目,从而提高了上座率,缓和了大部分剧团人员的生活困难问题。②

在经济分配制度方面,不同的剧团,其薪金制度也存在差异。少数大中型剧团实行固定工资制,大多数则采用拆账制,即按规定底薪以演出收入多寡拆分,以营业好坏决定收入多少,多赚多拆,少赚少拆,拆光思想盛行。剧团公积金③常被挪作福利金④使用,导致剧团空无累积;制度的不合理、不严密,造成铺张浪费,如布景服装上求新立异,但又不善于保管利

① 《关于文化局对新国营与民办公助的初步汇报》(1956 年 10 月),上海市档案馆藏,B172-1-203。

② 《一九五六年计划执行情况总结》(1957 年 2 月 14 日),上海市档案馆藏,B172-1-179。

③ 从演出收入中按比例(一般为 3%—5%)抽取,但大部分不是投入扩大再生产、提高业务之用,而是到封箱歇夏或营业清淡时投入分配。

④ 有的剧团按日提取,有的每月加演几个日场,将收入作福利金,其用途是备剧团人员借用,备一些普通药品,买文体用品,发一些洗理费用或物品等。

用;人头费由于冗员增多,开支越来越大等。为改变这种不合理的经济分配制度,上海开办行政、财务干部训练班,从各剧团抽调人员加以训练。在为期三个月的训练中,通过训练班学员的讨论、研究,拟订了十种剧团组织制度、六种财务制度草案。针对不同剧团不同的薪金制度,指导并协助二十个剧团建立了工资制度、调整了工资标准及公有财产制度。薪金一律改为固定工资制,但不按国家工资制度定级,而是在原有基础上,按现实业务水平、工作表现评定;演出服装及化妆用品不再由演员负担;最高工资与最低工资之间的差距控制在 1∶10 之间。另外还在剧团内部建立"四金制度",即公积金、公益金、公蓄金和奖励金,①以确保剧团资金的正常合理使用。

为解决原来许多剧团人事管理制度混乱,剧团人员的进出缺乏规范和标准,没有正规合法手续,导致人事纠纷迭起(特别是退团挖角、盲目流动、滥收人员等)的问题,各剧团在精简人员、整顿剧团的基础上,进行人事制度改革。按照规定,新进人员经剧团研究决定录用后,报剧团所属区文化主管部门核准备案,不得无故退团。此后,剧团人员逐渐稳定下来,不再随意流动。与此同时,上海还将散处在各公安分局、派出所的艺人人事档案材料调集至市文化局,由专门的工作组进行整理、保管,并初步对主要业务人员的政治历史情况进行调查,提出对这些人员政治上安排的意见。

3. 剧团交区管理

随着社会主义基本制度的确立,社会主义建设的全面展开,为适应新

① 公积金主要用于扩大再生产;公益金(福利基金)主要用于医药费补贴、困难补助、退休金以及其他有关费用,如购置体育、卫生、文化生活用品等;公蓄金主要是以丰补歉。在入不敷出时,用来补足工资开支及必需的福利开支。这部分经费每年年终结算,将积余的 50%转入公积金,其余可作为年终分红或奖金,剧团人员按正常手续离团时,可按本人工资比例分得一部分;奖励金主要用于奖励先进。见郁仁民:《概述上海市民间职业剧团、流散艺人的改造》,中共上海市委党史研究室、上海市档案馆编:《上海解放初期的社会改造》,中央党史出版社 1999 年版,第 210 页。

形势和新任务,加强党对文化工作的领导,更好地发挥文艺队伍的作用,纠正前几年市文化局管得太多又没有管好的缺点,“必须从体制上作比较大的改变,实行统一领导,分区管理,运用市、区两级组织力量来共同完成建设社会主义文化事业的任务”①。

1957 年 5 月,市文化局邀请各区区长讨论新国营、民办公助剧团交区管理事宜,并通过了《新国营、民办公助剧团交区工作计划》和《市区剧团分工管理意见》。会后,市文化局又召开各区宣传、文化干部会议,介绍新国营及民间职业剧团工作的若干情况,召开各剧团主要演员座谈会,介绍各区工作情况及派团干部等。1957 年 11 月,市人委发出《市区分工的几项规定和细则的通知》,对市、区文化工作的职责范围划定分工②。据此,剧团的领导分工也相应作出进一步规定:市文化局工作的重点是进行戏剧艺术业务的领导和研究,如剧目整理、创新、舞台艺术改革,并负责安排重要的政治任务,如出国展演、招待国宾等。对于新成立的剧团及其他重大问题,由区提出意见,市文化局作最后批准;区文化科(局)则是侧重对剧团实行全面地管理,帮助建立组织制度,经常观摩区内剧团演出,并向市汇报意见与情况等③。

1958 年 1 月,市文化局在文化广场召集 4 000 多名戏曲工作者,宣布新国营剧团等共 145 个团体和单档、曲艺、京剧流动艺人等划归各区文化

---

① 《上海市人委关于文化工作的市区分工细则(草案)》(1957 年 11 月 12 日),上海市档案馆藏,B1-0-3。

② 关于市文化主管部门的职责范围,一是制定文化事业的方针任务、规划、制度(包括人事、财务制度和各种管理制度),根据中央和上海市的规定,制定或审批全市文化事业单位的机构和编制;二是对区文化局、科进行领导,检查、督促和交流工作经验;三是加强对文化业务的领导和研究工作,加强政治思想工作。关于区文化主管部门的职责范围,一是领导和管理本区的文化事业,领导开展区内群众文化活动;二是进行人事管理、思想教育工作,协同财政科掌握本区文化支出经费,拟定和执行所属文化事业的机构和编制。

③ 《上海市人委关于文化工作的市区分工细则(草案)》(1957 年 11 月 12 日),上海市档案馆藏,B1-0-3。

科(局)领导和管理。[1] 市文化局还在文化设施比较集中的新成、黄浦、邑庙3个区正式建立区文化局,从机关和所属单位里抽调10名处、科长干部分别下放至此3区,并同时充实加强长宁、闸北、江宁、北郊、提篮桥5个区文化科的领导力量。

4. 开展剧团文艺整风

在1956年1月经过社会主义改造的新国营和民办公助剧团中,由于大多没有进行过民主改革,依然普遍存在不少问题。例如,政治情况复杂,反革命分子没有受到应有打击,个别还把持着剧团,从中兴风作浪;资产阶级个人主义思想严重,追求票房价值,争角色争地位争待遇;领导力量薄弱组织混乱,没有建立党的领导核心;多数剧团艺术质量低下,等等。[2] 为纯洁组织,端正思想,提高艺术质量,更好地为社会主义建设服务,有必要对这些剧团进行一次系统的彻底的社会主义整风运动。

就在交区管理的同时,剧团的文艺整风运动也逐渐拉开帷幕。各区纷纷成立"文艺整风办公室",下设工作组,根据每个剧团的具体情况配备干部。工作组在尽量做到"运动与演出两不误",避免影响人民群众的文娱生活、剧团人员的收入和社会秩序的前提下,分批次按步骤,深入剧团开展整风。运动大体上分为三个阶段:第一阶段是通过动员鸣放,揭发剧团中存在的各种问题;第二阶段是组织诉苦,开展忠诚老实坦白交代运动;第三阶段是将第一阶段鸣放中提出的属于大是大非的问题组织专题鸣放,展开辩论,分清黑白对错,同时建立健全剧团组织机构。剧团文艺整风于1958年11月底基本结束。

通过文艺整风,各区剧团进一步提高了演职人员的政治思想觉悟,明

---

① 张世楷:《文化局整改中的重大措施:新国营剧团等交区管理》,《解放日报》1958年1月15日。

② 《江宁区关于新国营剧团整风工作的计划》(1958年5月22日),静安区档案馆藏档案。

确了必须走社会主义道路的方向，树立了在党的领导下文艺为工农兵、为社会主义建设服务的思想；清理了一批混在剧团里的反革命分子和其他社会渣滓，基本上纯洁了队伍；发展了一批党员、团员，建立了党、团组织，剧团内的进步力量得以培养和壮大；加强了分辨“香花”和“毒草”的能力，创作并上演了如《可爱的人》《满城春风》等多部思想性和艺术性兼备的好戏[1]。

总体而言，经过一系列整顿改造，上海新国营剧团、民办公助剧团和民间职业剧团被统一纳入党和政府的监督管理体系之中，团内人员基本权益得到有效保障，剧团各项制度逐渐健全完善，日常演出运营平稳有序。此后一段时期，由于剧团数量大幅减少，人才集中，演出质量有所提高，上座情况日益好转，各剧团都有了一定的资金累积。改造后的剧团，在创作、改编、整理演出剧目上也取得了优异成绩。例如在1959年向国庆十周年献礼的剧目中，由各剧团创作完成的沪剧《星星之火》《黄浦怒潮》《史红梅》《黄河颂》《母亲》、越剧《红花村》《红楼梦》、京剧《海瑞背纤》《淝水之战》《红色风暴》、扬剧《黄浦江激流》、淮剧《弄潮儿》《女审》、甬剧《双玉蝉》《半把剪刀》、滑稽剧《满

图8-2　扬剧《黄浦江激流》剧照

图8-3　甬剧《双玉蝉》剧照

① 《黄浦区文艺系统整风前后的情况及存在问题》(1958年8月25日)，黄浦区档案馆藏，H3001-25-48。

园春色》、通俗话剧《三个母亲》以及评弹《芦苇青青》《江南春潮》《社会主义第一列飞快车》等优秀剧目纷纷竞相上演，获得观众的广泛好评，一时盛况空前。①

（张 鼎）

① 郁仁民：《概述上海市民间职业剧团、流散艺人的改造》，中共上海市委党史研究室、上海市档案馆编：《上海解放初期的社会改造》，中央党史出版社 1999 年版，第 210 页。

私营影院、剧场、书场、游乐场的社会主义改造

解放初期的上海，影院、剧场、书场、游乐场等文化娱乐场所数量众多，星罗棋布分散于全市各处，大都为私人所把持，且多与大资本家、地方封建把头、地痞流氓势力存在千丝万缕的联系。这些院场竞相演出一些消极落后、荒诞低俗的劣质文化作品，“既为帝国主义、官僚资产阶级服务，又为‘冒险家的乐园’粉饰太平”，[①]深刻地影响着广大民众的精神世界，也成为文化宣传领域必争的要地。随着私营院场经营状况的恢复和发展，党和政府逐渐拉开对其整顿改造的序幕。从最初的部分院场改为地方国营或公私合营，及至 1956 年实现全行业公私合营，随后又在各方面不断调整完善。最终，这些私营文化娱乐场所转变了所有制，并逐渐蜕变成为人民群众和社会主义服务的文艺活动乐园和宣传教育阵地。

---

① 马邨夫：《回忆对剧场、书场、游乐场的接管和改造》，中共上海市委党史研究室、上海市档案馆编：《上海解放初期的社会改造》，中共党史出版社 1999 年版，第 57 页。

一、部分私营院场的整顿改造

1949年至1955年，上海对部分私营文化娱乐场所进行了接管和整顿改造，这使上海文化娱乐事业中的社会主义成分得到显著增长，为1956年到来的全行业公私合营奠定了基础。

1. 私营文化娱乐场所的变迁与困境

解放初的上海，社会百废待兴，生产尚未完全恢复，其间又遭国民党飞机轰炸，加之上映影片和演出剧目贫乏，致使上海私营文化场所普遍营业清淡，几乎都出现了不同程度的亏损，院场资方因经济或政治问题相继出走。据初步统计，解放初，上海共有118家剧场、书场和游乐场①，以及大光明、大上海、皇后、浙江、新光、沪光等52家影院。②

图9-1　20世纪30年代的兰心大戏院

对于剧场、书场和游乐场，上海市军管会文教委员会文艺处③按照相关政策，在接管原系国民党机构所办的文化会堂、民光电影院等院场外，对部分由私人所有、外商创办或挂外商招牌的院场也进行了赎买或接管。1949年10月政府赎买了正处于经济困难的兰心大戏院④；1950年冬收购了沪西大戏院，翌年改名为沪西工人剧场；1951

① 流泽、汪培、郁仁民：《上海戏改三十年》，《戏剧艺术》1979年第21期。
② 吴贻弓主编：《上海电影志》，上海社会科学院出版社1999年版，第620页。
③ 1950年3月上海市文化局成立，接续由市文化局负责相关工作。见吴贻弓主编：《上海电影志》，上海社会科学院出版社1999年版，第620页。
④ 兰心大戏院原系英侨重建，长期为英侨ADC业余剧团经营使用。解放后业务停顿，乃将经营管理权转给上海剧影协会。1952年归上海市文化局，更名上海艺术剧场，1953年划归上海人民艺术剧院。见《上海文化艺术志》编纂委员会、《上海文化娱乐场所志》编辑部编：《上海文化娱乐场所志》，第98页。

年收购了大舞台;同年10月,逸园饭店和逸园跑狗场因拖欠税款和职工工资,经法院裁定,由市文化局出资收购,遵照市政府指示,由市文化局管理使用,后被改建为文化广场,成为大型文艺演出场所。至1952年底,除解放剧场①、上海艺术剧场、人民大舞台②、大众剧场③、群众剧场④和沪西工人剧场6家属地方国营外,其他大部分剧场仍为私营性质。⑤

对于影院,上海则根据不同情况,采取租赁、没收接管、代管等多种方式,进行整顿或改造为国营和公私合营影院。1950年11月,由公私合营大众影院公司租赁并投资改造南京大戏院,后改名为北京大戏院,成为上海第一家公私合营试点影院。在1950年底开展的镇压反革命运动中,政府没收和接管了一批由反革命分子占有产权和股权的私营电影院,包括金门大戏院(后更名为延安电影院)、皇后大戏院(后更名为和平电影院)、蓬莱大戏院(后更名为蓬莱电影院)、银都大戏院(后更名为沪南电影院)、华德大戏院(后更名为长治电影院)、新新电影院等,将其改造为地方国营或公私合营影院,其中新新电影院予以停业整顿⑥。1951年到1953年

---

① 解放剧场最初为日本东和馆,系日本东和株式会社于1932年建成,演出日本话剧和放映日本电影。抗战胜利后由上海市政府社会局接收,易名胜利剧场。1946年交国民党中央文化运动委员会,改名文化会堂。1949年6月7日由上海市军管会文艺处接管,更名解放剧场。《上海文化娱乐场所志》第99页。

② 人民大舞台始创于1909年,时称文明大舞台。30年代后,为黄金荣门徒掌握,先后改为康记、鑫记大舞台,直至上海解放。1950年3月戏院老板因亏损弃场出走,随后由前后台职员艺人组织同仁临时管理委员会维持营业。1951年3月,由市政府购买,称地方国营人民大舞台。《上海文化娱乐场所志》第82页。

③ 大众剧场前身系黄金大戏院,由黄金荣创办,1930年开幕。1951年3月由华东文化部租营,更名华东大众剧院,为华东实验京剧团组演出基地。1954年划归市文化局,称大众剧场。《上海文化娱乐场所志》第93页。

④ 群众剧场初由粤剧艺人集资租地造屋于1931年开幕,名为广东大戏院,解放前由中共地下组织所办企业鼎源钱庄接办。1950年4月成立劳资维持会。1951年4月易名华东公安部队大礼堂。1952年1月交华东影片公司管理,改名和平电影院,同年9月交市文化局,更名群众电影院。1953年大修竣工后改名群众剧场。《上海文化娱乐场所志》第97页。

⑤ 马邨夫:《回忆对剧场、书场、游乐场的接管和改造》,中共上海市委党史研究室、上海市档案馆编:《上海解放初期的社会改造》,中共党史出版社1999年版,第60页。

⑥ 《对上海市私营影院领导管理工作的总结报告》(1955年3月),上海市档案馆藏,B172－1－177。

间，市文化局先后接管了光陆大戏院(后更名为曙光剧场)、大华大戏院(后更名为新华电影院)和东湖电影院，代管了平安电影院和辣斐电影院(后更名为长城电影院)等影院。从1949年到1953年底，虽然陆续有私营影院被接管并改为国营或公私合营影院，但上海私营影院所占比重仍高于国营和公私合营影院。

图9-2　20世纪30年代的光陆大戏院

随着国家经济建设的恢复和好转，资本主义工商业在1953年几乎呈现全面盈利的状态，这一现象也被资本家称为“难忘的1953年”。上海私营文化娱乐事业也在这一年显现出空前繁荣的景象。[①] 尤其是剧场，1953年全年上座率达八成以上[②]。由于当时剧场生意好，利润高，而影院正值禁映美国影片，国产影片又一时难以填补空白，为追逐利润，当年就有20家影院、3家跳舞厅和十几家茶楼改为剧场。据统计，截至1954年初，全市共有剧场97家，内有私营剧场87家，占比89.7%；游乐场4家[③]，皆为私营；影院35家，内有私营影院22家，占比62%。[④] 书场(包括小型茶楼书场)共计122个，皆为私营。[⑤] 由此可见，当时私人经营的文化娱乐场所

① 《上海文化艺术志》编纂委员会、《上海文化娱乐场所》编辑部主编：《上海文化娱乐场所志》，内部资料2000年版，第361页。

② 此间，即使平时营业状况一直较差的演出淮剧扬剧的场所也都家家客满，越剧演出盛况更不在话下。共舞台演出的京剧，只要上座跌至八成，就会被认为生意不好，需要换戏了。演出沪剧、滑稽戏的场所上座率也都在七八成以上。见马邨夫：《回忆对剧场、书场、游乐场的接管和改造》，中共上海市委党史研究室、上海市档案馆编：《上海解放初期的社会改造》，中共党史出版社1999年版，第61页。

③ 即大世界、大新游乐场、先施乐园、福安游乐场。

④ 《市文化局党组关于一九五四年上海市剧场、电影院、游乐场改革改造工作总结报告》(1955年1月22日)，上海市档案馆藏，A1-1-715。

⑤ 《上海市文化事业管理局关于一九五三至五七年上海市文化事业计划编制草案说明》(1955年2月19日)，上海市档案馆藏，B172-1-91。

占市场比重很大,地方国营和公私合营性质的院场尚未占据主导地位。

尽管如此,1953 年的空前繁荣并没有解决私营院场内部存在的诸多问题,反而让它们进一步暴露出来。例如,剧场、游乐场戏曲演出混乱,"不少剧场因资方出走或因系反革命分子被逮捕,企业无专人负责,吃光分光的现象很严重";大部分影院长期亏损,设备陈旧,缺乏保养,部分影院更是负债累累,经济困难,难于维持,"原系外商财产资方已离沪者,亦形成企业无专人负责现象"。① 这些问题亟需处理解决。

2. 整顿改造的有序开展

1953 年,随着党的过渡时期总路线的提出,对资本主义工商业的社会主义改造被提上议事日程。1954 年 1 月起,上海成立了剧场、剧团、影院、游乐场"改革改造"办公室,统一领导对各相关单位的整顿改造工作。

私营剧场、书场、游乐场方面,为保证改造的顺利进行,市文化局采取三项措施。一是配合市工商联加强对戏院业同业公会的领导,派国营、公私合营剧场经理参加同业公会并主持工作;二是将全市剧场组织起来进行登记,按照不同条件划分类型,确定演出剧种,订立各种票价幅度,作为以后有计划安排剧团演出的依据;三是经市人民政府批准,颁布《上海市私营剧场、书场、游乐场管理暂行办法》②,从开设条件、剧场与剧团的关系、票价等八个方面作出规定,限制这些私营场所的盲目发展和不合理的

① 《市文化局党组关于一九五四年上海市剧场、电影院、游乐场改革改造工作总结报告》(1955 年 1 月 22 日),上海市档案馆藏,A1-1-715。

② 《上海市私营剧场、书场、游乐场管理暂行办法》(1954 年 2 月 8 日),上海市档案馆藏,B1-0-3。主要内容包括以下八个方面:1. 凡是本市开设的私营剧场、书场、游乐场必须向市文化局申请办理登记;2. 市文化局收到申请后,经过审查,根据其建筑设备等情况分别发给登记证或临时登记证;3. 凡未经登记的私人经营剧场、书场、游乐场一律不准擅自开业;4. 剧场应有计划的组织优良剧团演出,在合同有效期间,应给剧团以便利,不得干涉剧团行政或强迫剧团上演不良剧目;5. 改进经营管理制度,注意建筑设备的保养,保护观众安全;6. 与剧团订立的合同、剧本应于五日内送市文化局核准备案;7. 票价的确定、更改须报经批准,并遵守政府颁发的有关票价管理办法;8. 因故改建、转业、歇业须报经市文化局批准。

经营。

1954年4月,全市私营娱乐场所都遵照该管理暂行办法向市文化局申请办理登记,经审核后于5月份开始发证。发证标准是按照各剧场、书场、游乐场的建筑设备条件、座位数量、经营管理的不同情况而定,划分为甲乙丙三级[①]。对不具备条件的,只发给临时登记证,促其改进。对地处市中心的场所审批从严,边缘地区的从宽。据统计,全市共有70%的剧场和书场领到登记证,其余的领到临时登记证。[②] 通过调查登记,基本摸清了全市文化娱乐场所的建筑设备情况和股东股权情况,这为下一步进行社会主义改造提供重要依据。随后,市文化局采取接管、代管、合营等方式,在年内先后将长江、共舞台、天蟾、中国、金都、丽都6家剧场改造为地方国营、公私合营性质的企业。大世界游乐场于1954年7月被接管后进行改造,并于1955年5月更名为人民游乐场。

图9-3　大世界游乐场改造后更名为人民游乐场

私营影院方面,市文化局从实际情况出发,接受已进行过民主改革的大光明、国泰、美琪、淮海、东

① 一般而言,凡有800个座位以上、设备良好并有较健全的管理制度的剧场,列为甲级;有500个座位以上的剧场,有250个座位以上的书场,建筑设备较好并有较好的管理制度,列为乙级;有300个座位以上、建筑设备和管理制度尚可的剧场,列为丙级。马郁夫:《回忆对剧场、书场、游乐场的接管和改造》,中共上海市委党史研究室、上海市档案馆编:《上海解放初期的社会改造》,中共党史出版社1999年版,第64页。

② 《上海文化艺术志》编纂委员会、《上海文化娱乐场所》编辑部编:《上海文化娱乐场所志》,内部资料2000年版,第363页。

海、汇山、金城、东湖、长城9家私营影院的要求[①],采取接管、代管、合营等方式对其进行改造。这9家影院是当时上海私营影院的主要力量,针对它们的改造过程,对于后续开展全行业公私合营,具有重要指导意义。

1954年3月起,市文化局开始着手进行私营影院的改造工作。首先根据"作用大、地点好、包袱小"的原则,对私营影院进行排队。个别影院因内部情况复杂且设备简陋则予以放弃,其余影院经过两个多月的准备工作后,开始陆续下院。[②] 下院后的改造工作主要包括三个阶段:一是发动群众、稳定情绪和摸底情况。针对影院职工们存在着怕调动工作、怕减低工资、怕学习紧张的"三怕思想",在启发职工树立主人翁精神的同时,做好稳定情绪、打消顾虑的工作。二是试估财产和建立核心组织。进一步摸估企业财产和股权情况,为发挥企业潜在力量和后续的经济核算打下基础。同时,各工作部门通过选举部门代表,成立核心组织,召开院务会议,为走上正轨以后解决干部问题创造条件。三是准备改制,改善企业经营管理。主要是将企业经营管理上存在的问题和各种不合理制度加以排队研究,按职工的觉悟程度和具体情况陆续予以处理解决。[③]

通过整顿改造,上海文化娱乐场所中的社会主义成分明显增长。截至1954年底,上海96家剧场中,地方国营及公私合营的剧场已增至14

① 当时,私营影院资方面对整顿改造,主要包括三种态度:第一种是对改造采取抗拒态度,表现在部分业务较好、有利可图的影院,企图捞一天是一天,等政府找上头来再作主张,而一些业务较差、经济困难、劳资纠纷严重的影院则采取另一种抗拒态度,存在着"甩包袱"思想,企图将无法搞下去的烂摊子丢给政府,借此来解决他们自身的问题;第二种是对总路线的精神和政府的政策缺乏认识,考虑到自身利益和个人出路等问题,存在着不同程度的顾虑,因而采取怀疑和观望态度,准备看看先接受改造的影院情况如何,再做决定;第三种是认识较清的少数比较开明的资本家,看到大势所趋,在总路线的宣传教育下,能主动地争取接受改造,表示要当"头班火车",正式提出了公私合营的全面要求。正文中提及的9家私营影院,基本上属于第三种态度。见《市文化局对上海市私营影院领导管理工作的总结报告》(1955年3月),上海市档案馆藏,B172-1-177。

② 《市文化局对上海市私营影院领导管理工作的总结报告》(1955年3月),上海市档案馆藏,B172-1-177。

③ 《市文化局对上海市私营影院领导管理工作的总结报告》(1955年3月),上海市档案馆藏,B172-1-177。

家，座位数占全市剧场座位数的32.8%；地方国营、公私合营性质的影院也已增至24家，占全市37家影院的65%，[①]首次从数量上超过私营电影院。同时，接管和改造后的单位初步改善了经营管理。剧场对部分危险设施进行了检修，整顿了机构，剧团上演剧目与演出态度有了改善，好戏争相上演；影院主动废除了一些不合理制度，积极向"人民大众教育馆"这一新定位靠拢[②]，配合政治运动，完成宣传任务。职工的政治觉悟与工作积极性得到显著提高，开始树立主人翁的自觉劳动意识，改善服务态度，改进营业方法，由"开门等上门"转为下厂宣传组织观众，从以往为有闲有钱的特定人群服务转向为工农兵服务，逐步从节约方面减轻观众负担。

此外，从1952年12月开始，上海对全市私营影院、剧场、书场和游乐场进行了分期分批的民主改革，进一步提高了广大院场干部职工的政治觉悟，加强了职工内部和干群之间的团结，摸清了各院场的实际情况，为即将到来的全行业社会主义改造打下坚实基础。

二、1956年全行业公私合营

进入1956年，在社会主义改造的浪潮中，市文化局成立剧场管理处等机构，对私营影院、剧场、书场、游乐场等文化娱乐场所，采取全行业公私合营的方式予以全面改造。

1. 做好全行业公私合营的准备工作

1956年初，全市共有剧场86家，其中地方国营8家、区政府代管2家、公私合营4家、私营72家；私营书场26家（兼业户97家未计算在内）；游乐场4家，其中地方国营1家、私营3家；影院41家，其中地方国营13

① 《市文化局党组关于一九五四年上海市剧场、电影院、游乐场改革改造工作总结报告》（1955年1月22日），上海市档案馆藏，A1－1－715。

② 海鸥：《上海私营电影院的社会主义改造（1949—1956）》，上海大学2014年度博士学位论文。

家、代管4家、公私合营11家、私营13家。[①] 由于永安、天韵两影院与永安剧场因系永安公司附属企业,已与该公司同时进行合营筹备工作,[②]上海影院在全行业合营前已经予以接管,兼营书场申请合营的36家获得批准后转市商业二局归口管理,因此,列入全行业合营范围的共有私营影院10个,剧场71个,书场26个,游乐场3个,总计110户。[③]

为做好全行业公私合营工作,市文化局抽调干部94人成立对私改造办公室,按剧场、书场、影院、游乐场的分布情况,编成9个工作队。其中3家游乐场各一个队,另外6个工作队中:第一队负责新成、老闸两个区内17家剧场、3家影院、13家书场;第二队负责嵩山、邑庙、蓬莱、黄浦、卢湾五个区内13家剧场、2家影院、19家书场;第三队负责静安、徐汇、普陀、长宁、江宁、新泾六个区在内的14家剧场、2家影院及13家书场;第四队负责虹口、北四川、北站、闸北、真如五个区内的8家剧场、2家影院及8家书场;第五队负责提篮桥、榆林、杨浦、高桥四个区内的14家剧场、5家书场和1家影院;第六队负责东昌、杨思两个区内的5家剧场的具体改造工作。[④] 同时,由市文化局对私改造办公室、影剧业同业公会、文艺工会推派代表成立影院、剧场、书场、游乐场合营工作委员会,领导合营工作的进行。

1956年1月下旬开始,工作队深入各院场开展工作,分别担任公方总代表、公方代表及公方工作人员。入院场后,工作队公布了有关赎买政策

---

① 《影院、剧场、书场、游乐场改造工作报告》(1956年9月26日),上海市档案馆藏,B172-1-225。

② 《文化局关于报送上海私营电影院全行业改造的工作计划(草案)的报告》(1956年1月9日),上海市档案馆藏,B9-2-42。

③ 《汇报局属新合营影院、剧场、书场、游乐场基本情况及前一阶段工作》(1956年5月17日),上海市档案馆藏,B9-2-35。

④ 《对私营影院、剧场。书场、游乐场改造的工作汇报(第一号)》(1956年1月28日),上海市档案馆藏,B172-4-592。

及和平改造等文件，组织劳资双方学习领会文件精神，使全业人员了解党的政策，树立对待公私合营的积极态度。为保证合营工作的顺利进行，工作队还在各院场中成立了合营工作组或工作组(包括公方、私方、职工三方代表)。

2. 清产核资，定股定息

清产核资工作，主要是按照公平合理、实事求是和“从宽处理、尽快了结”的方针政策进行。所谓“宽”，就是对财产清理估价中有关公私关系方面的问题，如对设备、房地产的估价，对私营时期院场公积金的处理，对可能被合并的院场的财产估价等，都照顾实际情况给予从宽处理。所谓“了”，就是对院场原来的各种财产和债股关系，能了结的尽量了结。需要指出的是，此前部分文化娱乐场所合营时的清产核资，是由国家派工作组会同资本家逐项进行的，及至全行业公私合营，则采取在职工监督和帮助下，由资本家自点、自估、自报和同业评议，最后由行业合营工作委员会批准的办法。

根据市委统一部署，1956 年春节后，各私营院场展开清产核资政策学习，并布置具体做法。3 月初开始清点财产与估价工作，根据“私方自点自估自报，职工协助监督”的原则，并经同业评议、合营工作委员会批准，对若干估价偏高偏低的情况予以纠正。清估工作于 3 月底左右基本结束。全业 107 户①核定资产总值共计 266 万余元。②

原计划在 4 月初进行的财务处理工作，因欠薪部分处理原则与经费预算未能及时确定等情况，延至 5 月初始分三批进行，到 6 月中旬基本结

① 全行业批准合营时共为 110 户，其中，大新、先施两游乐场与公司部分一并清估，新都剧场与公司归口未解决，未进行清估，故为 107 户。

② 《影院、剧场、书场、游乐场改造工作报告》(1956 年 9 月 26 日)，上海市档案馆藏，B172－1－225。

束。[①] 在财务处理过程中,除少数私方作风恶劣或消极依赖同业互助外,大多数私方人员都能贯彻“公平合理、实事求是、充分协商”精神,达成各项协议。财务处理一结束,随即便进行核资定股工作。根据中央指示,定息一律为年息5厘,自8月25日起对新合营单位发付1956年上半年度股息,老合营单位也按同样要求实行定息办法,经市文化局批准后于9月15日起发给上半年股息。[②] 最后是办理股权登记,年内全业换发股息凭证。

3. 公私合营后呈现新气象

由于市文化局积极贯彻党的政策精神,在清产核资、定股定息工作中基本没有发生偏差,同时注重对私方和职工的政策教育,从而使全业人员对待公私合营的态度渐趋积极主动,合营后的文化娱乐场所的整体面貌也为之一新,主要表现在以下几方面:

一是经营管理有所改进。各院场职工的积极性和创造性得到显著提高,提出了诸多关于改善企业经营管理方面的合理化建议。例如,为改善节日时游乐场门口观众拥挤不堪、严重影响交通秩序等情况,大新游乐场职工提出了“售票快,收票快,电梯开得快”的“三快”保证。为解决内部各场所拥挤不均的情况,先施乐园将越剧、滑稽戏、电影三个场所进行适当调整,职工都表现得非常积极,仅用一个晚上的时间即全部调换妥当。由于三个场所的灯光设备属于租用,为节约企业支出,灯光组职工“提出建议购置一些旧料自己装置,只要八百多元即可一劳永逸,以后经常可以为企业节约每月220元的灯光租费”。飞虹、南市、梅园、新艺、红宝、时懋、大沪、红星等许多剧场书场都利用春节前的封箱空隙,贯彻节约费用、自己动手原则,进行场所粉刷油漆,整修座位,并举行空前而彻底的全体大

① 仅有少数几户因归口或私人债务纠纷问题未解决,财务处理工作延至10月份结束。

② 《影院、剧场、书场、游乐场改造工作报告》(1956年9月26日),上海市档案馆藏,B172-1-225。

扫除。华闽书场职工通过随时关息无用的灯光，加上其他方面的改造，节约费用支出，使该场保本率从原来的70%降低到60%，等等。①

二是私方人员思想认识发生转变。这一时期，在政策宣传与思想教育的影响下，私方人员改变了原先对合营的各种不正确看法、卸责任思想和不必要的顾虑，进一步认清前途，增强了信心。例如，先施乐园私方在合营后不但能与职工一起研究任务，而且大扫除时表现积极，做到与职工同劳动，共甘苦。时懋书场私方本来因企业经常亏损，资不抵债，认为“迟早总得关门大吉的”，经清产核资学习后，认为“政策非常宽大，照顾得又很周到”，因而增强了信心，表态要积极料理债务，做好清产核资工作。新艺戏院私方合营前认为“前途黯淡，总归搞不好”，因此存心要把企业“搞垮拉倒”，对应付的税款等拖延不付。通过合营，他对“我自己已不要了的企业，政府仍来合营，清产核资政策又非常照顾”十分感动，更觉前途有望，决心不再消极对待，负起责任料理债务。光华私方合营后虚心接近职工，不懂的地方主动向职工请求帮助。以上私方人员合营后的种种改变，让劳资关系得到显著改善。大部分私方表示愿意接受公方领导与职工监督，职工同时又能够主动团结私方，携手共同经营好企业，呈现出和谐蓬勃的新气象。②

三、院场体系的进一步完善优化

在全市私营院场实现全行业公私合营后，针对依然存在的院场分布不合理、领导管理体制不顺畅、设备简陋、冗员、职工待遇差等问题，上海采取多种措施进行进一步调整完善。

---

① 《文化局党组关于所属新合营影院、剧场、书场、游乐场基本情况及前一阶段工作》(1956年5月17日)，上海市档案馆藏，B9－2－35。

② 《文化局党组关于所属新合营影院、剧场、书场、游乐场基本情况及前一阶段工作》(1956年5月17日)，上海市档案馆藏，B9－2－35。

1. 院场内部的整顿改革

一是调整人事安排。清产核资基本结束时,根据工作需要,市文化局对抽调参加工作队的干部进行安排,调整公方人员并初步确定担任各院场经理职务。对私方实职人员,根据“量才任用,适当照顾”原则,由同业提名,经公私协商,合营工作委员会讨论,并征求市人委第八办公室意见同意,报市文化局批准,先发给人事安排通知书,俟后统一任命。据统计,当时私方人员共计 233 人,安排为中心院场正副经理的有 24 人,一般院场正副经理的有 46 人。各院场财务人员根据工作需要也作出相应调整。[①]

二是解决院场附属人员归口问题。院场人员除私方和职工等业务人员外,还有技置、茶堂、糖果部、厕所管理员等大量附属人员共计 1 500 余人。[②] 因这些人员不属于院场编制,但与院场关系盘根错节,必须对他们的归口问题加以解决。市文化局在合营后即会同市公安局对游乐场女招待进行动员教育,后者大多自行离去;市文化局艺术二处与改造办公室、文艺工会密切配合,对灯光技置等相关人员进行安置,安排至各剧团的有 257 人,划归剧场编制的有 95 人;糖果部和摊贩由市商业一局归口管理。[③] 文艺工会与市商业二局还对生活困难的附属人员进行了补助。

三是对外输送人员及实行工资补贴。合营后,由于私方忙于清产估价与财务处理,仅仅维持院场的日常运营,导致业务发展受到影响。具体表现在 1956 年一二季度上座率普遍下降。各院场流动资金短绌,复加人事臃肿,以致发薪有困难。为使部分困难职工能够维持生活,上海配合外

---

① 《上海市文化局关于对本市剧场、书场、游乐场进行社会主义改造及整顿工作的总结》(1956 年 11 月 14 日),上海市档案馆藏,B172－1－225。

② 《文化局党组关于所属新合营影院、剧场、书场、游乐场基本情况及前一阶段工作》(1956 年 5 月 17 日),上海市档案馆藏,B9－2－35。

③ 《上海市文化局关于对本市剧场、书场、游乐场进行社会主义改造及整顿工作的总结》(1956 年 11 月 14 日),上海市档案馆藏,B172－1－225。

地建设需要,从人员过多的单位中输送出两百余人,并通过银行贷款及单位间调度资金等方式照顾发薪困难单位。当年8月起,根据全市统一部署,对工资收入过低人员实行工资补贴办法,以维持最低生活。

四是统一调配剧团与调整场团分账比例。1956年4月起,市文化局演出科统一安排调配剧团演出,改变了过去私营剧场争夺剧团的情况,并适当照顾若干长期亏损的场团,也使剧种分布更为合理,更好满足地区居民文化生活的需求。1956年5月,上海市电影放映公司成立。在中央公布减免文化娱乐税条例后,上海除将免税部分按场团分账比例分配外,根据"三七分账"原则,拟定剧场剧团调整分账比例的暂行办法,进一步改善场团关系。鉴于游乐场因采取包账制,且场团关系纠缠不清的情况,则采取免税部分收入、增加剧团包银的办法进行处理,并明确场团分家,使剧团成为独立的艺术团体。

五是抢修危险房屋及改善设备。合营后,上海及时抢修了龙门、同乐、红旗、福园、金国、国际等剧场的房屋和设备,并在院场经济许可的情况下,于盛夏时节添置一些风扇,并扩建了舞台和后台,购置了部分舞台基本设备,初步改善了演出条件。

2. 领导管理体制的改革

为密切结合地区情况和特点,更好满足区内广大居民的需求,1956年3月,市文化局发布《关于各区文化科的工作任务与市区分工管理的意见》,明确影院、剧场、书场、游乐场的市区分工原则,要求除少数全市性的招待外宾用的单位,如大光明电影院、人民大舞台、美琪电影院与上海艺术剧场等仍由市文化局直接领导外,大部分影院、剧场、书场等单位全部移区管理。4月,市文化局召开各区文化科长会议,再次明确各区文化科工作的方针任务。会后拟就《市区分工及机构调整意见》《影院图书馆业务交区管理》《剧场、游乐场、放映队交区管理》等报告。据市区分工规定,全市 40 个电影院于当年 6 月交区管理;82 个剧场、26 个书场、1 个游乐场[①]于当年 7 月交区管理。

院场交区后,为进一步明确领导管理分工,市文化局提出具体建议:各影院、剧场、书场、游乐场受区行政领导,各区侧重贯彻推行各项工作制度,总结推广先进经验;领导各院场做好观众服务工作;根据各区特点,研究各院场上座率,督促落后单位改进提高;督促检查安全措施,责成检修;根据各院场特点,发动劳动竞赛与评奖事宜,等等。市文化局建立电影放映、戏剧演出两个专业公司,各院场在业务上和财务上由专业公司负责领导。

1956 年 5 月和 10 月,隶属于市文化局的上海市电影放映公司和上海市戏剧演出公司先后成立,直接领导各院场的经营管理工作。具体职责包括根据演出计划,具体安排剧场的上演剧团和剧目;根据下达的年度计划指标,拟定贯彻执行的具体计划;拟定各院场人员编制报批,并负责专业公司各级干部及院场经理级干部的人事管理和思想教育工作;制定院场人事、业务、财务等各项制度;按照经济核算制原则,对各院场财务进行统一管理和调度;审批院场的基建、扩建、修建,等等。电影放映和戏剧演出两个专业公司成立后,全市影院、剧场、书场和游乐场逐渐被纳入总的演出和安排计划中,也基本上形成了由专业公司和各区联合管理的模式。

3. 院场空间布局的调整完善

为改变院场分布不均,大小类型比例不平衡的局面,市文化局决定有计划地紧缩部分地区过多或设备简陋不适用的剧场书场。经调查研究并征求区文化科意见,市文化局提出 1956 年内紧缩剧场方案,将嵩

---

① 当时只有福安游乐场交区管理,人民游乐场、大新游乐场、先施游乐场暂时未交。《市文化局拟于七月间将剧场、书场,游乐场交区领导管理的请示》(1956 年 6 月),上海市档案馆藏,A22 - 1 - 1037。直至 1958 年 1 月 16 日,市文化局所属大新、先施、人民 3 个游乐场始交区管理,人民游乐场同时恢复"大世界"原名。

山、西新都(以上两单位改影院),正国、塘桥、协兴(以上三单位系危险建筑),天一楼、明月、长春、南方、三民、国际(以上六单位系设备简陋,座位过少),芷江、丽都花园剧场(以上两单位划归其他部门使用)13 家单位进行调整紧缩。[1] 大陆书场因卢湾区工商界政治学校需要房屋,并考虑附近尚有 3 家书场,予以紧缩。仙乐、静园两书场转拨其他部门使用。

同时,根据地区需要,在充分发挥原有建筑设备使用率的原则下,逐步改建或新建:一般剧场建造在中心区,座位在 1 000 个以上,属大型剧场;轮换演出剧场分散各地区,座位在 700 至 1 000 个,属中小型剧场。上

图 9－4　20 世纪 50 年代新建的长宁电影院

① 《上海市文化局关于对本市剧场、书场、游乐场进行社会主义改造及整顿工作的总结》(1956 年 11 月 14 日),上海市档案馆藏,B172－1－225。

海还要求影院、剧场、书场、游乐场的规划必须与工厂、农村俱乐部的规划相适应,各有分工,互相配合,避免形成重复或空白点。①

此外,按各区情况和院场条件,将邻近的剧场、书场三至七家选择一基点作为中心院场,对业务、人事以及宣传组织观众工作进行合并管理,以解决干部不足的问题,节省人力,提高效率。

4. 1957 年及后续院场调整

1957 年,市文化局针对 1956 年全市私营影院、剧场、书场、游乐场的社会主义改造中存在着“只偏重改造,而疏忽业务改善”的问题,提出了“整顿内部,加强管理,改进业务,提高质量,合理调整,适当发展”的工作方针,②并在这一方针指引下,有计划地开展工作。例如,在完成新合营院场工资改革基础上,建立比较合理的工资制度,确定院场编制,同时逐步建立和修订人事、福利、奖惩等制度,培养、提拔、训练一批专业干部,并加强对职工和私方人员的理论、文化和政治思想教育,以提高其政治水平和业务水平。

同时,在 1956 年影院、剧场、书场、游乐场市区分工的基础上,市文化局进一步调整院场领导管理体制。1957 年 10 月,撤销戏剧演出公司和电影放映公司,成立企业处,统管全市影院、剧场、书场、游乐场的方针、政策、规划、平衡和调度。1959 年,为迎接新中国成立十周年,市文化局对地处要区的大型影院、剧场进行大规模修缮,对院场提出“安全、卫生、整洁、文明、安静”的要求,统一制发服务人员制服,同年又将原放映电影的北京电影院改为上海音乐厅。1960 年将仙乐书场改为木偶戏专用剧场,先后新建徐汇剧场、闵行剧院、曹杨影剧院和

---

① 《影院、剧场、书场、游乐场改造工作报告》(1956 年 9 月 26 日),上海市档案馆藏,B172－1－225。

② 《上海市文化局关于对本市剧场、书场、游乐场进行社会主义改造及整顿工作的总结》(1956 年 11 月 14 日),上海市档案馆藏,B172－1－225。

中兴影剧场。随着市属县的增加,市文化局又扩大了对各县影剧院的领导。

综而言之,解放后,上海针对私营影院、剧场、书场、游乐场的整顿改造、全行业公私合营以及后续渐进式的优化完善,前后共经历了十年左右的时间方告初步完成。从方向和路线上来看,当时对私营院场的社会主义改造无疑是符合客观需要的,也被证明是一次成功的改革实践。通过社会主义改造,这些私营文化娱乐场所在变更所有制性质、优化完善各项制度的同时,政治与经济的双重属性日益凸显。改造后的文化娱乐场所,不仅为此后开展全面社会主义建设一步步积累资金,更逐渐蜕变为国家政治宣传的重要组成机构,成为为广大劳动人民服务、为社会主义服务的文艺活动乐园和宣传教育阵地。

(张　鼎)

私营出版业的社会主义改造

上海自近代以来，以其得天独厚的有利条件，发展成为全国最发达的私营出版业[①]重镇。新中国成立之初，党和政府高度重视图书出版工作，认为“出版社是生产思想武器的工厂，书店是传播共产主义思想的机构”[②]。如何稳妥地对上海私营出版业进行社会主义改造，使其更适应时代需求，关乎全国出版业命运，意义非凡。在国家出版总署和华东新闻出版局的领导和指导下，上海对私营出版业逐步采取“利用”“限制”和“改造”等措施，促使出版业的所有制结构发生根本性改变，最终形成国营出版、发行、印刷体系一统天下的格局。

---

① “出版业”一词通常被作为一个整体性概念使用。出版业的组成，主要分成编辑出版、印刷和发行三个环节。然而，在实行分工专业化前，出版业内部分工不甚明晰。有实力的大型出版机构拥有完整的“生产线”：有专门的编辑部门负责编辑，有独立的印刷厂，还有自管发行的书店。也有不少书店由于规模所限，本身并无编辑出版和印刷能力，故而专营发行。名曰“出版社”的出版单位，有的只负责编辑出版，有的则负责发行，很难仅从名字上清晰分辨。加之大部分文献资料在提及总体情况时基本都用“出版业”指代。故此，本文也从整体概念上使用“出版业”一词，如需指明某个环节，届时另行解释说明。

② 《中共上海市委转发市委宣传部关于石西民同志在出版工作会议上的发言》(1956 年 7 月 13 日)，上海市档案馆藏，A22－1－257。

一、私营出版业的困境与复苏

1949年至1951年间，上海在《共同纲领》和中共七届三中全会精神指导下，贯彻“统筹兼顾、一视同仁”方针，对私营出版业采取扶植政策，助其脱离困境。

1. 私营出版业陷入困顿

民国时期，上海以其独特的优势地位，不仅集中了全国几乎所有最重要的出版机构、最先进的印刷设备和最健全的发行网络，而且汇聚着大批出版、印刷和发行方面的优秀人才。由上海出版、发行的图书刊物，占全国出版总量的半数以上[①]。上海成为无可争议的全国最大的出版中心，引领着时代文化潮流。然而，日本帝国主义侵略战争的爆发使上海私营出版业遭受重创，许多书店在风雨飘摇中苦苦挣扎。抗战胜利后，国民党政权经济政策的失败，又使出版业的“领头羊”商务印书馆和中华书局仍未能摆脱经营困难的困境，勉力维持。其他在沪中小出版企业更是到了“山穷水尽、命若游丝”的地步。

上海解放后，市军管会文化教育管理委员会新闻出版处根据1948年12月《中共中央对新区出版事业的政策的暂行规定》及市接管方针，从5月29日起至8月20日，接管了国民党官僚资本经营的书店、出版社、杂志社和印刷厂，包括正中书局、中国文化服务社等33个单位。同时，对于商务印书馆、中华书局、开明书店等全市150家私营出版社[②]，仍准继续营业，其书籍暂任其自由发卖。只是对出版教科书者，劝告他们自行停售党

① 周武：《融化新知，昌明国粹》，熊月之主编：《上海通史·民国文化》，上海人民出版社1999年版，第253页。

② 《上海市人民委员会出版事业管理处关于对上海私营出版业社会主义改造的总结报告》（1956年4月5日），上海市档案馆藏，B9-1-11。

义公民等教科书,并自行修改有关政治的教科书。[①] 但总体看来,上海私营出版社大多面临收支不平衡等问题,旧书无销路,新书出版甚少,营业清淡,处境较为困难。大型出版社由于机构庞大,开支甚巨,不堪亏累,如商务印书馆有职工 500 余人,职工工资虽已按七折减发,依然入不敷出。中小书店中,除一些投机书商外,也大多依然处于困境中。为此,许多私营出版社纷纷要求政府给予领导和支持。而对于中共上海市委和市政府而言,如何在发展国有出版业的同时正确对待私营出版单位,是当时面临的一个突出问题。

解放初期,由于很快面临下半年中小学开学,急需修订教科书。但限于当时的各种条件,加之经费紧张,国家出版机构无法完成全部教科书的出版、印刷、发行,急需团结动员私营出版业共同完成这项中心任务。1949 年 7 月,由新华书店、三联书店联合商务印书馆等 46 家书店组成上海联合出版社,负责教科书的出版发行工作。截止到当年 9 月中旬,赶制出 800 万本中小学教科书,基本解决了华东、华中地区的教科书供应问题。上海联合出版社的出现,成为党和政府连接私营书店的一种政治、经济的纽带,把一向是分散的、认为"同行是冤家"的许多书店团结在一起,为私营出版业从思想上逐渐接受改造打下了一定基础,可视为上海出版业公私合作的一次有益尝试。[②]

此外,为克服困难,当时也有一些私营出版社自发组织起联营组织。1949 年 8 月,广益书局等出版通俗读物的书店开始酝酿把他们出版的图书集中联合发售,倡议组织通俗出版业联合书店,(此后正式成立时称"通联书店")。1950 年 1 月,由三民、万叶等 8 家儿童读物出版业联合组成的

---

① 《中共中央对新区出版事业的政策的暂行规定》,中国出版科学研究所、中央档案馆编:《中华人民共和国出版史料(1949 年)》,中国书籍出版社 1995 年版,第 1—2 页。

② 陈伯海主编:《上海文化通史》(上卷),上海文艺出版社 2001 年版,第 598 页。

童联书店成立。这种按专业组织起来的“私私联营”采取造货分工和集中发行的方式,较以往的分散经营和盲目竞争,无疑是一大进步。

2. 团结和扶植私营出版业

为加强对出版事业的领导,1949 年 10 月,上海成立了华东出版委员会。1950 年 3 月,上海市人民政府设立新闻出版处。不久,华东军政委员会设立新闻出版局,统管华东和上海的出版工作。

为帮助私营出版单位克服困难,维持生产,根据国家出版总署关于鼓励私营出版社经营的积极性,辅助其发展的指示,以及 1949 年 10 月 21 日《人民日报》社论提出的“要善于团结一切有利于人民的私营出版业,共同为新中国的人民出版事业而努力”的精神,上海及时采取了贷款优惠、配给纸张、新华书店代销私营出版社书刊等各项措施,成效显著。据统计,从 1949 年 12 月至 1950 年 9 月,由上海市政府介绍向银行贷款的私营出版单位有 73 家,贷款金额近 40 亿元(旧币)。对部分经核准营业,其出版计划经出版行政机关批准的私营出版单位,由国家按调拨价格分配纸张,调拨价纸张一般比市场价低 30%左右。① 另据统计,1950 年上半年,上海地区的新华书店共代销私营出版社书刊 266 万册,相当于新华书店本店书销售量的 80%。② 这些措施的实施,促使私营出版单位积极改进业务,努力符合社会要求,明显提高图书质量。

1950 年七八月间,华东新闻出版局和上海市新闻出版处为落实同年 4 月出版总署发布《关于领导私营出版业的方针问题》中关于扶助和发展有利于人民的私营出版业,并在国营出版事业的领导下,分工合作,在各得其所的基础上,逐步走向国家资本主义的精神,先后组织两次座谈会,进一步了解私营出版业在出版、发行、印刷等方面面临的困境,听取公、私

① 方厚枢:《对私营出版业的社会主义改造》,《出版史料》2006 年第 2 期。
② 陈伯海主编:《上海文化通史》(上卷),上海文艺出版社 2001 年版,第 598 页。

出版业对政府有关出版工作方面的意见。国家出版总署派员出席了上述两次座谈会。

1950年9月,国家出版总署在北京召开第一届全国出版会议。上海公、私营出版业共有103名出席、列席和特邀代表参会。会议在广泛听取意见的基础上,提出"统筹兼顾,分工合作"八字方针,决定对私营出版业进行重点的积极的扶助,而不是无条件的消极的救济。扶助的重点首先是历史悠久、规模较大并有社会影响的私营出版单位,或是已组织起来的联合机构。至于分散的小型出版单位,则鼓励他们由分散走向集中,使他们在自愿的条件下,以出版分工为原则,逐步收缩发行,向出版方面发展,建立联合机构,从而成为扶助对象。扶助的方式,依各私营出版业的具体情况,用各种不同的方式进行,如政府机关出资与私营出版单位共同合作、派遣人员参与管理、解决贷款等。10月,国家出版总署颁布《关于国营书刊出版印刷发行企业分工专业化与调整公私关系的决定》,对新华书店的工作作出新定位,要求新华书店与一切公私营出版业及贩卖业建立广泛联系,并在进货与发货的条件上使公私同业享受平等待遇。此后,新华书店进一步改进进货办法,对于私营书店出版物一律改为经售。

团结、扶植私营出版业的方针政策和各项措施,促使上海私营出版业获得了长足发展。伴随着全国经济形势趋向好转,抗美援朝、土地改革、镇压反革命三大运动陆续展开,人民群众学习政治、文化的热情空前高涨,社会急需大量政治类和文化类的宣传读物,这为私营出版业的复苏和发展创造了极为有利的条件。上海的出版行业整体进入快速发展期。据统计,1950年,上海全市出书达到5 388种,其中新书4 241种,占全国的44%,印数多达9 213万册,占全国的30%。1951年,上海全市出书达到10 246种,其中新书6 105种,占全国的55%,发行数多达24 874万册

(张),占全国的35%,[①]创下历史最高纪录。仅华东出版社就出书527种,总印数5 479万册,其中《惩治反革命条例图解通俗本》印数为755万册,《婚姻法图解通俗本》印数为1 000万册,数量之多,为中国出版史上所罕见。[②] 同时,上海私营出版社的数量也呈现上涨趋势。1949年刚解放时,上海仅有私营出版社150家,年底达到215家,1950年增加到272家,1951年又增长为368家。[③] 其中包括平明出版社等一些办得好的出版社。

3. 探索私营出版业经营新模式

在宽松的政策环境下,华东新闻出版局和上海市新闻出版处结合贯彻第一届全国出版会议关于私营出版业"实行专业化和计划化"等精神,积极推动私营出版业多方面探索创新经营模式。

一是进一步发展"私私联营"组织。继通俗出版业联合书店、童联书店出现后,1950年4月,通联书店正式宣告成立,股东单位有63家私营书店,当年9月增至74家,翌年4月增至93家。同年6月,出版连环画的大众美术出版社等37家私营书店组成的连联书店开业。随后,群联(工农兵读物出版单位的联合组织)、图联(地图出版单位的联合组织)、科联(科技读物出版单位的联合组织)、西联(影印西书的出版单位的联合组织)等联合书店陆续成立。这种在新华书店发行主渠道之外开辟的另一条发行渠道,既符合中央专业分工的原则,又充分发挥了联合经营的优势,广受私营出版发行者欢迎,并得到党和政府的认同,发挥了联系私营出版社和公营发行渠道的中间桥梁作用。时任政务院文教委副主任的沈雁冰曾

① 《上海出版志》编纂委员会编:《上海出版志》,上海社会科学院出版社2000年版,第131—132页。另见刘喆:《共和国初期上海私营出版业的改造与国营垄断体系的形成(1949—1956)》,华东师范大学2010年度硕士学位论文。

② 杨森耀:《上海艺术事业的发展》,中共上海市委党史研究室编:《艰难探索(1956—1965)》,上海书店出版社2001年版,第227页。

③ 《上海市人民委员会出版事业管理处关于对上海私营出版业社会主义改造的总结报告》(1956年4月5日),上海市档案馆藏,B9-1-11。

说:“通联书店、连联书店等,这是一个很好的方式,是走到将来全国大分工的第一步。”①

二是积极调整发行业的公私关系。1951 年 1 月,商务印书馆、中华书局、开明书店、联营书店、三联书店 5 家大型出版公司的发行机构以及他们在全国 34 个城市的 80 多个分支店从原单位剥离出来,联合组建公私合营的中国图书发行公司②在北京成立,并在上海成立分公司。中国图书发行公司由此成为新华书店以外的第二个全国性图书发行系统。③ 它的成立,标志着向建立全国发行网迈出了坚实一步,并实现了部分图书发行业的公私合营,为以后出版全行业完成公私合营奠定基础。

三是成立新文艺出版社,探索公私合营新模式。1951 年,在力图将私营出版社的出版工作纳入国家计划出版轨道过程中,出版总署经过认真研讨后决定接受海燕书店、群益出版社和大孚出版公司的请求,由政府领导将他们合并改组为公私合营的新文艺出版社。该社的筹备工作仍由原机构拟订人员负责。④ 1952 年 6 月,新文艺出版社正式成立。它由海燕书店等 3 家出版公司与后参与进来的新群出版社合并而成,是华东地区以出版普及文艺读物为主要方向的出版社。⑤ 出版总署投

① 《沈雁冰副主任在第一届全国出版会议开幕式上的讲话》,中国出版科学研究所、中央档案馆编:《中华人民共和国出版史料(1950 年)》,中国书籍出版社 1996 年版,第 513 页。

② 根据国家出版总署的决定,该公司于 1954 年与新华书店合并。

③ 陈伯海主编:《上海文化通史》(上卷),上海文艺出版社 2001 年版,第 599 页。

④ 朱晋平:《1949—1956 年中国共产党对私营出版业的改造》,中共中央党校 2006 年度博士学位论文。

⑤ 另据时任新文艺出版社社长刘雪苇回忆:“1951 年 10 月间,华东新闻出版局周新武同志等在中共中央华东局宣传部部务会议上提出一个建立华东文学读物出版中心的方案,内容是:出版社应是公私合营性质,以私营的海燕书店为基础,并以群益出版社和大孚出版公司,定名新文艺出版社。”刘雪苇:《新文艺出版社是怎样建立起来的?》,《新文学史料》1982 年第 3 期。

资两亿元,[1]华东新闻出版局协助聘定专职的编辑人员,并决定公股人选以便就近领导。

新文艺出版社根据出版与发行分工的原则,将发行工作逐步转移给中国图书发行公司办理。作为上海第一家公私合营出版社,新文艺出版社为私营出版业的改造和实行分工专业化闯出了新路。在公私合营基础上,加上经营有方,新文艺出版社资金不断增加,收效很好。据时任新文艺出版社总编辑王元化回忆:"新文艺初创时期经济效益很好,工作气氛宽松融洽。当时新文艺是从文化建设、学术性质、文艺质量来考虑出书计划,既不在政治上赶任务,也不单纯去追求经济利益。当时出版社积累了许多资金,我们很注意勤俭办社,办公开支也很小。"[2]

图 10－1　上海首家公私合营出版社——新文艺出版社旧址

二、私营出版业的乱象与整顿

私营出版业的复苏和发展同时也带来了一系列问题,上海依照国家有关规定,采取果断措施,对私营出版业进行了集中全面整顿。

---

① 当时三家合并的资金来源为:海燕出资七亿九千九百万元,群益出资二亿五千五百万元,大孚出资四千二百万元。加之公方投资的二亿元,1951 年底,新文艺出版社共计实有资金十六亿九千六百万元(旧币)。王敏:《"胡风案"前后的新文艺出版社》,《世纪》2013 年第 3 期。

② 王敏:《"胡风案"前后的新文艺出版社》,《世纪》2013 年第 3 期。

1. 私营出版业的盲目发展引发乱象

党和政府对私营出版业的扶植帮助，不仅使商务印书馆、中华书局等老牌私营出版单位获得新生和发展，也激发了一些小型出版社的活力，整个上海出版界呈现一派欣欣向荣之象。然而，由于市场利益的驱动，出版行业逐渐显现出一些乱象。

首先，不具备资质的新建小型出版社数量短时间内急剧增加。1950年7月到1951年9月间，上海私营出版社数量暴增一百多家。其中，有些私营出版社根本不具备出版资质和条件，带有明显的投机性质。这些出版社的"总编辑、经理之流，或系青红帮流氓，或系过去办黄色方块小报的文棍，或系专门以敲竹杠为生的老枪记者，或系失业的国民党官员，甚至如文化汉奸，被管制中的反革命分子，因招摇撞骗而被捕的不法流动书贩，一无所知的童装女裁缝等，也竟申请办理出版业"①。"不少出版社还没有建立一个起码的编辑部，因此提不出编辑计划，更无所谓保证编辑计划的进行。"②有的就是一人包办接稿、出版、送货等全部工作，所有编辑出版工具都在一个皮包里，平时存书放在装订厂，纸张放在印刷所。

其次，粗制滥造的图书刊物到处泛滥，产品质量严重下滑。一是出版了大量质量低劣的通俗读物、苏联文学名著改写本和内容荒谬、形象丑陋的连环图画。例如，上海新文化书社将西蒙诺夫的剧本《在布拉格的栗树下》改写为章回小说，以《爱与仇》名义出版，用的却是鸳鸯蝴蝶派的笔调，"写女性就是'浓妆艳抹''微泛红霞'那一套，写男女爱情就是

---

① 《陈克寒写给政务院文委党组，中央宣传部、黄洛峰并出版总署的一封信》，中国出版科学研究所、中央档案馆编：《中华人民共和国出版史料(1953年)》，中国书籍出版社1999年版，第163页。

② 《为提高出版物的质量而奋斗(叶圣陶在第一届全国出版行政会议上的报告)》，中国出版科学研究所、中央档案馆编：《中华人民共和国出版史料(1951年)》，中国书籍出版社1996年版，第234页。

‘相见恨晚’‘柔肠寸断’‘落花有意,流水无情’那一套”[①]。二是配合政治形势教育的书籍质量令人担忧。这些不具备出版资质的投机出版商看准时机,每当某一政治运动到来,就凭着剪刀浆糊,把报刊上发表的文件或者材料拼凑成《学习问答》《学习手册》《名词解释》等所谓的学习材料后竞相出版,有的甚至严重歪曲党的方针政策。例如,上海文工书店出版的《共同纲领解说》中,毫无根据地把《共同纲领》的序言和七章条文归纳为“共同纲领的八个基本思想”而妄加解释。三是印行了大量封建、迷信、黄色的旧小说和旧唱本。例如,尚古山房书局在上海解放后重印25年前的旧尺牍,只字不加修改,竟有“现在沪上抢案叠出”,“乡间时有抢劫之案,大非太平景象”等文句。据统计,上海私营出版社1952年共出版一般书籍3 140万册,而1953年第一季度就已出版1 516万册,图书“多系剪贴抄袭,改头换面而成,甚至对政策法令乱作解释,害人不浅”[②]。

私营出版社的盲目发展,大量劣质读物的泛滥成灾,在上海出版界造成了严重的混乱现象,[③]这与社会主义出版事业背道而驰,并对人民群众的精神生活构成威胁。

2. 整顿工作的全面开展

为了解决上述问题,1951年8月,第一次全国出版行政会议召开。会议提出要提高出版物质量,加强对私营出版单位的管理和领导,消灭投机

---

① 《中央人民政府出版总署作出决定停止胡乱出版苏联文学名著改写本》,《人民日报》1954年4月3日第3版。参见杜英:《上海新闻出版业改造之考察(1949—1956)》,《华东师范大学学报(哲学社会科学版)》2010年第4期。

② 《陈克寒写给政务院文委党组,中央宣传部、黄洛峰并出版总署的一封信》,中国出版科学研究所、中央档案馆编:《中华人民共和国出版史料(1953年)》,中国书籍出版社1999年版,第164页。

③ 《上海市人民委员会出版事业管理处关于对上海私营出版业社会主义改造的总结报告》(1956年4月5日),上海市档案馆藏,B9-1-11。

现象和无政府状态。国家出版总署制订了《关于加强领导和管理私营出版业的指示(草案)》①。上海根据上述会议和指示精神,开始严格控制新建出版社的数量,并整顿现有出版社。同年9月,成立出版工作改进辅导委员会,负责领导和推进这方面的工作。

1952年7月起,上海按照"健全组织,改善经营,提高出版物质量,按照专业分工原则,贯彻计划化"的总要求,开始整顿私营出版社。在做法上,对有条件的,予以扶植;对缺乏条件的,协助转业;对投机的,加强监督。之后,结合贯彻同年8月政务院正式颁布的《管理书刊出版业、印刷业、发行业暂行条例》,对现有私营出版社进行全面整顿。其主要措施有以下几种:

一是进行行业准入登记。1952年10月,上海在出版业、印刷业、发行业开展审批许可营业登记,期间淘汰了一批不符合条件的单位。同年底,上海私营出版社数量从368家下降为321家。② 1953年,通过采取合并、劝告转业、停业等方式处理了77家私营出版社。其中,因政治反动和有严重投机行为而正式通知停业的有6家;劝告后歇业和自动申请歇业的共21家;原出版连环画,出版态度尚好,先后吸收并入公私合营新美术出版社的共4家;私营自愿合并经营的共38家;经劝说后自动转业或停止经营出版业务的有7家;迁走的有1家。③ 至年底,上海私营出版社数量

---

① 《关于加强领导和管理私营出版业的指示(草案)》,中国出版科学研究所、中央档案馆编:《中华人民共和国出版史料(1951年)》,中国书籍出版社1996年版,第495页。

② 根据1952年10月出版业登记时的材料分析,其中合乎登记条例的正当私营出版业只有25家,且其中有20家还是解放前创办的。321家私营出版社中,核准发给营业许可证的只有53家,其余均无发证条件。解放后私营出版社盲目发展的严重程度,由此可见一斑。《上海市人民委员会出版事业管理处关于对上海私营出版业社会主义改造的总结报告》(1956年4月5日),上海市档案馆藏,B9-1-11。

③ 《整顿上海私营出版业方案》,中国出版科学研究所、中央档案馆编:《中华人民共和国出版史料(1954年)》,中国书籍出版社1999年版,第82—84页。

下降为252家。①

二是加强配纸管理。上海新闻出版行政主管机关严格执行出版总署关于私营出版业如欲申请配纸,应向当地新闻出版行政机关呈报用纸计划,并须具备三项条件②的规定。在符合条件的基础上,审核其申请配纸计划,并以节约纸张为原则,核定其分配额。由国家按调拨价格分配纸张,调拨价纸张一般比市场价低30%左右。③

三是重视图书评介工作。为引导读者阅读,增强其辨识优劣的能力,并对出版行业进行监督,配合私营出版业整顿和提高出版物质量,上海逐步开始重视图书评介工作,注意在报纸期刊上经常性发表对各种出版物的批评、介绍和有评论性的出版消息。1953年五六月间,华东新闻出版局在《文汇报》编刊了《图书评介专页》四期,在《解放日报》上对专门对象的出版物作不定期的批评,促使被点名的出版社着手整改。

四是加强思想教育。对私营出版业者进行政治教育和思想改造,是提高出版物质量的重要前提。为此,上海书业同业公会通过组织讲习班、听大报告、小组讨论总结、定期召开座谈会等方式,组织同业开展学习。通过学习和讨论,私营出版业者对出版工作的重要性和严肃性形成了正确认识,并表示下决心提高出版物质量。④

通过集中全面整顿,上海一方面加强了对投机牟利出版社的监督和

---

① 其中有8家是合并后新增加的,因此整顿后实际减少数为69家。见《上海市人民委员会出版事业管理处关于对上海私营出版业社会主义改造的总结报告》(1956年4月5日),上海市档案馆藏,B9-1-11。

② 1. 遵照已经发布的管理出版业暂行条例向当地行政主管机关申请登记,并经核准营业者;2. 事先将出版计划送经当地行政主管机关审查批准者;3. 不得有虚报浮领纸张情事。《出版总署关于对私营出版社配纸的意见请文教委员会核示函》,中国出版科学研究所、中央档案馆编:《中华人民共和国出版史料(1952年)》,中国书籍出版社1998年版,第182页。

③ 方厚枢:《对私营出版业的社会主义改造》,《出版史料》2006年第2期。

④ 朱晋平:《1949—1956年中国共产党对私营出版业的改造》,中共中央党校2006年度博士学位论文。

处理,明显遏制了其发展,进一步削弱了投机出版物的市场,图书市场得到一定程度的净化,另一方面,扶植了有条件的私营出版社,在统一计划调度下,促使这些私营出版社向国营出版社、公私合营出版社看齐,共同提高图书出版质量。

三、私营出版业的全面改造

1954年起,上海在1953年全面整顿私营出版业的基础上,贯彻中央宣传部和国家出版总署的要求,着手对私营出版业进行社会主义改造。

1. 改变私营出版社的"质"与"量"

根据党在过渡时期总路线的要求,国家出版总署制定了整顿和改造私营出版业的报告,提出整顿、巩固和有重点的发展国营出版业、印刷业和发行业,加强对私营出版业、印刷业和发行业的社会主义改造。中央宣传部进而提出"出版业与一般企业不同。出版业所生产的不是简单的商品,而主要是思想和政治的宣传品。所以,私营出版业的整顿和社会主义改造应当走在一般企业的前面"①,根据中央要求,上海采取"坚决、迅速、稳步前进"的方针,积极开展对私营出版业的社会主义改造。

整体而言,即是将1953年底尚存的252家私营出版社分成三类,分别采取不同的办法:第一类是可发给营业许可证的出版社。这些出版社有专业方向,有编辑机构或专职的编辑人员,有编制年度和季度的出版计划,出版态度严肃,能按照规定开展出版业务。对于这些出版社,根据其实际情况,在发行上和纸张配给上给予相应便利。在公私合营方面

① 《中央宣传部批转出版总署关于整顿和改造私营出版业的报告》,中国出版科学研究所、中央档案馆编:《中华人民共和国史料(1954年)》,中国书籍出版社1999年版,第465页。

也允许采取不同方式，甚至还有少数如宗教类出版社不必定要走公私合营道路，可采取其他方式改造。第二类是暂时保留的出版社。这些出版社态度相对严肃，愿意从事正当的出版事业，只是机构不健全。有的没有编辑机构，但负责人懂编辑业务，且与著作界有联系；有的机构不健全，但可限期成立编辑机构。待其健全组织后，通过观察确有改进者则发给许可证，然后按照第一类的办法进行改造。如确定已无法健全组织，不能继续开展出版业务的，则令其逐步转业或歇业。① 第三类是投机性出版机构，负责人非出版工作者出身，不懂编辑出版业务，与社会著作界也无正常联系，出版态度不负责任，针对这些出版社，责令其转业或歇业。②

按照改造方式分类，大致有六类。其中，有 5 家大型出版社改组为中央级合营出版社，即商务印书馆改组为高等教育出版社，中华书局改组为财政经济出版社，龙门联合书局改组为科学出版社，上海地图联合出版社改组为新华地图出版社，上海新音乐出版社改组为新音乐出版社，随后这些单位陆续迁往北京，充实首都出版行业的力量；有 24 家改组为上海的合营出版社，如 9 家图片出版社合并改组为专业出版年画的上海画片出版社；有 47 家被当时公私合营出版社吸收，如部分出版社并入公私合营的新文艺、新美术、少年儿童等出版社；有 23 家自行停止出版业务；有 121 家被劝告停止出版业务；有 21 家被勒令停止出版业务。据统计，在被处理的私营出版社中，属于整顿和淘汰部分的投机出版社占 156 家，属于改组吸收的只有 76 家，比例约为 7∶3。③

---

① 最终此类出版机构也被认定为具有投机性而逐步淘汰。

② 《出版总署关于整顿上海私营出版业方案的意见复华东新闻出版局函(附整顿上海私营出版业方案)》，中国出版科学研究所、中央档案馆编：《中华人民共和国出版史料(1953年)》，中国书籍出版社 1999 年版，第 74—91 页。

③ 《上海市人民委员会出版事业管理处关于对上海私营出版业社会主义改造的总结报告》(1956 年 4 月 5 日)，上海市档案馆藏，B9－1－11。

经过改造,上海在 1954 年全年共处理了私营出版社 172 家,同年底私营出版社数量下降为 80 家。1955 年全年处理了 67 家,1956 年 1 月又处理了 2 家。至此,除 11 家宗教出版社[①]之外,上海已无私营出版社。在 1956 年上海全行业公私合营高潮到来前,私营出版业就已基本完成了社会主义改造任务。

在社会主义改造过程中还涉及私营出版业人员的安排,劳方人员 1 462 人,资方人员 330 人,这些人大都为国营出版业所吸收,对行政劝告自行停业的出版社相关人员,按照“量才录用,适当照顾”的原则作了工作安排,为发挥私营出版业工作人员的积极性提供保障。

通过全面改造私营出版业,上海不仅解决了出版业的所有制问题,而且解决了对各家出版社进行专业化分工的问题,专业化成为社会主义文化统筹规划的重要体现。1956 年,上海的出版企业改组合并成为 10 家大型的国营和公私合营出版社。1956 年 3 月,市委宣传部召开上海市出版工作会议,对全市 10 家国营和公私合营出版社的方针、任务以及分工范围作了明确规定: 前身为华东人民出版社的上海人民出版社出版政治书籍;前身为华东人民美术出版社的上海人民美术出版社主要出版普及性质的能反映社会主义现实生活的连环画、宣传画和照片画册;新文艺出版社主要出版中国和外国现代文学作品;新知识出版社出版文化教育读物;上海画片出版社主要出版年画;上海文化出版社出版通俗文化读物;上海科学技术出版社出版综合性的科学技术读物;上海卫生出版社出版医学卫生读物;教育图片出版社主要编绘出版教育挂图和画册以配合各类教育的需要;影印图书出版社出版影印外文图书。[②] 这样既突出了分工,更

① 另有 2 家未登记的宗教出版社亦未处理,故宗教出版社实际留存 13 家。

② 《中共上海市委转发市委宣传部关于石西民同志在出版工作会议上的发言》(1956 年 7 月 13 日),上海市档案馆藏,A22 - 1 - 257。

有利于出版技术和出版物质量的提高，出版业被逐步纳入国家计划体系中。

2. 实现私营发行业、印刷业的归口统一管理

改造私营发行业和印刷业是私营出版业社会主义改造的另外两项重要内容。1954 年 9 月，出版总署发布对私营图书发行业进行社会主义改造的指示。当时上海私营发行业共有 564 户，其中最大的一级批发商如通联书店、童联书店、连联书店经销上海 103 家私营出版社的出版物，联系转手批发商 50 户、零售商 2 700 户。根据出版与发行分工的原则，1954 年 12 月，上海将这三家书店合并组建成为公私合营的上海图书发行公司。自 1955 年起，一切私营出版社的出版物统由上海图书发行公司经售或总经售，这也意味着私营出版业依靠新华书店主渠道发行自己图书的“黄金时代”成为历史。合营后的上海图书发行公司根据“好书多销，次书少销，坏书不销”原则，对发行的出版物从内容上把关，从而配合政府对私营出版社的整顿改造，促使私营出版社进一步提高图书质量、控制书价，克服与限制其盲目性与投机活动。同时，由徐胜记印刷厂等 9 家画片出版发行商合并组建的公私合营上海画片出版社，成为上海唯一的一家画片出版批发商。此外，上海对全市 171 户图书零售店和 336 户书摊，按照“统筹兼顾、全面安排”的方针，由新华书店上海分店会同上海图书发行公司进行统筹安排。

在改造私营发行业的同时，作为国营发行业的代表，新华书店在上海进入快速发展期，实力不断壮大。1954 年 1 月，中国图书发行公司被撤销，其上海分公司并入新华书店华东总分店。同年底，随着华东大行政区的撤销，新华书店华东总分店的进发货业务机构被划出，成立新华书店上海发行所，工作范围从华东转向全国。从此，新华书店上海发行所和北京发行所成为我国仅有的南北两大图书批发机构。及至 1955 年底，上海图

图 10－2　20 世纪 50 年代上海新华书店内景

书发行业出现集体申请公私合营的热潮。上海市政府出版事业管理处决定将上海图书发行公司的图书批发业务全部移交给新华书店上海发行所。至此,上海地区的出版物都归由新华书店上海发行所统一办理进发货业务,发往全国各地的新华书店,发行业实现归口统一。到 1956 年底,上海完成了对私营图书发行业的社会主义改造。

另外,对私营印刷业的改造也取得很大进展。据上海印刷业 7 个同业公会在解放初的资料统计,全市共有各类印刷企业 2 877 户,从业人员 28 800 人。① 为了加强对华东、上海印刷业的领导,1951 年 12 月,新华印刷厂华东管理处改组为华东新闻出版局印刷管理处。1953 年 10 月,华东新闻出版局与上海市地方工业局共同研究后成立地方工业局印

---

① 《上海出版志》编纂委员会编:《上海出版志》,上海社会科学院出版社 2000 年版,第 845 页。

刷工业组，属上海市地方工业局领导，1955 年 1 月改组成立上海市印刷工业公司，属上海市轻工业局领导。这是上海解放后成立的第一家专业性印刷公司。

1954 年，商务印书馆和中华书局所属的两家印刷厂改为公私合营。其余各类私营印刷单位在 1956 年全行业公私合营热潮中被合并为几十家。据统计，全市新合营的印刷单位包括铅印、彩印、铸字、铜模等门类在内共计 2 434 户，从业人员 25 108 人①，通过裁、并、改、组等不同形式，被归并为 179 户中心厂和 18 个直属厂，其业务归上海印刷公司统一安排。上海市轻工业机械公司所属的、为印刷工业服务的 15 家机器修理厂也移归印刷公司。1957 年 5 月，上海的印刷厂全部从轻工系统划归出版系统。1958 年 4 月至 5 月，出版系统又将不直接为书刊出版服务的铅印、零印、纸制品三个行业划归轻工业局。至此，上海书刊印刷工业改变了此前分散、凌乱的状况，基本上实现统一管理，形成了较为完整的体系。

3. 加强市场监管，净化图书市场

由于上海是中国出版业的重镇，出版的图书品种繁多，质量参差不齐，以旧连环画和旧小说为代表的旧有出版物在很大程度上占领着通俗文化市场，其中不少是反动、淫秽、荒诞类图书。解放后，为净化图书市场，使人们读到更健康的图书，上海对已出版的图书开展检查，重点处理旧社会遗留下来的反动、淫秽、荒诞图书，并用新书更换旧书。

早在 1950 年，上海市军管会便根据出版总署的指示，停止发售由上海北新书局出版的《新知识辞典》，因为该辞典的“内容与许多地方歪曲事实，反对人民民主”，并责成该书局限期收回已发出的部分，缴销全部存

---

① 陈伯海主编：《上海文化通史》（上卷），上海文艺出版社 2001 年版，第 601 页。

书。待该局将该书彻底改正后,始得准其重版发售。[①] 同年11月,上海市公安局与市新闻出版处联合发布《关于查禁书刊的执行办法》。其后,全市共没收淫书2 193本,淫画5 266张,处理贩卖、销售淫画人员220人以及非法制造出版商6人。[②]

1951年2月,上海开展了整顿旧连环画(俗称“跑马书”)的工作。由国家出版总署和上海市人民政府拨款,新华书店华东总分店用以新书换旧书的办法,完成了对3 000个书摊的旧书收换工作。至年底,共计换给新书239种,41.7万册,收回反动、黄色、荒诞图书达2万种、135万册,共用去收换贴补经费1.2亿元人民币(旧币)。[③] 同年4月底,市新闻出版处召集旧连环画的出版者、作者与印刷者,宣布对旧连环画的处理办法,不准出版含有毒素的旧连环画,并进行存书登记。最终总共登记旧连环画2 000余种,37万余部。随后,市新闻出版处还与市文化局合作组织连环画工作委员会,合办一种连环画报,供给广大劳动人民以内容健康的连环画读物,并以此团结改造旧连环画工作者。继而加强对旧连环画的出版、发行和印制单位的管理和教育,组织同业联谊会,自行整肃,处理存书存稿,改变出书方向。

然而,及至1955年11月,全市尚有私营图书租赁业2 532户,其中连环画出租摊2 399户,旧小说出租摊133户。此外,还有私营图书发行业的旧书摊251户,旧书店59户。这些摊店存有大量解放前遗留下来的反动、淫秽、荒诞图书,其中不少摊铺还秘密租售淫书淫画。另据市公安局

---

① 《出版总署关于处理〈新知识辞典〉一书的指示》,中国出版科学研究所、中央档案馆编:《中华人民共和国出版史料(1950年)》,中国书籍出版社1996年版,第100页。

② 中共上海市委党史研究室编:《中共上海历史实录(1949—2004)》,上海教育出版社2004年版,第38页。

③ 《上海出版志》编纂委员会编:《上海出版志》,上海社会科学院出版社2000年版,第131页。

了解，有些秘密非法团伙专门从事编绘、翻印、贩卖淫书淫画活动，"这些坏书坏画的流传，使部分民众思想堕落，生活腐化，学业荒废，工作消极，甚至引发斗殴、盗窃等犯罪行为"①，严重影响社会治安。

为了配合对私营出版业改造，1955 年 7 月，根据中央关于处理坏书坏画，既要坚决严肃，又要慎重稳妥，对私营书摊要统筹兼顾，全面安排，逐步进行社会主义改造的指示精神，上海市委宣传部、市文化局、市公安局、市民政局等 13 家单位组成上海市处理反动、淫秽、荒诞书刊办公室。处理反动、淫秽、荒诞书刊工作正式展开，分登记、处理、审核、发证和安排改造等几个阶段逐步进行，②全力对私营书摊进行规范整顿，加强私营出版物管理，打击非法出版团伙，营造风清气正的市场氛围。

经过必要的审查流程后，陆续查禁图书约 54 000 册，收换图书约 106 万册，淫画一律没收。对秘密编绘、印制、贩卖和租赁淫书淫画的不法分子予以沉重打击，对其中情节恶劣的犯罪分子依法予以逮捕，公审法办。在私营书摊从业者处理方面，根据调查，对 368 户不设摊不会影响其生活者，说服其自动歇业；对 332 户农村有土地房屋者，根据自愿原则协助其回乡生产；对 1 427 户依靠其他行业或其他收入为主的铺摊，根据其家庭收入的不同情况，配合有关部门分批分期协助其转业；对极少数性质恶劣的摊铺予以淘汰。继续保留的租书摊铺，有的改造成为国家领导的流通图书的据点，有的改为专营或兼营新书刊的零售点。对上述歇业、回乡、转业的铺摊，为使其书摊不再盘顶流转，一律由政府收购。③

---

① 《市委宣传部〈关于本市反动、淫秽、荒诞书刊图画的情况和处理意见的报告〉(1955 年 11 月 22 日)》，中共上海市委党史研究室、上海市档案馆编：《上海解放初期的社会改造》，中共党史出版社 1999 年版，第 594—595 页。

② 中共上海市委党史研究室编：《中共上海历史实录(1949—2004)》，上海教育出版社 2004 年版，第 156 页。

③ 《市委宣传部〈关于本市反动、淫秽、荒诞书刊图画的情况和处理意见的报告〉(1955 年 11 月 22 日)》，中共上海市委党史研究室、上海市档案馆编：《上海解放初期的社会改造》，中共党史出版社 1999 年版，第 596 页。

与此同时,上海还对旧书开展了审读工作。由市委宣传部、市文教办公室、市出版事业管理处组成审读组,负责审读图书,编制处理书目,保存图书样本。为避免差错,还邀请了文化、公安、司法等部门和文化界著名人士组成图书审读咨询机构,解决疑难。对不能决定是否要处理的图书,送文化部审查决定。从1955年2月至1956年5月底止,上海共审读了旧书近8 000种,决定处理的旧书约有半数,其中查禁与收购比例约为1∶3,仅纯属淫书的就有284种之多。此外,还审读了旧连环画8 000种,予以查禁的有200多种,收换的有六七千种。通过这次审读,上海基本肃清了旧社会遗留下来的图书垃圾,为建立和发展人民的出版事业打下了基础。①

通过加强对私营出版物的监管,全面整肃私营书摊,净化市场环境,出版业的混乱现象得以逐步澄清。

4. 全面改造的影响

上海私营出版业社会主义改造的完成,无论对上海,还是对全国的出版业均产生了重大影响。主要反映在以下几个方面:

一是上海私营出版物的绝对数字不断下降,而国营和公私合营出版物的数量则明显上升。例如,以1953年为基准,1954年的出版种数同比降为64.39%,字数降为73.24%,印数降为48.62%,定价降为49.33%。再从上海整个行业出版物的相对比重来看,1953年的出书品种中,私营尚占86%以上,1954年已降为73%,1955年更下降为12.85%,而公私合营的出版物指标则呈直线上升之势。②

二是出版了一大批广为人民接受和欢迎的新书籍。在为人民服务的方针指导下,国营和公私合营出版社出版的书籍刊物“向人民群众进行了

---

① 《上海出版志》编纂委员会编:《上海出版志》,上海社会科学院出版社2000年版,第947页。

② 《上海市人民委员会出版事业管理处关于对上海私营出版业社会主义改造的总结报告》(1956年4月5日),上海市档案馆藏,B9-1-11。

马列主义、党和国家重大政策任务的宣传，供应了大量文学艺术、文化、科技书籍和画片画册，丰富了人民的文化生活，在社会主义建设和改造中发挥了积极作用”。① 例如，1956 年上海受中央委托出版的部分《斯大林全集》、部分《毛泽东选集》和毛泽东著作单行本，还有何其芳的《关于现实主义》、王瑶的《中国新文学史稿》等文艺理论书籍，以及巴金的《英雄的故事》、刘知侠的《铁道游击队》、峻青的《黎明的河边》等创作小说，董承琅的《实用心脏病学》、苏德隆的《农村卫生学》等科学技术书籍，都为广大读者所称道。②

图 10－3 20 世纪 50 年代，新华书店上海分店福州路门市部前挤满了购买《毛泽东选集》的群众

三是形成了专业化特色明显的国营出版新格局。随着私营出版业的社会主义改造基本完成，大量的私营出版社最终被纳入国家出版计划体

① 《中共上海市委转发市委宣传部关于石西民同志在出版工作会议上的发言》(1956 年 7 月 13 日)，上海市档案馆藏，A22－1－257。

② 杨森耀、王发冀：《曲折发展的上海出版业》，中共上海市委党史研究室编：《风雨历程(1949—1978)》，上海书店出版社 2005 年版，第 219 页。

制,与国营和公私合营出版社融为一体,使国营和公私合营出版业牢固占据了上海出版事业的绝对主导地位。1957 年 7 月,上海市出版局成立,开始统一管理全市的图书出版、印刷和发行工作。

四是上海出版业在全国的地位有所下降。由于上海原有几大出版社的北迁,加之国营和新的公私合营出版社尚未完全走上正轨,导致上海出版业一时出现了出书门类偏窄,品种、数量相对减少,在全国出版格局中所占比重亦趋下降的情况,上海出版业从之前全国的出版中心遽变为地方性的出版事业。①

综而言之,解放后的数年间,上海根据党中央指示,对私营出版业先后采取了团结扶植和社会主义改造的方针政策。在此影响下,私营出版业也经历了从困顿、复苏、发展,到集中整顿,再到全面改造的一系列过程。私营出版业社会主义改造的最终完成,标志着上海出版事业经济成分的构成发生根本性逆转,国营经济占据绝对领导地位,全市书刊出版业、发行业、印刷业被成功纳入国家计划轨道,出版社实行明确分工、发行实行归口统一、印刷实行统一管理,整个上海出版业面目一新。

（张　鼎）

① 周武:《从全国性到地方化:1945 至 1956 年上海出版业的变迁》,《史林》2006 年第 6 期。

文艺界对“百花齐放，百家争鸣”方针的贯彻

1956年以后，上海文学艺术工作者围绕为工农兵服务、为社会主义服务的方向，学习讨论贯彻党的“百花齐放，百家争鸣”方针（简称“双百”方针），以严肃认真的创作态度，遵循艺术的规律，创作出不少优秀文艺作品，激励着人们对真善美的追求，推动文艺事业的健康发展。

一、传达学习“双百”方针

社会主义基本制度在我国确立后，党中央总结反思新中国成立以后文化建设的经验教训，探索文化建设新路，并适时调整文化政策。自1956年四五月间，党中央提出“双百”方针后，上海文艺界认真传达学习讨论贯彻这一方针。

1.“双百”方针的提出

“双百”方针是在党中央和毛泽东探索我国社会主义建设道路中提出的。苏共二十大后，苏联出现“解冻文学”思潮，对文艺的行政命令、官僚

主义、文学创作的模式化和“虚假”作风等问题提出批评，这些现象引起了中国文艺界的共鸣。为调动包括知识分子在内一切积极因素建设社会主义，党中央总结反思文化建设的经验教训，开始探索新的文化建设之路，并着手调整文化政策。

1956年4月25日，毛泽东在中央政治局扩大会议上作《论十大关系》报告，号召以苏联为鉴，走自己的路。4月28日，毛泽东在中央政治局扩大会议上讲话时提出：艺术问题上的百花齐放，学术问题上的百家争鸣，我看应该成为我们的方针。5月2日，毛泽东在中南海勤政殿主持召开最高国务会议第七次会议上正式提出了“百花齐放，百家争鸣”的方针。强调“在中华人民共和国宪法范围之内，各种学术思想，正确的、错误的，让他们去说，不去干涉他们……在刊物上、报纸上可以说各种意见。”“只有反革命议论不让发表，这是人民民主专政。”

5月26日，中央宣传部部长陆定一向文艺界和科学界人士作题为《百花齐放，百家争鸣》的报告，代表党中央对“双百”方针作了初步的、比较系统的阐述。他首先告诉大家“中国共产党对文艺工作主张百花齐放，对科学工作主张百家争鸣，这已经由毛主席在最高国务会议上宣布过了。”他指出：“我们所主张的‘百花齐放，百家争鸣’是提倡在文学艺术工作和科学研究工作中有独立思考的自由，有辩论的自由，有创作和批评的自由，有发表自己的意见、坚持自己的意见和保留自己的意见的自由。”“‘百花齐放，百家争鸣’的政策，就是要我们在文艺工作和科学工作方面，也把一切积极因素都调动起来，更好地为人民服务，为繁荣我国的文学艺术而努力，为使我国的科学工作赶上世界先进水平而努力。”

1956年9月，随着党的八大的召开，“双百”方针载入了八大的政治报告和决议，并成为党繁荣和发展社会主义科学文化事业的方针。

1957 年 2 月 27 日，毛泽东在最高国务会议上发表“如何处理人民内部的矛盾”的讲话，全面阐述“双百”方针，指出：“‘百花齐放，百家争鸣’的方针，是促进艺术发展和科学进步的方针，是促进我国社会主义文化繁荣的方针。艺术上不同的形式和风格可以自由发展，科学上不同的学派可以自由争论。利用行政力量强制推行一种风格、一种学派，禁止另一种风格、另一种学派，我们认为会有害于艺术和科学的发展。艺术和科学中的是非问题，应当通过艺术界科学界的自由讨论去解决，通过艺术和科学的实践去解决，而不应当采取简单的方法去解决。”他明确表示不赞成陈其通等四人的观点，在创作上肯定王蒙的小说《组织部新来的年轻人》，批评了钟惦棐的《电影的锣鼓》，认为钟说的今不如昔，是片面的。① 3 月，毛泽东在全国宣传工作会议上强调“双百”方针，这是一个基本性的同时也是长期性的方针，不是一个暂时性的方针。会后，他视察上海等地，一路宣讲“双百”方针。

在毛泽东等中央领导人的推动下，“双百”方针成为党领导文艺和科学的基本的、长期的指导方针。

2. 上海对“双百”方针的学习讨论

“双百”方针的提出，在文艺界和科学界引起了轰动。上海市很快组织学习讨论“双百”方针。1956 年 7 月 7 日，上海市政协召开学术文化界座谈会，组织社会科学、教育、新闻出版、文学、艺术、自然科学、医务卫生、宗教、工商界等各界人士 110 多人进行广泛深入地讨论。不少人认为，“百家争鸣”每个字都有意义，重点在一个“争”字。在生产上，有社会主义竞争，在学术上就有“百家争鸣”。还有人认为，贯彻“百家争鸣”有鸣什么、为什么鸣、如何鸣等方面问题，应当认真研究。同月 11 日至 15 日，上

① 《上海电影志》编纂委员会编：《上海电影志》，上海社会科学院出版社 1999 年版，第 78 页。

图 11-1　上海政协召集讨论贯彻“百家争鸣”的座谈会

海市政协又邀请社科、教育、新闻出版、文学、艺术、自然科学、医务卫生、宗教、工商界等各界人士 132 人,分 8 个小组,更广泛深入地讨论贯彻“百花齐放,百家争鸣”方针。

8 月 6 日,市长陈毅在上海市第一届人民代表大会第四次会议上作政治报告,阐明了党的“双百”方针,号召各界人士在为社会主义建设的总目标下力求进步。同日,在上海市文学艺术工作者会上,他指出:“五四”以来,我国的文学艺术工作者是有成绩的,文艺工作者应更大胆地工作。他阐述了如何贯彻“双百”方针问题,分析社会主义现实主义创作方法的地位,及和“百家争鸣”的关系,以及如何学习和继承中国文学艺术的优秀传统和向外国文学艺术学习等问题。

市委对贯彻落实“双百”方针组织开展了一系列学习讨论。针对当时党内对“双百”方针存在的种种顾虑和想法,如部分党员负责干部担心唯心主义泛滥，或怕刮一阵风，怕引起思想上的混乱，“百家争鸣”是否只是学术政策之争，等等，1956 年 9 月，中共上海市委就贯彻“双百”方针中加强党的领导问题召开科学、教育、卫生、文艺等单位的党员干部大会。市委书记处书记魏文伯在会上作“关于贯彻‘百家争鸣’方针”的报告，报告共涉及 6 个方面的问题：“百家争鸣”与“长期共存，互相监督”的区别；“百家争鸣”即允许学术问题上有不同意见；批评与反批评的态度问题；促进科学的昌明必须反对教条主义；“百家争鸣”方针贯彻得好，关键在加强党的领导；目前情况总的来看，上海不如北京。

在毛泽东等中央领导人推动全国各地贯彻“双百”方针的影响下，为了解和解决上海文艺事业发展中的问题，充分调动和发挥上海的创作潜力，推动上海文学、电影、话剧、出版等业的发展，1957 年 4 月，市委召开了一系列座谈会，邀请戏剧、美术、舞蹈、音乐界著名人士，征求文艺各界人士对上海党组织领导戏剧、美术、舞蹈、音乐等工作的意见，了解影响“双百”方针贯彻的问题。座谈会气氛活跃，与会者积极发言，对党的领导，以及如何贯彻“双百”方针，提出了不少意见。市委领导同志要求大家大胆地抛弃束缚戏曲、美术、舞蹈、音乐工作的各式各样的“紧箍咒”，放出百花来。

二、初步贯彻“双百”方针

1956 年“双百”方针的提出，激发了上海许多文艺工作者和社会各界对如何发展和繁荣上海社会主义文化艺术事业的思考，文艺批评和文艺理论探讨逐渐活跃，文艺创作和演出开始呈现出百花齐放的趋势，许多报纸为贯彻“双百”方针，纷纷进行了改革。

1. 上海文艺界开始争鸣讨论

“双百”方针提出后，上海文艺领域围绕“如何理解和贯彻‘百花齐放、百家争鸣'、如何继承传统文化、如何释放创作潜力、如何看待文学艺术中的现实主义、如何改善党对文艺界的领导"等问题展开了讨论。其中,比较突出的是关于国产影片为什么这样少的讨论。

1956年11月,《文汇报》发表《国产影片上座率情况不好不受观众欢迎的事实应引起电影制片厂的重视》(短评),反映读者来信来稿中提出"国产片的题材狭窄,故事雷同,内容公式化概念化,看了开头就知道结尾"等问题,并在报纸版面开辟《为什么好的国产影片这样少?》专栏展开讨论。此后近3个月,报纸收到大量来信来稿,许多著名作家、评论家、编剧、导演,以及各界人士和电影观众等,纷纷撰文参与讨论。讨论专栏刊载了约50篇文章,讨论的问题涉及电影艺术的指导思想、电影领导部门的工作方法和作风、电影审查制度、电影演员的使用和积压、电影艺术传统的继承以及电影与观众的关系等方面。其中作家老舍的讨论文章《救救电影》批评了不尊重剧本创作规律的现象。孙瑜在《尊重电影的艺术传统》中提出"尊重导演""尊重观众""尊重艺术"的建议,引起了司马瑞的《是前进还是要倒退?——读孙瑜的〈尊重电影的艺术传统〉之后》、钟惦棐的《为了前进》的争鸣。这场讨论受到文艺界和社会各界的普遍关注。不仅《人民日报》《光明日报》及时报道了讨论概况,《文艺报》1956年第23期发表评论员文章《电影的锣鼓》,将讨论中的意见归纳为"重视电影与观众的联系""对电影的领导须注意符合电影创作和生产的规律""充分尊重艺术家的风格""改善电影演员工作"4个方面加以阐述①。1957年,中国电影工作者联谊会在上海举行电影传统座谈会,讨论了我国电影的传统问题;而且还受到毛泽东的关注。他在接见参加全国宣传会议的部分新闻出版界人士的一次谈话中,

① 《上海电影志》编纂委员会编:《上海电影志》,上海社会科学院出版社1999年版,第672—673页。

对《文汇报》开展电影问题的讨论加以肯定，指出：“这次对电影的批评很有益”，“我看大多数批评文章提出的问题，对于改革我们的电影是很有益的。”

为了使知识界对“双百”方针有更明确的认识，针对1957年1月7日刊载在《人民日报》上陈其通等4位同志合写的《我们对目前文艺工作的几点意见》和《电影的锣鼓》所引发的学术界和文艺界的各种反应，1957年4月9日，《文汇报》刊载了《中共中央宣传部副部长周扬同志答本报记者问》，周扬在肯定近一年文艺界贯彻“双百”方针的情况后，提出：“陈其通等四同志的文章有三点重要的错误”，“反映了一种左的教条主义的倾向”；《文艺报》评论员文章《电影的锣鼓》一文“则是右倾机会主义的表现”，认为文章的批评“采取了抹煞一切的态度”。周扬认为：批评这两篇文章“就是批评两种思想上的片面性，批评从左和右两方面来对党的政策的歪曲。”文章强调了正确贯彻“双百”方针要防止左的偏向，也要防止右的偏向。

戏剧界围绕武则天在历史上的地位和作用展开了讨论。1959年，上海越剧院创作上演了《则天皇帝》。该剧把武则天作为革新的正面人物形象来处理，从舞台上替武则天翻了案。此后，戏剧方面围绕该剧展开了有关武则天在历史上的地位和作用问题的讨论。为此，《文汇报》邀请部分史学家进行座谈，大多与会的史学家赞同这样的处理，并认为可以在报上对这个历史上一直有争议的人物进一步展开探讨。随后，报纸上开展了对武则天评价问题的争鸣。

社会科学界就学术和政治关系问题展开了广泛讨论。1960年，上海社联连续召开了7次座谈会，邀请社会科学界人士讨论贯彻“百家争鸣”的方针。专家学者提出，要贯彻“百家争鸣”，就不要把学术问题同政治问题混同起来，讨论学术问题不要戴政治帽子，这样不利于学术繁荣。专家学者们对这几次座谈会感到能畅所欲言,心情较为舒畅。这就是当时所谓的“神仙会”。11 月起,《文汇报》开辟学术版作为争鸣园地,受到社会科学界的欢迎。在开办的大半年时间里,共出 99 期,发表稿件达 300 余篇,而全国各地的来稿达 2 000 多篇,争鸣范围也日益广泛。《解放日报》理论版、各大学报及出版社积极发表不同观点的文章、著作。

在此前后,上海还围绕着历史剧的古为今用问题、英雄人物的塑造、音乐作品的民族化问题、山水花鸟画的评价、美学及贯彻“双百”方针与为工农兵服务方针等问题展开了热烈的争鸣和讨论。

2. 文艺舞台的新气象

经过争鸣讨论,文艺界全面贯彻“双百”方针,采取举措,不断创作改革,文艺舞台呈现新气象。

戏剧领域,上海贯彻 1956 年 6 月召开的全国戏曲剧目工作会议精神,为传承民族优秀戏曲剧目,同年 9 月,上海传统剧目整理委员会成立,开始全面挖掘、整理传统剧目工作。到 1956 年第四季度,京剧、滑稽、甬剧、沪剧、淮剧、扬剧、通俗话剧、评弹、越剧共九个剧种,就挖掘 5 625 个传统剧目,记录了 319 个剧本,另外还征集到老艺人捐献的剧本 903 个。[①] 1958 年从挖掘转向整理、提升剧目质量上。1959 年后,上海各剧种将更多的力量投入到新编历史剧和现代戏的创作中。

在浙江昆苏剧团在京成功演出《十五贯》的示范作用下,1956 年 11 月,上海举办了有史以来第一次南北昆剧大规模同台演出。北方昆剧代表团、浙江昆苏剧团,在沪的“传”字辈艺人及俞振飞、徐凌云等 150 人左右,演出历时 20 天、23 场,演出单折戏和全本戏 90 个。同年 12 月 6 日上

① 《上海市传统剧目整理委员会剧目工作通讯(第四期)》(1957 年 2 月 15 日),上海市档案馆藏,B172-1-197。

海市剧目工作会议举行，决定从1957年起，上海各戏曲剧种分别举行会演。1957年，上海还先后举行了京剧艺术家汪笑侬诞生100周年纪念大会和纪念明代戏剧家汤显祖逝世340周年的演出。在上海戏曲舞台日渐活跃起来的同时，上海十分注意澄清舞台形象。1957年9月，在市二届二次人代会上，丁是娥等12位艺术家联合发言，倡议全市戏曲艺人演好戏、说好书，与演坏戏、说坏书的现象作斗争。

在“双百”方针的推动下，上海电影制片厂一些艺术家提出自由结合、自选剧本、自负盈亏和以导演为中心的“三自一中心”设想，并在此设想基础上，1956年10月，上海电影制片厂导演按自愿组合原则，成立以应云卫为首的“五老社”、沈浮为首的“沈记社”和陈鲤庭为首的“五花社”。及至1957年4月，上海电影制片厂改组成上海电影制片公司后，下辖由自由结合的3个“社”为基础成立起江南、海燕、天马3家制片厂。同时，翻译片组脱离上影厂建成中国唯一的从事电影译制的制片机构——上海电影译制厂。

音乐、美术、群众文艺等方面也采取措施，贯彻“双百”方针。上海分别成立了上海合唱团、上海交响乐团、上海民族乐团、上海管乐团和上海歌舞团等专业音乐团体；先后举行了华东地区书籍装帧插图、连环画、国画、年画等展览会并在华东各省进行巡展；上海各文艺协会订出规划，举办文学讲座，办短期文学讲习班，并广泛组织会员对群众文艺活动进行辅导，在各区戏剧会演中选择较好剧目帮助提高，推动群众性创作、美术、戏剧、歌咏等活动的开展，培养工人阶级文艺队伍。

3. 新闻出版报纸的改进

1956年8月下旬，市委宣传部先后几次就出版工作和报纸工作贯彻“双百”方针问题召开座谈会，各报纸、出版社的党与非党负责干部参加。会议交流了对“百花齐放，百家争鸣”方针的认识和体会，研究改进出版物和报纸的问题。在“双百”方针的鼓舞下,上海新闻界进行了改革。《解放日报》决心要从新闻报道技术业务性、公报性和枯燥无味的状态中解脱出来,充分反映实际,把思想性和生动活泼结合起来,并提出了改革方案。《新民晚报》主编赵超构则提出了“短些、短些再短些,广些、广些再广些,软些、软些再软些”的办报方针,要求报纸办得贴近市民,贴近生活,使读者喜闻乐见。《文汇报》曾一度迁往北京改为《教师报》,同年10月迁回上海继续出版《文汇报》,在发扬侧重知识分子传统特色的基础上,对报纸进行了一系列改革。该报还倡导独家新闻,提出:“人弃我取,人取我弃”,以《文汇报》特色见长的办报方针,以及推崇“唯陈言之务去”的文风。

1956年11月,市委召开工作会议。会议除研究当前党的思想工作外,还研究了报纸工作,认为自“百家争鸣”方针提出以后,报纸的内容和版面都有改进,批评与自我批评也活跃起来。这对克服官僚主义,消除缺点,改进工作有着积极的作用。但是,报纸必须注意批评的建设性后果。市委决定,各部委、市人委各办的负责人要亲自动手,每隔10天或半月,就当前政策、工作或思想写文章,在报纸上开辟栏目发表。

三、贯彻“双百”方针的成效

在“双百”方针指引下,上海文艺工作者遵循文艺发展规律,创作了一批优秀文艺作品,取得了丰硕的成果,推动了上海文化艺术事业的发展繁荣。

第一,大量作品反映了党领导人民进行民主革命的战斗历程,或者以贴近现实生活方式讴歌了社会主义革命和建设事业中涌现的先进人物和思想,弘扬了英雄主义精神,歌颂了党、人民军队和人民大众。如创作了《黎明的河边》《百合花》《红日》《火种》《上海的早晨》等一批优秀小说，还创办了《萌芽》《收获》等文艺刊物。此外，叙事长诗《复仇的火焰》及《吕小钢和他妹妹》《蟋蟀》《猪八戒新传》等优秀儿童文学作品也深受群众的喜爱。与此同时，《被开垦的处女地》《别林斯基选集》(4卷)《牛虻》《学校》《金羊毛的国土》《猎人笔记》《怎么办》等一批外国优秀作品被翻译介绍到中国；许多著名学者、教授撰写了一批很有影响力的文学理论研究的力作，如《文学的基本原理》《中国文学史》《中国文学批评史》《元人杂剧钩沉》《乐府诗论丛》《陆游传》《关于鲁迅的小说、杂文及其他》，等等。

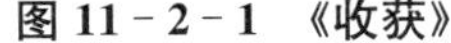
图 11－2－1　《收获》

图 11－2－2　《萌芽》

第二，文艺工作坚持了正确方向，提高了创作人员的政治思想感悟和艺术创作水平，调动了文艺工作者的积极性和创造性，达到了政治方向一致性和艺术风格多样性的统一。电影艺术工作者以饱满的热情投入了影片的创作和拍摄过程中，涌现了一批思想性、艺术性均有突破的优秀故事片,银幕上开始出现了“百花齐放”的繁荣景象,有反映青工生活的《幸福》;有反映当代农村生活的《枯木逢春》《北国江南》《李双双》《洞箫横吹》《布谷鸟又叫了》和《老兵新传》等;也有表现公安战线的影片《羊城暗哨》《今天我休息》《天罗地网》等;也有涉及知识分子题材的《情长谊深》《护士日记》《乘风破浪》和表现民族资产阶级生活的《不夜城》;体育题材的影片《女篮五号》《大李小李和老李》《足球风波》等深受观众喜爱。此外,上海还拍摄了几部革命历史题材的优秀影片,如《上饶集中营》《翠岗红旗》《南征北战》《红色娘子军》《燎原》和《红日》等,以及历史人物题材的《林则徐》《聂耳》等影片,深受观众好评。除故事片外,上海在1958年拍摄了我国第一部剪纸片《猪八戒吃西瓜》,1960年又成功拍摄了世界上独一无二的水墨动画片《小蝌蚪找妈妈》,试制成功折纸片《聪明的鸭子》,及一大批优秀美术片《大闹天宫》《孔雀公主》《牧笛》《金色的海螺》等和科教片《没有“外祖父”的癞蛤蟆》《泥石流》《中国武术》《熊猫》《不平静的夜》《奇妙的人》《斜面》《带翅膀的媒人》等。在由电影创作者协会发起,《大众电影》杂志编辑部主办的“大众电影百花奖”上,上海电影大放异彩。1962年5月,首届“大众电影百花奖”正式举行,《红色娘子军》一举获得最佳故事片奖、最佳导演奖、最佳女演员奖和最佳配角奖四大奖项,《没有“外祖父”的癞蛤蟆》获得最佳科教片奖,《小蝌蚪找妈妈》获得最佳美术片奖等。翌年5月的第二届百花奖,《李双双》又斩获最佳故事片奖、最佳编剧奖、最佳女演员奖、最佳男配角奖,《知识老人》获最佳科教片奖,《大闹天宫》获最佳美术片奖等。在以后的历届百花奖上,都有上海电影的一席之地。美术工作者创作出国画《河清可俟图》《棉花和谷子》,油画《女配电工》,年画《冬瓜上高楼》等优秀作品,由上海博物馆复制印刷的《上海博物馆藏画集》获得了莱比锡国际书籍装帧展览会金质奖章。

图 11－3－1　影片《小蝌蚪找妈妈》

图 11－3－2　《大闹天宫》

第三，各剧种在“双百”方针鼓舞下，广泛进行旧戏整理，新剧创作出现热潮。旧戏整理方面，上海解放后在“百花齐放、推陈出新”的戏曲改革指导方针指引下，相当长的一段时间内，在旧戏的整理和创作方面做了不少工作。在旧戏的整理和创作方面比较突出的，如周信芳自 1954 年起先后完成了《清风亭》《乌龙院》《打渔杀家》等十几个京剧剧目的整理。随后，上海京剧院献演了历史剧《淝水之战》《澶渊之盟》《海瑞上疏》《黑旋风李逵》等。上海越剧院上演的《红楼梦》《文成公主》和根据旧戏改编的《追鱼》，及甬剧《双玉蝉》等也获得了好评。新剧创作方面，话剧《布谷鸟叫了》《上海滩的春天》等先后上演。上海现代戏的创作也收获颇丰，比较有名的有：京剧现代戏《赵一曼》《晴空迅雷》《黎明的河边》《南方战歌》《南海长城》《龙江颂》《智取威虎山》等；沪剧《芦荡火种》《红灯记》《鸡毛飞上天》等；淮剧《海港的早晨》《三女抢板》等；话剧《七月流火》《年青的一代》《战斗的青春》《枯木逢春》《上海战歌》《考验》等；锡剧《六里桥》等；越剧《祥林嫂》等；滑稽戏《满园春色》等。

第四，广大文艺工作者不仅积极创作，文化部门还创新形式推出各种展演、展览月等，以达到展演、出人、出作品于一体的效果，推动上海文化艺术的发展。上海的音乐工作者创作大量的优秀作品,不仅创作了《唱支山歌给党听》《接过雷锋的枪》《英雄的红五月》《十三陵水库大合唱》《天下黄河十八湾》《听妈妈讲那过去的事情》《牧歌》《幸福河大合唱》等优秀声乐作品;《人民英雄纪念碑》《长征》《战台风》《梁祝》《红旗颂》等优秀器乐曲,还创作了不少脍炙人口的电影歌曲,如《小燕子》《娘子军连歌》《弹起我心爱的土琵琶》《谁不说俺家乡好》《草原赞歌》《我们是共产主义接班人》等。舞蹈方面,开始了民族化、大众化探索,创作了以《宝莲灯》等为代表的大型民族舞剧和以《白毛女》等为代表的芭蕾舞剧。创新形式培养人才、推出作品,1959 年,为庆祝新中国成立十周年,展示十年来的建设成就,上海举办了众多的展演和展览,其中 5 月的音乐舞蹈会演,12 个专业音乐舞蹈团体和部分业余团体参加会演,历时 15 天,演出 11 场、278 个节目,取得了很好的效果,涌现出不少优秀的作品,其中最具有影响力的当数小提琴协奏曲《梁山伯与祝英台》。1960 年 5 月,第一届"上海之春"音乐舞蹈节正式举行,期间涌现了大量脍炙人口的曲目,此后每年举行连续举办了 7 届,不仅诞生了大量优秀作品,还培养推出了大量人才,达到展演、出人、出作品于一体的效果,"上海之春"也成为上海音乐文化的标志。

上世纪五六十年代,上海积极贯彻"双百"方针,广大文艺工作者奋发作为,催生了戏曲、电影、音乐、美术等一大批优秀文艺作品的诞生,繁荣和发展了上海社会主义文艺事业,并为日后上海文艺事业的发展积累了宝贵的经验教训,培养了一大批文艺人才。

(段春义)

对传统剧目的整理

解放前，上海的戏曲舞台上，每天都上演着数量众多的剧目，这是上海戏曲界花费大量心血积攒下的宝贵文化资源。解放后的十余年里，上海戏曲界通过挖掘和整理这些传统剧目，使其能够更好地传承下去，去除了其中的糟粕，既保留其艺术性，又提升了其思想性，繁荣上海当时的演出舞台，同时，也使得这笔文化财富得以留存至今。

一、整理传统剧目工作的探索阶段

上海作为全国性的文化中心之一，有着丰富的传统剧目资源。但这些剧目有的存在流失危险，有的则需要整理改进。因此，对它们进行挖掘和整理是非常必要的。自解放初到 1956 年，上海戏曲界在中央的领导下，逐步明确了对待传统剧目的正确态度，并开始探索整理传统剧目的正确途径，取得了一定成果，整理出一批优秀剧目，为此后的全面挖掘和整理传统剧目打下了基础。

1. 整理传统剧目的必要性

上海的传统剧目资源丰富。因为上海的特殊地位,除了上海本地剧种外,几乎所有的地方剧种都能在这里找到踪迹。在上海的大小剧场里,每天都上演着京剧、昆剧、越剧、沪剧、评弹、淮剧、甬剧、滑稽戏和通俗话剧等重要剧种的大量传统剧目。据1950年的统计,全年上演的传统剧目共有1 390余部,其中越剧576部,京剧219部,这些剧目共吸引近700万人次的观众观看。[①] 除了剧目多之外,上海戏曲界还掌握着一些独有的剧目,例如海派京剧的《党人碑》以及连台本的《活佛济公》和《西游记》等,这些都是上海戏曲界独创、独有的。同时,上海戏曲界里还有着众多的著名演员和老艺人,如京剧的周信芳、越剧的袁雪芬等都是闻名全国的著名演员,这些艺人和演员也掌握着大量独到的剧目。

但要利用好这些传统剧目资源,也存在着一些问题。首先,不少剧目散落在不同的剧团、艺人甚至民间爱好者手中。这些剧目中又有相当部分没有成文的剧本,而是以艺人们口口相传的方式来传承。例如沪剧等剧种,就常常通过"老戏师傅"口授的形式来传承剧本。这一类剧本很容易散失,或者失去原有的面貌。而剧团间、演员间缺乏足够的沟通交流,甚至将剧本视作重要资源,不轻易对外公开,也影响了传统剧目的传承和提高。其次,为了追求利润,盲目吸引观众,有些传统剧目中存在着低级趣味的内容。这些剧目有的宣扬封建迷信,有的充斥黄色暴力内容,《大劈棺》《杀子报》《黄氏女游阴》等剧目就是其中的典型代表。而大多数传统剧目虽然没有不良内容,但也缺乏足够的思想性。再者,有些传统剧目艺术水准不够高。大量没有实际内容,淡而无味的"水词"充斥在剧目中,使其变得冗长而缺乏艺术性。

---

① 《上海市剧团统计表》(1950年),上海市档案馆藏,B172-1-5。

可见,上海有着丰富的传统剧目资源,但要利用好这些资源,对其进行挖掘和整理是必不可少的。

2. 对于整理传统剧目途径的探索

在解放初的几年里,上海戏曲界对于如何利用好传统剧目资源进行了探索,统一了对传统剧目的认识,并摸索出一套较为有效的整理方式。

对传统剧目形成正确的认识,是探索正确道路的第一步。在新中国成立之初,面对新的形势、新的文化环境,上海戏曲界对于传统剧目以及相关的整理工作,不可避免地存在着不同的看法。一部分人认为传统剧目都存在问题,没有整理的价值;一部分则认为传统剧目都是好的,要无条件地全盘接受。这两类极端的思想都在戏曲界出现过。特别是前者,在戏曲界造成了比较大的影响。但随着中央确定"百花齐放,推陈出新"作为社会主义文化发展指导思想,明确要发扬传统文化中的"精华",去除其中的"糟粕",广大戏曲工作者在领会了这一指导思想后,通过工作的实践,思想逐步得到统一,认识到传统剧目和整理传统剧目工作的重要性。

其次,要解决的问题是如何区分传统剧目的"精华"与"糟粕"。一些传统剧目在整理过程中,被删去了不少有价值的内容,没有保留下精华,艺术性被降低,失去了整理传统剧目的意义。有的则把传统看作是单纯娱乐的东西,对于有害的剧目和内容一概予以保留。经过一段时间的摸索,上海的戏曲工作者能够更准确地区分这两者。比如对属于神话的情节,不再作为迷信的内容加以删除,也不再对传统剧目提出过高的思想要求。同时,对于剧目中的有害内容则果断地去除,不再片面地强调艺术性。

在明确了认识,统一了标准之后,上海的戏曲工作者还在实践中摸索出不少整理传统剧目的工作方法。

首先,是重视"依靠艺人,团结艺人"的方针。在整理剧目的过程中,整理者与艺人相互协作、共同配合,依靠艺人、相信艺人,发挥艺人的作用。在整理工作开始之前,都是先由艺人“报戏”,再根据他们所报戏目的情况,充分听取他们的意见后,再决定整理哪些剧目。在整理过程中,也不断听取艺人的建议,制定整理计划,然后再进行整理。经过初步整理的剧目,由艺人进行排练演出,并不断地修改完善。因此,整个整理工作中,艺人都始终参与其中。

其次,是有选择性地整理剧目。开展整理工作的第一步,就是选取较适合的传统剧目进行整理。在选择剧目时,同时具备思想性、艺术性,又受群众欢迎的剧目,是最好的剧目。比如扬剧中的《上金山》一剧,思想上体现了古代人民勇于打破封建专制的勇气,艺术上又是扬剧的代表作之一,还受到广大观众的欢迎,所以整理起来比较容易把握好。上海的华联和友谊这两家扬剧团将其整理演出后,获得了各方的好评。1953 年,周恩来总理在观看了该剧后,也对其大加赞赏。但像《上金山》这样的剧目并不多,很多剧目或是思想性不高,或是艺术水平一般。上海的戏曲工作者也没有忽视掉那些存在着不足的剧目,还特别针对一些剧目中存在的问题,加以改进,同时保留其中的优点。上海的戏曲工作者,还克服了选择整理剧目上的盲目性,不再认为只要受观众欢迎的,就应该进行整理,有意识地避免整理那些既无思想性,艺术上又没有特色的剧目。

此外,上海的戏曲工作者根据不同的剧种或者剧目的特点,提出了一些有针对性的整理方法。比如,上海京剧院针对传统京剧的内容、情节、场次和唱词、台词等分别作出了整理要求。以整理《小上坟》一剧为例,这部剧虽然被认为是京剧花旦的必学戏,有很高的艺术价值,但过去的演出版本中存在部分低级趣味的唱词及台词。所以,在整理这部剧的过程中,就有针对性地删去这些内容,但保留其中的艺术表现手法。而评弹在整理传统书目的过程中,针对评弹以长篇为主的特点,采取“长篇分回”的整理方式,选取长篇中较为精彩又比较容易整理的部分,进行整理后使其形成一个完整故事，单独进行演出。比如，在整理《描金凤》这部长篇时，就先选出了其中的《玄都求雨》一回进行整理，形成一个选回。1954 年，上海市人民评弹工作团，在仙乐书场首演该书目，获得好评。此后，还从《描金凤》中整理出《老地保》等较长的中篇书目。

3. 整理传统剧目探索的初步成果

在逐步统一对传统剧目的认识后，依靠实践中摸索出的整理方法，上海广大戏曲工作者经过不断努力，整理出一批较为优秀的传统剧目。截止 1956 年上半年，据当时的不完全统计，全市共整理出传统剧目 237 个，其中京剧 126 个，越剧 12 个，沪剧 9 个，淮剧 33 个，扬剧 12 个，评弹 45 个。[①] 在这 200 余个剧目中，有京剧的《清风无佞楼》《四进士》《追韩信》《徐策跑

图 12－1　京剧《四进士》剧照

① 《上海市戏曲传统剧目整理工作总结(草稿)》(1956 年 5 月 21 日)，上海市档案馆藏，B172－1－197。

城》《浔阳楼》,越剧的《珍珠塔》《碧玉簪》《盘夫》,淮剧的《蓝桥会》《琵琶寿》《金马门》《种大麦》,沪剧的《杨乃武与小白菜》《庵堂相会》,评弹的《花厅评理》《换监救兄》《玄都求雨》等剧目。这些剧目中有些具备了相当高的思想性,有反映古代人民反抗封建统治勇气的,也有弘扬爱国主义精神的。在艺术上,这些剧目形式丰富,长短不一,有正剧,也有喜剧,还有悲剧;有的根据神话改编,有的则取材于真实的历史事件和人物。

对传统剧目整理工作而言,1952 年 10 月举行的第一届全国戏曲观摩演出大会是一次阶段性的检阅和工作成果的展示。会演期间,上海戏曲界与来自全国的戏曲工作者一起为各界观众献上了大量优秀传统剧目,这些被整理过的传统剧目获得了广泛的认可。由上海戏曲界整理后演出的越剧《梁山伯与祝英台》《白蛇传》,沪剧《罗汉钱》等剧目获得了会演的嘉奖。其中,由华东越剧实验剧团整理排演的《梁山伯与祝英台》一剧,不仅在会演中获得了诸多奖项,1953 年,还由上海电影制片厂摄制成彩色戏曲艺术片,轰动一时。

图 12-2　越剧《白蛇传》剧照

通过探索和实践,不断有传统剧目被整理出来,大部分传统剧目在经过整理后,思想性及艺术性都有所提高。丰富了上海的戏曲舞台,令观众大饱眼福。更重要的是,通过这些整理工作,积累了整理传统剧目的经验,为此后的整理工作打下良好的基础,基本的整理方法,都为以后的整理工作所采用。

在传统剧目整理工作的探索过程中，虽然取得了不少成绩和经验，同时仍然存在着一些问题。比如，当时的整理工作缺乏统一的领导，市文化局和戏曲改进协会等部门多头管理；整个整理工作缺乏计划性，有一定的盲目性，各剧团也都各自为战，缺乏交流沟通和组织协调。

二、整理传统剧目工作的全面展开阶段

1956 年下半年，因为昆曲《十五贯》的成功，提升了各方对传统剧目的重视，上海戏曲界也根据中央的部署，开始系统地对传统剧目进行全面挖掘和整理的工作。

1. 传统剧目挖掘整理工作受重视

《十五贯》是昆曲代表性传统剧目之一。1956 年 1 月，浙江国风昆苏剧团将该剧整理后上演，获得了观众的一致肯定。4 月，剧团携该剧晋京演出，中央领导人观看了该剧，并给予高度评价。毛泽东同志在看完该剧后，指示推广《十五贯》的做法，周恩来同志两次就《十五贯》发表讲话。5 月 18 日，《人民日报》发表了田汉执笔的题为《从“一出戏救活了一个剧种”谈起》的社论，指出《十五贯》“使人们更加重视民族艺术的优良传统，为进一步贯彻‘百花齐放，推陈出新’的方针，树立了榜样。”①社论发表后，全国戏曲界对于传统剧目的重视度进一步提升，从而推动了全面发掘整理传统剧目工作。《十五贯》的成功，也为上海戏曲界提供有益的借鉴。1956 年初，浙江国风昆剧团先后三次来沪演出《十五贯》，诸多戏曲界人士观看这一剧目，并认真学习《十五贯》在整理传统剧目上的经验。

1956 年 6 月，中央文化部召开全国剧目工作会议。会上再一次强调传统剧目的重要性并指出，要把传统剧目的发掘、整理与新剧目的创作结

① 《从“一出戏救活了一个剧种”谈起》，《人民日报》1956 年 5 月 18 日。

图 12－3　昆曲《十五贯》剧照

合起来。通过介绍《十五贯》整理经过及湖南、四川等地整理传统剧目的经验,对如何整理传统剧目做出布置,要求各地尽快进行工作规划,切实推进。会后,上海召开全市剧目工作会议,传达中央对传统剧目工作的精神,并提出向传统剧目学习的号召,批评个别剧种、剧团中存在的保守思想,要求克服消极情绪和虚无主义思想,从而更进一步统一了戏曲工作者的认识。本次会议还确定了整理传统剧目的方针、方法和要求,决定成立传统剧目整理委员会,作为领导传统剧目整理工作的专门组织。通过这次会议,全市戏曲界对整理传统剧目的积极性明显提高,即使过去对整理传统剧目存在怀疑态度的剧种、剧团也纷纷表示要积极参加整理工作。在这次会议后不久,上海全面挖掘、整理传统剧目的工作正式启动。

2. 传统剧目挖掘及整理工作的全面启动

1956 年 9 月,上海传统剧目整理委员会成立,标志着上海全面挖掘、整理传统剧目工作正式启动。委员会由京剧表演艺术家周信芳担任主任委员，越剧表演艺术家袁雪芬、戏剧评论家刘厚生担任副主任委员，下设京剧、越剧、沪剧、淮剧、扬剧、评弹、滑话 7 个分会[①]。这些分会由该剧种的著名演员及老艺人担任主任委员及委员，比如京剧和越剧分会主任委员分别由周信芳、袁雪芬兼任，而沪剧分会的主任委员由丁是娥担任[②]。在整理的过程中，各分会下还附设由老艺人、主要演员和专业编导组成的整理传统剧目小组，各国营剧团也专门抽出干部来负责这项工作。

委员会成立不久，就制定了相应的整理工作规划，组织各方面力量，指导各剧团的整旧工作，并且结合上海传统剧目整理工作的实际情况，提出了“依靠艺人、普遍发掘，全面纪录、分批整理，结合演出、重点加工”[③]的指导方针。这样，全市的各剧团或剧种就在市传统剧目整理委员会及各分会的领导下，以各老国营剧团为骨干，积极地进行发掘和整理工作。

市文化局作为主管部门，也投入了相应的人力和物力，来保证整理传统剧目工作的顺利进行。为了组织协调好整个工作，市文化局专门抽调了艺术处和剧团改造办公室的十余名干部。为使传统剧目的整理工作有物质保障，对于整理剧目中产生的记录费等必要经费，全由市文化局统一支出。为了更好地动员参与积极性，上海市文化局还颁布了《传统剧目整理工作奖励试行办法》，给予贡献出传统剧目的老艺人等以资金。根据剧目的长短，以及珍贵程度，每一出戏给予的奖励从几元到几十元不等。虽然奖金不高，但结合精神上的鼓励和褒奖，这一办法的出台，还是很大地提升了艺人们的积极性，一些老艺人们拿出了珍藏多年的原始戏本。1957 年 1 月 30 日，市文化局专门召开了 1956 年整理传统剧目工作发奖

---

① 委员会成立不久，滑话分会被分拆为滑稽戏分会和通俗话剧分会，并增加了甬剧、锡剧分会，形成了十个分会。

② 其他分会主任委员分别为：筱文艳（淮剧）、顾玉君（扬剧）、周柏春（滑话）、刘天韵（评弹）。

③ 《上海市传统剧目整理委员会成立》，《解放日报》1956 年 9 月 20 日。

大会。大会上,市文化局表彰了积极参与整理传统剧目工作并有贡献的人员,有159位艺人得到了奖金,另有54位受到表扬。[①] 就这样,在充分的组织、人力和物质的保障下,上海传统剧目整理工作得以全面铺开。

3. 全面挖掘传统剧目工作的过程及成效

挖掘传统剧目是整理工作的前提和基础。所以,按照当时制定的计划,1956年底,全市各剧种的剧团开始了对传统剧目的挖掘工作。过程中,上海戏曲界以全面挖掘为目标,广泛发动各方力量,挖掘出大量传统剧目。

为使挖掘更全面、系统,上海戏曲界采用了不少措施。首先,是广泛地调动起各方力量。不仅演员、编剧、导演等专业工作者参与其中,还动员了数量众多的社会力量。各分会、小组分别邀请相关的专家、教授,以及普通的观众、爱好者参加座谈,让他们推荐喜欢的剧目和某些剧种特有的剧目。这样既保持专业性又体现群众性,在提高挖掘整理工作效率的同时,还提升全面性。其次,剧目整理者在不同剧目上下功夫的同时,还对同一剧目的不同版本进行了广泛的收集。对于散落在社会上的剧本、抄本,也采用借阅后复制或者斥资购买的方式,广泛收集起来。

除了采取以上这些措施外,戏曲工作者在思想上也放得更开。一方面,除了文化部在解放初禁演的20余部内容最为不良的剧目外,文化主管部门放开了其他剧目的上演,不再用行政命令来规定哪些剧目不可以上演,使得绝大部分的传统剧目都有了上演机会。另一方面,组织和参与整理工作的干部和艺人,也被要求要大胆放手,进行全面挖掘。在发掘到剧目之后,这些发掘出来的剧目被一一记录,编成目录,为进一步的整理打下基础。在经过一个阶段的挖掘和整理工作后,传统剧目整理委员会

① 《对发掘剧目有贡献159个艺人获奖》,《文汇报》1957年1月31日。

及各分会还组织了不少内部的交流汇报演出和研讨会，还编辑了《剧目工作通讯》，用以总结一阶段的整理工作成果和经验，同时也促进各剧种整理工作的同步进行。

全面挖掘传统剧目的工作，从 1956 年底开始到 1957 年底基本告一段落，取得了很大的成果。仅 1956 年的第四季度，京剧、滑稽、甬剧、沪剧、淮剧、扬剧、通俗话剧、评弹、越剧九个剧种，就挖掘 5 625 个传统剧目，记录了 319 个剧本，另外还征集到老艺人捐献的剧本 903 个。① 1957 年又在 1956 年工作的基础上，记录、征集剧本 1 090 个，另外还有 684 个幕表，这使得已挖掘出的剧目中，至少有一半有了成文的剧本或者幕表，没有剧本的剧目中还有相当部分剧本确已散失。在这些被挖掘的剧目中，有演出多年的“连台戏”，也有不少民间小戏，包括一些失传多年或很少上演的珍贵剧目，如京剧的《陈桥兵变》《万里封侯》《打鱼舟记》等也被挖掘了出来。

挖掘工作的开展，为更进一步的整理工作打下了基础。1956 年第四季度就对挖掘出的 43 个剧目做了整理。1957 年全年则整理出传统剧目 192 个。其中包括了一批优秀的剧目，比如京剧《探阴山》、越剧《辕门斩女》、淮剧《三女抢板》、沪剧《碧落黄泉》、评弹《珍珠塔》、滑稽戏《三毛学生意》、甬剧《张古董借妻》以及通俗话剧《张汶祥刺马》等剧目。经过整理后的传统剧目，再次被搬上舞台，繁荣了戏曲演出。这些剧目中有的故事情节曲折，有的对白唱词动人，有的则在表演形式上有独特之处，所以吸引来大量观众。

在全面挖掘传统剧目的同时，上海的戏曲界积极倡议并响应全国戏剧界的号召，与假借传统剧目之名的不良剧目作坚决的斗争。1957 年

① 《上海市传统剧目整理委员会剧目工作通讯(第四期)》(1957 年 2 月 15 日)，上海市档案馆藏，B172－1－197。

初,一些剧团为增加演出收入,借传统剧目的名目,歪曲“剧目开放”的方针,将个别曾经被禁演的不良剧目重新搬上舞台。这一情况引起群众不满,《解放日报》《文汇报》等也都发表批评文章。为抵制这种破坏传统剧目形象的行为,梅兰芳等7位当选为全国人大代表的著名艺人,提出了抵制坏戏号召,相约不演丑恶、淫猥、恐怖、有害人民身心健康的坏戏。上海代表周信芳、袁雪芬也参与其中。整个上海戏曲界很快响应了这一号召。在不久后召开的市人代会上,丁是娥等12位代表号召全市戏曲艺人不演坏戏,不说坏书。全市绝大部分剧团响应了这一号召,停演不良剧目。通过抵制不良剧目,很好地维护了传统剧目的形象,净化了传统剧目演出环境,还使艺人们对传统文化、传统剧目有了正确认识,能够辨清糟粕与精华,使得传统剧目挖掘和整理工作能更好地开展下去。

三、整理传统剧目工作的深化阶段

经过1956年、1957年两年的全面挖掘,1958年开始,传统剧目工作的重点从挖掘转向了整理,其工作目标也从追求剧目数量转变到提升剧目质量上。一方面,对被挖掘出来的传统剧目进行整理,并将其中的部分成果刊印出版,同时,在整理剧目的过程中,对一些优秀的剧目进行了深入的加工。这些优秀的传统剧目通过演出和会演,得到了专业人士和观众的一致肯定。

1. 传统剧目的全面整理与深入加工

1958年起,上海戏剧界对此前挖掘出来的剧本、幕表进行了全面的整理、编辑,初期就整理了近800万字的剧本。而根据1962年的统计,上海在京、越、沪、淮、扬、甬、锡等九个剧种中,共整理出1 804个较为完整的剧目。在此基础上,市文化局还组织了对已整理剧本的校勘和汇编,从中选取了较为优秀的剧本,汇编成 58 集的《传统剧目汇编》,由上海文艺出版社作了内部发行。这部汇编包括京剧 26 集,越剧 17 集,通俗话剧 7 集,锡剧 3 集,沪剧 2 集,扬剧 2 集,甬剧 1 集。每集按篇幅长短收一个或几个剧目。[①] 还组织编印了包含 200 多个剧目的《上海市戏曲传统剧目汇编》。一些优秀的剧本还陆续发行了单行本,比如越剧的《梁山伯与祝英台》《西厢记》,淮剧的《女审》。通过这些工作,上海的传统剧目全面挖掘和系统的整理工作基本完成。

随着上海的传统剧目资源被很好地以文字的形式保存后,虽然传统剧目挖掘整理工作的基本目标已经实现,但进一步的加工整理工作仍继续推进。

1958 年以后,上海戏曲界选取了一些重点的传统剧目,以“古为今用”的思想为指导,在尊重历史的前提下进行了更为深入的加工。一批优秀的剧目得以脱颖而出,成为各剧种的经典剧目。这其中,较有代表性的有: 京剧的《宝莲灯》《乌龙院》《梅妃》,越剧的《碧玉簪》《李翠英》《十一郎》,沪剧的《借黄糠》,评弹的《义责》,淮剧的《女审》《三女抢板》,扬剧的《三闯》,甬剧《半把剪刀》以及昆曲的《墙头马上》等。其中,上海越剧院实验剧团在整理《十一郎》时,就明确了青年农民反抗反动统治阶级迫害的这一主题,从而克服了剧目原来的主题思想不明的缺点,还很好地发挥了男女合演的特长,使剧目的面貌焕然一新。刘少奇、周恩来等中央领导,也曾观看过该剧的演出,并给予充分肯定。由著名昆曲演员俞振飞和言慧珠主演的《墙头马上》一剧,是花费了演职人员两年时间,才挖掘整理出来的。该剧很好地展现了传统艺术的张力,具有很高的艺术价值,从而获得了在国庆十周年时作为献礼剧晋京演出的机会。

---

① 《中国戏曲志・上海卷》编辑委员会编:《中国戏曲志・上海卷》,中国 ISBN 中心 1996 年版,第 767 页。

2. 传统剧目整理成果的展示

随着一批优秀传统剧目被逐渐挖掘、整理出来,宣传和推广这些剧目的工作自然而然被提上议事日程。除日常演出外,在重大会演中的精彩亮相,也使得不少优秀传统剧目获得更多观众的注目和认可,提高了这些剧目的知名度,有些剧目得以流传至今。此前,在1952年的第一届全国戏曲观摩演出大会,以及此后的几次会演中,经过改编的剧目就获得了很大的成功。1958年后,上海开展过几次较大规模的会演活动,传统剧目都占了相当部分比重,而1961年的会演更是围绕传统剧目来开展的。

评弹等曲艺剧种的传统剧目整理工作,在1958年6月举行的上海市第一届曲艺会演上得到了检验和展示。这次会演由市文化局和剧协上海分会、曲协上海分会联合主办,共持续一个多月,是解放以来上海曲艺界规模最大的一次。评弹、沪书等24个曲种的97个节目参加会演,其中传统节目有45个,占了全部演出节目的近一半。《程咬金卖柴筢》《山神庙》《赠马》《梳妆》《求雨》《认母》等评弹传统书目获评为会演的优秀节目。评弹传统书目《义责》更是与《王崇伦》等3个现代题材的节目一起被选送,代表上海曲艺界参加全国曲艺会演。除演出和评奖外,更重要的是,上海人民评弹团"分回整理"经验通过会演得到推广,既尊重传统,又破除对传统的迷信,纠正此前过于强调正统和评弹特点的问题,为评弹乃至其他剧种的深入加工提供有益借鉴。

为检验新中国成立十年来的文化建设成就,向国庆十周年献礼,1959年年初开始,上海市戏曲界先后组织了戏曲会演、曲艺会演和国庆展览演出月等活动,一批经过整理改编的优秀传统剧目上演。越剧《梁山伯与祝英台》、京剧《黑旋风李逵》、淮剧《三女抢板》、甬剧《半把剪刀》等传统剧目经过几年来的不断加工提炼,艺术水平和思想性都得到了相当的提高,在会演中获得很高评价。一些当时新加工的剧目如京剧《宝莲灯》等,也得到了观众认可。由上海市人民淮剧团演出的《女审》一剧在年初举行的戏曲会演上，引起了观众和艺人的较大反响，报纸上也出现了争鸣文章。该剧是在淮剧传统戏《女审包断》的基础上整理加工而成的，删改原剧本中的迷信部分，突出了人物的反叛性格。为提高剧目艺术水平，会演评委会还专门举行讨论会，邀集专业和业余戏剧评论工作者，就《女审》的剧本、表演、舞美等问题开展充分研讨。1960 年，《女审》还由上海电影制片厂摄制成戏曲片。

图 12－4　淮剧《女审》剧照

1961 年，上海戏剧界分别组织了京、昆、沪、越、淮、扬、甬、锡、方言话剧和滑稽等各剧种“传统剧目会串”“流派演唱会”。6 月 13 日，上海市京昆传统剧目会串开幕。众多传统京昆剧目登台演出，其中《斩经堂》《金钱豹》《盘丝洞》等剧目，在解放后较少上演或从未上演过。谭派老生迟世恭演出的《马鞍山》《走雪山》《蒯彻装疯》等传统剧目,都是在解放后没有演出过的。为保证演出质量,上海的京剧及昆曲演出团体抽调了最好的演员参加演出。其中,周信芳、俞振飞等担纲主演的《群英会》《借东风》《华容道》就云集了各个剧团的著名演员,从而能够吸引到大量的观众前来观看。此后,其他剧种的会串也陆续开展。在这些会串上,那些经过整理加工的传统剧目,如甬剧《半把剪刀》、滑稽剧《七十二家房客》、淮剧《女审》、评弹《闹柬》等都受到广大观众的赞誉。

随着新中国的成立,人民群众的文化生活、文化需求发生了重大转变,文化作品必须适应这种变化。在旧有环境中创作出的传统剧目要符合新时代的要求,进行整理和完善是很有必要的。同时,文化具有传承性,超越时空界限的价值,是需要不断继承,而不能没有区分地全部剔除,这既是对前人劳动的不尊重,也是对后人的不负责。为此,上海戏剧界在中央"百花齐放、推陈出新"大方针指导下,经过解放后十多年的努力,将上海丰富传统剧目资源充分地挖掘,并进行了细心整理。这些剧目不仅满足了当时群众的文化需求,也为形成新的社会风尚营造了良好的文化氛围。这些剧目中的优秀成果,还被作为各剧种的经典剧目,流传至今,成为我们宝贵的文化财富。

(黄　啸)

上海文化事业支援全国

20 世纪 50 年代，上海贯彻中央指示精神，充分发挥老工业基地和文化资源丰富的优势，支援国家重点建设项目，支援新兴城市、重点城市经济发展。同时，通过内迁戏曲院团、帮助各地建立电影制片厂、建设电影院、开办印刷厂等方式，支持各地文化事业的建设和发展。

一、上海文化支援全国的背景

支援全国，是上海解放后中央交给上海的一项重要战略任务。上海是我国重要的老工业基地，具有 100 多年的发展历史，素有中国工业“半壁江山”之称。新中国成立前，上海拥有各类机器设备已占全国总量的 65.7%。新中国成立后，中央从国家发展全局出发，第一个五年计划时期，将工业发展的重点放在内地的同时，考虑到内地工业基础薄弱，便要求上海等老工业基地充分发挥作用，支援内地新兴城市工业发展，支援国家重点建设项目；进入全面建设社会主义时期，中央提出“好好利用和发展沿海的工业老底子”①的同时，要求上海等国家最重要的工业城市和工业基地，从“全国一盘棋”战略出发，在技术、设备、人才各方面，支援中小城市发展地方工业，帮助工业不发达地区。

为贯彻中央指示精神，上海充分发挥老工业基地工业门类齐全、专业水平高、配套能力强、社会事业发达、人才资源集中的特点，全力支援国家重点建设项目，支援工业基础薄弱地区，帮助新工业基地成长，帮助新兴城市、重点城市经济、社会各项事业配套发展。据不完全统计，1950 年到 1958 年，上海动员赴外地参加工农业建设的劳动者共计 150 万人以上。1950 年至 1962 年，外迁的工厂企业共计 679 户，涉及纺织、轻工日用品、五金、医药、电机等 20 多个行业，分布在山西、四川、贵州、云南、福建、新疆等 20 多个省、市、自治区。② 此外，还有相当一部分商业企业，包括服装、美发、餐饮以及文化单位、学校、医院等，先后迁往各地。

大规模的支援，推动了西安、兰州、包头、洛阳、鞍山等一批新兴城市的崛起。然而，一些新兴城市由于自身文化基础薄弱，文化院团及文艺人才缺乏，文化设施不足，无法满足人民群众精神文化的需求。如 1955 年，洛阳人口已达 20 万，但只有一家电影院。同时，大批来自上海的建设人员、管理人员、服务人员及其家属，他们精神文化生活的需求、特别是对家乡文化的特殊需求一时难以在这些新兴城市得到满足，这种情况十分不利于人心的稳定，不利于援建人员安心建设新城市。因此，兰州、洛阳、沈阳、长沙以及华东地区的一些省市纷纷要求上海进行文化方面的支援。

上海长期的文化积淀，使上海在戏剧、电影、出版等文化领域，拥有雄

① 中共中央文献研究室编：《建国以来重要文献选编》(第八册)，中央文献出版社 1994 年版，第 246 页。

② 陈丕显：《报告提纲》(1964 年 9 月 20 日)，《上海市党代会、人代会文件选编》(下册)，中共党史出版社 2009 年内部版，第 651 页。

厚的实力,文化单位众多,文化人才集聚,文化设备先进。新中国成立后,上海经济的恢复和发展促使上海的文艺舞台繁荣,并促进上海文化影响力在全国的扩大。上海不仅先后在越剧、京剧、评弹、杂技、沪剧、淮剧六个戏曲曲艺建立起国营剧团,拥有华东越剧实验剧团、上海人民京剧团等全国闻名的国营剧团,及上海电影制片厂等,而且还有大量的民间职业剧团、出版社,众多电影院和剧场,并汇聚了大量的文艺人才等。到 1955 年 10 月,上海全市有民间职业剧团 121 个①。然而,上海在探索建设新民主主义和社会主义文化道路的过程中,也出现了重复建设、规模不等、竞争激烈等问题,导致很多剧团演出不足。由此,上海根据全国各地的需求,结合自身文化资源的优势和文化布局的调整,支援全国文化事业的建设,创新文化工作为社会主义服务的新形式。

二、内迁戏曲院团

在支援全国经济和社会事业建设的大背景下,上海以戏曲院团支援内地社会主义建设为开端,迈出了支援全国文化事业建设的步伐。

1. 配合重点工程建设进行内迁

在上海各类文化资源中,戏曲、曲艺的资源较为丰富,对人民群众精神文化生活的影响也较大。第一个五年计划时期,为了满足支援国家重点工程建设和新兴城市经济建设各类人员对戏曲等家乡文化生活的需求,上海越剧界率先响应国家号召,奔赴祖国各地。

1955 年 11 月 26 日,上海市文化局专门向上海市人委提交请示报告,“动员本市新新越剧团去西安落户”。1955 年 12 月 12 日,上海市人委回函批复同意,要求加强对该剧团人员的思想教育,并做好业务整顿工作,

① 《上海市文化局民间职业登记工作计划(草)》(1955 年 12 月 26 日),上海档案馆藏,B9-2-15。

新新越剧团決定搬到西北
市文化局昨举行茶会欢送

昨天，上海市文化局举行茶会，欢送即将遷往西北支援社会主义建設的新新越剧团。

新新越剧团响应國家号召，决定搬到西北去演出，全团同志都感到光荣和兴奋。合作、芳華、春光、少壯、藝風、紅星、羣力等七个越剧团和虹口戲院，共有演員、音樂工作者和舞台工作人員等十多人，也熱情參加了新新越剧团，一道去西北为西北劳

图 13－1　1955 年 12 月 28 日，《解放日报》头版报道新新越剧团赴西北

在干部与剧目方面予以必要的调整与准备，以便到达西安后能够独立演出。”[①]1956 年 1 月 5 日，新新越剧团从上海迁往西安。《解放日报》专门发文，对新新越剧团的西迁予以充分肯定，其报道指出：“新新越剧团这次在党和人民政府的协助下搬往西安，对于满足西安地区工人们的文化要求，贯彻文艺为工农兵服务的方向，是有着重大的意义的。”[②]上海新新越剧团的这一举动给当时的上海文艺界产生了巨大的示范作用，同时也在

① 《上海市人民委员会关于文化局动员新新越剧团去西安落户报告的批复》(1955 年 12 月 12 日)，上海档案馆藏，B172－1－207。中共上海市委党史研究室编：《上海支援全国 1949—1976》下卷，上海书店出版社 2011 年版，第 88 页。

② 《欢送新新越剧团搬往西安》，《解放日报》1956 年 1 月 5 日。

全市范围内产生了积极的社会效应。新新越剧团的西迁拉开了上海戏曲院团支援内地的序幕,此后三年上海陆续支援内地的越剧团达八十家。[①]

在新新越剧团搬迁经验积累的基础上,上海市文化局于1956年4月初与江苏、浙江两省文化局举行联席会议,初步达成支援协议,兰州、洛阳、长沙、安徽、沈阳等地也要求上海支援部分剧团。同月,上海市文化局制定了一系列支援外地剧团的计划:越剧团天鹅、荣艺、光海、朝民、更胜、艺风、少少、合力、文艺、合群等10家支援浙江,合兴支援沈阳,飞鸣支援兰州,华艺支援安徽,光艺支援洛阳,出新等5个团支援长沙。在上海演出的7个甬剧团;3个锡剧团;精诚、春光、日升、同盛、兄弟、合兴等6个淮剧团;艺宣、协助、努力等3个扬剧团;群联剧团1个京剧团全部支援去浙江、江苏落户。另外,将艺州杂技、杨维桥技术、吴天魔术、李传芳古彩戏法等小单位合并为一个较完整的杂技团支援南京。[②]

其中,越剧团最先动员批准,最终确定支援浙江的越剧团为8家。它们分别是:精华越剧团去象山,文华越剧团去昌化,合力越剧团去建德,朝民越剧团去嵊泗,荣艺越剧团去岱山,少少越剧团去洞头,光海越剧团去玉环,更胜越剧团去天台。[③] 1956年5月,上述8个剧团出发去浙江。6月,上海动员春光越剧团去甘肃省落户,支援当地的社会主义建设,成为甘肃省的国营剧团,由甘肃省文化局进行领导和管理。[④] 当年,春光剧团支援甘肃,落户兰州。1956年共有10家越剧团支援外地。随后,上海市的新民、同兴、同春三个绍兴大班支援去浙江,合众越剧团去天津,云华

---

① 鲍世远:《戏水长流》,上海文艺出版社2011年版,第50页。

② 《中共上海市委对于文化局党组关于动员上海剧团支援外地的工作计划的批示》(1956年3月)。中共上海市委党史研究室编:《上海支援全国1949—1976》下卷,上海书店出版社2011年版,第99—102页

③ 《上海市文化局越剧支援工作总结》(1956年6月15日),上海档案馆藏,B172-4-498。

④ 《上海市文化局关于动员春光越剧团去甘肃省落户的工作计划》(1956年6月12日)。中共上海市委党史研究室编:《上海支援全国1949—1976》下卷,上海书店出版社2011年版,第106页。

越剧团去南京,杂技团红色二团去南京。除此之外,上海市文化局又动员上海县越剧团、艺联京剧团支援贵州省,上海永乐越剧团、上海亚东魔术团支援甘肃省、青海省,并对云南、北京等不同地区进行了剧团支援。1956 年,上海戏曲团体支援外地文化建设的实践,为下一步继续支援外地的文化建设做好了准备。

2. 配合组织重点创作开展内迁

从 1958 年起,上海戏剧界支援全国的步伐并没有停止,在上海加强与全国各地文化的交流与融合后,制定了全面支援外地文化艺术事业的计划,从而开启了第二次剧团集中支援外地的进程。

1958 年 11 月 28 日到 12 月 1 日,华东六省一市的文化协作大会在上海召开。由上海市召集主持,到会六省代表 36 人,文化部夏衍副部长,出版局和计划财务司的负责同志参加了这次会议,上海方面,除文化、电影、出版三局的负责同志作为正式代表参加了会议外,小组讨论时,三局有关业务处和事业单位的负责人也列席会议。三天半的会议,主要的是解决了关于组织重点创作和关于人力、物力的相互支援两个大问题。上海明确表示将发挥优势,在戏剧、电影、印刷等行业,在人力、物力上给予华东六省以最大的支援。根据华东六省一市文化协作会议的相关决议,上海市特地制定了戏剧界全面支援外地文化艺术事业的计划,准备拿出越剧、京剧、淮剧、歌舞剧 5 个团,分别支援福建、江苏、浙江、安徽、山东等省剧团建设,包括将京剧名家盖叫天支援给浙江。同时,由上海戏剧学院举办舞台美术和戏曲编导两个训练班,为各省培训文艺干部。

在支援外地文艺事业计划的指导下,上海积极动员广大文艺工作者,不讲条件、不计困难、不挑地区,到祖国最需要的地方去,并逐渐加大支援外地剧团方面的力度。1958 年到 1959 年,上海共计有京剧、越剧、淮剧、杂技、歌舞等 23 个剧团支援各兄弟省市。

1958 年,支援各地的文艺院团特点是数量比较多,分布面比较广。越剧方面,“上海华艺越剧团、红花越剧团、光艺越剧团的全体人员”在内的“上海文教工作者 300 多人支援宁夏”①,华艺、红花、光艺三家越剧团调整合并后,支援宁夏回族自治区,组成宁夏回族自治区越剧团;上海新艺、红星、群力三个越剧团,前往青海西宁市安家落户,组成青海省红旗越剧团;上海永乐越剧团输送去甘肃酒泉落户,上海县越剧团支援贵州省遵义市。京剧方面,上海群联京剧团、京艺京剧团、大众京剧团、部分京剧流动艺人及其家属数百人前往青海省落户,邑庙区艺联京剧团支援云南楚雄彝族自治州等。

1959 年,支援各地的文艺院团的特点是大团、名团纷纷加入。根据华东文化协作会议决定,京剧方面,1959 年 1 月,“为了适应华东各省京剧团体的需要,上海京剧院发挥共产主义协作精神,抽调一批京剧艺术人员支援华东各地”,“支援地区包括江苏、山东、安徽、福建四省,共有 54 人。这批人员约等于京剧院的一个演出团,其中有生旦净末丑各种角色,还有教师以及灯光、服装、化妆等全套技工。支援安徽省的有王熙春、赵国帧、孙正璜等 16 人;支援山东省的有孙正侠等 17 人;支援江苏省的有张洪奎、贾振声等 19 人;支援福建省的有 2 人。”②越剧方面,同月,应福建省人民政府邀请,上海市委批准具有较高演出水平、在上海演出 8 年、拥有广大观众的芳华越剧团支援福建省。1 月 25 日,在著名越剧演员尹桂芳的带领下,芳华越剧团离沪前往福建省福州市,组建福建省芳华越剧团。芳华越剧团到达福州市不久,适逢新春佳节,剧团即刻投入繁忙的演出,轮换演出优秀传统剧目

---

① 《2 万上海人支援宁夏建设　华艺、红花、光艺三越剧团即将开赴“塞上江南”》,《文汇报》1958 年 9 月 19 日。

② 《上海京剧院发挥协作精神抽调人员支援华东各地》,《文汇报》1959 年 1 月 12 日。

《屈原》《信陵君》《秦楼月》等戏,并深入海防前线,为广大军民服务,受到福建军民热烈欢迎。[①]

图 13-2 芳华越剧团尹桂芳在上海开往福建的列车上与欢送者告别的场景

特别值得一提的是,1959 年 6 月,北京市委专门向上海提出了支援一个越剧团到北京的要求。当时,北京市委陈克寒同志专门致信上海市委宣传部部长石西民,指出由于"北京市的南方人一天比一天多,各机关、企业,特别中央机关的一些负责同志常常反映,希望北京有一个越剧团,经常能看到越剧。我们磋商很久,感到随便向别的地方要一个越剧团来,因为一部分北京人眼界较高,也不能满足要求。因此,要求上海市委大力支

① 《到福建前线安家落户,芳华越剧团昨离上海》,《文汇报》1959 年 1 月 26 日。

援，从上海越剧院调拨一个团给我们。这件事，你们如能答应，确实功德无量。”石西民同志接信后马上批示给市委宣传部副部长陈其五，宣传部副部长、文化局局长徐平羽：“我认为北京要的越剧团是非送不可的。迟送、被动送，不如早送、主动送。”[①]根据北京市委的要求，上海市文化局对合作越剧团、青年越剧团、上海越剧院一团进行比较，并听取北京市文化局的意见后，最后决定把上海越剧院一团迁至北京。1960 年 3 月，上海市文化局对于调上海越剧院一团去北京市的问题，经研究，“一团原有的主要演员范瑞娟、傅全香、陆锦花、吴小楼、陈琦、张金花、金艳芳等全部调去”，“所有家属，均随团迁去”，“拟在 4 月底前做好动员，剧目加工排练，设备添置等工作，4 月下旬去北京，5 月 1 日在北京市演出”[②]。4 月，以范瑞娟、傅全香、陆锦花为主要演员的上海越剧院一团，前往北京，改建为北京越剧团。

1958 年至 1959 年这一时期，上海剧团支援全国各省市的还有淮剧、扬剧、评弹、杂技等剧种的剧团和演员，其他主要支援剧团有：新中国京剧团支援江西庐山，天鹅越剧团支援冶金工业部，合兴淮剧团支援江苏盐城，神州、吴天、雍有金杂技团（小班）支援哈尔滨[③]，亚东杂技团支援青海，青年杂技团支援冶金工业部，得胜花家杂技团一部分支援铁道文工团，红光歌舞团支援冶金工业部。[④] 还有星火魔术团落户江西[⑤]，刘忠俊飞车团

---

① 《陈克寒致石西民的信》（1959 年 6 月 14 日），中共上海市委党史研究室编：《上海支援全国（1949—1976）》（下卷），上海书店出版社 2011 年版，第 166 页。

② 《中共上海市文化局党组关于上海越剧院一团调京问题的报告》（1960 年 3 月 12 日），中共上海市委党史研究室编：《上海支援全国 1949—1976》（下卷），上海书店出版社 2011 年版，第 170—171 页。

③ 另据《上海文化艺术志》，雍有金杂技小班去的是铁道文工团。

④ 《上海市文化局关于十年来支援外地剧团情况表》（1960 年），中共上海市委党史研究室编：《上海支援全国 1949—1976》下册，上海书店出版社 2011 年版，第 179 页。

⑤ 中共上海市委党史研究室编：《上海支援全国 1949—1976》，上海书店出版社 2011 年版，第 50 页。

去安徽芜湖,民锋苏剧团去浙江杭州,以及还支援武汉、济南及新疆等地①。

据上海市文化局统计,到1960年11月,上海民间职业剧团1957年为185个,8 982人,到1960年上半年减少52个,2 705人;市文化局直属的戏剧单位在编人员,在1958年为1 213人,1960年上半年为947人。其中减少的院团和人员,大多支援到各地。②

三、援建电影制片厂及电影院

在戏曲剧团支援的示范带动下,上海的电影制片厂和电影院也纷纷开展对兄弟省市的支援,帮助他们建立电影制片厂,建设电影院。

上海是中国电影的摇篮,也是中国电影事业的重要基地之一。新中国成立后,上海电影制片厂在上级主管部门的统一安排下,先后调出了400多名各类专业人员支援东北电影制片厂(1955年改名为长春电影制片厂)、北京电影制片厂、八一电影制片厂等一些兄弟厂的建设,还调出一些行政管理干部和专业技术人员满足其他有关单位的需要③。

1958年,文化部提出"省有制片厂,县有电影院"的口号后,各省纷纷筹划电影制片厂。同年,全国电影工作跃进会议制定全党全民办电影的方针,明确到1960年,全国各省、自治区都要建立一个综合性的电影制片厂。为适应全国各兄弟省市、自治区筹建综合性电影制片厂的需要,上海积极承担支援外省发展电影事业的任务。上海市电影局抽调干部支援各

---

① 《上海文化艺术志》编纂委员会编:《上海文化艺术志》,上海社会科学院出版社2001年版,第989页。

② 《上海市文化局关于我市剧团支援外地情况的报告》(1960年11月26日),上海档案馆藏,B172-1-359。

③ 《上海电影志》编纂委员会编:《上海电影志》,上海社会科学院出版社1999年版,第155、157页。

协作省建厂，主要支援江西、江苏、山东、浙江、福建、湖南、湖北、安徽、广东和北京、西安共11省市新建电影制片厂①。1958年，上海首先帮助江西、江苏、山东、浙江、福建、湖南、湖北、安徽和北京8省1市完成建厂设计工作，40多人支援广州电影制片厂。上海不仅支援相关省市建设电影制片厂，还直接支援电影制片人才。1959年后，上海电影局从所属各厂抽调电影编剧、编辑、导演、演员、摄影、美术、录音、制片人等约270人，相当于上海一个故事片厂的全部人员，前往支援的其他省市正在筹建中的电影制片厂。在支援各地的电影工作者中，每个省市都配有从编剧、导演、演员到摄影、美工等全套人员，包括编剧、编辑方石禹等16人；导演舒适、陶金等15人；演员史原、崔超明、李纬、顾也鲁等50人；还有摄影师等。这样，每个省市约有30人左右，可以组成一个摄制组，立即开始工作。

除支援帮助各相关省市建设电影制片厂外，上海还提供资金、设备、人员，全方位地支援各地建设电影院等文化基础设施，如为兰州市新建3座电影院，分别为洛阳市和宝鸡市新建1座电影院②等。为了援建洛阳电影院，1955年10月，上海市文化局派出人员随同第二商业局赴西北考察访问，在洛阳与当地文化部门洽谈，决定支援当地新建一座电影院。1955年12月，上海市文化局经过协商，上海文化影片公司同意投资3万元、国光影院公司（大光明）投资4万元，共计7万元，并调出35米落地放映机一套，抽调影院24名工作人员支援洛阳，在支援洛阳市新建电影院调拨资金、设备人员的报告和请示获上海市人委

---

① 《上海电影局党委关于抽调干部支援各协作省新建电影制片厂的情况报告》（1959年1月26日），上海档案馆藏，B177-1-130。

② 《上海市第二商业局关于西北重点城市饮食服务以及文化事业访问情况的报告》（1955年11月25日），中共上海市委党史研究室编：《上海支援全国1949—1976》下卷，上海书店出版社2011年版，第84—85页。

的批复同意[①]后,上海市文化局致函洛阳市人委通报了支援洛阳电影事业的具体事项:“洛阳市人民委员会:关于你市新建影院需要资金、放映机及工作人员事,我局已准备就绪,现决定:一、调拨资金7万元,其中除保留部分作为工作人员之旅费今后在你市报销转账外,其余数即可拨汇;二、调拨35米落地式放映机一套,现机器正在整修装配中;三、抽调工作人员24人来你地工作,工作人员及家属拟由25日以后分批启程。”[②]从对洛阳电影院的帮助建设可以看出,上海不仅提供资金、设备,技术人员更是举家搬迁至洛阳支援当地建设,这种实实在在的支援得到了洛阳人民的欢迎和赞扬。

据统计,从1958年到1959年3月,仅一年多的时间,上海文艺界支援各兄弟省市的文化建设人才达1 600人[③]。

四、援建印刷业和捐赠图书

作为文化事业最发达的地区,上海一直是中国重要的出版基地,上海的编辑、出版、管理人才众多,著译力量雄厚,印刷力量和发行力量较强。解放后,上海根据国家的要求,开始支援外地建设和发展出版印刷事业。

20世纪50年代初,上海一些出版单位就开始迁往北京,支援新中国首都文化建设。1950年开明书店迁北京。1951年5月,世界知识出版社

---

① 《上海市文化局关于支援洛阳新建影院的请示》(1955年12月10日)、《上海市文化局关于调拨资金、机器、工作人员赴洛阳市支援新建影院的函》(1955年12月20日)、《上海市人民委员会关于文化局支援洛阳市新建影院调拨资金、设备人员报告的批复》(1955年12月30日),中共上海市委党史研究室编:《上海支援全国1949—1976》(下卷),上海书店出版社2011年版,第88、89、91页。

② 《上海市文化局关于调拨资金、机器、工作人员赴洛阳市支援新建影院的函》(1955年12月20日),上海档案馆藏,B172-4-416。

③ 《上海文艺界积极支援外地一年多来已抽调1600多人参加各地文化建设》,《文汇报》1959年3月5日。

迁北京。1953 年 4 月,时代出版社编辑部迁北京。1954 年前后,上海的商务印书馆、中华书局、龙门书局、私营地图联合出版社等陆续迁往北京①。

上海作为印刷技术力量比较集中的城市,根据国家和各地的要求,主动承担起协助兄弟地区建立和发展印刷工业的使命。1954 年前后,上海将部分印刷设备和技术力量调往边疆地区和少数民族地区,支援这些地区的出版工作。1955 年,为解决广西因没有一定规模和设备先进的印刷厂,连课本的印刷任务都没法完成的问题,周恩来总理就明确指示:"上海的印刷力量很集中,文化部可以从上海调一家印刷厂支援广西。"之后,上海市政府挑选了人员、设备各项条件较好的大东印刷厂迁往广西,包括 117 名职工和排印壮文的莱纳机,并从上海新华印刷厂抽调 20 名技术骨干充实力量,建成了广西民族印刷厂,改变了广西印刷出版的面貌。1956 年后,随着各地印刷业的建设发展,上海主动承担起印刷设备的支援任务。如 1957 年,上海共生产 28 台每小时可以印刷 5 万份或 2 万 5 千份对开报纸的轮转印报机,产量比 1956 年增加了三倍以上,以支援各地的印刷事业。同年,应福建省的要求,上海将我国第一台日产 50 吨新闻纸的造纸机支援给福建南平造纸厂,极大地提升了南平造纸厂的生产能力。

1958 年 8 月,中共中央文化部出版局召开全国报纸、书刊印刷工作会议。会议针对全国各地印刷力严重缺乏的困难情况,要求印刷生产力较有基础的地区本着共产主义精神,大力支援。同时,文化部提出"苦战三年,建立一个从中央到县的大中小并举,土洋结合的报纸书刊印刷网"的工作目标。会后,上海根据会议精神和文化部的指示,制定了《上海市出版局印刷生产力支援各省计划》,计划组织技术和管理人员 555 人,各类

---

① 《上海出版志》编纂委员会编:《上海出版志》,上海社会科学院出版社 2001 年版,第 9 页。

印刷设备74台,支援河南、云南、宁夏、安徽、广西、贵州、四川、广东、福建、江苏、浙江、江西共12个省、自治区。上海市通过整体搬迁、调拨设备、抽调技术力量等多种形式,组织动员大批职工到上述地区,有力带动了各省区市印刷业的发展。至1958年12月,上海全部134台对开铅印机,有85台支援各省,占铅印机总数的55%;全张机176台,外迁了46台。[①] 上海出版局所属的11个出版社以及上海社会文化等单位,为各地社会主义文化建设事业的需要,支援了编辑、美术设计、图书管理人员300多人。[②] 1960年,大同印刷厂、新联照相制版厂和长宁印刷厂先后自上海迁入福建省福州市和三明市。

除支援出版印刷设备和人员外,上海直接支援外地图书馆大批图书。上海市文化局所属的上海历史文献报刊图书馆和文物仓库,藏有大批复本图书、历年来从废纸中抢救出来的图书以及本市一部分大专学校调给上海市文化局的图书复本,这些图书大都是好多省市图书馆、特别是边远省图书馆所迫切需要的。为了发挥图书期刊的更大效用,上海市文化局组织力量,共整理出图书130多万册,准备支援外地。根据文化部1958年2月的指示,这些图书首先支援吉林、黑龙江、甘肃、陕西、内蒙古、新疆等六个省(自治区)图书馆共43万余册。其后,许多省市图书馆来沪要求调拨图书,至1958年12月底,又调拨出57万余册图书。余下30万余册图书大多是解放前的教科书,质量很低,不适用于图书馆的需要。而此时,仍有很多外地图书馆派员来沪请求调拨图书,上海市文化局已无可调图书,难以满足要求。为此,上海市文化局报告中央文化部,说明情况,希

---

① 《上海市文化局党组、电影局党组、出版局党组关于华东六省一市文化协作会议的情况和问题的报告》(1958年12月11日),中共上海市委党史研究室编《上海支援全国1949—1976》,上海书店出版社2011年版,第52页。

② 《上海文艺界积极支援外地一年多来已抽调1600多人参加各地文化建设》,《文汇报》1959年3月5日。

望文化部能将各省区市图书馆过多复本互通有无。与此同时，上海积极发掘潜力，在大专学校和图书馆及各界捐赠图书中，再整理出部分图书，以期支援外地①。

五、上海文化支援全国的影响

20 世纪 50 年代，上海发挥自身文化优势，在戏剧、电影、出版等领域给予兄弟省市大力支援，取得了良好的社会效益，无论是对被支援地区还是对上海当地文化资源的整合以及艺人自身精神境界的提高都具有积极的历史意义和现实意义。

首先，丰富了当地人民群众的精神文化生活，推动了当地文化事业的建设和发展。如在新新越剧团基础上建立的西安越剧团，深受当地工人兄弟的欢迎。当工人们得知剧团晚上要到郊区工地为他们演出的消息后，即使是零下十几度，有的工人下午一两点钟，就坐着等待看戏，演出进行到一半下起雨了，工人们都一动不动地坚持看完演出，甚至还要求加演，最终剧团为他们加演一场；又如该剧团到宝鸡演出时，也被工人拖住，连演了 7 场。② 在春光越剧团基础上建立的兰州越剧团自 1956 年 8 月迁到兰州后到 1957 年春节前，接连演出了《西楼记》《二度梅》《何文秀》《荔枝换红桃》等优秀的越剧传统节目，观众达 10 万多人次，几乎每场演出均客满，原来不大爱看越剧的北方人，也对越剧兴致勃勃。该越剧团团长尹树春、副团长李慧琴、田振芳还被甘肃省、兰州市先后选为人大代表或政协委员。③ 除了看戏，被支援地人民群众还能走进电影院看场电影，到图

① 《上海市文化局关于本市书刊外调工作的报告》(1959 年 2 月)，上海档案馆藏，B172－4－952。

② 《西安市越剧团团长高剑琳同志向上海市文艺界汇报在西北一年来之情况讲稿》(1956 年 12 月)，上海档案馆藏，B172－4－497。

③ 《上海人在兰州：老教授誉满全国、兰州艺术界的新花朵》，《解放日报》1957 年 2 月4 日。

书馆借阅新的图书等等,剧团的演出、电影的上映和图书种类的增加,这一切都丰富了当地人民群众精神文化生活,满足了人民群众的需求,客观上促进了当地文化事业的建设和发展。

其次,优化了上海本地的文化资源,促进了海派文化的传播和与兄弟省市当地文化的融合。为了支援全国文化建设的过程中,同时为了解决上海在探索建设新民主主义和社会主义文化道路的过程中出现了剧团重复建设、规模不等、竞争激烈等、演出不足等问题,上海提出:如果将一部分剧团支援外地社会主义建设,不但剧团本身得到了适当的安排和发展,因而对演出质量的提高和生活的稳定也得到了一定的保证和改善;同时也满足了当地人民的文化生活的要求,对上海目前剧团的臃肿和普遍上座率不高的现象也有所改变。剩下剧团经过在人力、物力方面的调整后,演出水平即可提高,加以挖掘和发挥剧团的潜力,仍可满足上海人民的需要。为此,上海市文化局积极鼓励剧团支援全国文化建设,成立了越剧工作委员会,动员越剧团支援各地建设。而各剧团在获悉后,表现十分踊跃:“还未作动员,就有剧团送来了申请书。全面动员以后,就有许多剧团和个人向文化局、青年团团委和工会提出申请。当时在上海的越剧团共三十一个,提出申请的有三十个。”①在充分考虑自身需要和外地需求的基础上,上海调整了文化资源布局,将一些相对过剩、不适合上海发展同时又有一定质量的文化资源输送到外地,支援外地文化建设。同时,实践表明,支援外地文化资源,不仅促进了支援地的文化建设,而且优化了上海自身的文化资源,使留在上海本地的各类文化资源形成规范有序的演出氛围。此外,上海在支援全国各地文化建设事业的过程中,不仅将海派文化传播到全国各地,使更多的人了解海派文化,而且由于文化人才的流

① 《上海市文化局越剧支援工作总结》(1956年6月15日)上海档案馆藏,B172-4-498。

动,便利了海派文化与不同地区文化艺术的借鉴和融合。到20世纪60年代初,越剧已流传到二十多个省市,影响日益扩大。同时,各剧团根据当地的特点,在创作排演新节目的过程中,汲取当地的艺术养分,促进不同文化之间的融合。如西安越剧团在表演艺术上受北方戏曲艺术的影响,吸收秦腔、豫剧、京剧、川剧等剧种的优秀技术技巧,创作了越剧《红梅记》《三滴血》《双青天》《红珠女》等剧目①,丰富了越剧表演艺术,促进了不同剧种的借鉴与融合。

最后,上海的文艺工作者自身获得了精神境界的提升、政治觉悟的提高。在动员、组织各文艺单位和人员支援外地工作的各项工作中,上海市文化局、电影局和各文艺院团极为重视思想动员工作,在实事求是地照顾到具体困难与个人志愿的同时,对支援外地的文艺工作者进行了较为充分的思想教育,提高大家的思想觉悟,使他们认识到支援外地工作的重要意义,认识到支援外地是为了使文艺工作更好地为人民服务、为社会主义服务,及时打消思想顾虑,增强支援外地的决心。上海电影局党委在作了充分的组织准备后,对支援外地人员进行了深入细致的思想教育说服工作,绝大部分人打通思想顾虑,表示服从组织分配,整个动员工作比较顺利②。各剧团支援各地建设的青年演员则通过上团课的形式,接受了"服从祖国需要、到祖国最需要的地方去"的思想教育,很多剧团组成了青年突击队,表示随时响应领导上的一切号召。各支援单位还专门就"支援外省的问题,结合社会主义和共产主义思想教育,进行了充分的务虚和辩论,纠正了少数同志留恋上海、考虑条件、地区和个人得失等不正确的思想,大家为戏剧事业遍地开花的美丽前景而欢欣鼓舞,认识到好儿女志在

① 《越剧记忆　曾经的那些剧团——西安市越剧团》,"越剧在线"微信公众号2018年7月22日。

② 《上海电影局党委关于抽调干部支援各协作省新建电影制片厂的情况报告》(1959年1月26日),上海档案馆藏,B177-1-130。

四方,支援兄弟省市是非常光荣的、义不容辞的任务。他们在大字报、小组会上表示:不挑地区、不讲苦难、不计条件,坚决服从组织分配"[①]。在各剧团和人员主动提出的申请书中都提出:"我们申请国营的保证书上都有这样一条:服从领导上的分配,到祖国最需要的地方去。我们没有顾虑,请领导上批准我们去吧。"[②]经过思想教育,广大文艺工作者在提高思想政治觉悟的基础上,纷纷主动请缨,表示坚决服从分配,到祖国最需要的地方去。

20世纪50年代,随着国民经济的恢复和发展、"一五"计划的进行和社会主义建设的全面展开,上海根据中央的指示精神,结合国家和各兄弟省市的需求,发挥自身在工业和文化方面的优势资源,在支援国家和兄弟省市经济建设,推动国家工业化进程的同时,开展了文化支援工作。上海动员和教育戏曲界、电影界的广大文艺工作者,动员印刷、图书等业人员,不讲条件、不计困难、不挑地区,投身到祖国最需要的地方去支援当地的文化建设,丰富当地人民群众的文化精神生活,推动各地文化事业的建设和发展,有力地配合了上海工业经济支援全国的工作,成为上海支援全国工作的重要组成部分,为全国社会主义建设作出了重要的贡献。

(段春义)

① 《上海文艺界发挥大协作精神,整套人马支援八省一市》,《文汇报》1959年1月7日。
② 《上海市文化局越剧支援工作总结》(1956年6月15日),上海档案馆藏,B172-4-498。

国庆十周年的文化活动

1959年，是新中国成立的第十年。十年间，社会主义建设取得了举世瞩目的成就，人民生活水平获得大幅的提高。同全国人民一样，上海人民欢庆国庆十周年的热情空前高涨，各行各业展开形式丰富的活动来庆祝这一有着重大意义的节日。文化界作为欢庆活动的主力军，也精心组织了规模盛大、精彩纷呈的文化活动。这些活动不仅营造出一片欣欣向荣、团结奋进的节日氛围，也很好地展现了十年来上海文化建设的巨大成果。

一、抓好重点创作为十周年献礼

为迎接国庆十周年组织开展庆祝文化活动，是当时上海文化界的一件大事、盛事。从1958年，也就是国庆十周年到来的前一年，上海文化界就根据市委号召，开展献礼庆祝的准备工作。这一阶段的重点是抓好献礼作品的创作。

作品是开展文化活动的基础，优秀的作品不仅能反映出文化发展水平,还能以生动的方式展现十年来上海各方面的建设成果,鼓舞和激励全市人民建设新上海的热情。因此,在筹备阶段,上海文化界以文艺作品创作为抓手,做好重点献礼作品创作,为一年后到来的国庆十周年活动做好准备。这些作品也成为此后国庆汇演和展示的亮点,其中的精品还被选出来参加晋京演出,在全国观众以及外宾的面前大放光彩。

1958年的国庆节前,上海市委批转宣传部《关于在工厂、企业、人民公社、机关、专科以上学校和部队组织重点文艺创作的报告》。过完国庆不久,市委即向全市发出号召,要求全市各区县、各单位广泛发动群众,开展创作小说、戏剧、电影、音乐、美术、舞蹈等文艺作品的活动。这次活动要求"一部分作品要达到较高的水平"①,并以这些作品为重点开展进一步创作和加工。为落实市委发出的号召,市委宣传部还专门成立重点文艺创作总指挥部,领导和协调全市的文艺创作活动,了解重点创作情况,并设立电影、文学、美术、音乐舞蹈、戏剧五个指挥部,对不同艺术类别的重点创作进行领导。

在市文化局组织下,专业文艺单位积极发挥作品创作主力军的作用,精心创作文艺节目、绘画、摄影、电影等作品,准备着为国庆十周年献礼。在市委向全市发出号召前,市文化局就召开国家剧院(团)负责人会议,研究向国庆十周年献礼的重点剧目创作计划,确定了需要重点创作、排演的47个剧目,以及创作的时间节点,要求各单位保证如期完成作品。一个月后,全市专业演出团体又召开为期6天的创作会议,在对1958年以来的创作工作进行总结的同时,讨论开展好庆祝国庆十周年创作的具体措施。

---

① 《市委号召进一步开展群众文艺运动　创作优秀作品反映伟大时代　宣传部已拟出开展重点创作、群众创作的措施》,《解放日报》1958年10月5日。

在基本确定创作计划后，全市各文艺单位的节目创作进入实施阶段，采取各种措施，确保创作的数量和质量。一是做好人力、组织保障。市文化局要求各文化单位发扬协作精神，以保证重点创作的质量。对于重点创作所需要的导演、演员、美术设计人员可以在全市范围内点名抽调，以集中各单位的创作及演出力量。同时，对节目的舞台美术、服装道具以及布景配乐等技术工作，指定由戏剧学院、音乐学院等单位专门负责落实。各艺术团体也纷纷组织精兵强将投入创作，比如，上海的音乐界专门成立音乐创作指挥部，协调各专业音乐团体，组织力量进行创作。二是深入生活，广泛搜集创作素材。不少剧团都深入到工厂、农村和部队去采风和演出，以体验生活、积累素材。这些贴近生活、反映时代特色的现代剧，对于展现新中国成立十年来上海的建设成就有着重要意义。比如话剧《枯木逢春》就是以当时农村地区消灭血吸虫病的事迹为蓝本进行创作的。在

图 14－1 话剧《枯木逢春》剧照

排演过程中,主抓农村工作的市委书记魏文伯还亲自挂帅,使得这个原本不太成熟的剧目在演出后获得众多好评。三是坚持“两条腿走路”。主要体现在两方面,一方面,既抓好创作新的剧目、曲目,又对已有的优秀剧目进行改编、加工;另一方面,在创作新作品时,也不忘挖掘、整理传统资源,新编了一批历史题材的作品。

除创作供演出的节目外,市文化局还组织全市书画家、摄影家、雕塑家,创作一批供展览的美术作品。按照市文化局的安排,艺术家们减少其他方面的工作,将精力集中在参展作品创作上,以确保创作时间,同时还尽可能地深入生活积累素材,从而保证参展作品的数量和质量。

根据中央文化部在1958年底提出的拍摄优质影片迎接国庆要求,上海电影界采取拍摄献礼影片的形式,来迎接国庆十周年的到来。随后,电影局就将这些献礼影片作为年度拍摄工作任务的前提下,集中力量进行创作、拍摄。1959年初,曾长期在上海从事电影事业、时任文化部副部长的夏衍到上海时,还特意观看了上海电影界的献礼候选剧本与影片。经过反复的筛选,才确定《聂耳》《绿洲凯歌》《万紫千红总是春》《黄浦江的故事》《好孩子》《春满人间》《宝莲灯》《钢铁世家》这8部故事片,作为重点创作的献礼影片,分别安排海燕和天马两个电影厂进行拍摄。在这些影片中,有反映新中国建立十年来的新面貌的,其中天马电影制片厂拍摄的影片《万紫千红总是春》,通过展示王彩凤等几个主演由家庭妇女转变为工人的过程,既真实反映当时社会的面貌,又充满生活气息,“是当时拍摄的一批纪录性艺术片中的上乘之作”。[①] 海燕电影制片厂拍摄的《聂耳》等电影则以历史为创作题材。影片《聂耳》全面展现了聂耳的艺术生涯和革命历程,是一部优秀的人物传记电影。该片在1960年获得了第12届卡罗

① 《上海电影志》编纂委员会编:《上海电影志》,上海社会科学院出版社1999年版,第292页。

维·发利国际电影节的传记片奖。

出版业作为上海文化版图中的重要组成部分，在迎接国庆十周年的活动中也占有一席之地。上海的各家出版单位在市出版局的领导下，将出版重点图书作为向节日的献礼。为此，市出版局专门成立领导小组，统筹全市的重点图书出版工作；各出版社则在1958年年底前分别拟定重点图书的选题计划，再以此为基础开始组稿工作。按照市委要求，出版一种反映上海十年来建设成就的献礼纪念画册成为出版工作的重中之重。以制作画册见长的上海人民美术出版社责无旁贷地承担了这一重任，组织出版了以《上海》为名的纪念画册。该画册不仅生动呈现上海各行各业在十年建设中所取得的成就，还以精美装帧和精良印刷反映出当时上海出版业的高水准。这批为迎接国庆十周年出版的重点图书中，有不少参加了1959年的莱比锡国际书籍艺术博览会，其中《永乐宫壁画》《上海博物馆藏画》《梁祝故事说唱集》获排字印刷银质奖章。当时，印制宣传画也是出版界的重要工作之一，特别是临近国庆十周年，为营造节日氛围，各方面对宣传画的需求很大，比如哈琼文创作的《毛主席万岁!》一经推出就供不应求，在一个月内就印刷了三次。

图14-2　宣传画《毛主席万岁!》

在专业文艺单位加紧创作的同时，业余群众也被广泛发动起来参与到文艺作品的创作中。在市委的号召下，全市各区县以及工厂、部队、大学等单位纷纷发动业余作者进行文艺作品的创作。为保证创作质量,对于较优秀的作品,还安排专业的创作人员进行指导和帮助加工。在专业编剧的帮助下,业余作者创作了26部有一定质量的电影剧本。根据其中一部剧本拍摄的《无名岛》是著名导演谢铁骊第一部单独执导的影片,其情节惊险曲折,富有观赏性,获得不少的好评。而不少由群众创作的优秀音乐、戏剧作品也在此后的国庆十周年展演活动中获得了演出的成功,比如大合唱《黄浦江颂》和京剧《唐赛儿》、越剧《羞皇岛》等。[①]

二、抓紧活动筹备迎接国庆到来

随着1959年的到来,上海国庆十周年文化活动的筹备工作也进入到冲刺阶段。此前组织创作的文艺作品正逐步完善成熟,文化主管部门适时地组织全市性会演,让这些作品有了预演尝试的机会。同时,国庆期间的演出安排和展览筹备工作也紧锣密鼓地推进着。

1. 国庆前的预热演出

1959年一整年,上海的演出舞台都是热闹非凡的。在国庆展演正式开幕前,上海文化界组织的各项会演就已经轮番上演。通过会演,一些为国庆创作的献礼节目得到了预演机会,从而能够找到不足和差距,明确进一步提高和完善的目标。

1959年的春节刚过,上海市戏剧会演便拉开了演出序幕。由市文化局主办的这次会演分为2月和5月两个阶段。在两阶段的会演中,共有41个剧院(团)演出了73个剧目,不仅涵盖京剧、越剧、沪剧等主要戏剧剧种,而且还有14个话剧剧目也参与新排演的剧目中,有不少就是专门为

---

① 《重点文艺创作情况简报》(1958年12月6日),上海市档案馆藏,A22-2-807。

国庆献礼而创作的。[①] 越剧《则天皇后》、话剧《共产主义凯歌》、沪剧《星星之火》、淮剧《女审》、扬剧《黄浦江激流》等剧目，在此后的国庆展演中广受好评。在会演中得到肯定的昆剧《墙头马上》，在国庆期间获得了晋京演出的机会。为进一步提高这些剧目的演出质量，文化局还专门组织评论与座谈活动。在座谈中，演职人员以及各方专家就剧目的表演、音乐和舞台效果等进行深入探讨，交流经验和寻找不足。所以，这次会演不仅检验了上海此前的戏剧工作成果，也为此后的国庆演出做了很好的预演，积累了经验。

图 14－3　昆剧《墙头马上》剧照

上海的会演活动在 5 月掀起一个小高潮。除戏剧会演的第二阶段如期举行外，上海曲艺会演和上海音乐舞蹈会演也呈现在市民面前。在音

① 《1959 年戏剧会演艺术总结提纲(初稿)》(1959 年 7 月 16 日)，上海市档案馆藏，B172－1－331。

乐舞蹈会演上,上海音乐学院的青年学生俞丽拿独奏了由同学何占豪和陈钢创作的小提琴协奏曲《梁祝》。这首乐曲获得了巨大的成功,引起各界的关注,时至今日仍旧被认为是中国传统音乐和西方音乐完美结合的典范。值得一提的是,1959 年音乐舞蹈会演所取得成功,成为一年后创办“上海之春”音乐会演的重要契机。

除专业会演外,上海在 7 月又组织一次群众文艺的交流演出。来自全市的业余剧团、演出队、合唱团共演出 100 多个节目。虽然,这次交流演出的多是小型节目,演出的艺术质量也不可能与此前专业的会演相媲美,但却能更加生动地反映出当时群众的精神面貌,起到了很好的宣传作用。不少节目在演出结束后,通过邀请专家点评,以及演出团体间的经验交流,质量又得到进一步提高,为此后在国庆十周年的会演上有更好的表现创造了条件。

1959 年国庆节前的这几次会演,既丰富了市民的文化生活,为节日的到来营造良好氛围。同时,众多作品又通过集中展演,提高了演出水平,为在国庆期间的成功演出做了充分准备。

2. 筹备文化演出和艺术展览

在完成了文艺作品的创作和预演工作之后,1959 年下半年起,上海文化界的工作重心就逐步转向了筹备国庆节期间的正式演出和展览活动上。

7 月初,市委批转了市委宣传部《关于庆祝国庆十周年的意见》,指出要开展各种文化活动,以营造节日气氛,要求文化部门“尽早准备庆祝建国十周年的精彩晚会节目和电影展览。”按照市委的要求,在市委宣传部的部署安排下,市文化局协同全市各文化艺术协会,成立领导小组,开始筹备国庆文艺会演和艺术展览。

而在市委作出明确安排之前,市文化局就已经召集全市各艺术单位和演出场馆负责人会议,确定国庆期间会演和展览工作的计划,部署具体工作,要求全市各演出团体以最优秀的剧目、最优秀的演员,在国庆期间做集中展示;同时,还要求各演出场馆做好演出计划以及安排外宾接待等工作。在市委下达意见后,文化局又再次召集文化界各协会及单位负责人召开准备会议,集思广益,进一步推进筹备工作。

在组织筹备演出的过程中,确保演出质量和演出场馆秩序成为工作的重点。为确保演出质量,市文化局首先采取保护演员嗓子的做法。在筹备演出过程中,一些主要演员因过于劳累而出现嗓音嘶哑问题,如不加以防范,那么将严重影响国庆期间的演出质量。针对这一情况,市文化局三管齐下,第一要求演员"爱护身体,保养嗓子";第二要求剧团安排好演员作息,主要演员每天最多只安排一场演出;第三要求各级主管单位尽量少地安排主要演员的社会活动和会议,以保护演员的嗓子。其次,精心挑选演出节目。市文化局在对各演出单位的节目进行认真地检查之后,又经过比较和讨论,最终才确定演出节目,并将节目报宣传部审查通过后,才安排演出计划及开展宣传活动。尤其对于招待外宾的节目,更是精挑细选,安排了越剧《三看御妹》、京剧《杨家十二女将》等向国庆献礼的重点节目或是久演不衰的经典剧目。

整顿剧场秩序方面,针对一些剧场观众入场秩序差、影剧场设施老化的问题,市文化局要求各剧场围绕迎接建国十周年庆祝活动这一中心,做好完善票务和剧场布置工作,维护好剧场的秩序,以提高演出和电影放映的效果。为改善观众入场秩序,各剧场恢复了检票入场的办法,并且让迟到观众在幕间入场。在观众的配合下,演出场所的秩序得到明显改善。由于措施得当,效果良好,上海保护演员嗓音和重视整顿剧场秩序的做法还引起中央文化部的重视。8 月初,中央文化部专门发文,将上海的做法作为典型经验在全国做了介绍,要求各地参照上海的做法,采取相应措施,来保证国庆节期间文化演出活动的顺利完成。

市文化局则协同美术、摄影等艺术协会筹备国庆节期间的艺术展览。不同于演出,在筹备展览的过程中,征集各种展品是工作的重点。按照计划,市文化局要求全市各艺术协会负责按工艺美术、摄影、年画、剪纸等展览内容,征集和遴选作品。在组织本市的力量进行创作的同时,还在全国的范围内进行展品的征集。展览场地也在此期间逐一确定下来。此外,对全市已有的博物馆、纪念馆进行了有组织的翻修和重新布置,并抓紧建设上海博物馆,准备在国庆期间开馆。

三、办好文化活动热烈庆祝国庆

临近国庆,中央批转了中宣部关于庆祝建国十周年的通知,要求各地组织群众文化娱乐活动,让群众热烈地、欢欣鼓舞地度过国庆节。由此,揭开了全国庆祝建国十周年活动的序幕。9 月 19 日,上海文化界精心准备的各种文化活动——展览演出月、艺术展览会、新片展览月等开始逐一呈现在市民面前,让上海市民目不暇接。

1. 规模盛大的展览演出

作为国庆文化活动的重头戏,文艺节目的演出活动最先开始。9 月 19 日,上海市戏剧、音乐、舞蹈、评弹、杂技、木偶这五个展览演出月相继开幕。精彩的文艺演出将全市的节日气氛快速地推向高潮。上海市民对此次活动的热情也是空前的,观看演出展览的观众达到 300 多万人次,平均每天 10 万人次观看演出,接近平时观众数量的 3 倍,热门演出几乎场场爆满,一票难求。

这次展览演出的规模盛大。首先,演出的规模体现在演出的综合性强,6 个不同的展览演出月,涵盖戏曲、曲艺、音乐、舞蹈等不同文艺类别。规模最大的戏剧展览演出,则包括了京剧、越剧、淮剧、沪剧在内的所有主要剧种。其次，参演的单位和人员众多。演出单位达到了 70 多个，仅戏曲界就派出 7 000 多位演职人员参加到这次演出月中。再者，会演上演出的剧目不仅数量多，而且题材广泛，形式多样，既有反映当时社会生活及社会主义英雄人物的现代戏，也有经过加工整理重新上演的传统剧目；有严肃的正剧，也有诙谐幽默的喜剧，还有适合儿童观看的儿童剧、木偶剧等。

同时，这次会演的艺术质量也是很高的，不仅节目精彩、题材丰富，而且内容和形式上都有所创新，加上强大的演出阵容，充分保证演出的成功。

首先，参加演出月的节目都是经过反复加工和精挑细选的。参演单位都按照市文化局的要求，组织本单位最受观众喜欢、最为优秀、艺术性最强的剧目来参加演出。京剧《泗洲城》《樊江关》，越剧《梁山伯与祝英台》《西厢记》，沪剧《罗汉钱》《雷雨》，淮剧《白蛇传》，甬剧《半把剪刀》等都是各剧团的拿手剧目。此外，还有不少是为向建国十周年献礼而精心创作或整理改编后上演的节目，比如话剧《日出》《大雷雨》，舞剧《小刀会》，京剧《海瑞上疏》①，越剧《则天皇后》《李翠英》，沪剧《星星之火》《史红梅》，淮剧《三女抢板》，滑稽《样样管》，评弹《乘风破浪》，大合唱《幸福河》等等。这些新创排的剧目在展览演出中获得观众的广泛认可，由于艺术质量高，这些节目有不少成为了经典作品，传唱至今。

其次，不少节目都突出了“创新”的特点。舞剧《小刀会》在艺术形式上有重大突破，作为上海编排演出的第一部舞剧，在国庆节前一晚首演后，立时引起各界的一致好评；沪剧《星星之火》则在唱腔和伴奏音乐方面做了新的尝试，通过在传统的曲调中加入新的元素，同时采用二重唱、联

---

① 也称为《海瑞上本》。

图 14－4　舞剧《小刀会》剧照

唱等新的演唱形式,增强艺术表现力。在这次演出月中,不少剧目的编排导演、舞台美术设计、服装道具等方面也得到提升,比过去更适合剧情、更美化。比如,京剧《杨家十二女将》演出时,采用在幕布上轮换国画写意图案的方法,有效地烘托了演出的气氛,给观众以美的享受。在新创排剧目中,通过几位知名演员的出色表演,塑造出不少有着鲜明艺术特色新人物,比如话剧《共产主义凯歌》中的钢铁英雄康永才,《枯木逢春》中的共产党员罗舜德,沪剧《星星之火》中的工人阶级战士杨桂英,扬剧《黄浦江激流》中的共产党员老孙和卢志英等。舞台上的这些创新,充分显示出上海文化界的创作活力,艺术的繁荣以及百花齐放的热烈气氛。

图 14－5　京剧《海瑞上疏》

最后,强大的参演阵容保证了演出的成功。这次会演云集全市的各路名家,著名的京剧演员李玉茹、童芷苓,越剧演员袁雪芬、范瑞娟,沪剧演员丁是娥、邵滨孙,淮剧演员筱文艳、何叫天,扬剧演员顾玉君,评弹演员刘天韵、蒋月泉,话剧、电影演员白杨、秦怡,歌唱家周小燕、蔡绍序等都参加了演出。海派京剧的代表人物周信芳更是在《海瑞上疏》一剧中,成功塑造海瑞的形象,让广大戏迷大呼过瘾。还有不少年轻演员也被推上前台，特别是新中国成立后逐步培养起来的优秀年轻演员得到了登台亮相的机会。青年演员通过演出，不仅获得锻炼，还得到观众肯定。一些老艺人则积极帮助年轻演员进步，著名电影演员白杨就在新创作话剧《日出》的演出中，带领青年演员章非等一起演出，起到以老带新的作用。而作曲家何占豪、导演马科、舞台设计师崔可迪等年轻的幕后工作者也以自己的努力为国庆十周年文艺演出增添光彩。通过这次演出，既反映出当时艺术工作者的创作热情和艺术水平，也很好地展示了上海十年来培养艺术人才的成果。

为加强演出的效果和宣传工作，上海的解放、文汇、新民等报社还组织刊登一批评论文章、演出介绍与演出特写等，宣传和推广那些受到广泛关注的优秀剧目，让没有机会看到现场演出的观众也能够知晓这些剧目。比如，《解放日报》《新民晚报》等分别刊载舞剧《小刀会》的评论文章，给予这一剧目充分的肯定，从而提升这一优秀舞剧在群众中的影响力和知名度。同时，上海的文化社团还纷纷举办座谈会，对演出剧目的创作方法、演员的演技、舞台美术等话题展开热烈的讨论，在总结经验的同时，还为此后的工作起到推动作用。

在演出月的活动过程中，招待各国外宾也是一项重要工作。除安排外宾到剧场中观看剧目外，市文化局还专门组织 7 场专场晚会招待来自阿尔巴尼亚、捷克斯洛伐克、匈牙利、保加利亚等国的党政代表团、法国等国的兄弟党代表团以及来自苏联的国家大剧院芭蕾舞团。在这些专场演出节目的安排上，更加注重有中国特色的节目，选取有代表性的优秀传统剧目。比如，在招待来自拉美国家的客人时，就特意安排了杂技表演以及京剧《柜中缘》和《泗州城》两出戏。这些精彩而又富有民族特色的演出，让外宾们大饱眼福，同时也促进了我国与各国的文化交流。

国庆期间，根据中央文化部的布署，上海选取了优秀演出节目晋京演

图 14－6　越剧《红楼梦》剧照

出,以保证节日期间北京的演出和外宾招待工作。最终,以俞振飞、言慧珠为主演的昆曲《墙头马上》和徐玉兰、王文娟主演的越剧《红楼梦》《追鱼》等节目被选中赴北京参加献礼演出。在国庆演出期间,这些剧目受到中央领导、外宾以及首都各界观众的一致肯定,周恩来总理还亲自接见参加演出的人员,与主要演员做亲切的交流。演出的成功不但为节日期间的北京增添光彩,也在全国的观众面前展现了上海文化事业的发展成果。

在观看演出的同时,上海市民还积极参与到各项群众文化活动中去。国庆期间,上海专门组织群众文艺会演。在会演中,有来自工厂企业的职工演出团体,把本单位的优秀人物和先进事迹搬上舞台;也有来自郊县农村的演出团体,将富有地方特色的节目展现给全市的观众。比如,崇明县文化馆组织的山歌剧《樊桃郎》,就在会演过程中获得了观众以及专家的一致好评。

2. 精彩纷呈的艺术展览和影片展映

在文艺演出开幕后不久,上海又接连举办以庆祝建国十周年为主题的艺术展览活动,让全市的观众欣赏到了众多的优秀艺术作品。这些艺术展览会呈现出上海十年来在绘画、摄影、工艺美术、文博、电影等艺术领域所取得的成就。

9 月 22 日,市文化局、美协上海分会等联合举办"庆祝建国十周年美术作品展览会"开幕。同一天,民间玩具、近代肖像画、民间剪纸、民间木版年画、工艺美术、民间灯彩和摄影艺术的展览会也分别开幕。在上海美术馆举办的美术作品展览会是其中最重要的一个展览会,共展出 200 余件各种风格的作品,包括国画、油画、水彩画、版画、漫画、宣传画、连环画等各种绘画类别。展出作品中有很大一部分是以各种手法描绘当时社会生活的,如《新安江建设新貌》《配电工》《七月的田野》《大跃进中》等。这些作品不仅具有一定的艺术性,同时也能起到宣传全国特别是上海的社会主义建设成就的作用。工艺美术展览会展出各种象牙雕刻、剪纸、木雕、玉雕、竹刻、瓷刻、绒绣、金银镶嵌等展品。这些来自全国各地的精致展品让观众叹为观止。近代肖像画展览则展示了一百余件由陈洪绶、任伯年、吴昌硕等名画家创作的作品。上海的摄影工作者和业余爱好者摄制的 200 余件作品则在摄影艺术展览会上进行展出。其余的几个展会也结合各自的主题展示了各种民间艺术的魅力。上海博物馆和上海图书馆则分别推出"中国历代绘画展览会""珍贵图书展览会"等 4 个文博展览,来展示我国古代的传统艺术和文化。

此外,上海还组织了群众艺术展览,展出普通市民群众创作的美术作品。从 7 月就开展的第二届工人业余美术创作展览会,共展出 145 名工人美术作者创作的 266 幅作品。国庆节前夕,该展览会专门移到上海美术馆展览,让更多的观众能够欣赏到工人群众自己创作的作品。国庆期间,上海的这十余个展览让观众大饱眼福,共有 44.2 万余人次参观了这些展览。

1959 年国庆节期间,上海的观众还欣赏到了数量众多的优秀国产电影。为庆祝建国十周年,不仅上海的电影厂摄制了献礼片,全国其他地区的各大电影厂都按照文化部的要求,拍摄了不少优秀的献礼片。为集中展示这些影片,文化部特别主办了"庆祝国庆十周年新片展览月",在全国各地上映这些影片。上海电影界拍摄的献礼影片以及此前拍摄的《林则

图 14－7　影片《林则徐》

徐》等电影与其他优秀国产新片一起进行展映。该展映活动于 9 月 25 日在全国各主要城市同时开始。上海有 30 家影院参与了展映活动。展映的 36 部国产新片不仅题材丰富,而且样式多样。展览月上映的影片中,题材各异的故事片占半壁江山,其中有反映现实题材的影片,如长春电影制片厂拍摄《风从东方来》,也有根据文学作品改编的影片,如北京电影制片厂拍摄的《林家铺子》,还有诸如《宝莲灯》这样充满艺术气息的舞剧片。此外,《青春之歌》《海鹰》《冰上姐妹》《万水千山》等故事片也都各具特色。除故事片外,还有不少制作精良的美术片、科教片,比如上海美术电影制片厂拍摄的《雕龙记》、上海科学教育电影制片厂拍摄的《中国猿人》等。八一电影制片厂摄制的《英雄战胜北大荒》等几部纪录片,以最直观的方式反映了当时全国人民建设祖国的生动画面。这次展映的影片质量普遍较高,不仅有相当的思想性,艺术性也有一定保证,就连不少外宾在观看后都表示赞赏,有外宾表示回国后要组织一个“中国电影周”来展示中国电影。在上海举办的展映活动中,还特别加映《上海人民欢庆建国十周年》的纪录片，使广大观众能够更直观地体会到节日的气氛，起到很好的宣传效果。

1959年国庆节前后，上海组织的各类文艺演出、展览和展映，共吸引了多达700万人次的观众。仅通过这一个数字，便足以看出这一文化盛事的规模和影响。这一系列活动的成功举办，充分展现了新中国成立十年来上海文化工作的成果，并证明了上海文化工作者确实有着丰富的创造力、强烈的创作欲望和出色的艺术表现力，只要有正确的文化发展方针，他们就能创作出好的作品。同时，这些文化活动的影响并不止于当时，特别是那些优秀的文艺作品不仅丰富了当时上海市民的文化生活，同样也是留给后人的宝贵精神财富，时至今日，影响仍经久不衰。

（黄　啸）

1960 年代的“上海之春”

“上海之春”音乐会演[①]，是解放后上海首个连续举办的大型文化活动，自 1960 年首次举办后，每年一届，到 1966 年共连续举办七届。音乐是“上海之春”的主题，最初以声乐演唱和器乐演奏为主，后来又加入了歌舞、舞剧的表演形式。集中举办的音乐会是“上海之春”的主要内容，此外，还有研讨会、音乐比赛、基层演出等活动。“上海之春”既丰富了人民群众的文化生活，也成为许多优秀音乐作品和优秀音乐人才的展示舞台。虽然从 1967 年到 1977 年停办过一段时间，但 1978 年恢复后一直持续举办。时至今日，“上海之春”仍然是上海重要文化品牌之一。

一、“上海之春”诞生的背景

解放后，上海的文化事业随着经济、社会的恢复和发展，也重新焕发

---

① “上海之春”的名称，从最初创办时的后缀加上“音乐会演”或“音乐会”等，直到 2001 年时正式改为“‘上海之春’国际音乐节”的现名。但“上海之春”的简称始终没有改变，一直沿用至今。

活力。作为文化事业的重要组成部分,音乐艺术的创作和演出发展迅速,到1960年代时,已经"出现了空前繁荣的景象"[①]。正是这种繁荣兴盛,为"上海之春"的举办创造了条件。1959年,为迎接和欢庆新中国成立十周年,上海举办了大规模的音乐舞蹈会演,这些会演的成功又激发了上海音乐工作者举办"上海之春"的灵感。

1. 音乐人才的培养与演出队伍的建设

艺术家和演出队伍是举办大型文化活动的关键因素。没有高水平的艺术家,就没有好的作品,以作品为载体的文化活动,就是无本之木,无源之水。而演出团队的规模则决定文化活动的厚度和广度。"上海之春"的成功举办得益于当时上海已有一批高水平的音乐家和一定规模的演出团队。艺术家的精心创作和精彩演出成就了"上海之春"的诸多亮点,而数量众多的演出队伍则支撑起了"上海之春"的广泛基础。

解放前,上海已经集聚了一批有较高艺术水平的音乐人才,奠定了上海音乐事业发展的基础。解放后,上海更是特别注重艺术人才的培养,在音乐方面培养出一批有相当艺术水平的创作和演出人才。不仅贺绿汀、周小燕、黄贻钧等已经成名的音乐家在艺术造诣上日趋成熟,更是涌现出一批有潜质的青年音乐人才。他们中的何占豪、俞丽拿、施咏康、顾圣婴、才旦卓玛、李名强、殷承宗等人,有的在国际音乐比赛中脱颖而出,有的在后来的"上海之春"上大放光彩。据1962年的一份统计显示,上海音乐学院[②]从解放后到1958年,共培养了289名学生,到1962年又培养了296人,而其前身——国立音乐院从建校到解放前,总共只毕业了207个学

---

① 《中共上海市委宣传部关于举行"上海之春"音乐舞蹈会演请示报告的批复》(1960年4月25日),转引自:《上海文化建设文献选编(1949—1966)》,上海书店出版社2014年版,第117页。

② "上海音乐学院"于1956年正式定名,此前曾使用"中央音乐学院上海分院"等名称,但实为同一所学校,故此数据包括正式定名前的阶段。

图 15-1　《梁祝》首演者俞丽拿和作曲者在 50 年后再度登台

生。[①] 同时,上海的音乐人才培养体系也更为完备。到 1959 年,上海音乐学院大学部拥有 6 个系、23 个专业,学生 400 人,还有民族班、工农班、师范班、戏曲讲习班、干部进修班和业余部。除上海音乐学院这个主要阵地外,上海又分别在 1953 年和 1956 年开设了上海音乐学院附属中学和附属小学,为培养音乐人才建立起从小学到大学的完整梯队。

解放后,为满足市民文化生活的需要,上海除在原工部局乐队基础上组建上海交响乐团外,陆续组建了上海歌剧院交响乐团、上海民族乐团、上海合唱团、上海电影乐团、上海管乐团等多个专业音乐演出团体。这些乐团无论是日常演出,还是在“上海之春”的演出中都充当着主力军的角色。而随着群众文化活动的繁荣,上海还涌现出不少颇具规模和演出水准的业余音乐演出团体,上海工人文化宫合唱团、上海工人管乐团等都活跃于“上海之春”的舞台上。

① 《上海舞台一代新人健康成长》,《解放日报》1962 年 9 月 30 日。

2. 国庆十周年会演为“上海之春”积累经验

1959年是新中国成立的第十年，为展示十年来上海文化建设的成就，上海文化界在这一年里举办了众多的展演和展览，音乐舞蹈展演就是其中的重要组成部分。举办会演的主要目的是促进音乐舞蹈创作和演出，推广优秀节目，发掘培养新生力量，总结经验；通过评选活动，选拔节目，继续加工，不断提高质量；通过专题性研究座谈，开展音乐舞蹈的评论工作和学术研究。参加会演的节目也丰富多彩，既有新创作的作品，也有中外古今的保留节目，有声乐、器乐、舞蹈、歌剧，题材、形式、风格多样化，大、中、小作品都有。

被视作“上海之春”前身的1959年上海市音乐舞蹈会演，在当年的5月开幕，这也和后来“上海之春”的举办时间相契合。全市12个专业音乐舞蹈团体和部分群众业余音乐团体参加了会演，历时15天，演出11场、278个节目①。

会演取得了很好效果，涌现出不少优秀作品，其中最具有影响力的当数小提琴协奏曲《梁山伯与祝英台》。在演出的同时，还就民族化、音乐舞蹈形象的塑造、创作思想和艺术技巧、创作风格形式多样化等问题举行了10余次研讨交流，促进音乐创作和演出水平的提高，这种演出加研讨的模式也被此后的“上海之春”所继承。

在国庆十周年期间，上海文化界又组织了戏曲、音乐等5个不同艺术门类的展览演出月。其中上海音乐舞蹈界联合展演在整个展览月中也是占了很大的比重，共有9个音乐舞蹈专业团体，举行15个音乐会，演出29场。此前在5月举办的会演已经为这次展览月打下了不错的基础。展览月上展演的节目不少有了会演的预演，并经过不断地研讨、修改，日臻

---

① 《音乐舞蹈艺术大放异彩　第一阶段会演结束》，《解放日报》1959年6月9日。

成熟。

这一系列会演的成功举办,为上海庆祝新中国成立十周年营造了良好的气氛,启发了文化主管部门以及上海音乐界举办类似活动的灵感。会演对音乐事业发展的展示、推动作用和良好的社会效应,提高了各方对举办类似会演活动的积极性。会演上高质量节目和高水平艺术家的涌现,也坚定了大家对办好这一活动的信心。另一方面,通过会演,也为举办这类大型活动积累了一定经验,对于提高活动质量有着重要的作用。于是,在这样的背景和条件下,"上海之春"便应运而生了。

二、不断进步的前三届"上海之春"

七届"上海之春"各有特点,持续时间最少有 9 天,最多的达到 18 天,演出的节目则从 100 多到 300 多不等,其中有的是经典曲目,有的是新创作的作品,可谓有声有色,精彩纷呈。其中,最初的三届"上海之春"是在一个高起点上开始并持续提高的过程,无论从规模上来看,还是从节目的丰富程度来看,这三届"上海之春"都呈现出向上发展的趋势。

1. 高起点的第一届"上海之春"

1960 年 5 月 10 日,是一个值得记住的日子,第一届"上海之春"在这天开幕。"上海之春"取义"上海音乐舞蹈的春天"①,同时,又因举办时间也在春天,故取其名。最初由中国音乐家协会和中国舞蹈家协会上海分会、上海市文化局等单位共同主办。

由于有了上一年庆祝国庆十周年音乐舞蹈会演和音乐展览月(上海音乐舞蹈界联合公演)的铺垫,这届"上海之春",可以说是在一个比较高

---

① 《上海通志》编纂委员会编:《上海通志》,上海人民出版社、上海社会科学院出版社 2005 年版,第 5533 页。

图 15－2　第一届"上海之春"音乐会演现场

的起点上开始的，而且一开始，主办方就把它定义为"一个新的音乐的节日"[①]，并且做好了"每年要举行一次"的打算。所以在节目等方面都作了充分的准备，推出了许多新作品。

这届"上海之春"从 10 日开幕，一直持续到 18 日结束，共演出了 160 余个节目。在这些作品中，有相当一部分的主题是反映时代风貌，"歌颂了总路线、大跃进、人民公社和技术革新技术革命运动"[②]。其中比较有代表性的作品是交响乐《公社之春》、大合唱《幸福花开万年长》、合唱剧《六十年代第一春》等，都是经过精心准备的大型节目。而以民族英雄为题材的大提琴协奏曲《嘎达梅林》在这届"上海之春"上首演，获得了不少好评。这些作品很好地展现了自国庆十周年献礼以来，上海音乐界取得的新成绩。

除了新创作的节目外，还有 40%左右的保留曲目。这些曲目中，既有

---

① 《欢迎六十年代第一个"上海之春"》，《文汇报》1960 年 5 月 11 日。

② 《首届"上海之春"音乐会演闭幕》，《文汇报》1960 年 5 月 19 日。

传统古曲《春江花月夜》,也有俄罗斯民歌《伏尔加船夫曲》,还有意大利作曲家罗西尼的歌剧《威廉·退尔》序曲等。但"在艺术领域内运用音乐这一武器,迅速而及时地反映现实,为政治斗争和生产斗争服务"仍然作为一条重要的指导思想,贯穿着整个第一届"上海之春"。为此,古曲和外国节目,特别是西方古典音乐曲目在这一届的演出中所占的比例很小。

为了检阅和扶植新生力量,参加这届"上海之春"表演的有50%都是青年音乐工作者,从他们身上可以看到上海音乐事业更灿烂的未来。同时,为进一步推动上海音乐理论建设工作的开展,也为建设社会主义的民族新音乐创作和积累经验,本届"上海之春"还就音乐的民族化、群众化,以及如何在音乐创作中正确地运用革命现实主义与革命浪漫主义相结合的原则等理论问题,作了进一步探讨。

第一届"上海之春"的成功举办,鼓舞了各界将这一活动连续举办下去,把每年举办一次的打算,逐渐变成了现实。同时,也为此后的几届树立了良好的标杆,使"上海之春"始终有着较高的水平。

2. 内容丰富的第二届"上海之春"

第二届"上海之春"于1961年5月20日至31日举行。相比较第一届,第二届规模更大。而且在"百花齐放、百家争鸣"方针的指导下,节目内容也明显丰富起来,不仅新增了儿童专场,独唱、独奏音乐会等形式,而且还增加了比较受观众喜爱的轻音乐、民族音乐的比重,"轻松、活泼、富于娱乐性的作品"有所增加。①

新创作的革命题材节目仍然是这一届"上海之春"演出和宣传的重点,交响诗《八一》、大合唱《井冈山》、交响乐《长征》和弦乐四重奏《烈士日记》等是其中较为重要的大型作品。其中,大合唱《井冈山》展现了当年井

---

① 《"上海之春"昨日结束》,《文汇报》1961年6月1日。

冈山人民开展革命斗争的气势，“给人以强烈的艺术感染”①。

相较于第一届，第二届对于节目反映现实生活的要求有所弱化，同时不再突出要有“斗争性”，更强调要把“政治性”与“艺术性”结合起来。总的来看，现实题材的作品较第一届有所减少，只有《农业第一线组歌》、民族音乐合奏《千里棉田喜丰收》等少数几个。

由于新创节目的占比减少，这一届“上海之春”的演出中，古曲和西方经典曲目的数量有所增加。由江南丝竹《欢乐歌》改编的轻音乐《江南好》，是一个其中较为典型的代表。将一首中国的古曲改由西洋乐器演奏，将东西方艺术有机结合起来，是一次非常有益的尝试。而民族音乐合奏《天仙配》，则在发挥民族乐器特性上，做了新的探索。同时，舒曼、罗西尼、威尔第、肖邦等西方古典音乐家的作品也获得了比第一届更多的演出机会。②

在开展演出的同时，上海的音乐工作者通过开会研讨、学术研究、发表评论文章等方式，“从理论的高度来总结过去的经验”③，深入探讨如何通过音乐的形式来展现各种不同的主题等各种音乐理论问题，促进了音乐界的百家争鸣，推动了上海音乐理论工作进一步发展。

3. 继续扩大规模的第三届“上海之春”

第三届“上海之春”于1962年5月5日至21日举行。这一届“上海之春”较前两届而言，规模有了进一步的扩大，持续天数、演出场次、节目数量以及参加演出的团体都有所增加。这一届还设立了更多的专场演出，如戏曲音乐、轻音乐等专场演出，独唱、独奏专场场次也增加到了5场。

本届“上海之春”对于节目现实性和政治性的要求则有进一步弱化的

---

① 《第二届“上海之春”音乐会开幕》，《文汇报》1961年5月21日。
② 《“上海之春”昨举行室内乐与独唱独奏音乐会》，《文汇报》1961年5月27日。
③ 《迎第二届“上海之春”》，《文汇报》1961年5月21日。

趋势,现实题材的节目所占比例不高,更强调节目类型的丰富性。大合唱《金湖》,是以反映云南水利建设情况为题材的作品,但它在曲式上借鉴了传统云南民歌的形式。新创的大型作品主要以革命历史为题材,其中较有代表性的有交响大合唱《英雄的诗篇》《安源风暴》《白毛女幻想序曲》。这些曲目在当时都受到了音乐界的较高评价。

此外,在新节目中,还有根据戏曲改编的古筝曲《林冲夜奔》、交响乐《郑成功》等。这些既非现实题材也非革命历史题材,但具有一定创新性和艺术价值的曲目,也出现在了"上海之春"的舞台上。

在开幕演出中,贺绿汀的管弦乐《小品五首》被形容为"生活风俗'素描'式的小品",与其他革命历史题材作品相搭配,增添了整台演出节目的丰富性,使节目编排更为合理,"很好地展示了本届'上海之春'所体现的上海音乐界百花齐放的精神。"①与第二届一样,这一届"上海之春"也有不少的古曲、西方古典音乐出现在演出的曲目中。演出期间,上海通过报纸等途径专门推介一些经典曲目给广大读者,通过介绍推广,提高普通观众的欣赏能力。所以,第三届"上海之春"虽然规模算不上最大的一届,但是其节目种类丰富,充分展现了当时上海音乐发展的高水平。

三、"上海之春"在曲折中前行

"上海之春"到 1963 年的第四届,出现了发展路径上的转折。这一届"上海之春"节目主题的选择上又出现强调政治性和战斗性趋势。从 1964 年的第五届开始,"上海之春"仍然保持着一定的规模,除第六届的持续天数较短,其他两届的演出数量都高于这七年平均水平,第五届的规模还是历届中最高的。但这三届节目的题材都比较单一,这种节目结构,不可避

---

① 方土:《曲目安排的艺术》,《文汇报》1961 年 5 月 16 日。

免地影响演出艺术质量。

1．出现转折的第四届

1963年5月11日至19日，第四届“上海之春”举行。这一届改变了前三届不断扩大规模的趋势，持续天数和第一届一样只有9天，演出场次不如第三届，但也增加了许多新的元素。这一届“上海之春”举办了两场音乐比赛：小提琴和二胡的独奏赛。这是在前七届“上海之春”中仅有的。时年18岁的闵惠芬在二胡比赛中一举夺魁，从而开始为普通观众所了解。另外，解放军战友文工团的演出，则为“上海之春”增添了新的演出力量，改变了此前只有上海演出团体演出，其他地区观摩的惯例。

随着党的八届十中全会的召开，毛泽东关于文艺工作批示的下达，从这一届“上海之春”开始，改变了前两届弱化“政治性”的趋势。从这一年开始，整个上海文化界都开始提倡创作和演出反映新中国成立以后“十三年”建设情况的现实题材以及革命历史题材的作品，音乐界必然无法脱离这个大的环境。此外，与第四届“上海之春”同一时期开始的戏剧界大批“鬼戏”，更是降低了传统题材艺术作品的地位。所以，这一届“上海之春”的演出，重新把音乐定性为“革命文艺事业的组成部分”，认为“现实性”和“战斗性”作品占了主要地位是“十分令人兴奋的”①。在此前提下，“反映现实斗争生活的群众歌曲以及近几年来创作的一些优秀的各种题材、形式和富有战斗性的新作品”，自然占了主要地位。②

当然，这一届“上海之春”还是延续了演出节目的多样性，古曲和欧洲古典音乐作品也有演出。在二胡比赛中，必选曲目都是近代作曲家刘天华或者华彦钧(即“阿炳”)在解放前创作的作品，在自选曲目中也有选取

① 《更好地发挥音乐艺术的战斗作用——祝第四届“上海之春”音乐会开幕》，《文汇报》1963年5月11日。

② 《第四届“上海之春”今晚正式揭幕》，《文汇报》1963年5月11日。

古曲或近代作品的要求。在小提琴比赛中同样有类似的情况。[①] 在演出的外国作品中,亚洲、非洲、拉丁美洲的音乐作品占了相当高的比例,还首次举办了"以反帝音乐作品为中心"[②]的亚洲、非洲、拉丁美洲音乐的专场演出。

2. 不失精彩的第五届

1964年5月23日至6月8日举行的第五届"上海之春",在规模上可谓达到了顶峰,演出场次达到了78场,华东六省及济南、南京、福州部队的演出队又进一步壮大了"上海之春"的演出队伍。

这一届"上海之春"虽然演出节目题材较为单一,但是不少节目在演出水平上不仅没有退步,反而有所进步,许多知名演员依然保持着很高的演出水准,同时还涌现出了一批表现出色的新人。

众多节目中,三千人同台演出的大歌舞《在毛泽东的旗帜下高歌猛进》无疑为一部优秀的作品。这部作品由序曲和八个场景组成,通过合唱、齐唱、独唱、小组唱等多种形式演绎了大量各个不同时期创作的革命歌曲,在用朗诵或乐队演奏来串联的同时,配以十几个创造性的舞蹈,"从而构建了一首完整的鼓舞人心的史诗"[③],展现了新中国成立前后的历史过程。这一凝结了上海音乐和舞蹈界大量心血的大歌舞,在演出规模、舞美设计等方面都堪称当时的巅峰之作。周恩来总理在观看了这部大歌舞之后,指示有关部门以其"为基础进行修改加工"[④],就成了后来的大型音乐舞蹈史诗《东方红》。

---

① 《"上海之春"将举行二胡小提琴独奏赛》,《文汇报》1963年1月8日。
② 《第四届"上海之春"今晚正式揭幕》,《文汇报》1963年5月11日。
③ 萧庆璋:《在毛泽东的旗帜下高歌猛进——介绍"上海之春"开幕演出中的音乐舞蹈史诗》,《文汇报》1964年5月23日。
④ 《1964年7月24日周扬关于国庆期间演出大型歌舞〈东方红〉问题的请示》,转引自陈爽:《前奏、间奏与余响:文献与图像史料中的音乐舞蹈史诗〈东方红〉》,《书城》2009年第10期。

图 15－3　第五届"上海之春"音乐会上演音乐舞蹈史诗《在毛泽东的旗帜下高歌猛进》

为体现群众性，这一届还增设了全部由业余演员演出的专场和群众歌会。"毛主席诗词专场"也在这一届首次出现。片面地强调"革命化、民族化、群众化"，使得西方古典音乐从这一届开始匿迹，所有演出的外国音乐都是"亚洲、非洲和拉丁美洲的革命乐曲"①。而与西方音乐一起消失的还有中国古代的乐曲。

3. 曲折中前行的第六届

第六届"上海之春"于 1965 年 5 月 8 日至 16 日举行。这一届"上海之春"因为片面强调"促进思想革命化"，并没有改变节目题材单一化的基本格局。"描写社会主义革命和社会主义建设以及支持越南人民抗美爱国斗争的作品占全部作品的百分之九十左右"②，绝大多数的节目都是"题材、风格单一的现代歌曲和充满战斗性的演唱"，虽然也有交响乐《红旗

① 《第五届"上海之春"战果辉煌》，《文汇报》1964 年 6 月 9 日。
② 《第六届"上海之春"今揭幕》，《文汇报》1965 年 5 月 8 日。

图 15-4　交响乐《红旗颂》在第六届“上海之春”首演

颂》、大型芭蕾舞剧《白毛女》这样比较有艺术性的作品，但仍然缺乏“有很高欣赏价值的艺术作品”，从而让“广大观众感到不满足”[①]。因为第六届“上海之春”延续了第五届的节目主题单一化趋势，“中国古典名曲和外国名曲一律被排除在外”。[②]

4. 实属不易的第七届

举办于 1966 年 5 月 14 日至 31 日的第七届“上海之春”，正处于“文化大革命”正式发动之际[③]，不可避免地受到了“左”的干扰。片面地强调群众性，业余演员的演出占了很大的比重，过度地强调政治性，几乎全部节目都是“革命题材”。但无论怎样，在如此艰难的大环境下，还能坚持举办

① 杨森耀、王毓麟：《“上海之春”音乐舞蹈节的形成与初步发展》，《风雨历程 1949—1978》，上海书店出版社 2005 年版，第 299 页。

② 杨森耀、王毓麟：《“上海之春”音乐舞蹈节的形成与初步发展》，《风雨历程 1949—1978》，上海书店出版社 2005 年版，第 299 页。

③ 1966 年 5 月 4 日至 26 日，中央政治局召开扩大会议，该会议被认为是“文化大革命”正式发动的标志，而第七届“上海之春”的举办时间与本次会议正有重叠。

一次大型的文化活动,已实属不易。

"文化大革命"期间,整个上海文化界都受到了巨大冲击,蒙受了巨大损失,"上海之春"也被迫中断。到"文化大革命"结束,上海文化重获新生的时候,"上海之春"也于 1978 年重新举办,并且一直延办至今。

从 1960 年代的第一年诞生开始,"上海之春"以每年一届的频率出现在世人的面前,到 1966 年暂停举办。这七年中每年的"上海之春"不仅是上海音乐界当年最为重要的演出活动,也是上海文化界的一件盛事。为此,各方都投入了大量的人力物力,音乐界更是以最好的节目、最好的演出阵容,经过长时间的筹备,把最高水平呈现在观众面前。可以说"上海之春"的诞生展现了解放后上海文化发展所取得的不凡成就,而它的发展也见证了 1960 年代初上海文化发展的又一个新高潮。同时,它所遇到的曲折也是在时代背景下的必然结果。这一时期的"上海之春"虽然经历了曲折,但也无法影响"上海之春"在上海文化发展历程中的重要意义。它在培养音乐人才、推进音乐创作和演出,扩大音乐艺术的影响力,提高市民音乐水平,丰富文化生活方面起到了重要的作用,为我们后人留下了宝贵的精神财富,构成了当时上海文化界的一道独特的风景线。

第一至七届上海之春基本情况表①

届　次	举办时间	天数	演出场数	节目数量	参演团体②
第一届	1960 年 5 月 10 日至 18 日	9	13	160 余	10
第二届	1961 年 5 月 20 日至 31 日	12	12	149	14

① 本表数据来源:《上海人民政府志》、《文汇报》、"上海之春"国际音乐节官方网站以及上海市档案馆馆藏档案。

② 部分年份在统计时,包含业余团体,部分未包含。

续　表

届　次	举办时间	天数	演出场数	节目数量	参演团体[②]
第三届	1962年5月5日至21日	17	44	270余	27
第四届	1963年5月11日至19日	9	21	240	39
第五届	1964年5月23日至6月8日	17	78	370	21
第六届	1965年5月8日至16日	9	39	259	60
第七届	1966年5月14日至31日	18	38	278	23

（黄　啸）

“文艺八条”[①]的初步贯彻

20 世纪 60 年代上半叶，为扭转“大跃进”运动对上海文艺事业发展带来的负面影响，上海积极贯彻落实《关于当前文学艺术工作若干问题的意见（草案）》。上海通过调整党和知识分子的关系，落实知识分子政策，调动广大文艺工作者的积极性和创造性，坚持“双百”方针，健全必要的规章制度，恢复正常秩序，促进了文艺创作和演出的繁荣，推动了上海社会主义文化事业的建设和发展。

一、初步解决文艺工作中的突出问题

在国民经济调整时期，上海根据中央的指示精神，结合讨论中宣部主持起草的《关于当前文学艺术工作的意见（草案）》（简称“文艺十条”），采取措施，重点改进党的领导、继续贯彻“双百”方针和培养文艺队伍，着力解决文艺“大跃进”运动给文艺工作带来的突出问题。

---

① “文艺八条”是《关于当前文学艺术工作若干问题的意见（草案）》的简称。

1. 明确上海文艺工作调整重点

由于“大跃进”时期,在知识分子中开展拔“白旗”、批“白专”道路、破“资产阶级学术权威”,推动文艺“大跃进”,打乱了正常的工作、学习秩序,造成党和知识分子关系的紧张。为解决上述问题,党中央在调整国民经济的同时,开始调整文艺工作以及知识分子政策。中央宣传部于 1961 年上半年主持起草了“文艺十条”。之后,又根据各地意见,修改成简称“文艺八条”。

为在文艺领域贯彻“调整、巩固、充实、提高”的八字方针,进一步发展上海文化艺术事业,1961 年 2 月,市委宣传部、市电影局、市文化局先后召开会议,回顾总结 1958 年以来上海文艺工作的情况,并座谈讨论今后的创作问题。在此基础上,3 月,市委召开文教工作会议。会议传达八届九中全会精神,检查三年来上海在市委领导下贯彻执行党的方针政策的情况,指出上海在贯彻执行“双百”方针中存在的问题,并从主客观两方面比较深入地分析原因,进而提出 1961 年要贯彻调整方针,大抓贯彻“双百”方针、全面抓好创作、业务干部的培养、狠抓改进作风等十方面的工作。

会后,市委宣传部重点围绕创作队伍和理论队伍、各区剧团、电影工作、戏剧戏曲工作和出版工作五个项目进行调查研究,并召开一系列座谈会,传达周恩来总理在 6 月文艺工作座谈会上关于遵循艺术规律、发扬民主的重要讲话精神,讨论修改“文艺十条”,听取各方面意见。通过各系统和重点课题的调研,上海进一步摸清当时文艺工作的现状及存在的主要问题,并于同年 10 月 6 日,形成题为《对三年来上海文学艺术工作的一些看法》的报告。该报告认为党的“双百”方针的精神并没有在所有文艺部门中得到充分的贯彻,并提出 1958 年以来上海文艺工作中存在的最主要的问题:一是对“文艺为政治服务”的理解上,有些文艺部门理解得过于狭窄,一度不恰当地强调文艺配合现实斗争、反映现实题材,甚至把现实题材、重大题材的范围仅局限在当前政治运动和生产斗争,并把文艺的思想教育作用和满足人民丰富多样的精神需求对立起来,造成一个时期内文艺作品题材单调、雷同,内容不够丰富充实,思想内容正确但艺术技巧不足。二是数量和质量的关系。为求数量,一个短时期内,有些文艺部门采用简单地定时、定人、定题的做法来领导创作,在剧本没有稳定之前就进行排演或拍摄,影响了创作质量。三是整理遗产、继承传统工作中出现一些简单粗暴的现象及反历史主义的观点。四是在培养新生力量中,不同程度存在着平均主义的思想情绪,导致一批青年作家、艺术家和不少文艺工作者的文艺修养底子不厚,缺少技巧的严格锻炼,有些编剧知识面不广。针对上述问题,该报告提出了相应的改进措施。

同时,市电影局、市文化局在进一步检查和总结 1958 年以来本系统贯彻“双百”方针的情况中,针对存在的问题初步提出了解决方案,对可以马上解决的问题迅速采取了整改措施。如市电影局重新清理、评价了在“大跃进”中受到批评、指责或停映处理的 11 部影片,恢复了《护士日记》《幸福》《乘风破浪》等 9 部影片的发行,并根据不同情况,以不同方式向有关创作人员进行解释、说明或道歉,配合影片的恢复上映,还组织发表了若干有分析的评介文章,以清除过去某些评论在社会上产生的不良影响。同时,对上海电影制片厂 1958 年以来拍摄的 43 部影片,按可继续发行、经修改后可继续发行以及有修改价值但目前暂不修改发行、修改后意义不大或无法修改,决定停止发行、作为资料保存等不同情况分别作了清理;对 1958 年以来提出的“在创作上大搞群众运动”“党政合一”“以现代题材为主”“五边”等各种口号进行了检查和批评①。

---

① 张硕果:《“十七年”上海电影文化研究》,社会科学文献出版社 2014 年版,第 153 页。

2. 继续贯彻“双百”方针

围绕继续贯彻党的“双百”方针，丰富文艺创作题材和样式，克服“大跃进”时期文艺创作题材单调、雷同，内容不够丰富充实，演出质量不高等问题，上海文艺各界采取了多种措施：

上海戏曲界结合文化部 1961 年 1 月在沪召开的戏剧创作座谈会关于传统戏、现代戏和新编历史戏三者并举的精神，首先从整理加工保留传统剧目，积累和形成一批保留剧目入手，于同年 6 月至 9 月间，先后举行了京、昆、沪、越、淮、扬、甬、锡、方言话剧和独脚戏、评弹、沪书、滑稽等戏曲、曲艺、杂技、魔术传统剧目的会串演出。各戏曲艺术团体为参加会串演出，再次重点挖掘、整理、改编和排演传统剧目，并通过建立剧目轮换上演制度，逐渐形成了一批思想性和艺术性更为鲜明的优秀传统剧目。如京剧《群英会》《借东风》《华容道》《打侄上坟》《十八扯》，淮剧《歌舞声中绘灯节》《排风观灯》，独脚戏《戏曲杂谈》《武松打虎》，评弹《投军别窑》《塞外开篇》《什锦开篇》，沪书《玉柱郎抢亲》《兰花院》《代主招亲》，杂技魔术《单头铃》《古技》《马遁》等。

上海电影界重点围绕喜剧片创作、戏剧的矛盾冲突、电影表演、摄影、美术和音乐等方面的专题，组织了一系列专题讨论会、学术报告会、创作经验交流会、影片观摩和影片分析等活动，广泛探讨总结电影艺术创作中的问题和经验。同时，明确了制订选题规划的原则：一是力求影片的题材、形式、体裁、风格的多样化。对题材范围不作任何限制，题材的选择主要应由创作人员自己提出；要求在创作更多更好新作品的同时，必须有重点、有选择地改编我国古典名著和“五四”以来优秀的文学戏剧作品，改编或纪录一定数量的优秀的戏曲节目；鼓励创作人员发挥所长，大胆创新影片的样式。二是在制订选题规划和确定创作任务时，贯彻因人制宜、上下结合、合理安排的原则，要充分尊重创作人员的志趣和愿望，发挥创作人员不同的风格和特长，并应提倡和鼓励创作人员积极参与当前重大政治斗争，深入工农兵群众，熟悉和积累当前的斗争生活，勇于反映现实斗争，反映人民的新生活。三是制定选题规划和安排创作生活任务，要继续贯彻创作上专业和业余相结合的两条腿走路的方针。四是上海艺术片的产量以保持全国产量的四分之一左右为宜，并要求在保证完成国家影片生产任务的同时，必须重视影片质量的提高。

上海音乐界则以举办“上海之春”为契机，继续探索音乐民族化、群众化道路，新创作和演出了革命历史题材的交响诗“八一”、大合唱“井冈山”、交响乐“长征”等作品。同时，在筹备和举办第二届“上海之春”时，上海还演出了一批中外音乐家的作品。

上海美术界继续举办花鸟画、政治宣传画、连环画、年画、历史故事画、肖像画、风俗画以及黄幻吾画展等专题画展，并举办了新中国成立后上海首场水彩画展，展出了 130 余幅风格多样，反映祖国新貌的水彩画作。

3. 促使文艺人才队伍内外兼修

为克服文艺新生力量培养中存在的平均主义思想，针对一批青年作家、编剧、艺术家知识面窄、文艺修养底子薄，缺少技巧的严格锻炼等问题，上海采取一系列措施进行改进。

为提高戏曲工作者的专业水准和综合素养，同年 2 月底，剧协上海分会举行座谈会，倡导并鼓励大家多读书。此后，许多戏曲演员加强了学习的自觉性，开始认真读小说、读剧本，研究中国文艺、戏曲、诗歌发展史等，有的还将读书与学文化、总结演出经验结合起来。同时，上海举办各类培训班，开设讲座。同年 7 月至 8 月，上海开设了“1961 年上海演员进修班”，全市各国家剧院、团及各区、县剧团的演员 100 多名学员参加进修学习，约 500 名各剧种演员、干部参加了旁听。在培训中，学员们深入讨论市委宣传部领导所作关于“双百”方针和演员修养等问题的讲话，系统学习戏曲唱词、中国戏曲史、编剧问题、诗词、戏曲音乐、导演问题、美术常识、西洋戏剧史等基础知识。导演、编剧、作家黄佐临和话剧导演、戏剧教育家朱端钧分别介绍了布莱希特和斯坦尼斯拉夫斯基两种不同的戏剧学说，结合流派问题的讨论，还邀请京剧表演艺术家周信芳和著名苏州弹词演员、上海评弹团团长刘天韵为学员们作艺术报告。除听课、讨论外，学员们还参观博物馆、观摩戏剧、电影，举行艺术交流联欢会，畅谈发声、练功、保护嗓子、创造唱腔等问题。一个多月的时间，学员们学到了戏剧史、导演、文学、音乐、美术各方面的基本知识，开阔了眼界，扩大了知识面，并明确了自学的门径，奠定了今后自学和相互间交流，取长补短的基础①。同年 11 月，市文化局和上海戏剧学院还联合举办戏曲导演班，共招收 24 名学员学习，学制 2 年。

除加强政治理论和专业知识学习外，上海注重加强对青年演员基本功的训练。上海戏曲学校昆曲教研组几位“传”字辈老艺人，按生、旦、净、丑各个行当进行排队，挖掘出富有艺术特色的传统老戏，悉心传授，严格要求同学们熟练掌握，打下扎实基础。上海市戏曲学校京昆大班学生普遍制订了加强人物性格刻划和基本功锻炼的具体项目。人民评弹团的青年演员采取“有优扬优”“有缺补缺”的办法，根据各人不同情况制订出切实可行的个人进修规划。青年演员们不仅直接当面向前辈艺人学艺，而且间接地从留声机、收音机、电视机中不断吸取艺术营养，或通过寻师访友、广泛观摩等活动，向兄弟单位取经学习，与他们建立起互教互学的友谊。

上海电影界根据 1961 年 4 月国务院总理周恩来、副总理陈毅在沪接

---

① 《1961 年上海演员进修班结业》，《文汇报》1961 年 9 月 2 日。

见部分电影工作者时，勉励大家要练基本功，要学政治，要读历史，要加强社会实践的指示精神，于同年9月至12月，举办“中国历史讲座”，从先秦讲到五四运动，一共举行了6次报告会①。同年10月5日到1962年1月底，市电影局举办电影文学编辑讲习班，组织干部学习电影编剧的知识。教学相长，使年轻的电影编辑队伍增长了知识，提高了水平，授课的导演和编剧也及时总结了自己的创作经验，并进行了深入的探讨。1962年1月，上海声乐研究所设立了为期3年的声乐训练班，为声乐人才的培养提供了极为有利的条件。

在加强日常学习和训练的同时，上海注意给予青年演员们更多的艺术表演实践机会，使其能够切实提高表演艺术水平。1961年8月，以上海戏曲学校第一届毕业的京昆学生为底子，成立上海实验剧团(后易名为上海青年京昆剧团)，开始编排节目。同年12月，该剧团便赴香港演出《白蛇传》《杨门女将》《贩马记》等剧目。在影片摄制中，上海注意起用新导演、新演员。如《红色娘子军》《51号兵站》的主角，均是由初上银幕的青年演员担纲。上海电影演员剧团先后排演了大型话剧《星火燎原》、喜剧《镀金》等剧目，并组织巡回演出。

为了及时保留优秀艺术家们的表演艺术经验，并使之能够得到传承，上海采用多种方式总结和记录戏剧戏曲各流派艺术家的表演艺术经验和艺术生活。1961年，上海出版了《周信芳舞台艺术》和华传浩演述、陆兼之记录整理的《我演昆丑》，举行了周信芳演剧生活六十周年纪念活动，座谈探讨了麒派艺术。同时，不少有着丰富创作经验的导演、编剧、演员和技师，开始系统地总结自己的艺术实践经验。著名电影演员白杨、赵丹和编剧艾明之等，结合自己的艺术创作实践撰写出了具有一定水平的理论文

① 《上海电影志》编纂委员会编：《上海电影志》，上海社会科学院出版社1999年版，第68页。

图 16－1　由年轻演员担纲主演的影片《红色娘子军》剧照

章;影片《红色娘子军》的导演、作曲者和摄影师则比较系统地总结了影片创作中的成就与不足。

4. 改进党的领导

改进党对文艺事业的领导,明确戏剧院团领导的职责,增强对电影艺术创作领导的科学性和规范性,是调整党群关系、调动文艺工作者积极性、保证文艺事业正常有序进行的重要保障。

1961 年 5 月,市文化局制定了《戏剧院(团)的领导工作(草案)》,明确戏剧院团领导的四项职责：一是认真研究和掌握戏剧艺术的特点,掌握戏剧工作的特有规律;二是正确处理矛盾,调整关系,发挥各种积极因素,进一步提高质量;三是科学安排各项活动,注意掌握劳逸结合;四是加强党的领导,发挥党的组织作用,保证党的方针、政策的贯彻。由此,进一步规范了党对戏剧院团的领导工作内涵。

市电影局和各电影制片厂于同年 7 月到 9 月,召开了故事片创作座谈会。座谈会认真讨论和总结了 1958 年以来电影创作上取得的成绩和经验,特别是电影创作中贯彻"双百"方针的经验,初步探讨了电影艺术创作的规律和特点,进一步明确了影片创作"好故事、好表演、好镜头、好音乐"的"四好"要求①,制订了《关于艺术片选题规划的几点意见》《1961年至1963年的选题规划》《关于加强故事片创作生产责任制的若干规定》《关于加强剧本和影片审查工作的意见》《艺术片摄制程序及分阶段的规定》等文件草案,明确提出了若干改进与加强电影艺术创作领导的具体措施。

二、初步贯彻"文艺八条"

随着七千人大会的召开,国民经济的全面调整,党对知识分子政策以及文艺政策作了进一步调整。据此,上海学习讨论贯彻"文艺八条",进一步贯彻党的知识分子政策,重点调整党和文艺工作者的关系,调动文艺工作者的积极性,促使上海文艺事业的健康发展。

1. 学习讨论"文艺八条"

为了充分调动广大知识分子的积极性,1962年3月,周恩来在广州向出席全国科学技术工作会议和全国话剧、歌剧和儿童剧创作座谈会的代表作《论知识分子问题》的报告,肯定我国知识分子的绝大多数已经是属于劳动人民的知识分子,而不是属于资产阶级的知识分子,指出要信任、帮助、团结知识分子,改善同他们的关系,承认过去在这方面有错误,并且要改正错误。陈毅宣布给广大知识分子"脱帽加冕",即脱"资产阶级知识分子"之帽,加"劳动人民知识分子"之冕。随后周恩来在二届全国人大三次会议上作政府工作报告,再次肯定这一论断。

在4月30日中共中央批转全国执行"文艺八条"后,上海将学习讨论

① 《上海今年摄制了一批好影片》,《文汇报》1961年12月29日。

和贯彻“文艺八条”作为进一步调整文艺工作的重要方面。自5月起,上海宣传、文化部门、文艺团体、文艺院校和研究机构纷纷向文艺工作者宣读并讨论了“文艺八条”。市文联和各协会则分别组织文联委员和协会理事进行座谈,征求意见;有关报纸、杂志和出版社先后开展了讨论。

为贯彻“文艺八条”精神,5月8日到16日,上海市文学艺术工作者第二次代表大会召开。大会回顾总结了自1950年7月上海第一次文代会以来文艺工作的经验和教训,对进一步发展和繁荣社会主义文学艺术事业的问题进行了讨论。会议根据“文艺八条”关于“作家艺术家有选择和处理题材的充分自由”“提倡风格多样化,发展不同的艺术流派”,以及“对文学艺术作品的不同意见和文艺理论上的不同观点,有讨论的自由,批评的自由,也有保留意见和进行反批评的自由”,强调不能用政治斗争的方法,更不允许用对敌斗争的方法去处理人民内部在学术、艺术问题上的不同观点①的精神,提出:文艺作品应力求革命的政治内容和尽可能完善的艺术形式的统一;文艺创作的题材、形式,应该丰富多样,特别需要鼓励作家艺术家的独创精神和独特的艺术风格,欢迎艺术流派的自由竞赛。会议认为:文艺工作者最中心、最根本的任务在于创作出更多更好的艺术作品,更有效地为社会主义建设事业服务,这就必须更进一步发扬民主、加强团结,坚决贯彻“百花齐放、百家争鸣、推陈出新”的方针,调动一切积极因素,充分发挥具有丰富的生活经验和艺术修养的文学家艺术家的创作积极性,同时必须有重点地大力培养新生力量,不断壮大文学艺术队伍。

同时,会议提出必须努力发展马列主义的文艺批评,树立革命性和科

---

① 中共中央文献研究室编:《建国以来重要文献选编》(第十五册),中央文献出版社1997年版,第368、373页。《中国共产党历史(1949—1978)》第二卷,下册,中共党史出版社2011年版,第591页。

学性相结合、实事求是的批评作风，并积极提倡发扬民主精神，提倡作家、艺术家、批评家之间互相尊重、互相学习、共同探讨、密切合作。最后，会议号召文艺工作者要“进一步改造自己的思想，刻苦地努力于艺术实践，认真地钻研各自的专业，努力提高思想水平和艺术水平”①。

5月23日，在纪念毛泽东《在延安文艺座谈会上的讲话》发表20周年之际，市文联举行座谈会，邀请近100位全市文学、戏剧、电影、音乐、美术等各界知名人士围绕文艺为工农兵、为广大人民群众服务的方向，进一步探讨文艺工作者如何深入群众、深入生活，吸取丰富的创作源泉，如何使文艺作品达到正确的政治思想和尽可能完美的艺术形式的统一，如何正确理解普及和提高的关系等问题。

7月中旬，上海各文艺单位进一步深入学习“文艺八条”。至同年12月，市文化局召开所属各区县剧团工作会议，传达“文艺八条”和关于改进和加强剧目工作的报告，要求今后要进一步提高剧目思想、艺术质量，创作演出更多更好的剧目。

2. 贯彻执行党的知识分子政策和干部政策

除组织学习讨论“文艺八条”外，上海把进一步贯彻落实党的知识分子政策和干部政策，纠正以往工作中的错误和偏差，改善党群关系作为调整文艺工作的重要内容。

1962年1月和5月，市电影局和市文化局先后开始对1958年整风补课和1959年反右倾运动中受批判、受处分以及日常处理的党内外干部进行甄别工作，对性质论定不当的，取消了原先做的结论；对有些人的问题改定为思想认识问题，并取消其原严重警告处分；对处分偏重或批判不当的，给予了改正。

---

① 《上海市文学艺术工作者第二次代表大会决议》、《文汇报》社论《更加紧密地团结起来为进一步繁荣文学艺术而努力》，《文汇报》1962年5月17日。

同年4月,中国戏剧家协会上海分会在文艺单位的编剧、导演、领导干部及少数著名的话剧演员中,传达了全国剧协在广州召开的话剧、歌剧和儿童剧创作座谈会的精神,并召集话剧、歌剧方面部分创作人员座谈,听取反映。对意见较多的创作人员,或问题较多的个别单位,开展解疙瘩工作,由领导主动找他们进行个别谈心,征求意见,并作适当的批评与自我批评。

为尊重和提高文艺工作者创作和演出的积极性,保障其应有的权益,经中共中央批准,上海自1962年5月1日起,恢复了1959年文化部颁布的基本稿酬和印数稿酬相结合,以基本稿酬为主的稿酬办法。同时,上海切实采取措施,预防和治疗演员的职业病。为使演员们避免因直接接触油彩产生过敏性皮炎,上海皮肤科医师与明星化工厂协作制成一种塑料膜性防护膏。为帮助演员们科学用嗓和恢复嗓音,预防和治疗咽喉和声带方面的疾病,上海出版了《歌唱发声的科学基础》,从生理学、物理学和音响学方面阐述歌唱发音的原理,并在部分医院专门设立了声学喉科。中医推拿医师经常为舞蹈演员和武打演员作推拿,帮助其舒展筋骨,治疗扭伤和跌伤。[①] 对经济困难艺人,上海采取措施进行补助,解除其后顾之忧。1962年11月20日起,上海对笛子演奏家陆春龄、钢琴演奏家顾圣婴、歌剧表演艺术家任桂珍、舞蹈家舒巧等部分著名演员发放了津贴。

3. 继续贯彻“百花齐放、百家争鸣、推陈出新”方针

为繁荣上海的戏曲舞台和荧屏世界,上海在贯彻党的“双百”方针中,继续积极整理、改编和排演优秀传统剧目。1962年6月下旬,市文化局召集沪、甬、锡、越、淮、扬6个剧种的剧团团长和老艺人开会,决定各剧种分别成立一个传统剧目工作组,按剧种具体情况安排传统剧目的挖掘和整

① 《为了演员健康》,《文汇报》1962年6月8日。

理工作。7 月,根据文化部"关于加强戏曲、曲艺传统剧目、曲目的挖掘工作的通知"精神,上海拟订了《关于挖掘传统剧目酬劳暂行办法(草)》,从组织和经费两方面保证这项工作的顺利开展。当年,上海先后整理、改编、排演了一批重点传统剧目。如昆剧《活捉罗根元》《西园记》和《墙头马上》[①],越剧《龙凤花烛》,沪剧《庵堂相会》《秋海棠》,淮剧《吕布与貂蝉》《赠珠还珠》,等等。

同时,上海从改编文学名著入手开始创作和排演现代戏。如上海越剧院重新修改并排演了鲁迅小说《祥林嫂》;上海勤艺沪剧团上演了根据革命作家柔石的同名小说改编、反映现代生活的现实主义作品《为奴隶的母亲》[②]。随着 1963 年 1 月,市委号召文艺工作者"多创作一些能够迅速反映现实、适合人民群众大家歌唱、大家演出的群众歌曲和短剧等文艺作品,鼓舞人民群众的斗争热情"[③]后,上海戏曲界召开各剧种会议,进一步推动相对薄弱的现代戏的创作,并在组织参与 1963 年华东地区现代题材话剧观摩演出、1964 年全国京剧现代戏观摩演出大会和 1965 年华东地区京剧现代戏观摩演出的推动下,探索创作和演出了一批主题鲜明、反映社会主义新人新事新气象的优秀现代戏作品。

上海电影界则围绕影片的题材、风格和样式的多样性以及影片质量的提高进行了多方探索。市电影局副局长瞿白音对电影的创新问题进行了深入思考,撰写了题为《关于电影创新问题的独白》一文。文章一经刊发,便引起了全国电影界巨大的反响,掀起了探讨电影创新的热潮。

① 《苏浙沪三省市昆曲观摩会演》,《文汇报》1962 年 12 月 12 日。

② 《周末上演宝莲灯》《为奴隶的母亲受到观众欢迎》《国庆期间上海剧坛百花争艳》,《文汇报》1962 年 8 月 21 日、9 月 25 日。

③ 《柯庆施同志同上海文艺界人士共迎新春　勉励文艺界帮助人民树立社会主义思想》,《文汇报》1963 年 1 月 6 日。

4. 继续组织作家艺术家深入生活和交流研讨

为了从丰富的现实生活中撷取取之不竭的创作源泉，1962年，作协上海分会安排作家们深入工厂、农村、部队，体验生活，有的还在县委兼任职务，或担任文教助理员、工厂车间党总支副书记、厂党委办公室副主任、工会副主席等职。作家们通过边劳动，边协助开展相关工作，积累写作素材，创作反映现实的作品[①]。上海各电影制片厂积极安排创作人员深入生活。海燕、天马两故事片厂的创作人员根据自己近几年的创作打算，制订了工作、学习和生活的规划[②]。上海50余位国画家、油画家、版画家、雕塑家、宣传画家、年画家、连环画家、水彩画家、装饰画家还深入沪郊各县人民公社，江苏、浙江、河北天津杨柳青、四川重庆等地的农村、工厂，边参观访问，边从事创作[③]。此外，上海美术家们还应邀到江苏、安徽、浙江、山东、北京、甘肃、云南等地进行游历写生，或是收集创作素材[④]。

同时，上海围绕文艺创作中的共性问题，组织同行间开展学术交流，座谈探讨，以拓展文艺工作者的思路，开阔其视野，达到取长补短，共同提高的目的。1962年8月，剧协上海分会邀请戏曲界编导、演员、评论工作者及老艺人举行座谈会，围绕近期演出中的机关布景、连台本戏进行讨论，提出连台本戏应该在继承传统的基础上推陈出新，机关布景要符合戏的需要，并要重视思想内容和表演艺术[⑤]。同时，围绕上海勤艺沪剧团改编和重演的沪剧《为奴隶的母亲》，剧协上海分会举行座谈会，探讨该剧中改编的一些情节及戏曲如何改编现实主义作品的问题[⑥]。上海电影界围绕喜剧电影的矛盾冲突、正面人物的塑造、农村题材的改编和创作等问

① 《上海作家纷纷下厂下乡》，《文汇报》1962年12月13日。
② 《上海电影创作日趋活跃》，《文汇报》1963年1月3日。
③ 《上海美术家五十余人下乡下厂》，《文汇报》1962年10月17日。
④ 《上海一批画家赴外地旅行创作》，《文汇报》1962年8月15日。
⑤ 徐幸捷、蔡世成主编：《上海京剧志》，上海文化出版社1999年版，第35页。
⑥ 《〈为奴隶的母亲〉受到观众欢迎》，《文汇报》1962年8月21日。

题，结合观摩影片，进行座谈讨论，比较系统地研究讨论了电影创作的改编问题，并结合创作实践总结了经验。上海美术界则围绕实用美术如何全面体现“适用、经济、美观”的原则，如何创造民族风格，如何创新，高级日用品和普及日用品的成套设计和发挥不同产品特色，敦煌壁画的历史渊源、形成、发展、特征，连环画创作的特点与规律、连环画人物形象的塑造与刻画，连环画如何学习传统、如何创新风格，中国水彩画的特点，它与中国水墨画、油画的关系，如何扩大题材和创造新风格，以及人物画创作如何更好表现生活等问题，结合各类美术展览的举办，进行多次专题研究、座谈商讨，交换意见，或专门组织学术讨论会进行研究①。

除组织本地同行间的交流学习外，上海还组织了跨地域、跨行间的交流观摩学习。1962 年 5 月，上海在举办第三届“上海之春”之际，邀请了本市和外地的音乐工作者，先后 10 次召开座谈会，就交响乐、大合唱、民族音乐、戏曲音乐、儿童音乐、轻音乐、声乐和器乐的表演艺术，以及歌唱演员的培养等问题广泛交流了意见，肯定成绩，并指出缺点，提出了有待于进一步研究的各种学术性问题②。1962 年 12 月，上海市青年京昆剧团在参加苏、浙、沪三省（市）昆曲观摩演出大会期间，三地“传”字辈和其他昆曲老艺人以及青年演员互相观摩，他们探讨昆曲唱腔和音乐的改革、改编和创新传统剧目等问题，交流培养青年演员的经验③。

上海电影和戏曲界还展开了跨界合作，互学互长。通过将京剧、越剧等剧种许多著名剧目搬上银幕，上海形成了“戏曲电影”这一新品种。电影导演和演员通过学习戏曲艺术，进一步丰富了表演手段。电影《枯木逢

① 《京沪画家座谈水彩画创作特点》《上海美术家五十余人下乡下厂》，《文汇报》1962 年 10 月 5 日、10 月 17 日。
② 《“上海之春”音乐会昨天结束》，《解放日报》1962 年 5 月 22 日。
③ 《苏浙沪三省市昆曲观摩会演》，《文汇报》1962 年 12 月 12 日。

春》中就有好几处运用了戏曲手法[①]。同时,电影工作者也发挥自身的长处,深度参加戏曲的剧本改编、导演和舞台美术等工作,使好几出优秀戏曲剧目的演出更加出彩。如应云卫和徐吕霖参加甬剧《半把剪刀》和《双玉蝉》的导演,他们通过全面分析剧情与剧中人物,帮助演员们更为透彻地理解剧中人物的性格、注意眼睛的表演、念词的清晰和感情的投入,从而提高了舞台表演水平。又如桑弧在导演越剧《红楼梦》时,不仅指导演员的表演艺术,而且还为剧本的改编出了不少主意。舒适在导演昆曲传奇《白罗衫》时,在全面考虑和设计人物性格、舞台调度的基础上,为舞台设计了"意景"。

5. 整理、保存民族文化遗产和吸收外国优秀文化

为传承优秀民族文化遗产,上海在挖掘、整理、记录和排演优秀传统剧目的同时,更加注重剧本的保留和系统地记录、保留,继续总结前辈艺术家的传统优秀剧目和表演艺术经验。上海先后出版了《荀慧生演出剧本选集》《关羽戏集》和《越剧丛刊》《京剧流派欣赏》《戏曲龙套教材》《戏曲表演论集》《戏曲笔谈》《谈悟空戏表演艺术》《荀慧生演剧散论》《京剧声韵》,及电影表演艺术家白杨的《电影表演技艺漫笔》,再版了《越剧唱法研究》;并拍摄了一批戏曲艺术影片。如越剧艺术片《红楼梦》《碧玉簪》《三看御妹刘金定》和《金枝玉叶》,京剧艺术片《尤三姐》《武松》和昆曲艺术片《墙头马上》。此外,上海实验歌剧院排演了优秀神话剧《宝莲灯》。

这一时期,上海还系统收集和整理了本地的民间文化遗产。1962年,由上海群众艺术馆、音协上海分会、上海音乐学院联合组织了采风小组,主要对本地区的民歌和小调进行了采集和录音,在此基础上整理出版了具有文学价值的《白杨村山歌集》。

---

① 《电影工作者与戏曲界密切合作》,《解放日报》1962年7月9日。

为吸收外国优秀文化成果，丰富人民群众精神文化生活，上海还积极排演外国剧目。1962年，上海音乐团体演奏了巴赫的《勃兰登堡协奏曲第三号》、莫扎特的《A大调钢琴协奏曲》，歌剧《卡门》《茶花女》选曲，以及轻音乐《几内亚民歌》《杜鹃圆舞曲》《西波涅》等[①]。上海人民沪剧团上演了《蝴蝶夫人》。此外，古巴话剧《甘蔗田》、法国喜剧《冒失鬼》等也登上了上海的戏剧戏曲舞台。

图16-2　沪剧《蝴蝶夫人》剧照

6. 继续加强对优秀文艺人才的培养

在文艺队伍的培养方面，上海继续举办各类讲座、培训班，提高其艺术修养和艺术技巧，并针对不同岗位，不同年龄层次，加强了分类培养。

① 《音乐团体加紧排练中外古今名曲》，《文汇报》1962年9月25日。

1962年5月,上海举办戏曲创作班,为8个剧种的37名学生讲授中共党史和表、导、演基础知识、写作练习、名剧分析、专题讲座、历史剧人物介绍5门课程,以提高他们的思想认识,并夯实其业务知识。

同年7月,上海越剧院专门举办文史进修班,邀请历史学教授陈旭麓,上海市文物保管委员会委员、上海"中国画院"兼职画师沈迈士等专家学者,为越剧院的业务干部和行政领导讲授唐诗、宋词、辛亥革命、戊戌变法史等①,使他们在拓展知识面的同时,能够更好地理解剧本和人物,提高舞台表演水平。上海京剧院、沪剧团、淮剧团、京昆实验剧团等单位专门配备专职文化教员,提高青年演员的文化知识和艺术修养。

8月,曲协上海分会举办了"说表艺术讲座",由评弹老艺人刘天韵等向400多个青年演员传授舞台经验。上海影协则连续举办历史讨论、文学讨论和绘画欣赏、音乐欣赏等活动。

与此同时,上海加紧了对优秀拔尖人才的重点培养。这些重点培养对象近400人,包括:市文化局所属14个表演艺术单位中的150余人、7个社文美术单位中的8人和13所艺术学校学馆(包括中国福利会儿童艺术剧院学馆一所)中的240人。对他们的培养着重从政治思想、业务能力和艺术实践三方面加大力度进行。一方面,由各艺术单位的党支部通过共青团组织经常关心他们的政治思想动向,随时发现问题,随时进行教育,帮助他们提高思想觉悟。另一方面,依循因材施教和缺什么补什么的原则,为各培养对象配备师资,着重进行业务培训,提高他们的业务能力。各文艺单位采取定期安排青年专场演出,或执行A、B制分场演出制度,或有计划地结合参观访问、求师学习安排青年进行巡回演出,为他们创造更多施展才华的艺术实践锻炼机会。对于已具有一定水平的演员们,上

① 卢时俊、高义龙主编:《上海越剧志》,中国戏剧出版社1997年版,第36页。

海则通过安排他们演出各自擅长的、各种不同风格的剧目,促使他们形成自己的表演特色。

三、贯彻"文艺八条"初显成效

学习讨论和贯彻落实"文艺八条",充分调动了广大文艺工作者的积极性,他们创作、排演、上映、展览了一批优秀文艺作品,繁荣了上海的文艺舞台,丰富了人民群众的精神文化生活,催生了一批文艺后起之秀。

1. 文艺工作者迸发出创作和演出的积极性

一些老知识分子和艺术家们开始撰写新小说、新剧本。前几年很少发表作品的魏金枝、丰子恺、师陀、白危、王辛笛都拿起了笔,他们根据自己的生活经验,创作出了新作。其中,剧作家师陀创作了剧本《西门豹》和《伐竹记》;熊佛西、孙瑜、张天赐等创作了新剧本《袁世凯》。作家巴金继1962年初出版反映抗美援朝斗争故事的短篇小说集《李大海》后,又完成了中篇小说《三同志》;王西彦完成了反映知识分子走向革命的漫长曲折道路的长篇《在漫长的道路上》和反映土地改革的长篇《春回地暖》;白危完成了反映河南黄泛区一个国营农场的建立和发展的长篇《垦荒曲》;艾明之完成描写大革命时期上海一家造船厂斗争故事的长篇《火焰三部曲》之一《火种》;柯蓝、文秋也完成了取材于湖南秋收起义革命运动的《秋收起义》。一向比较薄弱的话剧创作有了新的发展。剧作家杜宣撰写了反映抗战初期知识青年遭遇的剧本《动荡的时代》,老剧作家于伶完成了反映茅丽瑛烈士英勇事迹的话剧剧本初稿,电影演员王蓓发表了话剧剧本《杜十娘》。

中年一辈的歌唱家、演奏家在艺术上不断精进。在1962年第三届"上海之春"音乐节上,歌唱家、音乐教育家周小燕演唱了法国抒情歌剧中的选曲,钢琴演奏家吴乐懿演奏了法国印象派音乐家的钢琴曲,男低音歌唱家温可铮的演唱受人赞赏,女高音歌唱家周碧珍的演唱给人以新鲜之感。

为提升创作质量和演出水平,青年文艺工作者进一步加强了基本功的训练,青年作家和文艺编辑则更加重视对古典文学和中外名著的学习。

2. 一批优秀文艺作品陆续面世

随着文艺工作者创作和演出积极性的提高,对文艺发展规律的遵循,使上海文艺创作的题材、风格、样式更加多样化,文艺作品质量不断提高,并取得了良好的社会效果。

在银幕上,上海的电影工作者创作拍摄的故事影片,既有直接描写农村生活的《李双双》,也有反映社会主义建设中人们精神面貌的变化与发展的《魔术师的奇遇》《大李小李和老李》《女理发师》等,还有描写党领导煤矿工人进行罢工斗争的《燎原》。同时,故事片、美术片、科教片等各类影片不断探索新的艺术表现形式,其中:故事片《李双双》《大李小李和老李》和《女理发师》等采用了喜剧风格,故事片《魔术师的奇遇》成为我国第一部彩色立体故事片①,美术片不仅诞生了剪纸片、木偶片等新样式,而且第一部动画长片《大闹天宫》(上、下集)以其超凡的想象力和极具民族特色的造型设计,使中外专家和观众无不为之倾倒,成为中国乃至世界美术片宝库中的一部不朽之作;积极配合工农业生产推广科学技术要求的科教片在艺术上注重提高表现技巧,《知识老人》成为长映不衰、深受中小学生喜爱的课外教材之一;舞台艺术片《红楼梦》不仅在国内创当时同类影片最高票房纪录,而且在港澳地区和东南亚轰动一时。在同期全国影片的评比中,上海电影囊括

① 《上海电影创作日趋活跃》,《文汇报》1963 年 1 月 3 日。

了第一、第二两届《大众电影》百花奖最佳故事片、最佳科教片和最佳美术片3大奖项，几乎包揽了故事片最佳编剧、最佳导演、最佳电影美术、最佳女演员、最佳配角等单项奖项。上海电影步入了新中国建立以后一个辉煌时期的巅峰[①]。

在戏剧戏曲舞台上，在传统题材的剧目上，上海不仅创作了新戏，如《澶渊之盟》《武则天》等京剧新戏，而且突破了传统的表现形式，新创了将《甘露寺》《回荆州》《芦花荡》《周瑜归天》《卧龙吊孝》等一些故事连贯的京剧折子串联成一台戏，使观众在欣赏完整故事的同时，还能欣赏到生、旦、净、丑多种行当和马派、言派、久未上演的海派武生戏等各种流派的表演艺术。在现当代题材的剧目中，不仅新创了话剧《激流勇进》《一家人》《第二个春天》《小足球队》《年青的一代》《激流勇进》《枯木逢春》《共产主义凯歌》，而且还创作了京剧《智取威虎山》《龙江颂》《海港》、淮剧《海港的早晨》、沪剧《芦荡火种》、昆剧《琼花》以及滑稽戏《糊涂爷娘》等。

图16-3　话剧《年青的一代》剧照

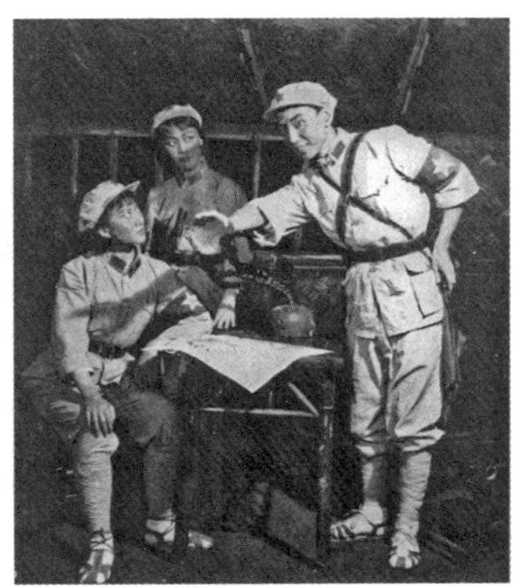

图16-4　昆剧《琼花》剧照

① 《上海电影志》编纂委员会编：《上海电影志》，上海社会科学院出版社1999年版，第11页。

在音乐民族化、群众化方面,上海继续进行了有益的探索,创作排演了许多题材、样式、品种、风格多样的音乐作品。如交响乐《长征》、交响大合唱《英雄的诗篇》,管弦乐《小品五首》——《佛曲》《大世界》《荒村夜笛》《森吉德玛》和《晚会》,幻想序曲《白毛女》,大合唱《幸福河》《金湖》《安源风暴》《郑成功交响乐》第一乐章,《土族主题随想曲》,圆号小协奏曲《纪念》,以及大型音乐舞蹈史诗《在毛泽东的旗帜下高歌猛进》和芭蕾舞剧《白毛女》等。同时,在发掘、整理民族音乐文化遗产的基础上,上海改编、整理了古筝、古琴乐曲《林冲夜奔》《海青拿鹤》《楚歌》《华胥行》等作品。

在小说创作方面,上海创作出版了描写四川农村故事的短篇小说集《祖父的故事》和具有鲜明地方色彩的短篇小说集《草原新传奇》,以及反映少数民族生活的长篇小说《多浪河边》和新中国成立以来第一部反映海员生活的长篇小说《幸福的港湾》。同时,上海还出版了一些较有史料价值或研究价值的革命回忆录。

在美术新作中,上海不仅有国画、水彩画、宣传画、连环画、年画、油画、漫画、版画、雕塑、扇面书画等各种品种,而且在题材上进行了扩展,既有反映西藏、反映农村新貌的画作,也有反映福建前线生活和祖国各地新貌的画作。同时,上海美术作品的质量也得到了提高。在 1963 年 12 月举办的全国连环画创作评奖中,上海创作的《山乡巨变》《铁道游击队》和《孙悟空三打白骨精》荣获一等奖,《渡江侦察记》《交通站的故事》《屈原》《穆桂英》获二等奖,《革命的一家》《车轮飞转》《灵泉洞》《木匠迎亲》《杨门女将》和《草上飞》获三等奖①。

---

① 《上海美术志》编纂委员会编:《上海美术志》,上海书画出版社 2004 年版,第 524 页。

图 16－5－1　连环画《山乡巨变》

图 16－5－3　连环画《孙悟空三打白骨精》

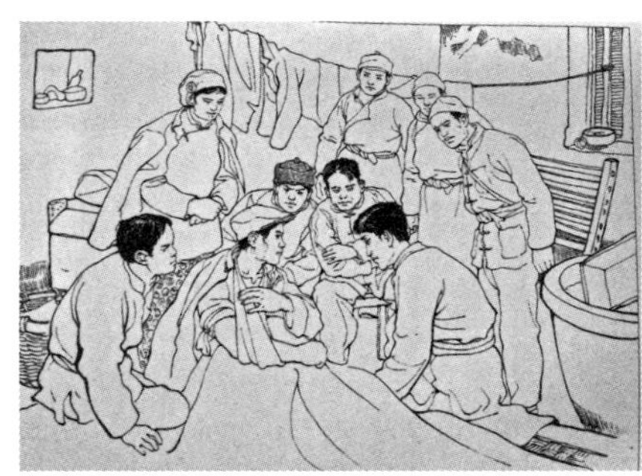

图 16－5－2　连环画《铁道游击队》

总之，文艺刊物上发表的作品题材范围有所扩大，在艺术表现形式和风格上也有新的探索。之前比较冷落的童话、轻音乐、喜剧影片等品种，现在也陆续出现新的作品。

3. 一批青年才俊迅速成长

在各级党组织的培养和前辈的带教下，青年文艺工作者对于基本功训练的学习和强化，加上艺术实践锻炼的加强，其思想和业务能力日益成熟。1958 年至 1962 年间，市文化局所属各艺术院团，共有近 300 名青年文艺工作者参加了中国共产党和共青团①。同时，他们学会并掌握了过去认为较难掌握或需要经过长期艰苦锻炼的表演项目和绝招，如京剧武旦

① 《本市文艺百花园里新人辈出》，《解放日报》1962 年 10 月 15 日。

的"掏鞭"、"踢枪"等较难的表演艺术,由三张桌子叠起来的"台蛮"动作等。

艺术表演基本功的夯实,艺术修养和艺术水平的明显提高,使一批青年文艺工作者脱颖而出。在他们中,上海戏剧学院的祝希娟、娄际成、郑毓芝、李家耀,上海市戏曲学校京昆大班的李炳淑、孙花满、华文漪、蔡正仁、齐淑芳、杨春霞、陆柏平、刘异龙、梁谷音、岳美缇,越剧刘觉、姜佩东,沪剧沈仁伟、周中庸,淮剧施月娥,评弹沈伟辰、孙淑英,舞蹈谢烈荣、何菊英,杂技周演吉等,以及随团培训的京剧陈金山、夏慧华,沪剧张青、向佩玲、许帼华,舞蹈陈洪芳、凌明明,国画陆一飞,杂技章连惠①,音乐界的何占豪、陈钢、钱慧娜、李名强、顾圣婴、殷承宗、洪腾、俞丽娜、丁正诺,指挥曹鹏,女高音刘若娥、孙经信、郑倜、黄葆慧,女中音靳小才,男高音戚长伟,男中音程损华,钢琴6岁女孩邵丹、12岁男孩许斐平,长笛李国良、谭密子,大提琴夏家宝等②,以及歌剧朱逢博,民歌商启秀,民乐潘妙兴③等是其中的佼佼者,他们迅速成为各文艺团体的骨干。

这批快速成长的青年人才,他们弥补了上海文艺人才结构上的短板,并整体提高了文艺人才队伍的水平和素质。其中,戏曲部门的人才"阵营整齐,行当齐全""生、旦、净、丑、末和鼓手、琴师,都有不少优秀新人。""话剧、电影部门从表演、导演到舞台美术、音乐、摄影、动画等,也都涌现出一整套经过专业训练的新人才。""美术方面的各个画种:国画、版画、宣传画、连环画、年画等等,甚至象日用品工艺、民间艺术这样只能个别授徒的部门也都出现了一整批后起之秀。"④音乐界歌唱、演奏、作曲等方面的年

---

① 《上海剧坛新光闪烁　后继人才成批涌现》,《文汇报》1962年1月21日。

② 《上海音乐界涌现一批新人》,《文汇报》1962年9月21日;《第三届"上海之春"昨日闭幕》,《文汇报》1962年5月22日。

③ 《上海剧坛新光闪烁　后继人才成批涌现》,《文汇报》1962年1月21日。

④ 《本市文艺百花园里新人辈出》,《解放日报》1962年10月15日。

青才俊,包括男女各个声部各种风格的歌手,钢琴、小提琴、大提琴、长笛、圆号、古琴、古筝等乐器的演奏者,还有交响诗、协奏曲、齐奏曲、四重奏、大合唱和各种歌曲的作曲者。

这批快速成长的青年人才,在1962年的各类演出、比赛和评奖中屡屡有所斩获。其中,在1962年举办的第一届大众电影百花奖中,谢晋和祝希娟分别获得最佳导演奖、最佳女主角奖。青年京昆剧团、中国青年音乐家演出团的演出,得到了各方的赞扬;在第八届世界青年与学生和平友谊联欢节以及在莫斯科等地举行的各项国际比赛中,上海青年歌唱家施鸿鄂等获得了较高的名次。

“文艺八条”和党的知识分子政策的初步贯彻,调动了上海广大文艺工作者的积极性和创造性,他们积极探索新题材,不断创新风格和样式,创作了一大批具有很高政治水准和强大艺术感染力的优秀文艺作品,展示出中国人民在中国共产党的领导下,为争取民族独立和人民解放,为建设社会主义所经历的极不平凡的历史,成功塑造了一批真实感人的、积极向上、爱憎分明、艰苦奋斗、克己奉公、具有革命英雄主义和无私奉献精神的革命者和建设者的艺术形象,在人民群众中产生了巨大反响。这些深受观众喜爱的优秀文艺作品,不仅活跃了上海的舞台、银幕和展厅,而且成为教育人们树立正确的价值观、人生观的生动教材,对建立良好的社会风尚,培育一代社会主义新人,发挥了不可替代的教育作用,促进了社会主义文化的建设和发展。

(黄　坚)

培育社会主义新风尚

20世纪60年代前半期，上海积极响应党中央提出的向雷锋同志学习、工业学大庆、农业学大寨，全国人民学习解放军、向焦裕禄同志学习等号召，学习英雄模范个人和先进集体的热潮此起彼伏。同时，在“百花齐放、百家争鸣”文艺方针指引下，上海文艺界积极创作，热情讴歌英雄，广泛宣传先进，潜移默化地影响着人民群众。在此过程中，奋发图强、自力更生、艰苦奋斗、勤俭建国的社会主义新风尚逐渐形成，给上海社会发展烙上了深刻的时代印记。

一、培育社会主义新风尚的时代背景

社会主义新风尚的培育乃至形成，有其特定的时代背景。从20世纪50年代后期开始，在“左”倾思想影响下开展的“大跃进”和人民公社化运动，以及严重自然灾害、苏联单方面撕毁合同、以美国为首的帝国主义长期封锁等多种因素的叠加影响，导致国民经济出现严重困难。这种困难的严重程度，是新中国成立以来未曾有过的。这一时期，作为全国最大的工商业城市,上海面临的困难也是十分严峻的。到 1960 年,上海的能源和原材料供应日趋紧张,导致大批工厂被迫停工,生产急剧下降,加之农业减产,粮食供应也出现危机,市区居民蔬菜日供应量锐减,国民经济比例严重失调,给人民的生活造成很大影响。在经济建设陷入困境的关键时刻,尤其需要形成强大的精神力量,营造团结一致昂扬向上的时代风貌,为全市党员领导干部和人民群众齐心协力迈过难关提供精神支撑。这是上海培育社会主义新风尚的必然要求。

渡过短暂困难时期后,1963 年起,上海市委根据党中央决策部署,在继续做好调整国民经济的同时,朝着将上海建设成为中国先进的工业和科学技术基地(即“两个基地”建设)的宏伟目标昂首挺进。面对新的形势和任务,上海需要人民群众在思想和精神层面进一步形成磅礴的向心力和感召力,凝心聚力团结一致迈步向前,为赓续社会主义建设事业,早日实现两个基地的建设目标努力奋斗,而这也是上海培育社会主义新风尚,为城市发展鼓劲赋能的应有之义。

二、社会主义新风尚的培育路径

时代呼唤英雄,英雄光耀时代。在党领导人民战胜严重经济困难、投身社会主义建设的峥嵘岁月中,涌现出了像雷锋、“南京路上好八连”、大庆油田工人等一大批英雄模范。他们身上展现出的奋发图强、自力更生、艰苦奋斗、勤俭建国等高贵品质教育了无数人,铸就了一座座不朽的精神丰碑。围绕时代英模的宣传,上海积极响应党中央的号召,开展形式各样的活动,组织广大党员干部群众学习英雄模范个人和先进集体,促使英雄形象更加深入人心,并结合学习活动的开展积极创作和传播时代力作,极大地拓展了英模事迹宣传的深度和广度,以此达到培育社会新风尚的目标。

1. 开展学雷锋活动

雷锋是沈阳军区工程兵某部运输连班长,他理想信念坚定,在平凡的工作岗位上"甘当螺丝钉",勇于奉献,乐于助人,用实际行动实践了"把有限的生命投入到无限的为人民服务之中"的誓言,表现出伟大的共产主义精神。雷锋牺牲后,他的事迹在军内外引起强烈反响。中共中央主席毛泽东于1963年3月5日在《人民日报》上发表题词——"向雷锋同志学习",把学习雷锋的活动推向全国。随后,上海市各报分别转载毛泽东"向雷锋同志学习"的题词和翌日《解放军报》刊登的刘少奇、周恩来、朱德和邓小平等党和国家领导人给雷锋的题词。全市各条战线、各个行业掀起了学习雷锋的热潮。

1963年3月,团市委发出向雷锋同志学习的通知,要求全市各级团组织在青年中广泛开展学习雷锋的教育活动。上海各级团组织运用各种形式,广泛地宣传雷锋的优秀事迹。团市委在3月至4月份组织了2.8万人参加的雷锋事迹报告会,由雷锋生前战友介绍雷锋事迹,并增印了登载毛主席题词的《中国青年》15.6万册,登载雷锋事迹的《青年报》增加发行至42万份,保证每个团小组一至两份学习资料。上海各新华书店发行雷锋的图书、图片、宣传画共140万册,其中最受青年欢迎的《雷锋日记》销售量达7.9万册,雷锋活页歌选4.5万张。① 青年报社在三、四个月的时间里收到关于学习雷锋的群众来信、来稿多达6 000余封。1963年4月下旬,中国人民解放军驻沪部队和市总工会、团市委、市妇联举办雷锋同志事迹展览,两百多件文物和照片具体而生动地反映了雷锋从一个苦孩子逐步成长为一个自觉的无产阶级革命战士的光辉历程,反映了雷锋在各种工

---

① 中共上海市委党史研究室编:《上海社会主义建设五十年》,上海人民出版社1999年版,第248页。

图 17－1　上海团组织对青年开展学习雷锋精神教育

作岗位上所表现的高尚品德和风格。[①] 截止到 9 月 1 日，累积观众达 80 多万人，[②]盛况空前。

在开展学雷锋活动过程中，上海将学习雷锋和发扬新道德、新风尚紧密结合起来，在群众中倡导“助人为乐，专门利人”，“为集体多做好事”，“为国家节约一厘钱”以及“多读好书”等新风尚；将学习雷锋和开展知青上山下乡工作结合起来，在青年中倡导树立做一颗“永不生锈的螺丝钉”的无产阶级人生观，教育青年立志做有社会主义觉悟的有文化的劳动者，号召知青积极参与支援边疆建设；将学习雷锋与开展增产节约运动相结合，在职工中提倡“学雷锋，创好风，在增产节约运动中当先锋”，[③]等等；

① 《“雷锋同志模范事迹展览”展出》，《文汇报》1963 年 4 月 24 日。

② 中共上海市委党史研究室编：《中共上海历史实录（1949—2004）》，上海教育出版社 2004 年版，第 350 页。

③ 《共青团上海市委员会关于“向雷锋同志学习”活动的情况报告》（1963 年 6 月 12 日），上海市档案馆藏，B172－5－766。

2．开展学“南京路上好八连”活动

作为诞生在上海的英雄集体,“南京路上好八连”被誉为“集体的雷锋”。八连战士自1949年五六月间进驻上海南京路的十余年间,发扬了我党、我军全心全意为人民服务和艰苦奋斗的光荣传统,身居闹市、一尘不染,拒腐蚀,永不沾,出色地完成了执勤、训练和生产等各项任务。他们在生活上克勤克俭,但当人民需要的时候,却慷慨捐献,大力支援,乐于为人民做好事,受到上海广大市民的衷心欢迎和热情赞颂。1959年7月,《解放日报》刊登通讯《南京路上好八连》,并发表社论《人民解放军的光荣,上海人民学习的榜样!》,介绍他们的先进事迹,号召全市人民向南京路上好八连学习。许多单位纷纷邀请八连官兵举行事迹报告会,参观访问好八连。上海建筑机械厂、上海自行车厂、上海华新仪器厂、上海建春女中、安福路小学等单位组织文艺骨干成立好八连事迹宣传队,用对口词、快板书、“三句半”等通俗形式向广大职工群众、中小学生进行宣传。在上海各主要街道、车站、码头等公共场所的宣传橱窗内都可以见到介绍好八连事迹、反映学习好八连活动的图片和美术作品。1960年9月,团市委与上海市人民广播电台联合举办“学好八连艰苦奋斗、勤劳俭朴革命精神”电视广播大会①,效果显著。

1963年4月25日,国防部发布命令,正式授予这个英雄集体“南京路上好八连”光荣称号。同年8月1日,毛泽东主席在听闻好八连的模范事迹后,特意挥毫写就了著名的《杂言诗·八连颂》,赞扬他们“意志坚”“拒腐蚀,永不沾”。由此,当学雷锋活动在上海掀起热潮之时,学习“南京路上好八连”活动也在渐渐推向深入。

同年4月,上海警备区政治部发出指示,号召全市广大民兵进一步广

---

① 中共上海市委党史研究室编:《中共上海历史实录(1949—2004)》,上海教育出版社2004年版,第263页。

泛开展向好八连学习的活动[1]。团市委也及时下发《在全市青少年中广泛开展学习“南京路上好八连”的教育活动的通知》，还与市总工会联合举行好八连事迹报告会，大力号召上海工人和各条战线上的青年要像好八连一样“不断地发扬好思想，培养好品德，树立好作风，以自己的思想和行动去移风易俗，倡导社会主义好风尚，不断扩大社会主义的思想阵地”，[2]据统计，有 1.4 万多名工人和来自各条战线的青年参加了报告会。[3] 7 月至 10 月，解放军驻沪部队、市总工会、团市委、市妇联联合举办南京路上好八连事迹展览，以大量实物和图片形象地反映了好八连战士保持艰苦奋

图 17－2　1963 年，上海干部群众参观“南京路上好八连事迹展览”

---

① 张炳奎、朱汝昌：《上海警备区政治部发出指示并召开动员大会，号召全市民兵深入学习好八连》，《文汇报》1963 年 4 月 4 日。

② 《本市万余工人和青年集会，听取好八连先进事迹介绍》，《文汇报》1963 年 4 月 20 日。

③ 中共上海市委党史研究室编：《中共上海历史实录（1949—2004）》，上海教育出版社 2004 年版，第 351 页。

斗的革命精神以及勤俭节约、助人为乐、忠于职守的革命风尚和优良品德。[①] 三个多月,累积参观人数达到100万以上。[②] 随着上海人民艺术剧院排演的话剧《霓虹灯下的哨兵》以及同名电影的上映,“南京路上好八连”的事迹在上海乃至全国城乡广泛流传。

3. 开展“工业学大庆”运动

工人阶级是国家走向繁荣的主导力量,大庆油田工人是中国工业战线的一面旗帜,是中国工人阶级艰苦创业的典型。在1959年开始的石油大会战中,以“铁人”王进喜为代表的大庆油田工人发扬“为国分忧,为民族争气”的爱国主义精神和“宁肯少活二十年,拼命也要拿下大油田”的牺牲精神,公而忘私,顽强拼搏,艰苦奋斗。在井喷险情发生时,王进喜不顾腿伤带领工人跳进高温泥浆池,用身体搅拌泥浆,最终制服了井喷。经过三年多的奋战,1963年底,我国高速度、高水平地探明和建设了大庆油田,形成了年产600万吨原油的生产能力,结束了我国贫油的历史。大庆油田工人在工作中形成了一套基本经验,将高度的革命精神与严格的科学态度相结合,坚持“三老四严”[③]“四个一样”[④]的工作作风,创造出工人和基层单位的“五好”标准[⑤]、干部“三定一顶”[⑥]的劳动制度。

1964年初,党中央和毛泽东发出“工业学大庆”的号召。全国各地立即开展了学习大庆经验的运动。1月底至2月上旬,上海市委连续召开四

---

① 《好八连事迹展览昨起预展》,《文汇报》1963年6月7日。

② 中共上海市委党史研究室编:《中共上海历史实录(1949—2004)》,上海教育出版社2004年版,第357页。

③ “三老”指对待事业,要当老实人,说老实话,办老实事。“四严”指对待工作,要有严格的要求,严密的组织,严肃的态度,严明的纪律。

④ “四个一样”指黑夜和白天干工作一个样、坏天气和好天气干工作一个样、领导在场和不在场干工作一个样、没人检查和有人检查干工作一个样。

⑤ 大庆工人的“五好”标准是政治思想好、劳动生产好、作风好、技术学习好、团结互助好。基层单位的“五好”标准是政治思想好、完成任务好、集体作风好、技术训练好、生活管理好。

⑥ “三定一顶”制度,即干部参加劳动“定岗位、定时间、定职责,顶替定员”。

次万人干部大会，传达石油工业部大庆石油会战的经验，对大庆油田的经验逐条进行学习和讨论，并选择了 15 家工厂先行试点。各主要工业局也在管辖范围内选择一部分企业进行试点工作。2 月下旬，市委发出通知，号召全市进一步抓紧学习大庆油田经验，把握大庆经验的精神实质，对照自己，找出差距，认真整改，推动工作，要求各系统、各部门结合各自情况订出切合实际的规划，以便全面系统地学习。

不久，上海将“工业学大庆”运动和工业战线开展的“比学赶帮超”活动、“五好”活动等有机融合起来，在全市工业交通基建系统的 105 个工厂企业中开展摆成绩、摆经验、摆进步、摆问题、摆措施的“五摆”活动和评选“五好”集体、“五好”职工的试点工作。3 月中旬，市委发出通知，要求“全市工厂企业都要参照试点单位的经验，有领导地、普遍地放手发动群众，开展群众性的‘五摆’活动和评选‘五好’集体、‘五好’职工[①]的工作，使它成为全面学习大庆油田经验的一个重要内容，成为深入开展比学赶帮运动的一个重要步骤，以充分调动广大群众的社会主义积极性，为争取工业生产的新高潮而斗争”。[②] 4 月，上海召开工交系统“五好集体”“五好职工”代表大会。全市工交系统 107 个“五好企业”、373 个“五好车间”、342 个“五好科室”、4 019 个“五好班组”、26 974 名“五好职工”代表共计 9 000 余人出席大会。大会通过决议，要求全市职工以“工业学大庆”为动力，更加积极地投入到生产生活中去，为全面完成和超额完成国家计划而努力。[③]

---

① “五好”职工的标准是：政治思想好、完成任务好、学习文化技术好、团结互助好和遵守纪律好。“五好”集体的标准是：思想政治工作好、完成国家计划好、企业管理好、生活管理好和干部思想作风好。

② 中共上海市委党史研究室编：《中共上海历史实录（1949—2004）》，上海教育出版社 2004 年版，第 372 页。

③ 沈逸静：《上海的工业学大庆运动》，中共上海市委党史研究室编：《艰难探索（1956—1965）》，上海书店出版社 2001 年版，第 479 页。

4. 开展“农业学大寨”运动

三年困难时期,中国人民面对极为严峻的考验,展开了一场同自然灾害和物质匮乏的斗争。大寨人就是其中的杰出代表。山西省昔阳县大寨公社大寨大队是全国农业战线的先进典型。农业集体化后,大寨大队党支部带领社员开山凿坡,修造梯田,使粮食亩产增长数倍,一改山村往日贫穷面貌。1964 年 2 月 10 日,《人民日报》刊登新华社记者的通讯报道《大寨之路》,介绍大寨先进事迹,并发表社论《用革命精神建设山区的好榜样》,号召全国人民,尤其是农业战线学习大寨人的革命精神。同年 12 月,国务院总理周恩来在全国人大三届一次会议上作《政府工作报告》,特意对大寨提出表扬,并把“大寨精神”概括为:“政治挂帅、思想领先的原则,自力更生、艰苦奋斗的精神,爱国家爱集体的共产主义风格。”从当年年底开始,轰轰烈烈的“农业学大寨”运动迅速在全国铺开。

《人民日报》报道发表后不久,上海郊区各县先后召开县委常委会议,学习大寨精神。随后,郊区各县召开县、公社、大队三级干部会议,学习大庆、大寨和人民解放军的先进经验,结合学习本县的先进单位,提出以人民解放军和大庆、大寨为榜样,以“两分法”为武器,自上而下摆成绩、提问题、找原因、订措施,鼓舞革命干劲,明确生产任务,争创更多的“四好”社队和做“六好”社员。

与此同时,上海利用各种形式,广泛宣传大寨人事迹和精神,讲述大寨发生的巨大变化。1965 年初,上海市人民评弹团演员根据在大寨访问的亲身见闻,用评话形式写成《大寨人的故事》,利用春节前后的农闲时间到上海郊区六个县的十几个公社试讲。每讲一次都受到热烈欢迎,效果良好。4 月初,《解放日报》全文发表了《大寨人的故事》。在半个月的时间里,《大寨人的故事》专页连续增印九十多万份,连同当天的发行数,前后总共印行了一百几十万份。上海郊县各公社利用广播分段播送该故事,同时大力组织干部阅读讨论,[1]促使大寨精神进一步传遍上海。

1966 年,全国五十二个大寨式农业典型的展览复制品在上海展出的两个月内,据统计,前往观展的群众多达四十六万余人。[2] 上海郊县农民和干部观展后,通过传达讨论,找差距、挖潜力、鼓干劲。广大社员们再次受到艰苦奋斗、自力更生的深刻教育,纷纷表示要把大寨精神“在自己的工作岗位上发扬光大”。[3] 当年 3 月,上海召开第二次贫农下中农代表大会,号召全面开展学大寨的比学赶帮超运动。

5. 党员干部学习焦裕禄

战胜严重经济困难需要广大党员干部挺身而出,率先垂范,凝聚起众志成城的磅礴力量,焦裕禄就是优秀党员干部中的典型代表。20 世纪 60 年代,为了改变河南省兰考县的贫穷落后面貌,县委书记焦裕禄拖着患有慢性肝病的身体带领全县人民与自然灾害作斗争,将全部精力投入到封沙、治水、改地中。他以“心中装着全体人民,唯独没有自己”的公仆情怀,以“生也沙丘,死也沙丘,父老生死系”的赤诚,生动展现了一名优秀共产党员和领导干部的光辉形象,深刻诠释着亲民爱民、艰苦奋斗、科学求实、迎难而上、无私奉献的焦裕禄精神。焦裕禄不幸与世长辞后,1966 年 2 月 7 日,新华社采写并播发了长篇通讯《县委书记的榜样——焦裕禄》,介绍了他的事迹。《人民日报》等各大报纸全文刊发,在全国引起强烈反响。

1966 年 2 月 9 日,上海市委发出《关于向焦裕禄同志学习的通知》,号召全市党员、干部,特别是领导干部,学习焦裕禄彻底的革命精神和崇高的共产主义品质,以焦裕禄为榜样,紧密联系形势和任务,对照自

---

① 《〈大寨人的故事〉的故事》,《文汇报》1965 年 11 月 12 日。
② 《全国大寨式农业典型展览在沪展出两月后闭幕》,《文汇报》1966 年 3 月 11 日。
③ 《全国大寨式农业典型展览在沪展出两月后闭幕》,《文汇报》1966 年 3 月 11 日。

己的思想和工作,认真找出差距,更好地团结和带动全市人民为进一步争取我国社会主义革命和建设的新胜利而努力奋斗。此后,全市各级党组织把学习焦裕禄作为一项重大政治任务。许多区委、县委、局党委和各级党组织先后召开常委会、干部会、党员会,由领导干部带头,认真讨论市委指示精神,开展学习活动。全市机关、工厂、农村、商店、部队、学校、医院通过召开座谈会、开展艺术创作等各种形式深入学习焦裕禄的革命精神和伟大业绩,促使广大党员干部边学习、边对照,边行动。

6. 以先进文艺作品弘扬社会主义新风尚

在英雄辈出、先进事迹不断涌现的时代,市委号召文艺工作者要"高举马克思列宁主义和毛泽东思想的红旗,努力反映时代风貌和工农兵群众中的英雄人物和英雄事迹,创作出无愧于我们这个伟大时代的优秀作品"[①]。文艺工作者也不辱使命,配合学雷锋、学习"南京路上好八连"、"工业学大庆"等活动的深入开展,不断推出精品佳作,着重突出时代精神,全力塑造英雄形象,热情讴歌先进事迹,他们"以最大的创作热情,最完美的艺术形式来歌颂他们,用他们的先进思想教育人民"[②],让英模的形象更加深入人心,在潜移默化中培育形成社会主义新风尚。

这一时期,上海拍摄的优秀影片《李双双》《霓虹灯下的哨兵》《年青的一代》《六十年代第一春》《风流人物数今朝》等[③],反映了社会主义建设时期的时代风貌,影片主人公们积极向上、爱憎分明、艰苦奋斗、克己奉公以及革命英雄主义和无私奉献精神给广大观众留下深刻印象。特别值得一提的是根据同名剧目拍摄的电影《年青的一代》,通过描述几个由上海到

① 《华东区话剧观摩演出昨天在上海隆重开幕》,《解放日报》1963年12月26日。
② 《上海现代剧目观摩演出结束　演出剧目获得观众好评》,《解放日报》1960年7月18日。
③ 《鲜明的政治倾向　多样的艺术风格　上海电影事业飞速向高峰进军》,《解放日报》1960年8月18日。

边远地区从事社会主义建设工作的青年人在对待生活、友谊、爱情和事业诸方面的不同态度，教育广大青年要树立正确的人生观、世界观和价值观，同时警惕帝国主义的和平演变，为社会主义事业争做贡献。影片上映后风靡全国，甚至影响了整整一代人。

在音乐舞蹈方面，学习英雄、歌颂英雄的优秀作品层出不穷。自1960年开始每年举办一届的“上海之春”音乐会演诞生了许多优秀文艺作品，如在第七届“上海之春”音乐会上，专业工作者以生动活泼的表现方式演出了《前进，光荣的上海工人！》《社员组曲》《回答今日的世界》《选新人》《五好工人心最红》《沿着大庆的道路走》《红色故事员》《赤脚医生李小兰》等作品，在反映国家社会主义革命和社会主义建设的同时，在塑造英雄形象，特别是塑造工人阶级的英雄形象方面取得了一定进展，彰显了工人阶级信念坚定、艰苦奋斗、勇于奉献、自强不息的伟大品格。

在现代戏的创作和演出方面，为配合学雷锋和好八连等活动，全市十个剧种先后编排和演出了《雷锋颂》等53个有关表现雷锋英雄形象的剧目①，上海人民艺术剧院话剧二团上演的《霓虹灯下的哨兵》，连演三个月，场场爆满。这些剧目宣传了雷锋和好八连的事迹和社会主义思想，歌颂了他们共产主义的道德品质。同时，戏剧工作者还深入生活实际，从先进人物事迹中获得丰富的创作养料，以现实生活中先进人物事迹为基础改编创作一系列

图17-3 反映“好八连”事迹的电影《霓虹灯下的哨兵》剧照

① 《共青团上海市委员会关于“向雷锋同志学习”活动的情况报告》(1963年6月12日)，上海市档案馆藏，B172-5-766。

现代戏。如沪剧《鸡毛飞上天》中的林佩芬,话剧《一旗高插万旗红》中的李文刚、庄志高,《闯将》中的蔡书记、张大明,《春城无处不飞花》中的陶仁初、董支书,京剧《晴空迅雷》中的洪兴、孙铁柱等,都是塑造得比较出色的正面人物形象,具有兢兢业业、克己奉公、艰苦奋斗等时代特征的鲜明性格。这些时代特征,一经化为人物的具体行动后,自然地使人们感到不仅可信,而且可亲。许多教师看完沪剧《鸡毛飞上天》后,为剧中人林佩芬"俯首甘为孺子牛"的忘我精神所感动,提出"要学习林佩芬";许多中等科技学校学生看完话剧《一旗高插万旗红》后,纷纷表示要学习剧中人庄志高在创造工业尖端产品时表现出的百折不挠的钻研精神和顽强的闯劲。[①] 这些现代戏的创作和演出,对新风尚新道德的培育,无疑具有重要意义。

除专业文艺工作者外,市区街道和郊县农村中的大批业余故事员队伍在党的领导和专业文艺工作者的帮助下,把英雄人物和先进集体的动人事迹,通过口头创作、讲故事的方式,向广大市民群众进行传播。许多群众听完故事后纷纷表示,要把雷锋、江姐、王进喜等英雄人物作为自己学习的榜样。[②] 故事员们还根据发生在身边的反映社会主义新道德新风尚的典型事例进行创作和宣讲故事。例如卢湾区地区故事员编写了《瞎子伯伯》的故事,反映了济南路街道一位双目失明、连续五年被评为市卫生先进工作者的刘承铭搞好卫生工作的先进事迹,还以淮海路

图 17-4 南汇县农民在茶馆听故事员讲故事

① 《上海现代剧目观摩演出结束 演出剧目获得观众好评》,《解放日报》1960 年 7 月 18 日。
② 《上海郊区农村讲故事活动蓬勃开展》,《解放日报》1965 年 12 月 19 日。

街道一名青年响应党的号召、参加新疆建设的先进事迹为基础创作了故事《戆大》。由于反映的大多是里弄中的人和事，且较为通俗易懂，更接地气，居民听来十分亲切。以故事中的先进人物和先进事迹潜移默化地教育人民，进而破除资本主义、封建主义的旧思想和旧文化，成为传播社会主义新文化的尖兵，发挥了移风易俗的作用。

三、社会主义新风尚蔚然成风

以奋发图强、自力更生、艰苦奋斗、勤俭建国为核心的社会主义新风尚蔚然成风，不仅提高了广大人民群众的思想觉悟，营造出一种团结向上的社会氛围，更激励着全市人民为社会主义建设事业的蓬勃发展而不懈奋斗。1961 年到 1965 年间，意气风发的上海广大干部群众在党的领导下毅然肩负起国民经济的调整任务。随着一系列卓有成效的调整措施的实行，国民经济被重新引向正常发展的轨道，社会也逐渐呈现一派欣欣向荣之象。在此期间，上海的国民经济接近并达到和超过新中国成立以来的最高水平。全市人民物质生活普遍得到改善。

不仅如此，在社会主义新风尚的熏陶和引领下，青年群体的精神面貌发生显著变化，爱国主义和集体主义思想深深扎根于他们心中。广大青年领悟到只有把自己的成长，同祖国的建设、国家的命运联系在一起，才能发出最大的光和热。作为社会中最富进取精神和积极进步的力量，上海青年恪守“好儿女志在四方”的人生信条，积极响应党的号召，“到农村去，到边疆去，到祖国最需要的地方去”，成为国家现代化建设的拓荒者。他们中的许多人锻炼成长为国家的栋梁之材。据统计，截止到“文化大革命”开始前，上海四年间共组织输送 8.35 万名青年前往新疆兵团参加生产建设。①

① 中共上海市委党史研究室编：《中共上海历史实录（1949—2004）》，上海教育出版社 2004 年版，第 416 页。

图 17-5　1963 年,参加边疆建设的上海青年在车站与亲人告别

广大党员干部在新风尚的影响下,逐渐加强政治理论学习,努力改造自己,树立正确的世界观,使自己成为一名真正的共产党员;在工作中自觉运用马克思主义的基本原理和方法,转变工作作风,深入实际调查研究,走群众路线,切实解决各种问题。如上海县马桥公社党委的同志就纷纷走出办公室,深入到大队、生产队,和干部、社员同商量如何争取当年农业生产更大丰收;市皮革工业公司的领导深入工厂,解决皮鞋设计工作中的问题,等等。

社会主义新风尚不仅深刻影响着广大青年和党员干部,同时也深刻影响着整个上海社会。一心为公、助人为乐、乐于奉献、艰苦朴素成为社会各界的共同价值导向,一大批先进人物和许多感人事迹涌现出来,并得到广泛弘扬。例如在科学界,许多科技人员把个人理想与祖国命运紧紧联系在一起,把个人志向与民族振兴紧紧联系在一起,为"两弹"的研制放弃原先熟悉的专业,孜孜不倦地攻钻科学难关;当时任职于中科院上海生物化学研究所的彭加木在患有恶性肿瘤的情况下，顽强抗拒病魔侵袭，始终坚持工作，毫不松懈，不辞劳苦，勇于接受最艰苦的任务。① 他曾抱病五次远赴新疆，积极参与新疆化学研究所的建所工作。他说："分配我什么工作都可以，别人不愿干的让我干，有危险的工作给我做"，"我愿在科学工作中做一颗为别人开路的铺路石子。"又如，交通运输行业的民主 5 号轮服务员杨怀远，数十年如一日，以用扁担替旅客挑行李为主要服务工具和手段，以"天下万物何所求？只求为人民服务到白头"为人生奋斗目标和追求，全心全意为旅客服务，积极帮助旅客解决困难，他用热情周到的服务迎送了千千万万旅客，其"小扁担精神"也在人民群众中广为传颂。

图 17－6　杨怀远用小扁担热忱为旅客服务

社会主义新风尚的弘扬，在很大程度上推动了工业战线取得巨大成就，形成了声势浩大的群众比学赶帮热潮。广大工人阶级坚持自力更生，勤俭节约，奋发图强，整体工作作风得到很大改善，工作效率得到提高。例如上海汽轮厂造型工人坚持做到每天早上班、晚下班，并利用业余时间到废料堆去捡钉子、铅丝、元铜，整理后加以回用；②上海焦化厂在学习大庆提高企业管理水平的经验中，建立干部上岗制，组成以生产为中心的指挥与调度机构；抓住供、产、销各个环节，全面提高管理质量；充实生产第

① 《市科学技术工作会议昨日开始大会发言　上海科技战线光辉事迹激励人心》，《文汇报》1964 年 3 月 14 日。

② 中共上海市委党史研究室编：《上海社会主义建设五十年》，上海人民出版社 1999 年版，第 250 页。

一线力量,强化班组建设等,使企业面貌一新,被化工行业誉称为“南方小大庆”。[①]

新风尚促使工业战线广大干部群众在开展技术革新和技术革命中,发扬敢想敢做的革命精神,坚持一切经过试验的科学态度,围绕生产关键和薄弱环节,互助协作进行科学实验,刻苦钻研技术,革新工艺、设备和工具。由此,先后掌握和推广纯氧顶吹、无切削、电抛光、电子、激光、红外等新技术、新工艺,研制成功我国第一台 12 000 吨锻造水压机、第一台 2 兆电子伏静电加速器、第一支航空不锈钢管、第一条全钢丝子午线轮胎、尼龙 610、尼龙 1010、涤棉纤维和轮胎帘子布等新产品,开拓石油化工、合成树脂、新型塑料、轿车、拖拉机等新兴行业,推动工业生产技术水平的提高、生产能力的增强和生产的发展,[②]缩短我国与世界先进水平的差距。[③]

在此期间,上海工业战线涌现出许多先进模范人物和集体。例如,一直保持“五好”荣誉的老标兵王林鹤、裔式娟、丁杏清等,还有活学活用毛主席著作的国棉一厂杨富珍,不怕难、不怕苦、不怕累,一心为人民的杨树浦发电厂职工谷玉珠,把社会主义建设的整体利益放在第一位,甘当“配角”,为协作单位挑重担的上海电光仪器厂、向荣电器厂的职工,还有在艰苦条件下勇于创新,善于创新,试制成功新型电光源的复旦大学校办玻璃厂工人蔡祖泉,试制成功新型合成纤维的上海合成纤维研究所红雷青年小组。[④] 同时,还涌现出一批大庆式的先进企业。在 1966 年召开的全国工业交通工作会议上,上海卫海铁工厂、上海嘉丰棉纺织厂、上海第三钢

① 沈逸静:《上海的工业学大庆运动》,中共上海市委党史研究室编:《艰难探索(1956—1965)》,上海书店出版社 2001 年版,第 481 页。

② 《上海工运志》编纂委员会编:《上海工运志》,上海社会科学院出版社 1997 年版,第 453 页。

③ 中共上海市委党史研究室主编:《上海人是怎样创造奇迹的——独领风骚话当年》,上海远东出版社 1995 年版,第 88—128 页。

④ 《当代中国》丛书编辑部:《当代中国的上海》,当代中国出版社 1993 年版,第 246 页。

铁厂、上海永鑫无缝钢管厂、上海微型轴承厂、上海机床厂、上海杨树浦发电厂、上海德新金属冶炼厂8家工厂被提名推荐为1966年70个大庆式先进企业，[①]求新造船厂等97家上海先进企业在大会上受到表扬。

社会主义新风尚的弘扬，还推动了上海农业战线取得优异成绩。各郊县公社的广大社员们充分发扬自力更生、艰苦奋斗、战天斗地的精神和爱国家、爱集体的高尚风格，努力加大农田基本建设投入，改造不利的自然环境，改变农村落后面貌。例如，南汇县周浦公社沈西大队利用混凝土瓦筒管套接建成总长3 846米的地下输水管道，标志着上海郊区输水渠道开始由明渠转为暗渠；青浦县小蒸公社金星大队为帮国家节省化肥，决定发动群众割草积肥，社员们在四十多天里埋头苦干，最终依靠自己解决了缺肥问题；[②]上海郊县的广大菜农下劲种田，做到经常生产的蔬菜达八十多个种类、四百多个品种，充分满足了城市人民的需要。[③] 1965年11月，全国大寨式农业典型展览在北京开幕。上海作为全国五十二个大寨式农业先进单位之一参加展出。《人民日报》发表社论指出，包括上海在内的一部分地区“千方百计地挖掘潜力，把各种有利因素比较充分地运用起来，实现了农业的更稳产、更高产”，“正确处理自力更生和国家支援的关系，而以自力更生为主，多快好省地发展了农业和林牧副渔等项生产”。[④]

中国的20世纪60年代前半期有其独特的历史风采。这是一个英雄辈出的年代，这是一个艰苦奋斗、乐于奉献的年代，这是一个理想闪光、意

① 中共上海市委党史研究室编：《中共上海历史实录（1949—2004）》，上海教育出版社2004年版，第412页。

② 《〈大寨人的故事〉的故事》，《文汇报》1965年11月12日。

③ 《毛主席的伟大号召深入人心，大寨精神在全国农村开花结果》，《文汇报》1966年9月25日。

④ 《农业靠大寨精神——祝全国大寨式农业典型展览开幕》，《文汇报》1965年11月2日。

气风发的年代。[1] 雷锋、好八连、大庆油田工人、大寨人、焦裕禄等英雄模范和先进集体不断涌现,他们以自己的理想、信念和价值观,对当时的上海社会产生深远影响,加之以反映时代风貌、讴歌英雄先进为主题的优秀文艺作品的大量创作和广泛传播,振奋了人们的精神,发挥了移风易俗的作用。奋发图强、自力更生、艰苦奋斗、勤俭建国的社会主义新风尚在上海蔚然成风。这种时代性的社会风尚和思想氛围,促使上海广大干部和人民群众在各自平凡的生活和工作中创造出不平凡的业绩,为战胜严重经济困难、把上海建设成为我国先进的工业和科学技术基地注入强大精神动力,给上海社会主义建设的历史烙上了不可磨灭的印记。

(张　鼎)

① 中共中央党史研究室:《中国共产党历史第二卷(1949—1978)》(下册),中共党史出版社2011年版,第705页。

文化管理机构的演变

上海素有文化“半壁江山”之美誉，曾“是全国文化、教育、新闻、出版事业最集中的地方”①。上海解放后，为管理和建设好这“半壁江山”，使其能够创作出更多更好的文化产品，服务于经济建设，满足人民群众日益增长的文化生活需求，培养出更多又红又专的文化人才，在文化管理机构建设方面进行了积极而有益的探索。

一、初建发展新民主主义文化的组织架构

随着文化系统接管工作的基本完成，上海根据中共中央和政务院颁发的一系列文件精神，开始建立和完善党委系统和政府系统管理文化的各种机构，初步形成了组织和促进新民主主义文化发展的市、区两级组织架构。

---

① 夏衍：《上海文教工作概况与今后工作任务》，《文汇报》1950年10月19日。

1. 军管时期的文化管理机构

平稳顺利地接管原国民党政府管理的各类文化企事业单位，是上海改造旧文化，发展新民主主义文化的前提。为此，上海在1949年5月27日解放的当天便成立了上海市军事管制委员会(简称市军管会)，对上海实行军事管制。市军管会下设四个管理委员会，其中文化教育管理委员会由陈毅市长亲自兼任主任。文化教育管理委员会下设高等教育处、市政教育处、文艺处和新闻出版处，主要负责接收国民党政府"公办"和官僚资本办的文化教育单位。5月28日，上海市人民政府(简称市政府)宣告成立。即日起，市军管会和市政府便集中力量对国民党的政权机关、财经、文化和军事单位进行接管。

根据"维持原状、逐步改造""先接后管，宁稳勿急"的接管方针，到1949年7月2日，市军管会文艺处共接管了19家单位：文化娱乐场所——新生活俱乐部；中电、中制办事处四家——伪中电总办事处、中电董事会办事处、行政院内政部电影检查处、伪国防部中国电影制片厂办事处；电影工厂三家——伪国防部中国电影制片厂、伪中电一、二两厂；四家电影院——"民光""海光""国际""文化会堂"；两个电影机构——大众电影合作公司(简称"实电")、中华电影工业器材公司(简称"电工")、上海市政府交响乐队、上海国立音乐专科学校、市立戏剧专科学校、上海市美术馆筹备处和原国民党中央文化运动委员会所属文艺小憩俱乐部①。

市军管会新闻出版处接管了中央日报等15家反动报馆、中央通讯社等3家通讯社、1所中国新闻专科学校、5家其他外埠报纸在沪办事处；接收了40个反动出版机构及6个附属单位，还有2个完整的印刷厂；接管了上海

① 中共上海市委党史研究室、上海市档案馆编：《接管上海》(上卷·文献资料)，中国广播电视出版社1993年版，第433、435页。《上海文化艺术志》编纂委员会编：《上海文化艺术志》，上海社会科学院出版社2001年版，第33页。

广播电台,封闭了 22 个伪公营广播电台和与国民党 CC 系勾结的"中国文化"电台①。新闻出版方面,接管或实行军管的共计 58 个单位。到 1949 年 12 月底,市军事管制委员会基本完成对上海官僚资本文教单位的接管工作。

通过顺利接管国民党官僚资本办的文化企事业单位,为上海建立国营文化企事业单位奠定了基础。1949 年 5 月 27 日,上海人民广播电台就在接管上海广播电台的当日晚上播音了。6 月上旬,上海新华书店第一、第二门市部开业。6 月下旬起,上海便将百余种中外反动书刊及淫书淫画列入取缔范围。不久,上海陆续成立了国营的上海人民出版社、公私合营的上海联合出版社。市委和市政府加强了对出版事业的领导和管理。11 月,国营上海电影制片厂成立,隶属于中央电影事业管理局领导。

图 18－1　上海电影制片厂

① 中共上海市委党史研究室、上海市档案馆编:《接管上海》(上卷·文献资料),中国广播电视出版社 1993 年版,第 480—483 页。

同时,党和政府也加强了对私营文化企事业单位的管理和指导。当时,对为数众多的私营文艺团体,上海一方面通过组织建立文艺专业团体或协会的形式将各方艺人团结起来,另一方面从 1949 年开始通过开设戏曲研究班的形式,探索改人、改戏和改制的方法。对集中在上海的私营电影公司,中央和上海地方的电影主管部门进行指导和帮助。1950 年初,上海成立了首家公私合营的长江电影制片厂。为解决剧本短缺的问题,上海还专门成立了电影文学研究所,约请作家编写电影剧本,供私营厂拍摄采用,进而通过提供剧本,对私营和公私合营的电影企业发挥引导性作用。

2. 建立和调整市区各级文化管理机构

市军管会文化教育管理委员会在基本完成文教系统的接管任务后,便逐步将其所属各处划归上海市委、市政府领导。

1949 年 10 月,市军管会文艺处划归上海市委、华东局领导。1949 年 11 月,隶属于中央电影事业管理局领导的上海电影制片厂成立,其党的组织先属江宁区委领导,后属市委直属机关党委领导。

随着中共中央和中央人民政府组织法的颁布实施,1950 年 1 月,中共中央决定将华东局与上海市委领导机构分开,由陈毅任中共上海市委第一书记。4 月,根据中共中央的决定,以及中共中央、政务院颁发的《关于中央人民政府成立后党的文化教育工作问题的指示》《各大区、省、市文教机关的组织办法》和《大行政区人民政府委员会组织通则》的精神,中共上海市委宣传部(简称市委宣传部)开始独立办公,主要负责上海市宣传、新闻出版、文艺理论等部门工作。其后,又根据中央《关于加强与调整各级党委宣传部的工作和机构的指示》和《关于健全各级宣传机构和加强党的宣传教育工作的指示》精神,加强了部机关组织建设,内设报刊出版广播处、文化艺术处。根据 1951 年 1 月市委宣传部制订《工作条例(草案)》,

其内设的文化艺术处的职责主要是从思想政策上管理指导本市文化、科学、艺术活动;报刊出版广播处的职责是指导和检查党报、党刊、广播台、通讯社及内部报刊的工作,从思想政策上对一般报刊、图书、出版、广播进行领导。

3 月,以市军管会文艺处为基础,成立上海市人民政府文化局[①](简称市文化局),同时保留市军管会文艺处的名义。市委常委、宣传部长夏衍任局长。9 月,市文化局将原有的文艺处改组成为局属三个处,即艺术处、戏曲改进处和电影事业管理处,另设对外文化联络事务处与文献委员会[②]。其中:艺术处主要负责领导上海市的各种文化艺术活动,审查各种文艺作品,指导并管理各公私剧团、剧场,策划民间艺术之改进事项,指导并扶助工厂、近郊、部队、学校的群众文艺活动。电影事业管理处负责上海电影事业政策的领导和管理,通过分设电影企业管理、影院管理、电影检查、秘书科及编辑《大众电影》与辅导电影宣传教育之研究室,负责国产与进口影片之审查[③]、影院放映影片之检查、影院设立之登记取缔以及私营片厂发展生产之辅助等事宜。市文化局还有下属单位,包括:华东文工二团(原演剧九队)、交响乐团、美术工场和中国影片公司华东区公司。

1950 年 7 月,根据市人民政府发布的《上海市区人民政府试行组织规程(草案)》,上海市各区政府先后建立起文教科。该科主要负责:居民宣

---

① 1952 年 8 月 7 日,市政府根据中央政务院规定,决定将市文化局改名为上海市文化事业管理局,直属市政府领导。

② 中共上海市委党史研究室所藏资料:《上海市文化局大事记》第 13、16、34、39 页记载:1950 年 6 月 8 日,市人民政府决定将前身为上海通志馆的市文献委员会划归市文化局领导;1951 年 10 月,上海市文化局文献委员会改组为社会文化事业管理处。1952 年 7 月,对外文化联络事务处划归上海市人民政府文化教育委员会领导。《市文化局调整机构》,《文汇报》1950 年 9 月 21 日。

③ 1951 年 7 月,文化部收回了原来委托给上海市文化局办理的对国外进口影片和上海私营厂摄制影片的审查和上演执照的颁发,改由文化部电影局影片审查委员会统一进行。

传教育、文化娱乐及群众识字教育的发动、组织、管理、督导事项;民间旧艺人及小型剧院之了解登记及管理办法之建议事项;文教行政主管部门交办事项等①。

同年7月24日至29日,上海市第一次文学艺术工作者代表大会召开。会议宣布成立上海市文学艺术界联合会(简称市文联)②,夏衍任主席。市文联的宗旨是团结全市文艺工作者,学习马列主义、毛泽东思想,贯彻中国共产党的文艺路线、方针、政策,促进文学艺术事业的繁荣与发展。按照组织章程规定,市文联采用团体会员制,市文联对所属团体会员实行团结、指导、联络、协调和服务。同年9月,市委决定成立市文联党组,夏衍为党组书记。

1951年9月,市政府根据《上海市人民政府试行组织条例》规定,建立了文化教育委员会,主要负责联系并指导文化局、教育局、卫生局及新闻出版处的工作。具体是指导文学、音乐、美术、戏剧、电影、舞蹈等活动;指导各公私营报社、通讯社、书店、出版社、广播电台工作;指导革命文献、文物及历史博物馆工作,负责对国内外文化联络交流工作;审核检查所属各局、处等机关工作,并审核其文化教育卫生新闻出版事业经费及行政经费的预决算③。

至此,上海初步构筑起党领导下发展新民主主义文化的组织构架,由市委宣传部、市政府文化教育委员会、市文化局、各区文教科和市文联组成。

---

① 上海市编制委员会办公室编著:《上海党政机构沿革(1949—1986)》,上海人民出版社1988年版,第23—25页。

② 1954年2月,上海市文联改组,改组后的文联变团体联合会的性质为个人会员的自愿组织。文联下面有众多协会:作家协会、音乐家协会、戏剧家协会、美术家协会、曲艺工作者协会等。

③ 上海市编制委员会办公室编著:《上海党政机构沿革(1949—1986)》,上海人民出版社1988年版,第14、18—19页。

二、初步形成发展社会主义文化事业的组织架构

国家大规模经济建设开展后，为顺应华东一级党政机构撤销，其所属文化单位下放给上海管理，以及社会主义改造基本完成后的情况，上海积极调整市、区两级文化管理机构及其管理范围。

1．华东局宣传部和文化部所属文化单位的下放

1954 年，根据同年 4 月中央政治局扩大会议撤销大行政区一级党政机构的决定，撤销华东局和华东行政委员会，一批原属华东宣传部和华东文化部的文化事业单位渐次移交或下放给上海领导。

由此，原“华东、上海人民广播电台”改称为“上海人民广播电台”，受中共上海市委领导①。

图 18－2　长江剧场

根据中宣部指示，华东作协、华东美协、华东音协等单位移交上海市委宣传部领导，并更名为中国作协上海分会、中国美协上海分会、中国音协上海分会。华东戏曲研究院、华东歌剧团、华东话剧团，及上海电影幻灯机制片厂、中国电影器材公司、大众、长江剧场等单位移交给上海市文化局。在 1955 年 3 月，华东戏曲研究院建制撤销后，市文化局受委托领导

① 中共上海市委组织部、中共上海市委党史资料征集委员会、中共上海市委党史研究室、上海市档案馆：《中国共产党上海市组织史资料(1920.8—1987.10)》，上海人民出版社 1991 年版，第 432 页。

和管理文化部建制内的上海越剧院(即原华东越剧实验剧团),负责领导新成立的上海京剧院。

1956 年 1 月,文化部将中央音乐学院华东分院、中央戏剧学院华东分院划交上海领导,由市文化局分管两院文艺方面的工作。1957 年 2 月、8 月,又先后将上海越剧院、中国电影发行公司上海市公司(更名为上海市电影发行公司)移交和下放给上海市文化局直接领导。

随着大批原隶属华东局或文化部的文化单位下放地方,为理顺文化行政部门所属文化事业领导关系,1955 年 12 月,文化部作出相关规定,明确提出: 地方文化事业和文化工作一律由地方人委领导和管理,文化部根据中央方针、政策加以指导和检查;中国电影发行公司在各地的分支机构应同时受省、市文化行政机关的领导和监督;地方文化行政机关是地方人民委员会的一个工作部门,工作应请示报告地方人委。

2. 加强市级文化管理机构建设

面对大批文化单位下放给上海管理后对全市文化管理带来的新挑战,以及社会主义改造完成后发展社会主义文化的需要,市委和市政府加强了文化管理机构的建设。

为加强党对文艺工作的领导,1954 年 11 月,市委成立了市委文艺工作委员会。1955 年 3 月,市委制定了《关于健全党委制,改善领导的决定》,明确指出: 市人委各办是市长实现对各局院行处领导的直接助手,但各办的党员负责干部在有关政策、方针等重大问题上亦应同时对市委负责,并向市委请示报告。同时,市委也指出:“市委各部委应该通过党的系统,发挥党组织的保证监督作用,不得代替政府各办公室、各局的业务工作。”①

① 中共上海市委组织部、中共上海市委党史资料征集委员会、中共上海市委党史研究室、上海市档案馆:《中国共产党上海市组织史资料(1920.8—1987.10)》,上海人民出版社 1991 年版,第 374、382 页。

1955年2月,上海市一届人大二次会议依照《地方各级人民代表大会和地方各级人民委员会组织法》的规定,决定将市人民政府改为市人民委员会(简称市人委会)。之后,市人委会调整原市政府所属工作部门,撤销原市政府文化教育委员会,新成立市人委会文艺办公室(1957年2月撤销),负责掌管文化局、文管会的工作,协助管理文化部在上海的中央戏曲、音乐、美术学院的华东分院,协助新闻出版机构管理文学艺术等出版的业务。同时,原市政府文化事业管理局改为市文化局。

及至1956年5月,市委将文艺工作委员会改为市委文艺工作部,撤销市委宣传部文化处。原市委宣传部文艺处有关文艺工作划归市委文艺工作部领导。同时,市文化局调整了全局机构设置,共设局长室、分党委(团委、宣教科、组织科)、办公室(秘书科、计划财务科、行政科、对外文化联络科)、人事室(干部科、教育科、工资福利科、保卫科)、艺术处、群众文艺处、社文处、电影处、演出科、监察室共10个处室和肃反、社改两个临时办公室。其中:艺术处主要负责所属单位的艺术思想领导工作,主管各艺术单位的计划、检查与总结工作,审查上演剧目、组织剧目创作,研究与指导舞台艺术的改进和戏曲音乐的改革工作,负责对各艺术单位业务人才的培养训练工作,负责对音乐舞蹈、美术等短训班的行政管理工作,配合有关方面取缔黄色音乐唱片及领袖像的审查工作。群众文艺处主要负责贯彻执行群众文化艺术活动的方针政策,督促和检查各方面群众文化艺术活动,总结和推广群众文化艺术活动的先进经验,领导群众艺术馆,运用国家文化艺术单位的力量及其他社会力量,指导各区并与有关单位紧密联系配合,广泛开展群众业余文化艺术活动。电影处主要负责掌握电影放映网的分布与调整工作,审查和批准各系统新设立的放映单位;领导贯彻和检查电影政策方针的执行,负责审核电影放映公司的业务计划;主持影片宣传,总结宣传工作经验,提高宣传工作的质量;根据文化部决定与有关方面主办上海市各种电影周;代局监督和管理文化部电影局委托代管的企业单位;审查幻灯镜箱幻灯片与小电影。

翌年,根据中央精简机构、改进工作、提高工作效率的指示精神,市委于1957年5月撤销了文艺工作部,文艺工作仍归市委宣传部管理①。同时,市人委再次调整机构,撤销了市人委会文艺办公室和新闻处,增设了市人委广播事业管理处(与上海人民广播电台合署办公)②,并于6月将市人委出版事业管理处改为市出版局。市文化局则精简了编制,人员由206名减为130名;机构设置去"科"留"处",由三级制改为二级制,共设置七处二室。

3. 市、区两级文化管理职能和范围的初步分工

为适应社会主义改造以后的新情况,鉴于文化单位量多面广,并分散在各区的实际情况,在管理机构精简的情况下,为了更好地管好文化单位,调动和发挥这些文化单位,以及区级文化管理力量的积极性和作用,上海将加强区级文化管理机构的建设提上了议事日程。1956年3月,市文化局提出《关于各区文化科的工作任务与市区分工管理的意见》。《意见》明确了各区文化科的六项工作任务,即:一是领导管理企业、事业单位的工作,包括行政工作、党团与人事工作;指导在各区进行演出活动的国营剧团与民办公助剧团,管理剧团与剧场的签订合同,检查剧团的演出情况;二是负责对业余剧团、文艺社团、小电影、幻灯镜箱、街头艺人等社会性文化事业的行政管理工作;三是组织辅导群众文化艺术活动;四是协助市文化局进行有关电影、戏剧、戏曲的宣传与组织观众工作;五是协助市文化局做好发现与保护文物的工作;六是协助市文化局进行各项改造工作。

---

① 《中国共产党上海市组织史资料(1920.8—1987.10)》,上海人民出版社1991年版,第381页。

② 上海市编制委员会办公室编著:《上海党政机构沿革(1949—1986)》,上海人民出版社1988年版,第11、63页。

同时,对于市区分工管理,《意见》提出:区负责行政领导,市负责业务领导。各区文化科负责对移交给各区的影院、剧场、书场、游乐场进行行政领导;市文化局负责对其进行业务领导,主要是通过建立影院、剧场两个专业公司,负责领导各院场的业务和财务。具体来说:在人事管理上,专业公司负责管理剧场经理与影院组长一级干部,区文化科负责其余人员的管理,以及提升、降级、奖惩、调动、思想教育、政治学习等。对院场行政领导管理工作,要求各区保证执行放映工作计划,贯彻电影工作的方针任务,调节区内各系统放映单位之分布与发展,贯彻推行各项工作制度,总结推广先进经验;领导各院场做好观众服务工作,根据各区特点,研究各院场上座规律,督促落后单位改进提高;督促检查安全设施,责成检修,根据各企业特点发动劳动竞赛和评奖事宜。院场人员的党团关系都转到区;事业经费由市文化局转拨。此外,上海还对区文化科对所属影院宣传工作、群众文化工作、文物考古工作、区图书馆工作以及书摊管理工作提出了相应的意见,进一步拟订了影院、区阅览室、剧场、书场等有关业务的市区分工管理方案。

经市人委会同意,市文化局把大部分剧场、书场以及全部民间职业剧团、流散艺人和所有游乐场交区管理。文化经费仍由市里统管,演出场所也是计划管理,高度集中,统一调度。

1956 年 6 月至 7 月,上海分期分批将 40 个电影院、82 个剧场(不包括人民大舞台、上海艺术剧场)、26 个书场、1 个游乐场(不包括人民、大新、先施 3 个游乐场)、市人民图书馆所属 12 个区阅览室(后扩充为各区图书馆)、市文化局所属放映队先后交区(县)管理。同年 11 月,上海成立戏剧演出公司,领导上海艺术剧场、人民大舞台和三个游乐场,负责全面规划和发展院场,并于 1957 年领导全市院场进行了工资改革和对干部进行经营管理业务知识培训。在 1957 年 11 月市戏剧演出公司撤销后,“由市文化局建立专门的演出管理机构,统一处理剧场、书场、游乐场的有关方针、政策、规划、平衡、调度等问题。”①

1957年11月,市人委会发布试行《关于文化工作的市区分工细则》,进一步明确了市文化局和各区文化科在机构管理和职责范围上的分工。在机构管理上,市文化局直接管理部分大型剧院(团)、市级图书馆、博物馆、纪念馆和游乐场;各区文化科则管理其余剧团、文化馆、区图书馆、电影院、放映队、剧场、书场、民办私营文化事业、民间艺人等。在职责范围上,市文化局负责制订文化事业的方针任务、规划、制度(包括人事、财务制度和各种管理制度);根据中央和市规定的原则,制定或审批全市文化事业单位的机构和编制;对区文化局、科进行领导、检查、督促和交流工作经验;加强对文化业务的领导和研究工作,加强政治思想工作。各区文化科负责:领导和管理本区的文化事业,领导开展区内群众文化活动;进行人事管理、思想教育工作,协同财政科掌握本区文化支出经费,拟定和执行所属文化事业机构和编制。同时,该细则还明确规定对实行分区管理的各种文化事业,均由区直接领导处理;市局对这些单位布置工作,应通过区掌握贯彻;基层对上的请示,一般也应通过区。

到1957年底,上海建立了由市委宣传部、市文化局和各区文化科、市文联组成的指导和发展社会主义文化的管理构架。

三、社会主义文化管理构架的进一步完善

为适应上海“大跃进”时期工农业生产的快速发展,特别是群众业余

① 《上海文化艺术志》编纂委员会编:《上海文化艺术志》,上海社会科学院出版社2001年版,第979页。

文化活动大规模的开展，以及部分中央文化单位和市属文化单位逐级下移管理的新情况，上海调整、新建了相应的文化机构，充实区县文化管理机构，完善了指导和发展社会主义文化的管理构架。

1. 进一步调整市级文化管理机构

为配合经济大跃进的形势，上海加强了党对群众文艺工作的领导，调动各方力量大力发展群众业余文艺活动。1958 年 2 月，市委决定成立群众文艺工作委员会，由市文化局局长徐平羽任主任，其办事机构是市文化局群众文艺处。

同年 3 月，市文化局贯彻精简机构的精神，将原来的“七处二室”调整为“五处二室”(即：办公室、人事处、艺术一处、艺术二处、社文处、群文处和党团办公室)。同时，加强了对文化工作的领导，确定由副局长各兼一个处的处长。

同年 10 月，上海电影制片公司下放给上海后，上海成立了上海市电影局和电影局党委，下辖故事片、美术片、科教片、译制片等各电影制片企业，技术厂、电影乐团、电影发行放映公司等。上海市电影局成为市人委会领导和管理上海地区电影事业的一个职能部门。

特别值得一提的是，在贯彻执行中央关于加强党的统一领导，贯彻党政不分的原则精神中，上海市委于 1958 年 9 月 19 日发出《关于市人民委员会今后工作中几个问题的通知》，规定今后市人委会各局工作应直接向市委或市委有关各委、各部请示；各区人委、县人委工作应直接向区委、县委请示，不再向市人委请示。工作总结报告，除主送市委书记、市委有关各委、各部或区委、县委外，同时应抄送市人委。

据此，上海市文化局、上海市电影局虽然是市人委会的下属职能机构，但实际上成为市委和市委有关各委、各部的工作职能部门，形成市委实际统抓文艺工作的局面。

2. 充实加强区县文化管理机构

继1956年下放一批影院、剧场、书场、图书馆阅览室、放映队给各区后,1958年1月起,市文化局先后将新国营剧团、民办公助剧团和民间职业剧团等,大新、先施、人民3个游乐场划归各区领导和管理。同时,人民游乐场恢复原名“大世界”。3月,市区电影院、文化系统电影放映队的领导权也下放到各区、县文化局(科)。

同年8月到1959年,上海还先后将上海儿童图书馆、鲁迅纪念馆、韬奋纪念馆、豫园及其内园,人民大舞台、上海艺术剧场、美琪大戏院、大众剧场、仙乐书场、黄浦剧场、文化广场和美术设计公司[①]交所在区领导。至此,全市文化单位绝大部分由区县领导管理。

为适应大批市属文化企事业单位移交各区领导管理、上海行政区划调整后各区领导文化工作的面更广、任务更重的新形势,上海采取措施,进一步强化区、县文化管理机构。一方面从市文化局调配干部,加强区文化局的领导力量,另一方面,在各区县专设文化局(科)。1959年10月,上海在南汇、川沙、青浦、金山、崇明、奉贤6个县实行文教分科,专设文化科。1960年1月18日,调整后的十个区均设区文化局,内部设秘书、人事、财务、群众文艺、文化馆、图书馆、企业管理(包括影院、剧场、书场、放映队及新华书店门市部等)、剧团管理等机构,一般配备干部10—13人。1959年、1960年两年中新建的闵行、吴淞两区,也均设区文化科或局。

四、建立“党政分开、市区两级”管理架构

1961年以后,随着国民经济“调整、巩固、充实、提高”八字方针的贯

---

① 不久,为迎接国庆10周年的需要,文化广场、上海美术设计公司、人民大舞台、上海艺术剧场、美琪电影院、长江剧场、鲁迅纪念馆、少年儿童图书馆等单位又先后划归市文化局直接领导。

彻，为适应国民经济调整和发展对文化工作提出的新要求，上海精减市人委会下属文化管理机构和企事业单位的人员的同时，实行党政分开，强化了市级行政文化管理机构的领导职能，并根据不断变化的形势，继续加强党对文化工作的领导。

1. 精减文化管理机构和文艺企事业单位

1961 年至 1962 年间，上海贯彻 1961 年 8 月文化部提出的《关于地方文化事业精减人员的初步意见》精神，首先精简调整了市文化局和市电影局的人员和机构规模。

1961 年，市文化局计划将局工作人员从 130 名减至 93 名，内部设立党委办公室、办公室，人事处、一处、二处、三处、群众文化处、演出处和教育处①。后经上海市编制委员会同意，1962 年，市文化局机构实际精简调整为七个处室，即：办公室、人事处、艺术一处、二处、三处、群众文化（与群众艺术馆合署办公）和演出处②。其中：一处负责艺术创作、剧评、整旧、艺术团体管理，二处负责音乐团体管理和创作理论，三处负责图博、文物、美术，群众文化处负责县文化工作和市区群众文化工作，演出处负责演出调度、接待，剧场管理等。

市电影局的机构设置则去“科”留“处”，共设“四处一室”，即：艺术处、技术处、生产处、人事处、办公室。其中：艺术处负责在局长领导下，管理全局的创作工作，领导和组织开展创作活动，负责组织审查剧本及样片；开展电影理论工作及宣传工作，并编辑出版“上影画报”和“电影故事”；制订各片种主题计划；组织与领导（或规划）创作人员的业务锻炼；负责创作和生产资料的收集和供应。生产处负责管理年度季度生产计划的

---

① 《上海市文化局报送市委宣传部关于上海市文化局机关整编方案》（1961 年 10 月 5 日），上海市档案馆藏，B172－1－581。

② 《上海市编制委员会关于同意上海市文化局机构设置和编制的函》（1962 年 9 月 21 日），上海市档案馆藏，B172－5－581。

组织、汇编、审核、下达;管理各厂生产工作,审核并督促、检查各厂进度及阶段生产计划及执行情况,平衡各厂后期工作;负责管理全局的财务工作和统计工作;审定和管理物资供应工作;负责全局的基本建设工作。同时,上海新建电影科学技术研究所,负责电影尖端科学技术的研究,审核与鉴定全局范围内的技术革新项目,交流技术经验,收集电影科学技术情况;开展电影科学技术的理论研究工作①。

同时,上海对各类文化事业、企业单位进行整顿和精减。

在艺术团体方面,对市属全民所有制剧院(团),集中力量办好质量较高的剧院(团),为其充实必要的业务骨干,使其行当齐全。如上海市青年京昆剧团独立建制,由市文化局和戏校分别领导其行政、财务、演出调度及业务。上海对区、县属合作经营剧团及曲艺团体,按照剧种特点,确定合理编制,加强组织、制度等建设,实行经济核算。同时,撤销 1958 年后新成立的专业性文工团,仅保留奉贤县文工团,并将其改为合作经营的山歌剧团。

在演出管理方面,恢复了演出公司,加强了对演出安排和调度的领导。同时,撤销了建筑设备过差、维修费过多、不能适应演出需要又无发展前途的剧场、书场,加强了对保留剧场、书场的维修和保护。

在艺术教育事业方面,1963 年 9 月,停办了上海电影专科学校,1965 年 9 月,结束了上海市美术专科学校大专建制,保留了上海市戏曲学校和上海市舞蹈学校,撤销了剧团附设的学馆和区县属艺术学校、学馆。对市属学馆,通过撤销、合并、紧缩或办完为止等办法,大力精简学员。

在社会文化事业方面,上海将上海自然博物馆划归市科委领导,同时保留了上海博物馆、革命历史纪念馆筹备处、鲁迅纪念馆、韬奋纪念馆,以

① 电影局体制机构调整方案(修正稿)》(1961 年),上海市档案馆藏,B177－1－53。

及嘉定、青浦、松江县博物馆；对国画院按定额精简了人员；文化广场成为独立的事业单位。

在群众文化事业方面，调整了市群众艺术馆的任务，明确其今后以郊区农村群众文艺工作为主要任务，适当照顾市区文化馆、站的业务辅导和市区民间文学艺术的收集整理工作；而市区职工和学生的辅导工作，分别由上海工人文化宫、青年宫、少年宫负责；另外，保留了区、县文化馆，国家举办和民办公助的公社文化馆、图书馆一律改为民办，各县根据需要和可能，保留该县较大集镇的文化馆、站(包括图书室)，作为县文化馆的分支机构。

经过整顿和精减，上海撤销了 20 个左右的全民所有制单位，精简了一批原来未列入国家编制的合作经营剧团，上海文化事、企业的规模基本恢复到 1957 年的水平。

2. 加强市人民委员会对文化工作的管理职能

根据中央关于“党委要抓方针、政策、计划，抓调查研究，抓检查工作和总结经验，在党委的统一领导下，加强政府工作。许多行政工作都应该交给政府去管，发挥政府各业务部门应有的作用”的指示，1962 年 7 月 28 日，市委印发试行《关于加强党的领导，加强政府部门工作的几项规定(草案)》。该规定明确了要在市委的统一领导下，加强市人民委员会的工作，明晰了市委工作部与市人委办公室(委)的工作任务和相互关系，提出：“党的工作和行政业务工作应当明确分开。市委工作部与市人委各办(委)，应当按各自规定的任务进行工作。部不应包办行政业务，办(委)也不应包办局的工作。在有关部、办(委)之间，应当根据工作需要，主动加强联系，相互配合。”①该规定还提出了要调整各局党的组织形式，发挥局的作用，并要求健全民主集中制，整顿工作秩序。

① 中共上海市委党史研究室　上海市档案馆编：《上海党建文献选编(1949—1976)》上册，中共党史出版社 2011 年内部出版，第 383—384 页。

此后,上海市人民委员会增设了文教办公室,作为市人民委员会的办公机构,协助市长掌管市人委会所属工作部门的工作。其主要任务是:督促文教工作部门,贯彻执行党和国家的方针、政策、计划、决议,并检查执行情况;研究审核文教部门向市人民委员会提出的请示报告,处理属于既定方针政策范围内的业务性问题;组织有关工作部门进行协作;深入调查研究,总结工作经验,加强对文教工作部门的指导和帮助,并且及时向市人委反映情况,提出意见和建议。

同时,上海调整了市文化局管理区县文化工作的职权范围,加强了市文化局对区县文化工作的领导。这些职权包括:一是决定区、县文化工作的体制,规划全市文化事、企业的分布、发展,决定区、县国家文化事业企业和专业艺术团体的建立和撤销;二是根据上级指示精神,确定各项主要工作的具体方针任务,制定重要规章制度;三是检查督促区县文化行政部门对政策、法令、方针、任务、制度的贯彻执行情况,研究工作中存在的问题,总结交流和推广工作经验。此外,上海对管理群众文艺、社会文化、专业艺术团体、艺术教育、剧场、书场演出平衡和其他等六个方面的事、企业的职权范围作出了更为具体的规定。

为适应管理职权范围的变化,规范有序地做好相应的管理工作,市文化局制定并颁布了相关工作条例和制度,分发各区县文化局(科)试行。如1961年12月,上海制订了《上海市各区县所属剧团工作条例》和《上海市各区县所属剧团各项制度(草案)》,1962年2月又提出了《关于图书馆工作情况与改进今后工作的意见》,制定了《上海市街道里弄图书馆工作条例》,等等。同时,市文化局还加强了与有关部门的协作,坚持经常、系统和深入地调查研究,以及时发现和解决问题。

3. 再度强化党对宣传和群众文化工作的领导

党的八届十中全会以后,为适应社会主义教育运动开展的新形势,市委再度加强了对宣传工作和群众文化工作管理机构的建设，强化了对意识形态领域工作的领导。

1965年，市委加强了市委宣传部领导班子和机构的建设。市委宣传部的领导职数由6个增至7个，同年新任命了5位副部长；部机关设宣传处、理论教育处、文艺处、干部处、基层工作处、新闻出版处和办公室7个处室。

同年8月，市委将市委群众文艺工作委员会改为市委群众文化工作委员会，确定该委员会由19名委员组成，其任务是：在市委领导下，负责贯彻执行党的群众文化工作方针政策，制定全市群众文化工作的长期规划，组织和协调各方面的力量，统一全市群众文化活动的重大部署。根据市委的通知要求，各区、县委也相应调整、加强了群众文化工作委员会。

上海通过不断适应形势发展要求，调整全市文化企事业单位的布局和规模，强化全市各级党政文化管理机构的职能，提高管理效能，探索建构起由市委宣传部、市委群众文化工作委员会、市人委会文教办公室、市文化局、市电影局、区县文化局(科)组成的“党政分开，市区(县)两级”文化管理构架，调动了市、区、县各方力量，坚持贯彻执行“百花齐放、百家争鸣、推陈出新”方针，不断推动社会主义文化事业的建设和发展，逐步满足人民群众精神文化生活需求。

（黄　坚）

公共文化设施的建设

1949年5月上海解放后，党和政府对城市公共文化设施建设十分重视，通过采取利用原有建筑改扩建大型公共文化设施，接管整顿改造各类旧有公私营文化事业，兴办各类新型公共文化机构与设施等办法，十七年间，较好地扭转了解放初大型标志性公共文化设施短缺，其他各类文化教育娱乐设施门类不全、分布不合理的落后局面，使全市公共文化设施建设面貌得到较大改观。

一、地标性公共文化设施的建设

上海解放后，从提供政策宣传教育场所、举办各类文化艺术活动、满足人民群众文化教育娱乐生活需求等诸多方面而言，需要与之配套的城市公共文化设施。但是，由于历史原因，刚刚迎来解放的上海的公共文化设施建设状况并不容乐观，主要存在四方面问题：其一是缺乏能适应开展全市性政治集会和文化演出交流活动的大型设施场所；其二是满足全市人民不同文化学习需求的宣传教育类设施很少，且门类很不齐全。市、区两级各类图书馆较少，大型美术展览场所、博物馆也比较缺乏；其三是文化娱乐类设施呈畸形发展，多的是私营影院、剧场、游乐场、书场等，且其设备简陋、陋规重重，不能提供适合于广大人民群众需求的文化娱乐服务；其四是各类文化设施分布区域很不平衡、很不合理。大多数的文化设施，都集中在市区的商业繁华地带，而工人集中区、居民聚居区及市郊农村的文化学习娱乐场所则较少。

这样的状况不能适应和满足新民主主义文化建设的需要，亟需得到改变。但由于新生的上海百业待兴，开展各方面建设都需要资金投入，财政经济比较紧张，因而若由政府一下子投入大量资金用于公共文化设施建设就比较困难。针对这一情况，在市委、市政府领导下，上海根据已有条件、按照不同需要、采取不同办法，着手开展城市公共文化设施建设工作，逐步改善全市公共文化设施旧有面貌。

为解决大型公共文化设施缺乏的问题，上海采取对接管过来的部分大型建筑场所进行改造的办法，改建、扩建了一批市级大型、标志性公共文化设施，其中包括文化广场、上海图书馆、上海博物馆、上海自然博物馆，以及上海美术展览馆等。

上海解放后，原法商赛跑会“逸园跑狗场”成为全市重要集会和大型文艺演出、展出的举办场所。但由于原有房屋年久失修、破陋不堪，而且没有经过改装补建，所以只能作临时性使用。1952 年，市文化局根据市政府决定，租赁“逸园跑狗场”并将之改建为能适应全市政治文化活动需要之文化广场。改建工程自当年动工至 1954 年底竣工。通过对原有的一座大看台进行扩建，使原可容纳约 5 000 名观众的场所被扩充为可容纳 1.5 万人的全市第一个群众大会场，全市各种范围较大的政治性活动都能在该处举行。同时，在中间建造了一座大型固定舞台，使其具备国外文艺院团演出条件，在国际文化交流方面的功能能够得到充分运用。

图 19 - 1　1957 年 9 月,观众们在文化广场观看国外文艺院团的演出

此外,原有大厦底层被改辟为展览馆,可供举办各种大规模的和国际性的展览会。原有大厦二至五楼则成为原在福州路小菜场楼上的上海市人民图书馆的新馆址。1952 年,就有来访的匈牙利国家人民文工团和苏军红旗歌舞团在文化广场进行了演出。当年 12 月至 1953 年 2 月,又举办了匈牙利人民共和国展览会。展览仅至第 8 天时观众即已达 22 万余人[①],对向全市人民介绍匈牙利国家建设情况起到很大作用。文化广场的改扩建,使其由旧社会帝国主义剥削中国人民的赌博场所,改变为解放后上海普及新民主主义文化、宣传时事政策、开展文化娱乐活动、介绍苏联及欧洲新民主主义国家建设、推广生产战线上先进经验的重要场所。

上海通过改扩建旧有建筑,除建成文化广场外,还建成了市级层面的图书馆、博物馆、展览馆等大型社会文化设施。1950 年 7 月,市文物管理委员会成立图书整理处和文物整理处,着手筹建上海图书馆和上海博物馆。1951 年 8 月市军管会下令收回坐落于市中心的原"跑马厅"土地后,

① 《上海市文化局关于文化广场的筹建经过、内部情况及经费概况的报告》(1952 年 12 月),上海市档案馆藏,B172 - 1 - 68;《上海市文化局 1952 年业务工作的报告》(1953 年 2 月 26 日),上海市档案馆藏,B172 - 4 - 125。

图 19－2　上海图书馆(现为上海市历史博物馆)

市文物管理委员会开始将原看台大楼及其附属建筑分别改建为上海图书馆和上海博物馆。1952 年 7 月 22 日和 12 月 21 日,两馆先后建成开馆。时任市长陈毅亲笔为两馆题写馆名①。上海图书馆从其内部建筑、设备与规模来讲,在当时是全国第一。它拥有 1 200 多个座位,而北京图书馆仅有 500 多个座位。从其藏书量来讲,在当时也仅次于北京图书馆。作为一座新型图书馆,上海图书馆不仅备有大量藏书,而且拥有普通阅览室、通俗读物阅览室、俄文图书阅览室、杂志阅览室、报纸阅览室、儿童阅览室

① 《上海图书馆事业志》编纂委员会编:《上海图书馆事业志》,上海社会科学院出版社 1996 年版,第 25、96 页。

共六个阅览室[①]。该馆的服务面非常广泛,一方面,它具备普及功能,能为人民群众学习接受新民主主义文化提供比较完善的场所和阅览服务,满足一般读者的需要;另一方面,它又带有提高功能,能为党政机关和专家学者开展各方面研究提供参考服务。

上海博物馆最初开放时内部辟有十大陈列室和一个绘画专题陈列厅,陈列了市文物管理委员会成立三年多来征集和积累的2 000多件珍贵文物。开馆前,中共中央曾指示要把上海博物馆向全国性的艺术博物馆方向发展[②]。因此,该馆在开馆后开始陆续撤除陈列室内的非艺术品,同时补充艺术品。至1956年4月前,共撤除非艺术品651件,补充艺术品508件,并举办了"书画专题陈列展""木刻年画展览""台湾高山族文物展览""反对美国侵略集团阴谋剥夺在台湾文物展览""皮影展览"五个专题展览会。这些展览结合当时的重要政治任务和社会主义建设,及时向人民群众进行了社会主义和爱国主义教育。作为一座全国性的美术工艺博物馆,上海博物馆在开展学术研究、进行对外文化交流、为劳动人民提供文物欣赏学习服务等方面都发挥了重要作用。1959年,该馆迁至河南南路16号原中汇银行大厦,对陈列面积又进行了扩充并调整了陈列体系。

上海的美术发展在解放前就已比较繁荣。解放后20世纪50年代初期,上海依然拥有众多画家,美术品种齐全,美术创作十分活跃。这就需要有适当的展览场所对之予以展现,但当时的上海缺乏固定的美术展览场地。后经美协上海分会查勘申请并得市长陈毅批准,将南京西路近成都路口已停业的"康乐酒家"改建为上海美术展览馆[③]。1956年8月,上

---

① 《一所新型的图书馆——上海图书馆》,《文汇报》1952年7月23日。

② 《上海市文化局关于报送上海博物馆建馆以来的工作报告》(1956年4月6日),上海市档案馆藏,B172-1-220。

③ 《陈毅市长与上海美术》,《文汇报》1999年10月1日。

海美术展览馆落成,成为新中国成立后全国最早建立的一批美术馆之一,拥有开展学术交流、美术收藏展览、普及美术教育等多项功能。

同年,为适应社会主义建设事业需要,开展科学研究和普及科学教育以配合向科学进军的任务,市文化局与市科学技术普及协会参照文化部博物馆事业远景规划,并根据《上海市一九五六年到一九五七年知识分子工作纲要(草案)》的要求,共同向文化部报批筹建"上海自然历史博物馆",原拟设立天文、地质、人类、动物、植物五个分馆。得到批准后,即成立筹备委员会并逐步开始筹建①。1958 年 8 月,在原"华商纱布交易有限公司",即"棉布交易所"旧址上成立上海自然历史博物馆。1959 年,又改其名为"上海自然博物馆"。1960 年 1 月,动物分馆率先开馆,是"文化大革命"爆发前唯一建成的一座分馆。

二、文化娱乐场所的整顿改建

在充分利用原有建筑改扩建市级大型公共文化设施的同时,上海还通过对接收过来的旧有公私营文化娱乐场所进行整顿改革、修缮改建的办法,使其成为真正为人民群众服务的各类文化设施,扩充了政府系统的文化事业体系。

上海在对旧社会遗留下来的包括影院、剧场、书场、戏院、舞台、游乐场等在内的一批文化娱乐场所进行民主改革和社会主义改造工作的同时,对其结构、内设等也进行了修缮和改建,使其能更好地为广大人民群众提供文化娱乐服务。

上海重点修缮和改建了原文明大舞台、卡尔登大戏院、兰心大戏院、

---

① 《文化部关于上海市自然历史博物馆筹备计划的批复》(1956 年 9 月 17 日),《上海市文化局党组关于报批"上海自然历史博物馆筹备计划"及筹备委员会名单》(1956 年 7 月 25 日),上海市档案馆藏,B172-1-219。

大世界游乐场等一些知名度较高的娱乐场所。1951 年 3 月,市人民政府购买文明大舞台,改称地方国营人民大舞台,对其多次进行大修,设平衡吊杆 25 道,并添置灯光音响设备,还新辟乐池,增设冷暖空调。人民大舞台经修建后,主要用于京剧演出,也接待全国各主要地方剧种及大型歌剧、舞剧的演出,成为 20 世纪五、六十年代上海对外文化交流主要演出场所之一。卡尔登大戏院于 1951 年 12 月更名为长江剧场,后历经多次大修,添置舞台设备、改造化妆间、更新冷暖设备,曾被作为华东实验越剧团的演出基地。兰心大戏院在 1952 年更名为上海艺术剧场,后长期作为全市话剧演出的主要场所,也进行音乐舞蹈演出,还承担了接待中央领导和各国贵宾的重要演出任务[①]。

1954 年 7 月,上海最大的游乐场——大世界游乐场由市文化局接管。经过改造,大世界游乐场既有包括中型京剧场、南方戏曲场、北方戏曲场、木偶剧曲艺场、杂技歌舞场、电影场在内的六个中小型剧场,也有大型“西洋镜”等游乐设备。人们在游乐场中,既可欣赏戏曲,也可进行各种文娱活动,或参观在这里举办的各种展览会。因而,大世界游乐场既区别于单纯的剧场,也不同于工人文化宫,真正成为广大劳动人民与市民在业余时的休息娱乐活动场所。1955 年,其名称改为“上海人民游乐场”。

此外,通过对一些旧文化娱乐场所进行改建,改变或增加其功能,填补了一些残缺设施门类,扩充丰富了人民群众的文化娱乐生活。如原仙乐斯舞厅 1953 年停业后,1954 年被改为仙乐书场,1960 年又将其改建成专为少年儿童演出木偶剧的木偶剧场。美琪大戏院在解放初期曾一度是上海举办重要政治活动的集会场所。1954 年 11 月,该戏院实行公私合营。1958 年 5 月直属市文化局管理后,被改建为演出场所,并兼放映电

① 《上海文化艺术志》编纂委员会编:《上海文化艺术志》,上海社会科学院出版社 2001 年版,第 862—863 页。

图 19－3　上海音乐厅内景

影，成为全市以演出歌舞剧为主的大型综合性演出场所，也是接待世界各国表演艺术团体来沪演出的重要场所。南京大戏院于 1950 年 11 月实行公私合营后，经投资改造更名北京大戏院，1959 年 7 月归市文化局领导。1959 年 5 月，上海举行首次音乐舞蹈会演时，曾在该处举行音乐会。由于其建筑音响效果比较理想，经音乐界人士倡议，市文化局对其进行改建，并更名为上海音乐厅。改建后适于演奏交响乐，成为国内外音乐艺术表演团体来沪演出的主要场所。自 1960 年开始，历届“上海之春”音乐会均在此举行。

除了整顿改造旧有文化娱乐场所外，市人民政府还在接管和接办旧有公私立图书馆的基础上，建成一批市级公共图书馆，满足人民群众的文化教育需求。解放初期，市文化局曾对图书馆工作做过深入调查，了解到全市人民对阅读图书有强烈要求，曾有 130 条里弄自发组织了里弄图书阅览室。为了满足群众这种要求,市文化局最初拟采取民办公助的方针,普遍辅助里弄成立阅览室。但实际推行下来的结果却是造成浪费和增加群众负担,大部分里弄阅览室先后垮掉。在吸取前期工作教训的基础上,市文化局即将原定方针调整为加强公立图书馆的推广①。早在1949年6月市人民政府接管旧上海市立图书馆后,就已将其改建为上海市人民图书馆。这是解放初期上海第一个市级综合性公共图书馆。自1951年起,该馆在市属各区分设各区阅览室,到1957年按当时行政区划发展成9个市区图书馆和3个郊区图书馆。1952年至1956年,市文化局又分别接办原鸿英图书馆、上海儿童图书馆、合众图书馆、中国科学社明复图书馆,经过整顿后依次改建为上海市报刊图书馆、上海少年儿童图书馆、上海市历史文献图书馆和上海市科学技术图书馆。改建后的这些市级图书馆全由国家举办,统属市文化行政部门领导,并根据各馆的藏书特点,各有其主要服务对象和工作重点,共同为科学研究和普及群众文化教育提供服务。1958年10月,经市委宣传部批准,市文化局将市报刊图书馆、市历史文献图书馆、市科学技术图书馆与上海图书馆合并,机构统一为上海图书馆,又撤销市人民图书馆建制,改为卢湾区图书馆。1960年11月,少年儿童图书馆也并入上海图书馆②。

三、布局新建公共文化设施

通过利用原有建筑改扩建大型文化设施,以及修缮改造旧有文化教育娱乐设施的办法,上海完成了城市公共文化设施建设的部分任务,但这还不能完全适应社会主义新文化建设的需要,不能完全满足全市人民各种层

① 《上海市人民政府文化局三年头工作总结报告(1950—1952)》(1953年),上海市档案馆藏,B172-1-65。

② 《上海图书馆事业志》编纂委员会编:《上海图书馆事业志》,上海社会科学院出版社1996年版,第33页。

面的文化生活需求。为此，上海投入人力、物力、财力开展新的公共文化设施建设，兴办了一批社会主义新型公共文化设施，不仅对已有公共文化设施中的残缺门类进行了完善填补，而且拓展了公共文化设施的受众普及面。

在市一级层面，上海建造了如市政府大礼堂、中苏友好大厦、上海杂技场等一批大型文化设施。1950 年，市政府原有修车大棚被改建为市人民政府大礼堂，以后又对之进行多次扩建，不断改善其条件。该礼堂设备条件优于市区的老剧场，主要用于开会，同时兼有文艺演出和电影放映的功能，成为全市接待国际文化交流的重要场地之一。1954 年 5 月 4 日，在已成废墟的原英籍犹太人哈同私人花园爱俪园旧址上，标志中苏两国人民友谊的中苏友好大厦开工建造。这座大厦是 20 世纪 50 年代上海建造

图 19 - 4　中苏友好大厦，现为上海展览中心

的代表性建筑之一,1955 年初全部竣工后,当年 3 月起即举办了苏联经济及文化建设展览会。大厦内的友谊电影院安装有当时苏联最新式最完善的放映机,也于 3 月正式开始放映电影。1958 年起,上海人民杂技团通过在人民大道上搭建大篷来进行杂技、马戏演出。但是,大篷演出弊端诸多,如: 大篷使用的帆布每年要全部更换一次,耗费较大;大篷搭建在人民大道上有碍市容美观,况且周围因无防风建筑,遇台风突袭时造成很大损失;人民大道又是全市政治活动中心,每逢举行全市性重大群众集会或五一、国庆,就要拆掉大篷,对演出、练功及演员安全造成不小影响。1963 年 3 月,市人民杂技团向市人民委员会提出申请,要求新建一处固定性的,又能符合杂技、马戏演出的场所以解决多年来存在的演出场所问题。市人民委员会批复同意后的翌年 1 月,国内第一座杂技、驯兽演出专用场所——上海杂技场建成开幕,设有硬座 1 850 个。

在新建市级大型文化设施外,上海还结合城市原有优势和群众需求,开始布局新建电影院。上海的电影事业在解放前曾是全国最发达的,电影院数量也较多。但解放前的电影院专为有闲阶级服务,首轮电影院大都集中在老闸、新成、嵩山等几个中心商业区,其配套设备如子弹房、酒牌间、咖啡室等也都以有闲阶级的消遣玩乐为目的,票价昂贵、陋规重重,一向将劳动人民拒之于门外。上海刚解放时,包括徐汇、长宁、普陀、闸北、杨树浦等区在内的工人集中区域,除普陀有一座设备简陋、座位稀少的小影院外,其余都属电影院的真空地带。离中心区较远的工人群众要看电影就必须坐车到市中心区来看,既费钱又费时。1951 年,陈毅市长在上海市第二届第二次人民代表会议上对市政建设方针作出"应为生产服务,为劳动人民,首先为工人阶级服务"①的指示。为了贯彻这一建设方针,同时也为满足各

① 《上海市人民政府文化局电影事业管理处三年工作总结》(1952 年),上海市档案馆藏,B172 - 1 - 87。

区工人就近观看电影的需求,市文化局从当年开始筹建工人区电影院。1952年即在徐汇区建成开幕衡山电影院,在长宁区建成开幕长宁电影院。此后至1963年前,除在工厂区外,在居民区和郊区也建成一批专业电影院和影剧兼营的影剧院,其中包括东昌、杨浦、光新、吴淞、江宁、星火、日晖等电影院和徐汇、曹杨、中兴影剧院及闵行剧院[①]。通过这样的建设,使离中心区较远的工人、居民和农民都能更方便地看到电影。

此外,由于市委、市政府对发展群众文艺、普及群众教育的重视,上海兴办了包括工人文化宫、工人俱乐部、群众艺术馆、文化馆、文化站、少年宫等在内的一批社会主义新型群众文化事业场所。在建设过程中,上海充分照应到了工业化大城市的城市特点和需要。1950年1月,根据中华全国总工会凡有5万以上职工的城市应建立全市性工人俱乐部等的指示[②],市总工会自当年2月起,在市委、市政府支持下,开始筹建工人文化宫、工人俱乐部,创办工会文化事业。在市级层面,5月13日,市总工会购置原东方饭店着手建设市工人文化宫,同年9月30日揭幕。市长陈毅为其题词"面向生产,学习文化",并代表市委向市工人文化宫赠送亲笔题写的"工人的学校和乐园"匾额。市工人文化宫成立后,为开展职工文化教育娱乐活动、培育工人文艺人才提供了良好的场地条件。直至1966年底因受"文化大革命"的影响,才基本停止对外活动。在区、县及产业层面,上海也先后建立起各工人俱乐部。1950年4月30日成立的沪西工人俱乐部成为新中国成立后上海最早成立的工人俱乐部。沪西工人俱乐部除建有俱乐部大楼和教学楼外,有南、北草坪和花坛、足球场、篮球场、游泳池、仿古文化商业街、餐厅、招待所等,还有划船湖及水榭、石舫等景点,是

---

① 《上海电影志》编纂委员会编:《上海电影志》,上海社会科学院出版社1999年版,第624、628页。

② 《上海群众文化志》编纂委员会编:《上海群众文化志》,上海文化出版社1999年版,第64页。

图 19－5　中共上海市委赠给工人文化宫的大匾

当时上海最大的园林式文化宫。同年 5 月 1 日,沪东工人俱乐部也向职工开放。至 1960 年底,全市建成各区工人文化宫和俱乐部共计 21 所。部分产业系统的工人俱乐部也于 1951—1954 年间相继建立,其中包括店员工会俱乐部、铁路工会俱乐部、邮电工人俱乐部、交通运输工人俱乐部等。而江苏省所辖的郊区十县在 1958 年划归上海管辖之前,已经先后建立了工人俱乐部。

上海刚解放时,组织、辅导开展群众文化艺术和娱乐活动的文化馆类的地区性、综合性公共文化设施比较少。最早有 1949 年 9 月市军管会市政教育处接管原市立民众教育馆及其真如分馆,后分别改名为沪南群众文化馆和沪西群众文化馆。20 世纪 50 年代初,市文化局开始筹备新建文化馆。1953 年春节,建于上海第一个工人住宅区——普陀区曹杨新村的曹杨文化馆开幕,成为新中国成立后上海新建的第一所文化馆。同年又分别在工厂区和郊区建立了中山公园、徐汇、儿童、洋泾、新泾、江湾 6 个文化馆。1956 年 12 月 30 日,市级层面的上海市群众艺术馆成立,它既是群众开展文化艺术活动的重要场所,又承担着指导与辅导区县文化馆、站活动，组织、辅导农村业余文艺活动的任务。至1966年5月“文化大革命”开始前，经整顿和调整，全市10个区、10个县都建有文化馆。而市区街道和农村公社也经历新建、撤销、重建，建有文化站等集体文化活动场所。

除了开展工人文化宫、工人俱乐部，群众艺术馆、文化馆、文化站等社会文化活动场所的建设外，在适合少年儿童的文化设施建设方面，上海也有建树。1953年6月1日，由宋庆龄创建的中国福利会少年宫开幕。作为市级综合性的儿童校外教育机构，中福会少年宫是全市少年儿童的活动中心和辅导中心，也是对外文化交流的窗口和培养人才的摇篮。各区县少年宫也在上海解放之初创办的“少年之家”的基础上兴建起来。1953年、1957年，宝山县、普陀区少年宫分别建立。1960年后，其他区县少年宫也陆续建立。少年宫充分发挥阵地作用，开展各类丰富有趣的文化活动，满足了少年儿童对文化教育娱乐生活的需求。

上海解放后十七年间，在公共文化设施建设原有基础差、财政建设资金紧张的困难情况下，兼顾考虑城市经济的发展水平和人民群众的生活水平，以及人民群众对精神文化生活的需求，通过改建、扩建、新建等办法开展了全市性的公共文化设施建设，从上到下，从条到块，逐步健全配套，初步形成了社会主义性质的比较完整的公共文化设施体系。一批市级大型、标志性公共文化设施的建成，不仅配合了上海这座大型城市政治文化建设的需要，提升了城市形象，也真正发挥出适应并满足全市人民群众文化娱乐和教育学习需求的作用。对旧有公私营文化事业设施的清理整顿和修缮改建，清除了帝国主义、资本主义和封建主义的旧势力、旧影响，使其转变为社会主义文化事业服务的一部分。新建的一批公共文化设施不仅填补了残缺的设施门类，而且加强了工业区和农村的公共文化基础设施建设,较为合理地对全市公共文化设施布局作出了调整。这些对贯彻党的文教事业为劳动人民服务的方针有着重要意义。

（朱叶慧）

戏曲现代戏的发展

中国戏曲源远流长。戏曲现代戏是中国戏曲文学和戏曲演出的特有现象，在中国戏曲史上占据极为重要的地位。社会主义革命和建设时期，在中国共产党领导下，上海戏曲现代戏编演遵从党关于戏曲发展方针、政策和路径的基本框架，因循地方戏曲发展特点与特色，不仅拓展了民族戏曲的题材范围，塑造出一系列丰满的新的人物形象，对中国人民在革命斗争和社会主义建设中的精神风貌予以生动反映，而且突破性地创造革新了古老的戏曲艺术，对奋发昂扬的时代精神、民族精神予以了更好地诠释。戏曲现代戏的编演虽经历了起伏曲折，但却取得了比之过去更为巨大的发展成就，在中国戏曲现代戏舞台上绽放光彩。

一、戏曲现代戏开始走上社会主义戏曲的发展道路

上海戏曲曾占据中国戏曲“半壁江山”，历史传统悠久而文化底蕴深厚。新中国成立初期，上海戏曲界纷繁复杂，戏院剧种繁多、艺人队伍庞

大、人员思想复杂。为了使传统戏曲艺术成为社会主义新文艺的组成部分,亟需对之进行改革。1949 年至 1957 年,在党和政府领导下,上海戏曲改革工作遵循"百花齐放,推陈出新"方针,于改革旧戏曲同时,重视与时代、与人民、与生活相结合,创作编演出一批表现新思想、新生活、新人物、新风貌的现代题材作品,掀起上海戏曲现代戏发展的第一次热潮,使戏曲现代戏从此走上社会主义新戏曲的发展道路。

1. 评弹、沪剧开编演现代戏风气之先

上海既是京、昆等大型古老剧种的繁荣之地,同时又荟萃众多具有地方特色的戏曲剧种。解放后,许多剧种为了致力于发展新时代人民文化事业,竞相编演老解放区的名著名剧。其中,评弹、沪剧、江淮戏因其形式简单活泼,容易反映现代生活并为群众所接受,因而在编演反映现代生活的新剧目时脱颖而出,成为这一时期上海现代戏编演的引领者。

上海评弹界率先对评弹进行大刀阔斧改革、革新实验,成为当时戏曲改革的先锋。1949 年 6 月 29 日,经过一个月的筹备,上海评弹界举行了评弹革新实验大会书,由评弹名家演出了《阿 Q 正传》《小二黑结婚》《大渡河》《茅家岭事变》《白毛女》等反映现代生活的新书[①]。这次评弹艺术与新思想的首次结合获得了成功,演出当天,在维纳斯书场挤满了 1 300 多个听众,其中 500 人是没有座位的。同年 8 月,上海沪剧界在中央大戏院会串由歌剧《白毛女》改编的沪剧现代戏《白毛女》。这台戏汇集当时上海各沪剧团几乎所有主要演员,演出产生了很大的社会影响。以后沪剧又陆续演出了由《九件衣》《小二黑结婚》《王贵与李香香》《要不要结婚》等老解放区名剧名著改编的新戏,《大雷雨》《八年离乱天亮前后》《大户人家》《碧水凄魂》等有民主内容的新戏。至 1949 年底,其他地方剧种也演出了现

① 《记评弹革新实验大会书》,《文汇报》1949 年 6 月 30 日。

代戏。如江淮戏演过《三上轿》、《牛永贵负伤》,甬剧以蒋匪帮轰炸宁波为题材演过《血染家乡泪》,绍兴大班也以绍兴农民反霸斗争为内容演过内容形式较好的戏①。

1950年后,上海执行党中央"百花齐放,推陈出新"戏曲方针,围绕"改戏、改人、改制",对旧戏曲的剧目、体制和戏曲队伍进行改革、改造,从而不仅改变了戏曲艺术的旧有面貌,而且为编演反映现实生活的新戏曲创造了有利条件。

为了加强戏曲改进工作,1950年3月,市军管会文艺处设立戏曲改进室,8月,市人民政府准予将其改为戏曲改进处。同年,上海戏曲界成立上海市戏曲改进协会,下属越剧、沪剧、淮剧、扬剧、苏剧等各剧种改进协会②。官方性质戏改专门机构以及专业性戏曲群众团体成立后,在领导、组织或配合上海旧剧目整理、修改工作的同时,十分注重积聚力量创作新剧目,推动上海戏曲现代戏编演向前发展。

戏曲工作者是戏改的主力军,为了继续提高他们的思想觉悟,转变其认识,激发他们为配合新中国成立初期各方面改革工作而编演现代戏的热情,上海自1949年举办首届地方戏曲研究班后,1950年、1951年又连续举办了两届地方戏曲研究班,通过结合业务学习,对戏曲工作者进行政治思想教育。同时,上海京剧、越剧、沪剧、评弹、江淮、滑稽等各剧种成立编导座谈会,每周一次或两次,定期研究,学习怎样改戏。每个剧团几乎都有学习小组。此外,为敦促并检验戏改的成效,1950年、1951年,上海连续两次举办了戏曲曲艺春节竞赛。

上述举措推动上海戏曲新戏新书大量出现。这些戏曲新戏新书的主

① 《上海市半年来戏曲改造工作总结》(1949年12月),上海市档案馆藏,B172-1-14。

② 《上海市人民政府准予设立戏曲改进处的指示》(1950年8月28日),上海市档案馆藏,B172-1-706。《上海文化艺术志》编纂委员会编:《上海文化艺术志》,上海社会科学院出版社2001年版,第225页。

题大都关于民族解放和民主自由，也有宣传《婚姻法》、提倡婚姻自由的，还有反映抗美援朝、土地改革，以及配合镇压反革命、“三反”、“五反”等政治运动的。其中，沪剧《幸福门》《好儿女》《红花处处开》，越剧《万户更新》《喜临门》，弹词《小二黑结婚》[①]等比较优秀的现代剧目在戏曲曲艺舞台上占据一席之地。

起源于吴淞江和黄浦江两岸农村的沪剧虽然在编演现代戏方面表现尤为突出，《万户更新》《幸福门》《赤叶河》《好儿女》先后在1950年、1951年两次戏曲曲艺春节竞赛中获得了荣誉奖，是获荣誉奖最多的一个剧种，但出于“利益”“换品味”考虑，不少沪剧团曾一度演出古代戏，观众对此极度不满并提出严肃批评。1951年10月，市文化局戏改处专门召集沪剧界主要演员举行沪剧古装戏演出问题座谈会，具体分析沪剧上演古装戏的原因，讨论用时装还是用古装演出更适宜，研究沪剧演古装戏是否值得鼓励、不用古装上演是否有困难及该如何克服等问题。不久，华东戏改处干部在《关于今后戏改工作》报告中，特别提到今后戏改方向主要是推陈出新，特别谈到地方戏应向现代戏发展。上海各报刊也发表文章，指出沪剧应以编演现代戏作为长期发展的方向。经过讨论和引导，各沪剧团在充分认识到编演现代戏的意义后，纷纷弃演古代戏，积极筹划编演现代戏，创作并上演了《白毛女》等一批质量较好的现代剧目。沪剧由此逐渐发展成为上海现代戏舞台上深具地方特色，成就显著、举足轻重的剧种。

2. 沪、淮现代戏在全国和华东戏曲观摩演出中脱颖而出

1951年5月5日，政务院发出《关于戏曲改革工作的指示》，其中指出：“戏曲应以发扬人民新的爱国主义精神，鼓舞人民在革命斗争与生产

---

① 《春节戏曲得奖佳作》、《春节戏曲曲艺竞赛　初赛评分结果揭晓》，分别载《文汇报》1950年3月14日、1951年2月25日。

劳动中的英雄主义为首要任务"[①]，对戏曲现代戏的创作和演出指明了方向。上海戏曲现代戏编演在贯彻这一指示中得到进一步发展，并在20世纪50年代前期举行的两次规模大、影响深的戏曲观摩演出中展示了优秀成果。

1952年10月6日至11月14日，第一届全国戏曲观摩演出大会在北京举行。上演的现代剧目共有8个，其中上海参演的沪剧《罗汉钱》和淮剧《王贵与李香香》分获剧本奖，并与沪剧《白毛女》分获演出二等奖[②]。

《罗汉钱》在这次观摩演出中得到很高评价，反映了沪剧编演现代戏的突破性发展和成功。该剧由市文化局戏曲改进处创作研究室根据赵树理短篇小说《登记》改编，宗华、文牧、幸之执笔，上海沪剧团演出。作品是为配合宣传新中国刚颁布的《婚姻法》而创作，以妇女争取婚姻自主为主题，通过小飞娥母女俩的不同遭遇，有力控诉了旧社会封建婚姻的罪恶，歌颂了新社会给年轻一代带来的幸福。剧中真实地表现了道德观念领域新与旧、封建与民主方面的冲突，在沪剧舞台上第一次成功地塑造了新中国成立后农村一系列生动丰富的人物形象。1956年，该剧由天马电影制片厂拍成影片在全国放映，受到了更多观众的喜爱。

淮剧《王贵与李香香》根据李季同名长诗改编而成，以刘志丹创建陕甘革命根据地为时代背景，反映了农民反抗地主迫害的斗争，并描写了王贵与李香香在斗争中萌发的坚贞爱情。该剧通过唱腔上的变革形成新的曲牌体式，使其能更好地表现现代生活，反映出淮剧向现代戏发展的努力。

继全国戏曲观摩演出大会之后，1954年9月25日至11月6日，华东

---

① 中共中央文献研究室编：《建国以来重要文献选编》第二册，中央文献出版社1992年版，第250页。

② 《第一届全国戏曲观摩演出大会华东区演出代表团工作总结》(1952年)，上海市档案馆藏，B172-1-70。

戏曲观摩演出大会在上海举行。上演的现代剧目共有 14 个,其中上海参演的沪剧《金黛莱》大获成功,获剧本一等奖、导演奖、演出奖、音乐演出奖、舞台美术奖等诸多奖项。该剧是上海市人民沪剧团 1953 年赴朝鲜慰问志愿军归来后,根据在朝鲜收集的生活素材和刘白羽短篇小说《春天》而创作演出的,反映了抗美援朝的主题,塑造了朝鲜劳动妇女的英雄形象,并在音乐上取得了一定突破。该剧的音乐采用了幕间合唱和伴奏等形式,并增加了小提琴、大提琴、小号、木管等乐器。上海淮剧团演出的反映我国农业社会主义改造的淮剧《不能走那条路》也在这次观摩演出中获得了剧本奖和演出奖。

图 20－1　沪剧《金黛莱》剧照

上海编演的现代戏在两次观摩演出中取得的成绩肯定了戏曲反映现代生活的能力,体现了戏曲改革的方向。会演结束后,上述优秀的现代剧目纷纷被其他地方剧种移植,如《罗汉钱》被评剧、扬剧、锡剧等十多种剧种移植,《金黛莱》被评剧、豫剧等剧种移植,在推动华东乃至全国现代戏创作演出开创新局面、达到新水平方面起到很大的示范作用。1955 年,在新的表现现代生活的创作和演出中，上海戏曲塑造出了更多贴合时代、鲜活生动的人物形象，如评弹《王孝和》《朱顺余》《郝建秀》和淮剧《刘莲英》中分别塑造了新民主主义革命时期和社会主义革命和建设时期多位工人的新形象，淮剧《走上新路》、沪剧《两兄弟》和评弹《两兄弟》则塑造了农民的新形象。

1956 年至 1957 年间，上海贯彻文化部召开的全国剧目工作会议关于发掘和整理传统剧目的精神，于 1956 年 9 月成立传统剧目整理委员会，并集中精力发掘、整理戏曲遗产，排演传统剧目，现代戏的创作与演出随之转入低潮。

二、戏曲现代戏取得快速发展

1958 年，工农业生产的“大跃进”运动很快就波及文化领域。为反映和促进工农业生产“大跃进”，一度陷于停滞的现代戏创作和演出再次迅猛发展起来，上海形成第二次编演戏曲现代戏的热潮。在这次比之解放初期规模与声势更大的编演热潮中，大量创作演出的现代剧目由于受“大跃进”思想和浮夸风的影响，在创作思想和创作内容上不可避免地带有粗制滥造的色彩。但是，在广大戏曲工作者努力下，1958 年到 1962 年上海编演的现代戏较之前一时期，在内容和形式方面都有新突破，不仅题材得到拓展，表现现代生活上扩充了新内容，而且创作水平得到提高，注重在继承传统的基础上进行创新。上海戏曲现代戏的创作演出取得了快速发展。

1. 大力倡导编演现代戏

1958 年在上海戏曲现代戏创作和演出史上是一个非常特殊的时期，受当时政治背景和文化思想的影响，现代戏的编演开始走出低潮，并再次如火如荼地迅速发展起来。

1958年2月,中共上海市委宣传部先后两次召开创作会议,号召文艺界“大跃进”,创作反映上海社会主义建设和社会主义改造、反映上海广大劳动人民的斗争生活、反映祖国其他地区的、各种各样题材的文艺作品。紧接着,2月14日,市文化局和剧协上海分会就现代戏太少的问题联合召开戏曲座谈会进行讨论,认为在社会主义建设事业全面“大跃进”的时代,戏曲现代戏也应来一次“大跃进”①。在2月15日召开的全市创作会议上,剧协上海分会提出了决定发动会员创作、改编、整理700部戏剧的指标②。此后,在上海戏曲“大跃进”中,不仅之前在现代戏创作排演方面取得突出成就的沪剧、越剧、淮剧等各地方剧种纷纷鼓足干劲再次投入现代戏编演,就连具有深厚传统基础的京剧也开始尝试表现现代生活。

同年4月,中宣部副部长周扬提出“两条腿走路”的剧目政策,指出戏曲既要表现现代生活,又要继承发展传统。但在“大跃进”的形势下,“两条腿走路”很难落实,戏曲创作演出的天平似乎愈来愈向现代戏倾斜。在6月举办的全市第一届曲艺会演中,沪剧、苏北评鼓书、苏州评弹和滑稽故事四个曲种共97个节目参演,现代题材节目就有52个,占比53.6%,而且大部分剧目由艺人在短期内突击创作出来③。

7月14日,文化部召开戏曲表现现代生活座谈会,提出“以现代剧目为纲”的口号。在这次座谈会期间,包括上海市人民沪剧团在内出席这次座谈会并参加汇报演出的全国12家剧团向全国戏曲剧团发出倡议书,决定苦战三年,争取现代剧目根据不同剧种、剧团的具体情况,在全部上演剧目中所占比重分别达到20%至50%或50%以上,并不断提高其思想性

---

① 《许多戏曲工作者认为:戏曲艺术也应大跃进　市文化局将发动各剧团进行讨论》,《解放日报》1958年2月15日。

② 《上海文艺界快马赶形势》,《文汇报》1958年2月16日。

③ 《上海市文化局关于上海市第一届曲艺会演的报告》(1958年7月11日),上海市档案馆藏,B172-1-283。

和表现技巧①。为了在短时间内尽快编演出大量的现代剧目，上海文艺工作在贯彻“百花齐放”方针和“两条腿走路”方针上造成了片面性，所编演的现代剧目虽然数量多，且大部分是反映当时的政治运动和生产运动，但是由于赶时间、少琢磨，以致质量并不高。创作与演出中的粗制滥造倾向，给剧目工作带来了一定的损失。

不可否认的是，即便当时许多突击新编的现代戏已随着时光的流逝被遗忘，但由于广大文艺工作者的努力，上海各剧种在这一阶段还是创作并演出了一些颇具光彩的现代题材剧目，其中尤以沪剧与京剧取得的成就最为显著。

沪剧编演现代戏独树一帜，成绩斐然。上海市人民沪剧团在参加文化部戏曲表现现代生活座谈会汇报演出中所表演的沪剧《母亲》和《战士在故乡》无论在拓展现代生活题材方面，还是在运用艺术形式和艺术技巧方面都取得了进步。《母亲》由白沉、蓝流编剧，蓝流、杨文龙导演，反映了我国新民主主义革命时期和新中国成立初期人民对敌斗争的主题。该剧以母亲营救儿子为发展线索，真实地描写了一个极为普通的母亲，在与敌人的斗争中逐步成长起来的过程，成功塑造了一位平凡而伟大的母亲形象。后经反复加工与提高，人物形象更为丰满，思想内容更加深刻，成为沪剧的新传统剧目。《战士在故乡》由倪竞雄、余树人编剧，莫凯导演，描写一位双目失明的复员军人以顽强意志克服种种困难，在家乡带领村民们坚决走社会主义的道路。剧中淋漓尽致地展现了沪剧爽朗流畅的演唱曲调，在表演上也有独到之处，后来被许多剧种移植。艺华沪剧团于 1958 年首演的沪剧《黄浦怒潮》也是一出不错的现代剧目。该剧反映了共产党员领导人民群众为配合解放，与国民党反动派进行不屈斗争，最后英勇牺

---

① 《十二个戏曲剧团向全国剧团提出倡议书》，载 1958 年第 15 期《戏剧报》第 16 页。

牲的主题。剧中“夫妻分别”、“写遗书”等场的唱段经常在电台播放。

京剧原以表现古代生活为其所长,而不易于表现现代生活和现代人物。但在1958年的现代戏编演热潮中,上海京剧院开始尝试通过对传统程式和艺术手法的革新来表现现代生活主题,先后上演了《红色风暴》《智取威虎山》《赵一曼》《踏破东海千层浪》等几个有影响的现代戏。《红色风暴》是上海解放后京剧最早上演的现代戏之一。该剧由上海京剧院根据同名话剧集体改编,以林祥谦为主要人物,表现京汉铁路工人大罢工一事。剧中林祥谦、施洋、曾玉良三人夜行一场,借鉴传统的走边程式,创造了新式的三人走边,表现和烘托出当时三人的行动和心情以及环境氛围。1958年至1964年,该剧先后上演120场,被评论认为是一出以古典剧种表现现代生活的好戏[①]。《赵一曼》是上海京剧院根据张麟、舒杨合著的同

图 20－2　京剧《赵一曼》剧照

① 《上海文化艺术志》编纂委员会编:《上海文化艺术志》,上海社会科学院出版社2001年版,第247页。

名小说集体创作，丁国岑执笔，集体导演。剧本选取赵一曼被捕后的一段重要情节，从尖锐的对敌斗争中来突出刻画赵一曼的英雄形象和精神品质。该剧在音乐的表现形式上也有很大创造，如赵一曼在敌人刑讯室内回击敌人的一段中，在京剧中前所未有地采用了夹白加打击乐的强调形式，突出地表现了人物的英勇气概。

2. 现代戏题材的拓展和艺术的创新

1959年后，在周恩来总理的支持下，文艺界重新统一思想，确认了“两条腿走路”这一正确的剧目政策。但在迎接国庆十周年的创作排演中，创演新的现代戏仍是各戏曲剧团的一项工作重点。“歌颂‘大跃进’、回忆革命史”是这一时期戏曲反映现代生活的主要内容[①]。各戏曲剧种的创作者十分注重现代戏的情节构造和人物形象塑造，注重观众的审美需要，无论是表现现实生活或革命斗争，都能在内容和形式的有机结合上取得一定突破。比较优秀的剧目如沪剧《史红梅》《星星之火》《芦荡火种》《鸡毛飞上天》《红灯记》，京剧《同心闸》《晴空迅雷》，昆剧《送菜》，越剧《最美的图画》《红色医生》，淮剧《党的女儿》，扬剧《黄浦江激流》，甬剧《高尚的人》《东风吹春》，锡剧《六里桥》《姑嫂比武》等[②]。这些剧目在继承各剧种传统的基础上，大胆革新，在题材拓展方面，在表演、音乐、舞台美术创新方面，很好地贯彻了“百花齐放、百家争鸣、推陈出新”的文艺思想。

1960年初，上海各戏曲剧团为提高编演剧目的质量，纷纷移植排演各剧种优秀现代戏剧目。之后，上海各剧种为配合工农业技术革新和技术革命的开展以及大办农业的形势，又编演了许多短频快的现代剧目。这些现代剧目配合了当时工农业生产形势，但同样由于缺少打磨，许多剧

---

① 《关于大跃进以来上海文艺创作的主要经验的报告》(1960年5月6日)，上海市档案馆藏，A22-1-478。

② 《上海文化艺术志》编纂委员会编：《上海文化艺术志》，上海社会科学院出版社2001年版，第212—469页。

目的质量还是不高,不能满足人民群众对文化生活的需要。

1960年5月,文化部举行现代题材戏曲汇报演出大会,提出“三并举”的剧目政策,即现代剧、传统剧、新编历史剧三者并举发展。“三并举”的剧目政策遵循戏曲艺术自身发展规律,在重视爱护传统艺术的同时对之予以积极改革,是“解放戏曲艺术生产力,促进多种多样戏曲剧目繁荣发展的一项正确的政策”①。这一政策贯彻执行后,全国各地戏曲剧目编演很快出现蓬勃发展的新局面,戏曲现代戏则得到更大更好的发展。“三并举”剧目政策的实施,同样推动上海戏曲现代戏的编演。

沪剧创作演出现代戏取得的影响最为深远。在文化部1960年举行的现代题材戏曲观摩演出中,代表上海戏曲界晋京演出的是上海市人民沪剧团,演出的剧目为沪剧《星星之火》和《鸡毛飞上天》。《星星之火》由

图20-3　沪剧《鸡毛飞上天》剧照

① 高义龙、李晓主编:《中国戏曲现代戏史》,上海文化出版社1999年版,第202页。

宗华、刘宗贻编剧，朱端钧导演，反映“五卅”运动时期革命斗争历史的主题。该剧塑造了杨桂英、小珍子等感人形象，着重表现了杨桂英从一个普通农妇到革命工人的成长过程中感情的起伏和思想变化的轨迹，其中的“母女隔墙三重唱”等唱段广为流传。《鸡毛飞上天》根据民校教师吴佩芳的先进事迹集体创作，由文牧、丁是娥、陈荣兰、宗华执笔，杨观复导演。因为题材熟悉，又适于沪剧表现，因而从创作到连排只用了不到半月的时间。这出戏从现实生活出发，把创办民校的困难既不放在物资设备上，也不放在缺乏教学经验上，甚至也不放在顽劣儿童的教育上，而是把主要矛盾放在两种思想斗争上，符合当时的生活真实。该剧充分运用了戏曲“唱够做足”的表现手法，收到了较好的效果，丁是娥演唱的“从前有个小姑娘”等唱段在群众中传唱不息。

除此之外，这一时期沪剧反映现代生活获得较大成就的剧目还有《芦荡火种》和《红灯记》。《芦荡火种》由上海市人民沪剧团根据崔佐夫报告文学《血染着的姓名》集体改编，文牧执笔，杨文龙导演，是一出反映抗日战争时期地下党和群众为掩护新四军伤病员和敌顽巧妙斗争的革命传奇剧。1960 年 1 月首演于共舞台，此后经过修改加工，剧本质量有较大提高。1963 年春再次搬上舞台，引起观众极大反响。从创作过程看，“它摆脱了‘大跃进’时期仓促上阵、突击排演、配合政策宣传的模式，进行了较为充分的准备、酝酿和认真的艺术创作、加工，因而具有较高的水准”①。《红灯记》也是一出深受观众欢迎的革命传奇剧，由上海爱华沪剧团创作演出，凌大可、夏剑青根据电影《自有后来人》改编，艺术顾问应云卫，导演王育。改编注重人物刻画，人物间的复杂关系及其性格描写丰满生动，唱词、说白安排妥帖，戏剧场景具有沪剧特点。整出戏用一盏红灯贯穿，情

① 高义龙、李晓主编：《中国戏曲现代戏史》，上海文化出版社 1999 年版，第 216 页。

节结构方法很符合戏曲观众的欣赏习惯。这两出戏在处理题材、剪裁结构、塑造形象等方面具备良好基础,在为1964年京剧现代戏观摩演出大会准备阶段中,都被选中移植改编为京剧演出。

据统计,上海各戏曲剧种从1958年到1960年上演的5 152个剧目中,现代剧为1 481个,占总数的28.7%。① 这一比例达到了1958年文化部戏曲表现现代生活座谈会上提出的要求。

三、现代戏开始独步戏曲舞台

1963年到1965年间,在中共上海市委的大力倡导下,在全国和华东地区京剧现代戏观摩演出相继举行的推动下,上海各剧种再次投入现代戏的创作演出。上海戏曲现代戏的创作演出进入了以编演京剧现代戏为主的第三次热潮。

1. 市委号召编演现代戏

1958年到1960年间,上海虽然创作了不少优秀的现代剧目,但同样也出现了一大批粗制滥造现代戏剧目,并造成了负面的影响,它使相当一部分观众迫切希望在戏曲舞台上看到传统的优秀剧目,满足其精神生活需求。同时,在国民经济调整初期,上海根据文化部的要求,再次挖掘、整理传统剧目,组织传统剧目会演,总结老艺人的创作表演经验。此外,一部分对现代戏创作有畏难情绪的创作人员也藉由"文艺八条"重申"双百"方针,转而创作自己更为擅长的传统剧目。一时间,在上海的戏曲舞台上,传统剧目风行一时。现代戏的创作剧目寥寥无几,这种情况不能不引起市委的高度重视。

1963年1月4日,时任中共中央华东局第一书记、中共上海市委第一

① 《对三年头上海文学艺术工作的一些看法》(1961年10月7日),上海市档案馆藏,A22-2-982。

书记、上海市市长柯庆施在参加上海文艺界元旦联欢会时提出了"写十三年"的号召,要求文艺工作者为贯彻党的文艺方针,多写反映新中国成立以来社会主义革命和社会主义建设的题材①。会后,上海相继召开京剧、越剧、歌剧、评弹等剧种的一系列会议,要求推进相关剧种剧目改革,积极组织创作反映现代题材的作品。同时,上海又通过召开剧团工作会议、安排创作规划、组织创作人员深入生活、加强对剧目管理等一系列措施,推进现代题材戏曲的创作与上演。1963 年 12 月,柯庆施在上海举行华东地区现代题材话剧观摩演出的开幕式上,更加明确地提出要"大演革命现代戏"②。

在市委的推动和全市戏曲工作者的努力下,上海戏曲舞台上演的现代剧目和演出场次比过去大幅增长。1963 年,在市区剧场里经常演出的 40 多个专业剧团以及部分外来剧团,总共演出了 399 个现代剧、13 100 场,曲艺方面也演出了现代书 11 555 场。与 1962 年相比,各剧种现代剧的上演比率为:京剧增加了 4.5 倍,越剧增加了 15.25 倍,淮剧增加了 7 倍,曲艺增加了 5.31 倍,而沪剧等一向以演出现代剧为主的剧种,也都有不同程度的上升。1964 年第一季度又有进一步发展,仅春节期间,全市 41 个剧场和 31 个不同剧种的剧团就演出了 44 台现代剧,占演出总数 89%以上,评弹现代书目也占其演出总数 86%以上③。

在这些现代剧目中,反映我国社会主义革命和社会主义建设中各条战线新人新事的题材占据较大比重。各剧种纷纷从各种角度,展现丰富多彩的现实生活和革命斗争历史,塑造不同类型的人物形象。虽然这些

① 《上海文艺界人士新年联欢　柯庆施同志应邀参加并同大家亲切谈话　热情希望在新的一年里创作出更多更好反映伟大时代的文艺作品》,《解放日报》1963 年 1 月 6 日。

② 《上海市文化局关于上海文艺工作情况的报告(四稿)》(1965 年 7 月 20 日),上海市档案馆藏,B172-1-486。

③ 《上海市文化局关于戏曲上演现代戏题材剧目的情况报告》(1964 年 4 月 6 日),上海市档案馆藏,B172-1-462。

现代剧目带有当时鲜明的时代特殊性,打上了以“阶级斗争”为核心内容的烙印,但仍有如沪剧《巧迁记》《喜旺嫂子》,淮剧《海港的早晨》,京剧《送肥记》《审椅子》,评弹《如此亲家》《无影灯下的战士》等一批好戏在戏曲舞台上大放光彩。传统底蕴最为深厚的昆剧也在 1964 年 10 月试演了根据电影《红色娘子军》改编的现代剧目《琼花》,并从 1965 年 1 月开始,在天蟾舞台连演 3 个月,观众人次创昆剧演出的历史记录,成为影响较大的昆剧现代剧目。

图 20－4 淮剧《海港的早晨》剧照

2. 上海京剧现代戏大放异彩

在各剧种纷纷创作演出现代戏中,因 1964 年全国京剧现代戏观摩演出和 1965 年华东地区京剧现代戏观摩演出的需要,上海京剧现代戏除创作排演了一些大型现代剧目,同时新创或移植了越来越多的现代小戏。

1964 年 6 月 5 日至 7 月 31 日,全国京剧现代戏观摩演出大会在北京举行,上海演出团上演了大型剧目《智取威虎山》,以及由《战海浪》《柜台》

《送肥记》《审椅子》组成的一台小戏①。《智取威虎山》原由上海京剧院一团在1958年根据曲波小说《林海雪原》并参考上海人民艺术剧院同名话剧集体改编,反映解放战争时期剿匪斗争的主题,于当年进行首演。这次晋京演出,经过认真修改,在剧本结构、人物处理和唱腔设计上都有较大提高。毛泽东、周恩来等党和国家领导人观看了该剧演出。毛泽东总体上对之予以肯定并提出修改意见。

全国京剧现代戏观摩演出后掀起的京剧编演现代戏热潮中,上海市委宣传部还专门成立现代戏会演党委,也称"京剧党委",以加强领导京剧现代戏编演。1965年3月,市委成立《智取威虎山》剧组,开始对该剧进一步进行加工修改。剧本作了较大改动,着重解决加强正面人物塑造的问题,为此加强了对杨子荣这一主要人物的刻画,增写了"深山问苦"一场戏和小常宝这一人物,又删去不少情节和人物,原来的24场戏被压缩成10场,使之更加精炼集中。此外,唱段几乎全部重新谱写,舞美设计进行重新创造,演员配备也作了很大调整。这一次的修改加工至1966年"文化大革命"开始前基本完成,剧本也基本定型,与前两次相比有很大飞跃。

1965年5月25日至6月21日,华东地区京剧现代戏观摩演出在上海举行。上海演出团参演的剧目有大型京剧《龙江颂》《南海长城》《南方战歌》②。《龙江颂》根据福建省同名话剧改编,取材于农村现实生活,歌颂了先公后私、公而忘私的思想风格;《南海长城》也是根据同名话剧改编,反映沿海居民提高警惕、捍卫祖国的对敌斗争故事;《南方战歌》根据话剧《南方来信》改编,反映越南南方人民抗美爱国的斗争故事。这些剧目不

---

① 《上海市文化局关于1964年京剧现代戏观摩演出大会上海演出团、观摩团的总结报告》(1964年8月29日),上海市档案馆藏,B172-1-527。

② 参见《坚持贯彻文艺为工农兵服务为社会主义服务方向　华东区京剧现代戏演出了新水平　分六轮先后演出大小二十四个剧目日前全部结束今举行闭幕式　六省一市各演出团互相学习交流经验决定把京剧革命进行到底》,载《文汇报》1965年6月25日。

仅比较重视对人物形象的塑造,在表演的艺术水平上也比之前有很大进步,唱、做、念、打各方面皆有显著提高,音乐伴奏、舞台美术方面也有革新和创造。

通过参加全国和地方的京剧现代戏观摩演出,上海京剧界不但创作演出了一批现代题材好戏,也涌现出一批新的编剧、导演、演员及舞台美术、音乐工作者。

上海戏曲现代戏编演在当时的历史条件下得到了进一步的发展。

在上海解放后的十七年间,广大戏曲工作者为迎接和歌颂社会主义革命和建设的新时代,从模仿、移植解放区的剧目开始,到结合社会主义革命和建设的实践,结合各剧种的特点,创作、排演、移植一大批现代戏曲剧目,歌颂了新人、新貌、新风尚。同时,在运用传统戏曲手段表现现代生活方面作了大胆的探索实践,在精炼情节、人物塑造、创新舞台背景和音乐处理等方面反复修改,不断打磨,提高艺术表演力和感染力。尽管这过程有曲折,但由于广大戏曲工作者的不懈探索和追求,上海排演的戏曲现代戏不仅在全国和华东地区的戏曲现代戏观摩演出中取得了不俗的表现,为新中国的戏曲改革、为建设社会主义的新戏曲贡献了力量,而且为各剧种创新了一批优秀的保留剧目,培养了一批人才,并为日后各剧种的发展积累了创作和演出的正反经验。

（朱叶慧）

对外文化交流

文化交流是国与国之间相互交往的重要组成，组织开展好对外文化交流是一项重要的文化工作。1949 年到 1966 年的 17 年间，上海作为东道主，以热情的态度接待来自世界五大洲各国的文化使者；同时，积极组织艺术团体，或单独或参团出访各国进行演出、展览和交流。通过文化交流，展现了中国和上海文化事业发展取得的成就，促进了中国与世界各国的相互了解，传递了友谊，结交了朋友，为推进我国的外交事业做出了应有的贡献，也为上海学习和借鉴国外的优秀文化，促进建设社会主义文化提供了有利的条件。

一、从“一边倒”开始的对外文化交流

新中国成立伊始，在独立自主外交方针指引下，按照党中央和政务院的统一部署安排，上海建立起负责对外文化交流的专门机构，与苏联等社会主义国家和新独立的民族国家开展文化交流活动。通过热情接待来访艺术团体，尽心安排演出和交流，为整个对外文化交流工作贡献力量，也

为后续的对外文化交流开了一个好头。

1. 建立负责对外文化交流的机构

1949年5月27日,上海解放。5月28日,陈毅市长宣布:“上海今天已经成为人民的城市,屹立于世界上。”新中国建立以后,对外文化交流工作实行集中统一领导,归口管理的体制。鉴于上海是全国文学艺术工作者的集中所在之一,又曾是一个国际性城市,对外文化联络事务和文化艺术的交流工作非常重要,因此,上海成立了相应的对外文化交流工作机构。

1950年,以原有军管会文艺处为基础,建立上海市人民政府文化局,下设对外文化联络事务部门,负责接待来沪文化团体的工作。为适应大规模的经济建设,1953年2月,中共上海市委决定成立华东暨上海外宾招待委员会(简称“外招会”)、华东和上海文化教育委员会对外文化联络处(1954年7月,改名为上海市人民政府对外文化联络处),负责外宾接待工作和对外交往、文化交流等事务。1955年4月,中共上海市委在“外招会”基础上成立中共上海市委国际活动指导委员会,负责管理上海外宾接待工作和指导对外交流、交往活动。同年,随着华东机构下放,全市基本任务的确定,市人委会在调整原市政府所属工作部门时,确定对外文化联络处由市长决定分交副市长领导。

1956年9月13日,中国人民对外文化协会上海市分会成立(1966年1月15日改名为中国人民对外文化友好协会上海市分会)。1958年7月30日,中共上海市委和上海市人民委员会决定成立中共上海市委外事小组和上海市人民委员会外事办公室(也是中共上海市委外事小组办公室),统一管理上海外事工作,中共上海市委国际活动指导委员会、市人委对外文化联络处随之撤销。

2. 与苏联的文化交流

1949年10月起,新中国根据毛泽东主席确立的“另起炉灶”“打扫干净屋子再请客”的外交方针，展开外交工作。中央人民政府一经成立，便根据《共同纲领》规定的建交原则，同苏联建立外交关系。

苏联作为社会主义阵营的“老大哥”，与新中国之间的文化交流开展得最早。1949 年 9 月，苏联作家法捷耶夫率苏联文化、科学、艺术工作者代表团来我国参加开国大典并进行友好访问。10 月中旬代表团来沪，这是上海解放后第一个来访的外国代表团。上海各界对代表团的到来表示了极大的热情。在沪期间，代表团进行了多场文化交流活动，通过座谈、讲演和演奏会等形式与上海的同行进行了交流，相互学习，增进友谊。此后，派遣代表团访华成为中苏文化交流的主要形式之一。1950 年五四青年节期间，苏联青年代表团访问中国，随团访问的还有以苏联艺术委员会副主席阿尼西莫夫为首的苏联青年文艺工作团一行 22 人。在相继访问北京和天津之后，代表团抵达上海开始访问。随团的文艺工作团在逸园为上海的青年观众献上了精彩的文艺演出。① 此后，俄罗斯歌舞团、苏联红旗歌舞团、苏联体操艺术表演团、苏联国立民间歌舞团等先后来沪访问演出。1952 年 11 月 7 日至 12 月 10 日，在华东暨上海举行“中苏友好月”活动期间，苏联派遣的文化工作者代表团、艺术工作团、电影艺术工作者、苏军红旗歌舞团先后抵沪进行访问演出和友好交流。其中，苏军红旗歌舞团还受邀举行“广播演奏会”，这是上海电台首次举办外国音乐会，华东地区各省市电台作了实况转播。

同时，1949 年 10 月，中央人民政府邀请苏联电影摄影专家来华协助拍摄反映刚诞生的新中国面貌的彩色纪录片，开启上海电影部门和电影工作者同苏联在电影艺术、技术方面的交流与合作。同月，苏联电影导演格拉西莫夫来沪和上海电影工作者进行交流，苏中电影工作者合作拍摄

---

① 《逸园盛会中苏联青年文工团演出记》，《文汇报》1950 年 10 月 22 日。

了纪录片《上海的一日》。此外,1952 年起,上海与苏联和其他社会主义国家的广播部门之间也开展了友好往来和业务交流。这些国家都曾有广播电视部门负责人率团来访。

此外,上海还通过举办纪念活动或翻译影片和文学作品,介绍苏联的文化成就。1950 年 3 月,为庆祝中苏友好同盟互助条约的签订,由市长陈毅担任首届会长的中苏友好协会上海分会与华东影片公司首次在沪举办"苏联影片展览周"。11 月,为纪念苏联十月革命 33 周年,上海举办了苏联电影周。在 50 年代,上海多次举办苏联电影展和社会主义各国电影周与电影展。1950 年 5 月,上海首次译制苏联影片《团的儿子》(又名:《小英雄》),后又陆续译制了《巴甫洛夫》《乡村女教师》《肖邦的青年时代》等一批苏联和东欧国家的影片。同时,上海还翻译了不少苏联文学作品。从社会主义各国的一大批以"十月革命"、反法西斯战争和社会主义建设为题材,讴歌人民革命、建设和科学、教育事业中的英雄、模范人物的思想性、艺术性都很高的优秀影片,对于上海在全市特别是青少年中不断深化的爱国主义、国际主义、共产主义教育和树立正确的世界观、人生观与道德情操的教育,起了重要作用,也使上海电影工作者在自己的创作实践中得到了有益的启迪。

3. 与其他社会主义国家的文化交流

新中国成立后,先后与保加利亚、罗马尼亚、匈牙利、朝鲜、捷克斯洛伐克、波兰、蒙古、德意志民主共和国、阿尔巴尼亚和越南这十个人民民主国家建立外交关系,并相继签订文化合作协定。根据文化合作协定,这些国家派遣来华的文化代表团,大都来到上海访问,推进了双方之间的文化交流。

作为社会主义国家中的重要成员和邻国,朝鲜与新中国的各项交流活动开展得很早。1949 年底,亚洲妇女代表会议在北京召开,由朝鲜著名舞蹈家崔承喜领衔的文艺工作团随朝鲜妇女代表团来华访问。[①] 会后，文艺工作团应上海市文化教育管理委员会、音乐家协会、戏剧电影工作者协会、民主妇联的邀请，来到上海举办演出。这是新中国成立后，最早来沪公开演出的艺术团体之一。朝鲜文艺工作团在上海期间，为观众献上了精彩的歌舞表演。崔承喜、安圣姬、金日锋等朝鲜艺术家的表演，赢得了上海观众的一致好评。[②] 1951 年，崔承喜领衔的朝鲜人民艺术团再次访问上海，并在上海演出了近一个月的时间，场场爆满，一票难求。此后的几年里，朝鲜铁道艺术团、访华代表团艺术团等先后到访上海进行演出。

1951 年以后，中国同波兰、匈牙利、德意志民主共和国、罗马尼亚、保加利亚、蒙古等社会主义国家的文化交流也开始展开。1952 年 4 月，匈牙利国家人民文工团如约来到中国进行文化交流。在北京访问演出后，第二站就来到上海。在 10 天的时间里，匈牙利国家人民文工团共为上海的观众献上了 7 次演出。[③] 此后，罗马尼亚部队歌舞团、蒙古艺术团、波兰“马佐夫舍”歌舞团、德意志民主共和国艺术家代表团，保加利亚人民军歌舞团、捷克斯洛伐克杂技艺术团等社会主义国家的艺术团体，先后来到上海进行访问演出和文化交流。同时，各社会主义国家还通过举办艺术展览，展示各国绘画、摄影等艺术以及社会主义建设的成就。比如，1952 年 12 月至 1953 年 2 月在沪举办的“匈牙利人民共和国展览会”，观众有 120 余万人次。上海劳动模范与来自华东各地的 150 多位农业增产模范参观后说，从中看到了新民主主义国家当家作主的劳动人民创造幸福生活的成就，增强了推进中国自己的生产建设的意志和信心。上海棉纺织厂 800

① 《出席亚洲妇代会议朝鲜代表团抵北京》，《文汇报》1949 年 12 月 2 日。

② 《朝鲜文艺工作团行前　续举行音乐舞蹈晚会》，《文汇报》1949 年 12 月 25 日。

③ 《曾山副主席潘汉年副市长昨举行酒会招待匈牙利国家人民文工团全体人员》，《文汇报》1952 年 4 月 25 日。

多工人在参观后所进行的讨论中,一致表示要学习兄弟国家社会主义经济建设的经验,投入祖国第一个五年计划的建设。在此前后,每当社会主义各国在沪举办同类展览会时,参观者均有数十万到上百万人。1954年,捷克斯洛伐克杂技艺术团来上海进行演出,为上海观众献上了技艺精湛的杂技表演。作为答谢和交流,华东行政委员会文化局、上海市人民政府文化局专门组织了一次招待演出,其中上海人民杂技团为来访的捷克斯洛伐克同行表演了“扯铃”“高架筋斗”“古彩戏法”等富有中国民族特色的杂技节目。①

4. 与亚洲民族独立国家的文化交流

除与社会主义各国开展文化交流外,随着新中国同缅甸、印度、巴基斯坦和印度尼西亚四个亚洲民族独立国家建立了外交关系,中国开启了与亚洲民族独立国家相互间的文化交流活动。

1951—1952年,中国与印度、缅甸互换文化代表团,缅、印代表团先后在中国之行中访沪。1952年5月,印度著名女外交家潘迪特夫人率印度文化代表团来华访问,并举办“印度艺术展览”。代表团受到了很高的礼遇,在北京期间,毛泽东主席亲自接见了潘迪特夫人。5月底代表团一行抵达上海,同样受到了上海各界的盛情欢迎,陈毅市长设宴招待代表团,在沪的宋庆龄副主席应邀主持了在上海举办的“印度艺术展览”开幕仪式。这次展览共展出绘画、照片以及反映印度生活和风景的图片等共419件展品。② 1953年,另一支印度艺术代表团来到中国访问,期间在上海访问和演出了5天,让上海观众得以领略到这个文明古国的歌舞艺术。宋庆龄副主席在沪会见印度艺术代表团团长萨钦森古普塔和印度著名诗人

① 《华东文化局等举办招待演出欢迎捷杂技艺术团》,《文汇报》1954年1月14日。
② 《印度艺术展览会在本市揭幕　宋庆龄副主席应潘尼迦大使之请主持揭幕仪式》,《文汇报》1952年5月30日。

梅农。此后，亚洲邻国和拉丁美洲国家的艺术团体纷纷来访。

5. 上海艺术家出访交流

这一时期，上海还通过参加代表团赴朝慰问演出以及赴苏学习电影和广播技术等开展对外文化交流，展示上海的文化成就，学习国外先进的电影制作技术。

抗美援朝战争爆发后，上海文化界积极参与到抗美援朝运动中，并充分发挥专长，参与慰问团，赴朝鲜前线进行慰问演出。在中国人民保卫世界和平反对美国侵略委员会的统一组织下，上海文艺界先后派出 200 多人，分 3 批前往朝鲜。[①] 1951 年，上海青年文工团的 21 名演员随中国人民赴朝慰问团(第一届)赴朝鲜进行慰问。[②] 这也是上海文艺界在解放后第一次跨出国门进行演出。1952 年 10 月，上海文艺界又派出代表参加到中国人民第二届赴朝慰问团第四分团的随团文艺工作团，赴朝鲜进行慰问演出，并组织电影放映队，为中朝两国军民放映电影。[③] 1953 年，华东人民艺术剧院、上海乐团、上海市人民杂技团、华东京剧实验剧团、上海市人民京剧团、华东文化局电影队等派出 139 人组成赴朝慰问文艺工作团第三团，从 3 月到 7 月底，在朝鲜开始各种慰问演出活动，共演出 441 场、放映电影 341 场，包括中国人民志愿军、朝鲜人民军和朝鲜群众在内的 43 万多人次观看了演出[④]。由于是在战时，文艺工作团经常要在非常艰苦，甚至危险的环境中进行演出，演出的场地往往是山洞、树林和露天的广场。但即使这样，演员们丝毫没有动摇，仍尽最大努力演出，有的演员生病了，还依然坚持演出。1953 年 7 月，《朝鲜停战协定》签订后，中国人民

---

① 《上海文艺界积极参加了抗美援朝斗争》，《文汇报》1953 年 8 月 15 日。
② 《热烈慰问了中国人民志愿军　上海青年文工团昨日胜利归来!》，《文汇报》1951 年 6 月 16 日。
③ 《中国人民第二届赴朝慰问团第四分团名单》，《文汇报》1953 年 12 月 20 日。
④ 《中国人民赴朝慰问文艺工作团第三团工作总结报告》(1953 年 9 月)。

保卫世界和平反对美国侵略委员会组织第三届赴朝鲜慰问团。周信芳、李玉茹、丁是娥、言慧珠、蒋月泉、周小燕等著名演员在内的众多上海文艺工作者,同来自全国的梅兰芳、程砚秋、马连良等共计3 000多名演职人员一起赴朝鲜进行慰问演出。此届慰问团演员阵容强大、演出剧目几经挑选。在如此周密的安排下,演出获得了很大的成功。[①] 不仅鼓舞了志愿军以及朝鲜军民的士气,而且还让朝鲜人民领略到中国艺术的精华,增进了两国的文化交流与友谊。

1954年日内瓦会议期间,周恩来总理以上海摄制的中国第一部彩色戏曲艺术片《梁山伯与祝英台》招待外国人士和卓别林等国际著名艺术家,获得好评。同年,上海电影人和广播人还前往苏联进行考察和学习。6月,上海电影制片厂(以下简称上影厂)副厂长蔡贲和上海科学教育电影制片厂(以下简称科影厂)厂长洪林参加中国电影考察团,赴苏联进行电影事业综合考察。9月,上影厂导演沈浮和摄影师、录音师参加中国电影工作实习团,赴苏学习彩色宽银幕立体声影片摄制经验。1957年回国后即为上海海燕电影制片厂摄制完成彩色宽银幕立体声故事片《老兵新传》,在首届莫斯科国际电影节上获技术成果银质奖。可以说整个1950年代,以上海为代表的中国电影人和苏联同行之间的交流都没有停止过[②]。

此外,1953年,上海广播乐团部分人员首次赴罗马尼亚、波兰、民主德国进行访问演出。1954年,上海人民广播电台副台长苗力沉参加中国广播工作者代表团赴苏联考察、学习发展广播事业的经验,历时两个月。

新中国成立初的5年时间里,在比较艰难和复杂的外交环境下,对外

---

① 《祖国人民带去了奇珍瑰宝——记中国人民第三届赴朝慰问团文工团》,《文汇报》1953年10月22日。

② 参考《上海电影志》编纂委员会编《上海电影志》,上海社会科学院出版社1999年版,第八章第一节“友好交流”。

文化交流的规模和对象有限,但开始起步后还是做了很多尝试和突破,从而打开了交流的大门。此外,中国同包括西方资本主义国家在内的其他国家,也开始进行各种形式的交往。但随着抗美援朝战争的爆发,使得中国同西方国家的正常交往蒙上了巨大阴影,拓展外交空间的步伐大幅减缓。1954 年抗美援朝战争结束后,中国进一步争取有利于和平建设的国际环境。

二、对外文化交流的繁荣时期

随着 1954 年日内瓦会议的召开和中印、中缅总理联合声明的发表,特别是 1955 年万隆会议的召开和中美大使级会谈的开始,进一步缓和了亚洲局势和国际局势,为国内建设和中国与各国开展文化交流创造了有利的条件。1956 年,中共八大提出了坚持以和平共处五项基本原则为基础的外交政策,指出要同一切愿意与我国建立经济文化关系的国家建立和发展正常的经济文化关系。① 在积极的外交方针引导下,中外文化交流日趋频繁,到访和出访的艺术团体和个人数量不断增加,交流的国家范围扩大,交流形式也日益丰富,中国人民包括上海市民欣赏到了更多种类、风格各异的国外艺术精华,并把具有鲜明特色的中华艺术带给了世界各国人民。

1. 来自世界各国的文化使者

1955 年到 1959 年间,日趋宽松的国际环境,使得我国同亚非和南美地区国家的关系得到迅速发展。②

中国不断开拓与亚非国家之间的文化交流。尼泊尔、阿富汗、泰国、

① 中共中央党史研究室:《中国共产党历史第二卷(1949—1978)》上册,中共党史出版社 2011 版,第 399—400 页。
② 中共中央党史研究室:《中国共产党历史第二卷(1949—1978)》上册,中共党史出版社 2011 版,第 325 页。

埃及、伊拉克、叙利亚等国政府或民间文化代表团接踵至上海参观访问，进行友好交流。同时，中国积极倡导与西方各国的文化交流。应中国人民对外文化协会之邀访华的法国、英国、意大利等西欧国家的文化代表团也先后至上海访问。其间，1955年、1957年和1958年这三年成为上海对外文化交流相对集中的年份。每年重要的外国艺术团体来访演出就有10批以上[①]。据报道，1957年“先后到上海的文化艺术方面的外国代表团来自五大洲、三十多个国家、八十批，共计四百二十位外宾。”[②]

在对外文化交流最为繁荣的几年里，不仅来访演出的剧团数量多、范围广，而且质量也不断提高。尤以来自苏联的文艺团体数量最多，质量也最为突出，比如久负盛名的“小白桦”舞蹈团，以演出规模宏大而著称的苏联大马戏团，以及代表当时苏联顶尖水平的国家交响乐团和国家大芭蕾舞团等，都来过上海演出。此外，还有捷克斯洛伐克国家歌舞团、德意志民主共和国德累斯顿交响乐团等，也都是各国国内第一流的演出团体。

图21-1　1955年10月，莫斯科“小白桦树”舞蹈团访问上海演出《小白桦树舞》

① 杨森耀：《上海的文化交流》，载中共上海市委党史研究室编《风雨历程(1949—1978)》，上海书店出版社2005年版，第283页。另参见《上海文化艺术志》编纂委员会编：《上海文化艺术志》，上海社会科学院出版社2001年版。

② 《上海对外文化交流活跃一年来已有三十多国代表团来沪访问》，《文汇报》1957年10月10日。

来上海演出的还有不少世界著名的艺术家，比如苏联小提琴家奥伊斯特拉赫、波兰女钢琴家海伦娜·采尔尼-斯捷潘斯卡等。同时，这些来访、演出和交流的外国艺术团体中，苏联、朝鲜已经是多次派团前来上海进行访问演出，南斯拉夫则是第一次派出艺术团体来上海进行演出。

随着新中国对外交往的范围逐步扩大，除社会主义国家的艺术团体外，还有来自民族独立国家和西方国家的文艺团体。至1959年，民族独立国家印度、缅甸、印尼、泰国、柬埔寨5个亚洲国家和墨西哥、哥伦比亚、巴西、阿根廷、玻利维亚5个拉丁美洲国家的十余个文化艺术团体，先后访沪，给上海人民带来了各国具有鲜明民族风格的、多姿多彩的艺术。

1957年8月，有"印度梅兰芳"之称的印度著名舞蹈艺术家乌黛·香卡在上海表演了她在1953年创作、在国外首演的"影子舞剧"。这一新的艺术形式以五彩缤纷的幻灯烘托为背景，通过灯光照射，将演员在幕后进行的表演轮廓清晰地显映至台前幕布上，使观众从幕布上欣赏到印度舞蹈艺术家以优美的、更富神奇色彩的舞姿所演绎的故事，能容纳一万多人的文化广场座无虚席。演出之余，香卡前往上海京剧团，观看了剧团的演出，学习其中的舞蹈动作，还和著名演员周信芳做了艺术上的交流，使两个东方古国的文化有了一次互通有无的机会。1957年10月，柬埔寨文化艺术代表团访问上海。这是柬国王批准，由王宫歌舞团组成，柬王后、西哈努克亲王的母亲亲自监督排练，西

图21－2　柬埔寨文化艺术代表团到达上海访问演出

哈努克亲王的子女帕花·黛维公主和夏卡朋王子参加演出的柬埔寨王国第一个访华艺术团。除带来柬埔寨民族瑰丽多姿的歌舞节目外,艺术团还创作编排了《祝福舞》,献给中国人民和毛泽东主席。同年,首次访华的泰国艺术团在上海演出了富有民族风情的歌舞、哑剧、武术和民乐。

来访的拉美国家艺术团为上海人民演出了具有浓郁生活气息和民间情趣的音乐、歌舞节目。如1957年7月,来自尚未与新中国建交的墨西哥的民间芭蕾舞蹈家和演奏团来上海进行访问演出。墨西哥的现代芭蕾舞,演员不穿舞鞋,脚尖直接触地,别具一格地翩翩起舞,让上海市民得以领略来自太平洋彼岸的艺术风情。不久,来自哥伦比亚的黛丽雅·萨巴达·奥丽维亚民间歌舞团首次带来了印第安人的民族器乐和歌舞,在上海四天精彩的演出赢得了上海观众的一片掌声。① 此后,巴西、玻利维亚、阿根廷等南美国家的文艺团体也来到上海进行了演出。② 其中,阿根廷乐队演奏的轻音乐,具有明朗的节奏和强烈的民族特色。

这一时期,虽然中日官方外交无法顺利展开,但自1955年日本前首相片山哲在北京与中国对外文化协会签订《中日民间文化交流协定》后,来沪访问的日本文化团组和人士络绎不绝。1955年,日本歌舞伎剧团来华访问演出。毛泽东主席不仅亲自观看了演出,还与演职人员进行了交流。此后十多年时间里,陆续不断有日本团体来中国演出,这使得上海观众能够有机会领略到来自日本的传统及现代艺术。1958年,日本松山芭蕾舞团携改编自同名电影的芭蕾舞剧《白毛女》来华演出,轰动一时,影响颇大。在上海演出时,不仅场场爆满,而且还特别加演两场以满足上海观众的观看热情。③ 该剧的演出,使上海舞蹈工作者深受启迪,成为上海在

① 《把友谊带给中国人民 哥伦比亚舞蹈团在沪演出》,《文汇报》1957年10月6日。

② 参考《上海文化艺术志》编纂委员会编《上海文化艺术志》,上海社会科学院出版社2001年版,第943页。

③ 《满足上海观众要求 日本“白毛女”加演两场》,《文汇报》1958年4月23日。

日后编排芭蕾舞剧《白毛女》的先导。同年来沪演出的还有花柳德兵卫舞蹈团。直到中日邦交正常化之前,日本共约有 10 批次文艺团体到上海进行访问演出。

与西方资本主义国家间的正式文化交流也在这一时期得以开展。英国是最早承认并与新中国开展交往的西欧国家之一,两国间的文化交流也开展得很早。1955 年,中国即派出了艺术团赴英国进行访问演出。1957 年 9 月,久负盛名的英国兰伯特芭蕾舞剧团,在团长兰伯特的带领下,来到中国进行访问演出,并由上海交响乐团为他们伴奏。为完成好这项任务,上海交响乐团取消了当年九、十两个月的日常演出,苦练配乐曲目。① 兰伯特剧团在上海演出的第一天,2 500 张门票在很短时间内就销售一空,由此可见,上海市民对于不同文化背景艺术的高度热情。② 在此前后,法国巴黎杂技团和葡萄牙钢琴家赛盖拉・柯斯塔、芬兰乐队指挥西米拉、美国黑人歌唱家奥布里・潘基,及澳大利亚、瑞典等西方国家的文艺团体和人士陆续来到上海演出和交流。③

2. 将中华艺术传向世界

在迎来众多艺术团的同时,50 年代中期,上海也陆续派遣文化艺术团体赴国外访问演出和进行艺术交流。以越剧、京剧和杂技为主的演出团体,将中国优秀的传统艺术带给了全世界的观众,并让世界人民看到了新中国在艺术领域所作出的努力和取得的进步。更为重要的是,通过艺术演出和展览,还将上海人民乃至全中国人民的友谊传递到世界各地。

越剧是我国江南地区最具有代表性的传统剧种之一,有着悠久的历

---

① 《英国芭蕾舞蹈团将来沪》,《文汇报》1957 年 8 月 20 日。
② 《英国芭蕾舞剧受到欢迎　伯特芭蕾舞剧团昨在沪首次演出》,《文汇报》1957 年 10 月 29 日。
③ 参考《上海文化艺术志》编纂委员会编《上海文化艺术志》,上海社会科学院出版社 2001 年版。

史和众多的爱好者。解放前，上海就汇集了众多知名剧团和优秀演员，解放后，上海的越剧艺术得到了更好的发展。所以，在出访的艺术团体中，越剧团占据重要的地位。1955 年，上海越剧院以中国越剧团的名义，在全国妇联副主席许广平的带领下，出访德意志民主共和国进行演出。袁雪芬、范瑞娟、傅全香和徐玉兰等主要演员为当地观众献上了《西厢记》《梁山伯与祝英台》等最为经典的越剧剧目，精彩的演出受到了热烈的欢迎。在柏林演出时，几乎每场都要谢幕十次以上。剧团离开柏林前夕，德意志民主共和国文化部长贝希尔还专门设宴招待了许广平及越剧团主要演员。[①] 此后，上海越剧院也曾多次单独组团或参团前往苏联、越南、朝鲜等国访问演出。1959 年 2 月，由上海越剧院二团组成的中国越剧团赴越南访问，在河内、南定等 9 个城市演出《红楼梦》《追鱼》和现代剧《党员登记表》等剧目计 26 场，观众达 20 余万人次。越南民主共和国主席胡志明两次接见越剧团成员，并授予一级劳动勋章。

京剧作为中国的国粹，也是在世界各国广受欢迎的一个剧种。上海不仅有着海派京剧这一地方特色，还有着周信芳等顶尖艺人。1956 年下半年，上海京剧院兵分两路前往欧洲访问演出。一队与上海红旗歌舞团共同组成中国艺术团，在上海市文化局局长徐平羽的带领下，前往保加利亚等欧洲五国演出。期间，分别在“东德”和“西德”进行了演出。在德意志联邦共和国(西德)演出时，也受到了当地观众的热烈欢迎，西柏林的各大媒体纷纷发表评论和报道，盛赞中国艺术。西柏林电影公司还专门为中国艺术团拍摄了京剧《雁荡山》和民间舞蹈《莲花灯》的影片。[②] 另一队稍晚出发，1956 年 10 月，上海京剧院院长周信芳率上海京剧团携新排剧目《十五贯》和优秀传统剧目，赴苏联访问演出和进行戏剧艺术交流，历时

① 《中国越剧团在柏林演出受到热烈欢迎》，《文汇报》1955 年 7 月 12 日。
② 《再会吧，欧洲！中国艺术团载誉归来　经莫斯科乘火车回国》，《文汇报》1956 年 12 月 26 日。

64天，在莫斯科等9个不同城市演出53场，受到苏联人民的热烈欢迎。苏联戏剧家和文化艺术界人士从戏剧理论、表演艺术、独特民族风格等各方面高度评价中国京剧这一艺术国粹对人类戏剧艺术的贡献。为表彰京剧院的演出，苏联的3个加盟共和国政府还特别授予了京剧院荣誉奖章。①

1958年4月，上海昆剧表演艺术家俞振飞、言慧珠、朱传茗随中国戏曲歌舞团赴法，参加"巴黎国际艺术节"，演出昆剧《百花赠剑》《惊变·埋玉》。此前，中国曾在1955年时第一次派团前往巴黎参加这一活动，引起了当地很大的轰动。这一次，中国戏曲歌舞团在巴黎的表演依旧获得了各方的肯定。参加完艺术节，俞振飞等随团至比利时、英国、卢森堡等西欧7国演出，在比利时期间还参加了世界博览会的文艺演出。

富有特色的中国杂技也是很受各国观众欢迎的曲艺。以上海人民杂技团为代表的上海杂技界，人才辈出，好节目不断，他们自然成了出国演出的主力军。1956年5至6月，上海人民杂技团率先往访罗马尼亚、民主德国，进行巡回演出。同年，上海人民杂技团在波兰2个月共演出66场，吸引了超过17万人次的观众。上海的杂技团演员还多次赴国外参加杂技比赛，其中口技节目在1957年波兰举行的国际杂技比赛中获得了金质奖章。② 在国际上获奖的还有舞蹈表演，上海实验歌剧院的群舞《剑舞》和《弓舞》分别在第七届和第八届世界青年联欢节上获得铜质奖和金质奖。③

---

① 《上海京剧院明结束访苏演出》，《文汇报》1956年12月31日。《上海京剧院返抵北京》，《文汇报》1957年1月18日。

② 参阅《上海文化艺术志》编纂委员会编《上海文化艺术志》，上海社会科学院出版社2001年版，第498—516页，同时见《文汇报》《参加第一届国际杂技比赛 我国杂技团回到北京》。但两处日期不同，前者为1956年，后者为1957年。

③ 第七届世界青年联欢节在莫斯科举行，第八届在赫尔辛基举行。参阅上海艺术研究所编：《岁月如歌——上海文艺60年》，上海锦绣文章出版社、上海故事会文化传媒有限公司2010年版，第211页。

图 21－3　民族舞蹈《剑舞》剧照

除演出外,还有不少其他领域的上海艺术家和他们的艺术作品走出国门,与世界各国的艺术家交流,与各国的观众见面。美术家和他们的作品是这支队伍中的重要力量。1956 年,上海画家俞云阶创作的油画作品《日日夜夜》入选了法国巴黎春季沙龙,这是新中国成立以来第一件参加国际展览的美术作品。[①] 1957 年,上海画家关良与北京画家李可染一起,前往德意志民主共和国举办个人画展,并在当地写生、创作。当地的出版社还专门为关良出版了画册。[②] 1958 年,苏联举办第一届社会主义国家造型艺术展览会。中国征集、筛选了一大批优秀作品前往展览。上海市文化局根据中央的要求,在全市范围内进行了作品的征集并选出 162 件作品,送往北京进行第二轮选拔。最后,上海共有 45 件作品被选出送往苏联参展,占全部 270 件作品的六分之一。[③]

---

① 参阅《上海文化艺术志》编纂委员会编《上海文化艺术志》,上海社会科学院出版社 2001 年版,第 710—711 页。

② 参阅《上海文化艺术志》编纂委员会编《上海文化艺术志》,上海社会科学院出版社 2001 年版,第 706、1069 页。

③ 《在斗争火焰里锻炼在跃进洪流中前进　美术家要画出最新最美图画》,《文汇报》1959 年 3 月 2 日。

走出国门的另一支队伍，是上海的电影界。参加国外举办的国际电影节，或携上海摄制的影片赴国外访问、展映，是上海电影界与国外同行交流的一个重要途径。在捷克斯洛伐克举办的卡罗维·发利电影节，在苏联举办的莫斯科电影节是社会主义国家举办和参加的重要电影节。电影艺术家张骏祥于1957年、1959年分别应邀担任捷克斯洛伐克卡罗维·发利国际电影节和莫斯科国际电影节评委会委员。上影厂于1951年摄制的故事片《翠岗红旗》，首次在捷克斯洛伐克第六届卡罗维·发利国际电影节上得奖。上海海燕电影制片厂拍摄的《老兵新传》和上海美术制片厂的《小鲤鱼跳龙门》在第一届莫斯科电影节上获奖。从50年代中期到60年代前期，除上述影片外，上海摄制的故事片《女篮五号》、戏剧片《梁山伯与祝英台》、美术片《神笔马良》、科教片《水土保持》等20多部影片，以其思想性、艺术性、科学性和民族风格与特色，先后在英国爱丁堡国际电影节、世界青年联欢节、捷克斯洛伐克劳动人民国际电视节、意大利威尼斯国际电影节、叙利亚大马士革国际博览会电影节、南斯拉夫贝尔格莱德国际儿童电影节、华沙国际儿童片电影节、加拿大斯特拉福国际电影节等国际电影艺术交流盛会上获奖。此外，上海电影界还曾组织放映队赴蒙古放映国产电影，接受过越南留学生的学习考察。通过这些平台，将新中国的电影艺术，很好地展现给了世界人民。

在出国交流的艺术家中也不乏音乐家的身影。1955年，钢琴家傅聪参加第五届肖邦国际钢琴比赛获第三名，并获演奏《玛兹卡舞曲》最优奖。1957年，音乐家杨嘉仁教授应邀担任第六届世界青年联欢节音乐比赛评委，女钢琴家顾圣婴在联欢节钢琴比赛中获金质大奖。

1950年代，上海出版界还通过参与图书展览、翻译国外名著等形式开展相互交流。1958年，上海各出版社出版的图书精品在莱比锡国际书籍艺术展览会上展出，《永乐宫壁画》《上海博物馆藏画》分别获装帧、复制金质大奖,《中国货币史》《梁祝故事说唱集》《在森林中》分别获装帧、排字印刷、插图银质奖,《三家评注李长吉歌诗》《我们的故事》《鱼背上面汽车跑》分别获装帧、儿童图书铜质奖。上海出版物的编辑、装帧、印刷水平已得国际好评。

图 21-4 在 1959 年莱比锡国际书籍艺术博览会上获得金质奖的作品《上海博物馆藏画》

同时,上海一直是中国与国外文学及学术著作交流频繁的地区之一。1950 年代,鲁迅、郭沫若、茅盾、巴金等曾经长期在上海从事进步文化运动和写作的中国杰出文学家的文集、著作以及人民中国诞生后新涌现的上海一些优秀作家包括部队作家、工人作家的文学作品,不断地被国外文学界、出版界译介给他们本国读者。工人作家胡万春所著的《骨肉》,在 1958 年曾获"国际文艺竞赛奖"。上海作家在五六十年代创作的《吕小钢和他的妹妹》《蟋蟀》《猪八戒新传》等一批优秀儿童文学作品,也有不少被介绍到国外。在此期间,夏衍、巴金、周而复、叶以群、靳以、杜宣、唐弢、吴强、知侠、峻青、艾明之、茹志鹃等文学界人士在上海与国外文学界人士日渐增多地开展了友谊交往和文学理论、创作实践的交流。

同一时期,苏联和其他社会主义国家的不少文学、社会科学和科技等著作,在上海的思想文化领域和社会主义建设中起着积极有益的影响。草婴、满涛、朱雯、李俍民、辛未艾等翻译的《被开垦的处女地》《别林斯基选集》《苦难的历程》《牛虻》《学校》《怎么办》等外国文学作品,以及上海社会科学、教育部门所译介的许多外国文、史、哲著作,出版后均很受读者欢迎。

三、拓展与亚非拉、欧洲的文化交流

进入1960年代后,中苏关系逐步恶化,受此影响,苏联和社会主义国家的文艺团体来华、来沪演出交流的数量逐渐减少,但同亚非拉国家及欧洲国家的文化交往却得到了加强。

1. 对外文化交流的坚持与拓展

1960年代初,中苏关系的紧张虽然对两国的影响巨大,但两国间的文化交流仍在进行。苏联的鞑靼自治共和国国家歌舞团、艺术家表演团、鄂尔斯克合唱团、达格斯坦自治共和国国立"列兹金卡"舞蹈团、国立北方俄罗斯合唱团等团体和女歌唱家叶·梅罗什尼琴柯、钢琴家耶尔澳娃等个人先后到访上海进行演出。同时,波兰"玛佐夫舍"歌舞团等各人民民主国家的歌舞团、艺术团、舞蹈团、交响乐团和广播电台四重奏团等文艺团体和小提琴家、钢琴家等个人先后来沪演出。在1964年新中国成立第十五个年头之际,苏联和大多数人民民主国家都派出文艺团体到沪访问演出。1965年以后的近十年时间里,除了阿尔巴尼亚、朝鲜等少数继续和中国保持紧密关系的社会主义国家还派出艺术团体到上海进行过演出外,上海的演出舞台上就几乎没有出现其他社会主义国家演出团体。相应的,上海艺术团体出访社会主义国家的次数也逐步降低。

在同美国对抗,同苏联论战过程中,发展同亚非拉国家的关系成为我国外交工作的重点。随着中国同大批亚非拉国家建立外交关系后,20世纪60年代,亚洲、非洲、拉丁美洲国家到上海来访的文艺团体,比50年代增加66%。[①] 来自几内亚、埃塞俄比亚、阿尔及利亚、刚果(布)、苏丹、索马里等非洲6国的文艺团体来访,给上海人民带来了反映非洲人民争取民族独立的斗争和非洲风光与民情民俗的音乐、歌舞艺术。首次来访的还有巴基斯坦、老挝、越南南方、阿联、叙利亚、委内瑞拉艺术团。

拉丁美洲诸国的文化代表团和文化人士也纷纷来沪开展文化交流。1960年,阿根廷文化代表团和洪都拉斯文化人士,巴西、多米尼加、秘鲁3国文化代表团,海地文化友好代表团,古巴、委内瑞拉、巴西3国文化代表团,阿根廷、玻利维亚、哥伦比亚、秘鲁、乌拉圭、多米尼加、巴拿马、智利8国文化代表团,墨西哥文化代表团,巴拿马文化人士,厄瓜多尔文化代表团,共8批。拉美诸国文化代表团成员中,除文化界人士外,还有经济、司法、医务、教育等各界人士以及议员、和平人士、工会活动家、妇女工作者

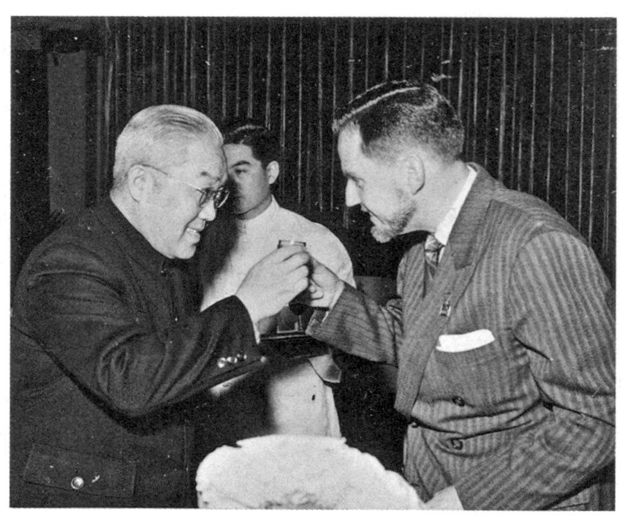

图21-5　1961年2月,上海市政府举行酒会,欢迎古巴芭蕾舞团

① 《上海外事志》编辑室编:《上海外事志》,上海社会科学院出版社1999年版,第695页。

等。通过多层次的交流,广泛增进这些国家各界、各阶层人民对中国的了解及与中国人民的友谊。自 1960 年 9 月,中国与古巴建交后,古巴先后派出芭蕾舞团和戏剧演员、歌唱家、钢琴家来到上海进行文艺演出和文化交流。

除派出文艺团体和文艺人士进行交流外,举办各类文化展览会也是亚非拉国家与上海开展文化交流的一个重要形式。20 世纪 60 年代在上海举行的 55 个各类文化展览会,涉及了 42 个国家。其中,1960 年 5 月在沪举办的"古巴革命图片展",展示了古巴人民推翻巴蒂斯塔独裁政权和反对美国干涉、威胁的斗争。1963 年到 1967 年间,连续举办了 12 个展示越南人民抗美救国、争取祖国统一斗争的多种形式的图片展览会,4 个介绍亚非拉国家情况和亚非拉人民争取独立、民主、进步斗争的展览会涉及 27 个国家。1967 年 6 月在沪举办的"亚非人民反帝漫画展览",共展出亚、非 24 个国家和地区的漫画作品近 200 幅。

同一时期,日本和法国、英国、瑞典、瑞士、卢森堡、新西兰等西欧、大洋洲国家来访的艺术团体,也比上一个十年增加 1 倍以上。[①] 其中首次来访的大型艺术团有日本的前进歌舞伎剧团、话剧团、蕨座民族歌舞团、齿轮座剧团,瑞典的皇家歌剧院芭蕾舞团,法国的古典芭蕾舞团等。上海舞台的中外民族艺术交流更为绚丽多彩。

日本几个剧团的到访为上海的观众带来了古典歌舞伎、话剧、民间歌舞等日本民族传统艺术形式,如《劝进帐》《鸣神》《俊宽》《佐仓宗五郎》等歌舞伎剧目,《夕鹤》《女人的一生》等话剧,《插秧舞》《阿波舞》《烈马舞》《欢庆驱鬼胜利舞》《相马盂兰盆舞》《渔业丰收歌》等歌舞,还演出了《本牧亭》《死海》《冲绳之歌》《野火》《迎着暴风雨前进》等反映日本人民反对"日

① 《上海外事志》编辑室编:《上海外事志》,上海社会科学院出版社 1999 年版,第 695 页。

美安全条约"、反对美国占领军暴行,争取独立、自由、和平,强烈要求日中友好、恢复日中邦交的剧目。每场演出,台上演员与台下观众思想感情融成一片,演出结束时台上台下同声高唱《东方红》《东京—北京》《团结就是力量》等歌曲。中日艺术家互相还进行了艺术交流和切磋,日本来访剧团在上海演出期间,观摩了上海同行演出的舞剧《小刀会》,话剧《枯木逢春》《共产主义的凯歌》,京剧《智取威虎山》,沪剧《广岛姑娘》,小提琴协奏曲《梁祝》等作品,上海音乐舞蹈演员则向日本艺术家学习日本民族民间歌舞技艺,并多次与日本演员同台合作演出。

1965 年到访的法国古典芭蕾舞团为上海观众带来了表演细腻、柔美的独舞《黑天鹅》《吉赛尔》,以及造型美丽、动作整齐的群舞《嬉游舞》。在沪期间,法国艺术家们观看了上海同行演出的芭蕾舞剧《红色娘子军》和《白毛女》,两国艺术家们还进行了交流。

这一时期所举办的 16 个外国美术展览中,"英国近 70 年油画展览"(1960 年)展出了 70 多件西方各种流派的油画作品,"德意志 600 年版画展"(1960 年)展出了德国画家在 15 到 20 世纪创作的 140 幅版画作品,其中有相当一部分是德累斯顿国家艺术博物馆铜版画陈列馆珍藏的精品。

2. 上海艺术团出访亚非欧

60 年代,上海文化艺术工作者也先后前往亚、非、欧等国参加文化交流活动。

1960 年,上海杂技团先后赴苏联、几内亚、埃塞俄比亚、摩纳哥演出后,亚洲各国成为上海艺术家出访交流的重点地区。1961 年到 1963 年连续三年,上海越剧院和上海歌剧院舞剧团先后赴朝鲜演出。1962 年,上海越剧院徐玉兰、王文娟赴朝鲜为越剧《红楼梦》排练辅导。1963 年,上海杂技团赴印尼参加新兴力量运动会文艺演出。1965 年,上海歌剧院、上海人民评弹团、上海青年话剧团等组成文艺小分队赴越南演出。同年,上海人民广播电台台长田志强率中国电视代表团赴阿联参加在亚历山大举行的第四届国际电视节，并访问叙利亚、伊拉克。

欧洲是上海文化艺术团出访的另一个重要地区。1964 年，中法建交，取得了我国与西方发达国家打开外交局面的重大成果。1964 年 2 月，由上海市副市长金仲华率包括上海艺术家在内的中国艺术团出访欧洲更是一次成功的对外文化交流活动。艺术团在法国巴黎共演出了 29 场，吸引观众 8.6 万多人次，可容纳三千多观众的阿隆勃拉剧院是场场客满，许多未买到座票的观众是站在墙边走廊观看。艺术团带去的京剧《白蛇传》《闹天宫》，舞蹈《红绸舞》《长鼓舞》以及中国民族乐器笛子、琵琶、笙和二胡的演奏等 30 多个节目，受到各方好评。巴黎当地的报刊连日刊载了中国艺术团的剧照和介绍艺术团的文章。法国文化艺术界的朋友们对中国艺术家的表演十分赞赏，并给予很高的评价。一位老舞蹈教授盛赞中国京剧是世界上最完整、最美丽的戏剧。一位悲剧演员认为外国的悲剧有许多地方要向中国京剧学习。访问演出期间，艺术团京剧队长还应邀出席了有百余人参加的座谈会，向听众介绍中国的京剧艺术，并回答了他们的提问。艺术团的音乐家们则和巴黎音乐学院以及巴黎大歌剧院的教授和乐队指挥交换了有关音乐方面的意见。舞蹈演员们参观了巴黎大歌剧院附属的舞蹈学校，观摩了该校的芭蕾舞课的教学。艺术团的领导人拜访法国前总理富尔等。离开巴黎后，中国艺术团又先后到法国南部、西德、瑞士、意大利、比利时、荷兰等国进行演出。在近 6 个月的时间里，艺术团在 6 个国家、21 个城市共演出了 117 场，观众达 20 万人次以上。中国艺术团的欧洲之行增进了中国与西欧各国的友谊，促进了西欧艺术家和观众对中国传统的京剧、舞蹈和音乐的了解，中国艺术家对欧洲各国艺术和教学情况的了解。

1963 年，上海民族乐团、上海京剧院参加中国艺术团赴西欧演出。

1960年代,上海交响乐指挥家黄贻钧出访芬兰和苏联,在音乐会上担任国际上著名的柏林交响乐团和苏联国家交响乐团的指挥。音乐家丁善德先后应邀担任第六届肖邦国际钢琴比赛和比利时伊丽莎白王太后国际钢琴比赛的评委。上海音乐家多次在国际乐坛比赛中获优胜奖。其中,李名强在第一届埃涅斯库国际钢琴比赛中获一等奖,殷承宗在维也纳第七届世界青年联欢节钢琴比赛中获金质奖,顾圣婴在日内瓦第14届国际音乐比赛中获女子钢琴演奏最高奖。

1949年到1966年间,与新中国所处的复杂外交环境紧密相连,上海的对外文化交流的范围从与苏联和朝鲜等人民民主国家逐步延伸到亚非拉各国以及欧洲资本主义国家,交流形式既有各类艺术表演,也有各种展览、参赛、座谈交流等。这期间,对外文化交流尽管也曾经历过曲折和低谷,但上海艺术家们自觉担负起新中国文化使者的重任,精心组织排演、创作,将中国传统的和现代的优秀文化传播到世界各地。同时,世界各国的艺术家们也为上海的观众们带来了丰富的、极具特色的文艺演出和展览。上海的对外文化交流,增进了中国与世界各国的互相了解和彼此友谊,开阔了上海艺术家们的视野,在交流中欣赏和吸纳世界各国的优秀文化,博采众长,发展社会主义文化,实现互学互长。

(黄　啸)

主要参考资料

一、档案

中共上海市委(1949—1966)

中共上海市委宣传部(1950—1966)

上海市文化局(1950—1966)

上海市电影局(1949—1966)

二、报纸

1.《人民日报》(1949—1966)

2.《解放日报》(1949—1966)

3.《文汇报》(1949—1966)

4.《戏曲报》(1950)

5.《戏剧报》(1958)

三、图书

(一) 文献

1. 中共中央文献研究室编:《建国以来重要文献选编》(第二册),中央文献出版社 1992 年版。

2. 中共中央文献研究室编:《建国以来重要文献选编》(第八册),中央文献出版社 1994 年版。

3. 中共中央文献研究室编:《建国以来毛泽东文稿》第十册、第十一册,中央文献出版社 1996 年版。

4. 中共中央文献研究室编:《建国以来重要文献选编》(第十五册),中央文献出版社 1997 年版。

5. 中央档案馆、中共中央文献研究室编:《中共中央文件选集(一九四九年十月——一九六六年五月)》第一册至第五十册,人民出版社 2013 年版。

6. 中国出版科学研究所、中央档案馆编:《中华人民共和国出版史料(1949 年)》,中国书籍出版社 1995 年版。

7. 中国出版科学研究所、中央档案馆编:《中华人民共和国出版史料(1950 年)》,中国书籍出版社 1996 年版。

8. 中国出版科学研究所、中央档案馆编:《中华人民共和国出版史料(1951 年)》,中国书籍出版社 1996 年版。

9. 中国出版科学研究所、中央档案馆编:《中华人民共和国出版史料(1952 年)》,中国书籍出版社 1998 年版。

10. 中国出版科学研究所、中央档案馆编:《中华人民共和国出版史料(1953 年)》,中国书籍出版社 1999 年版。

11. 中国出版科学研究所、中央档案馆编:《中华人民共和国出版史料(1954 年)》,中国书籍出版社 1999 年版。

12. 上海市编制委员会办公室编著：《上海党政机构沿革（1949—1986）》，上海人民出版社1988年版。

13. 中共上海市委组织部、中共上海市委党史资料征集委员会、中共上海市委党史研究室、上海市档案馆编：《中国共产党上海市组织史资料（1920.8—1987.10）》，上海人民出版社1991年版。

14. 中共上海市委组织部、中共上海市委党史资料征集委员会、中共上海市委党史研究室、上海市档案馆编：《上海市政权系统　地方军事系统　统一战线系统　群众团体系统组织史资料（1949.5—1987.10）》，上海人民出版社1991年版。

15. 中共上海市委党史研究室、上海市档案馆编：《接管上海》（上卷·文献资料），中国广播电视出版社1993年版。

16. 中共上海市委党史研究室、上海市档案馆编：《上海解放初期的社会改造》，中共党史出版社1999年版。

17. 中共上海市委党史研究室编：《上海支援全国1949—1976》（上卷），上海书店出版社2011年版。

（二）著作

1.《当代中国》丛书编辑部编：《当代中国的上海》（上、下），当代中国出版社1993年版。

2. 中共中央党史研究室：《执政中国》第三卷，中共党史出版社2009年版。

3. 中共中央党史研究室：《中国共产党历史第二卷（1949—1978）》（下册），中共党史出版社2011年版。

4. 当代中国研究所：《中华人民共和国史稿》第二卷，1956—1966，人民出版社、当代中国出版社2012年版。

5. 中共中央文献研究室编：《毛泽东年谱（1949—1976）》第5卷，中央文献出版社 2013 年版。

6. 中共中央党史研究室:《中国共产党的九十年(社会主义革命和建设时期)》,中共党史出版社、党建读物出版社 2016 年版。

7. 中共中央党史和文献研究院:《中国共产党的一百年(社会主义革命和建设时期)》,中共党史出版社 2022 年版。

8. 中共上海市委党史研究室编:《毛泽东在上海》,上海人民出版社 1993 年版。

9.《中国戏曲志·上海卷》编辑委员会编:《中国戏曲志·上海卷》,中国 ISBN 中心 1996 年版。

10. 中共上海市委党史研究室编:《周恩来在上海》,上海人民出版社 1998 年版。

11. 中共上海市委党史研究室编:《上海社会主义建设五十年》,上海人民出版社 1999 年版。

12. 中共上海市委党史研究室编:《艰难探索(1956—1965)》,上海书店出版社 2001 年版。

13. 中共上海市委党史研究室编:《中共上海党史大典》,上海教育出版社 2001 年版。

14. 中共上海市委党史研究室编:《风雨历程(1949—1978)》,上海书店出版社 2005 年版。

15. 中共上海市委党史研究室编:《中共上海历史实录(1949—2004)》,上海教育出版社 2004 年版。

16. 中共上海市委党史研究室编:《一座城市 60 年的变迁》,上海辞书出版社 2009 年版。

17. 上海艺术研究所编著:《岁月如歌——上海文艺六十年(1949—2009)》,上海锦绣文章出版社、上海故事会文化传媒有限公司 2010 年版。

18. 中共北京市委党史研究室：《中国共产党北京历史》第二卷，北京出版集团公司北京出版社 2011 年版。

19. 熊月之主编：《上海通史 · 民国文化》，上海人民出版社 1999 年版。

20. 高义龙、李晓主编：《中国戏曲现代戏史》，上海文化出版社 1999 年版。

21. 陈伯海主编：《上海文化通史》（上卷），上海文艺出版社 2001 年版。

22. 罗平汉、何蓬：《中华人民共和国史（1956—1965）》，人民出版社 2010 年版。

23. 任丽青、杨青泉：《海上奇葩——上海工人文学创作》，文汇出版社 2010 年版。

24. 任丽青：《上海工人阶级文艺新军的形成——暨工人小说家论》，上海大学出版社 2010 年版。

25. 鲍世远：《戏水长流》，上海文艺出版社 2011 年版。

26. 张硕果：《“十七年”上海电影文化研究》，社会科学文献出版社 2014 年版。

27. 任明：《光影叙事与时代风云——上海城市电影六十年变迁（1949—2009）》，上海文艺出版社 2014 年版。

28. 欧阳雪梅主编：《中华人民共和国文化史（1949—2012）》，当代中国出版社 2016 年版。

29. 谢忠强：《反哺与责任——解放以来上海支援全国研究》，中国社会科学出版社 2017 年版。

30. 曹凌燕：《上海戏曲史稿》，中国书籍出版社 2018 年版。

31. 黄金平、张励主编：《上海相册 70 年 70 个瞬间》，上海人民出版社

2019 年版。

(三) 志书

1.《上海图书馆事业志》编纂委员会编:《上海图书馆事业志》,上海社会科学院出版社 1996 年版。

2.《上海工运志》编纂委员会编:《上海工运志》,上海社会科学院出版社 1997 年版。

3. 卢时俊、高义龙主编:《上海越剧志》,中国戏剧出版社 1997 年版。

4.《上海电影志》编纂委员会编:《上海电影志》,上海社会科学院出版社 1999 年版。

5.《上海广播电视志》编辑委员会编:《上海广播电视志》,上海社会科学院出版社 1999 年版。

6. 徐幸捷、蔡世成主编:《上海京剧志》,上海文化出版社 1999 年版。

7. 习文、季金安主编:《上海群众文化志》,上海文化出版社 1999 年版。

8.《上海外事志》编辑室编:《上海外事志》,上海社会科学院出版社 1999 年版。

9.《上海出版志》编纂委员会编:《上海出版志》,上海社会科学院出版社 2000 年版。

10.《上海新闻志》编纂委员会编:《上海新闻志》,上海社会科学院出版社 2000 年版。

11.《上海文化艺术志》编纂委员会、《上海文化娱乐场所志》编辑部主编:《上海文化娱乐场所志》,上海市新闻出版局 2000 年版。

12.《上海文化艺术志》编纂委员会编:《上海文化艺术志》,上海社会科学院出版社 2001 年版。

13.《中共上海党志》编纂委员会编:《中共上海党志》,上海社科院出版社2001年版。

14. 徐昌酩主编：《上海美术志》，上海书画出版社2004年版。

15.《上海通志》编纂委员会编：《上海通志》第9册，上海人民出版社、上海社会科学院出版社2005年版。

（四）画册

1. 中国革命博物馆编：《中国共产党七十年图集》，上海人民出版社1991年版。

2.《中国电影画册》编委会编：《中国电影画册（1949—1979）》，中国电影出版社1994年版。

3. 杨金福编著：《上海电影百年图史（1905—2005）》，文汇出版社2006年版。

4. 中共上海市委党史研究室编：《中国共产党在上海85年图志》，上海人民出版社2006年版。

5. 朱咏雷主编：《上海文艺舞台六十年回眸》，上海市文化广播影视管理局2009年编印。

6.《曹荻秋百年诞辰纪念画册》编辑组编：《故垒萧萧芦荻秋》，中共党史出版社2009年版。

7. 中国人民政治协商会议上海市委员会编：《上海70年（1949—2019）》，上海文艺出版社2020年版。

后　记

上海，自近代迅速崛起后成为我国的文化重镇。新中国成立后，伴随着社会主义革命和建设的推进，中共上海市委、上海市人民政府坚持文艺为人民服务、为社会主义服务方向，坚持百花齐放、推陈出新、百家争鸣方针，努力探索社会主义文化建设之路。上海文艺工作者对中华传统文化进行创造性转化、创新性发展，同时紧跟时代步伐，从社会主义革命和建设的实践中汲取素材，提炼主题，萃取题材，并在艺术表现形式上不断探索创新，推出一大批脍炙人口、融思想价值和艺术价值为一体的优秀文艺作品，反映我国劳动人民对美好生活的追求，抒写上海人民在党的领导下进行新民主主义革命、社会主义革命和建设的奋斗历程，弘扬以爱国主义为核心的民族精神和自力更生、奋发图强为核心的时代精神，唱响昂扬的时代主旋律，展现新上海的新人、新事、新风貌，不断滋养并充盈新中国广大人民群众的审美观、价值观及精神生活，发挥文艺凝聚人心，催人奋进，陶冶情操的积极作用，推动了上海文化事业的建设和发展,在我国社会主义文化建设和发展史上占有重要地位。

本书作者在查阅档案、报刊资料和吸收近年科研新成果的基础上,对1949年至1966年间上海社会主义文化建设中的重要事件和重要成果展开专题研究。期待通过此专题研究,深化对中国共产党执政全国初始十七年进程中的上海文化建设历史的认识,并为今天我们进一步传承中华民族优秀传统文化、建设社会主义文化提供一定的历史借鉴。

本书的编写出版得到了中共上海市委党史研究室主任室领导的关心和支持。中共上海市委党史研究室原主任徐建刚对全书的基本内容、结构框架和书稿的修改提出了宝贵的意见;原副主任谢黎萍主持完成了本书的策划、启动、研讨和大部分初稿的写作、修改工作;原二级巡视员曹力奋推动了全书的研讨和修改工作。同时,张励处长进一步推动书稿的修改工作,对书稿结构框架的调整和书稿的修改提出了许多中肯的意见,并参与了部分书稿的审读;黄金平处长对书稿的修改提出了有益的意见;市委党史研究室相关处室给予了大力的支持和帮助,郭炜、胡迎协助查找了照片。在本书的写作过程中,上海市档案馆、黄浦区档案馆、静安区档案馆、虹口区档案馆等单位为档案的查询工作提供了便利;上海书店出版社的领导和编辑为本书的出版付出了辛勤努力,在此一并表示由衷的感谢!

本书的编写得到了复旦大学中国共产党革命精神和文化资源研究中心的资助,是该中心常规课题研究成果。

书稿由黄坚、段春义、黄啸、张鼎、朱叶慧分工负责撰写,黄坚负责起草全书框架结构的初稿和统稿工作。全书由吴海勇处长负责初审工作,严爱云主任终审定稿。

在大家共同不懈的努力下,本书终于得以付梓出版。当然,由于作者学识和水平有限,书中难免疏漏与不足之处,恳请广大读者给予批评指正。此外,本书所用照片,有的因故一时未能与版权方取得联系,企盼能在见书后与我们联系。

作　者

2022 年 10 月

图书在版编目(CIP)数据

上海文化建设：1949—1966 / 中共上海市委党史研究室编；黄坚等著. —上海：上海书店出版社，2023.5

（现代上海研究丛书）

ISBN 978 - 7 - 5458 - 2280 - 9

Ⅰ. ①上… Ⅱ. ①中… ②黄… Ⅲ. ①文化事业—研究—上海— 1949 - 1966 Ⅳ. ①G127.51

中国国家版本馆 CIP 数据核字(2023)第 081413 号

责任编辑 邓小娇

封面设计 郦书径

上海文化建设：1949—1966

中共上海市委党史研究室 编

黄坚 等著

出　版 上海书店出版社

（201101 上海市闵行区号景路 159 弄 C 座）

发　行 上海人民出版社发行中心

印　刷 上海商务联西印刷有限公司

开　本 710×1000 1/16

印　张 25.5

字　数 300，000

版　次 2023 年 5 月第 1 版

印　次 2023 年 5 月第 1 次印刷

ISBN 978-7-5458-2280-9/G.188

定　价 98.00 元